Internationale Anwaltshaftung

Abhandlungen zum Recht der Internationalen Wirtschaft

Herausgeber:
Prof. Dr. Otto Sandrock, Münster

unter Mitwirkung von
Professor Dr. Bernhard Großfeld, Münster
Reinhold Trinkner, Heidelberg

Band 37

Internationale Anwaltshaftung

Die Haftung des deutschen Rechtsanwalts bei der Anwendung ausländischen Rechts und bei der Zusammenarbeit mit ausländischen Anwälten

von

Dr. Oliver Sieg

Düsseldorf

Verlag Recht und Wirtschaft GmbH
Heidelberg

Die Deutsche Bibliothek – CIP-Einheitsaufnahme

Sieg, Oliver:
Internationale Anwaltshaftung: die Haftung des deutschen Rechtsanwalts bei der Anwendung ausländischen Rechts und bei der Zusammenarbeit mit ausländischen Anwälten / vorgelegt von Oliver Sieg. – Heidelberg: Verl. Recht und Wirtschaft, 1996

(Abhandlungen zum Recht der internationalen Wirtschaft; Bd. 37)
Zugl.: Münster (Westfalen), Univ., Diss., 1995
ISBN 3-8005-1163-0

NE: GT

ISBN 3-8005-1163-0

Satzkonvertierung: Filmsatz Unger & Sommer GmbH, 69469 Weinheim

Druck und Verarbeitung: Wilhelm & Adam, Werbe- und Verlagsdruck GmbH, 63150 Heusenstamm

∞ Gedruckt auf säurefreiem, alterungsbeständigem Papier, hergestellt aus chlorfrei gebleichtem Zellstoff.

Printed in Germany

Meinen Eltern

Vorwort des Herausgebers

I.

Man trägt Eulen nach Athen, wenn man darauf hinweist, die deutschen Rechtsanwälte sähen sich seit dem Ende des zweiten Weltkrieges zunehmend mit Sachverhalten konfrontiert, die, wie Art. 3 Abs. 1 EGBGB sagt, „eine Verbindung zum Recht eines ausländischen Staates“ aufweisen. Gibt ein deutscher Anwalt in einem solchen Falle Hinweise zum ausländischen Recht (das ihm mehr oder weniger vertraut sein mag), so stellt sich die Frage, in welchem Umfang er haftet, wenn sich seine Beratung nicht als optimal oder sogar als falsch erweist. Die gleiche Problematik ergibt sich, wenn sich der deutsche Anwalt bei der Beratung seines Mandanten der Hilfe eines ausländischen Kollegen bedient und wenn es sich später herausstellt, daß dessen Auskunft fehlerhaft war. Probleme einer „internationalen Anwaltshaftung“ sind ferner zu lösen, wenn ein deutscher Rechtsanwalt im Zusammenwirken mit einem ausländischen Kollegen einen Anspruch seines Mandaten vor einem fremden Gericht fehlerhaft geltend macht oder wenn er in solcher Weise die Interessen seines dort als Beklagten in Anspruch genommenen Mandaten wahrnimmt.

Damit nicht genug! Neue, bisher nicht bekannte Probleme der „inländischen Haftung“ deutscher Anwälte ergeben sich aus den dynamischen Entwicklungen, die sich im Berufs- und Standesrecht der deutschen Anwälte in den letzten Jahren vollzogen haben. Die Grundlagen des Berufs- und Standesrechts der deutschen Anwälte befinden sich seit mehreren Jahren in einem fortlaufenden Veränderungsprozeß. So hat sich z. B. die Bildung „überörtlicher Sozietäten“ durchgesetzt. Ferner dürfen deutsche Anwälte mit Anwälten aus anderen Staaten eine Sozietät bilden (§ 59a Abs. 3 i. V. m. § 206 BRAO). Schließlich ist die EU-Richtlinie über „die Erleichterung der tatsächlichen Ausübung des freien Dienstleistungsverkehrs der Rechtsanwälte innerhalb der Europäischen Gemeinschaft“ in das „Rechtsanwaltsdienstleistungsgesetz“ (RADG) umgesetzt worden. Auf Grund dieses Gesetzes sind Anwälte aus anderen EU- und EWR-Staaten vor allen deutschen Gerichten und Behörden postulationsfähig, unter der Voraussetzung allerdings, daß sie einvernehmlich mit einem deutschen Rechtsanwalt zusammenwirken. Auch hieraus ergeben sich Rechtsfragen, die bisher ungelöst sind.

Die Liste der Beispiele ließe sich fortsetzen. Schon in naher Zukunft stehen weitere Änderungen bevor. In allen diesen neuen, bisher unbekannten Formen des Zusammenschlusses und der Niederlassung stellt sich die Problematik der „internationalen Anwaltshaftung“ in neuem Gewand.

II.

Der Verfasser der vorliegenden Schrift ist den soeben erwähnten Fragen umfassend nachgegangen. Er hat sie dabei in einzelne Fallgruppen systematisiert und für jede derselben Lösungen entwickelt.

Die Schrift ist in vier Teile eingeteilt.

1) In einem *ersten Teil* stellt der Verfasser die tatsächlichen und rechtlichen Grundlagen des Berufs- und Standesrechts der deutschen Rechtsanwälte dar. Hier beschäftigt sich der Verfasser insbesondere mit denjenigen Problemen, die für seine späteren haftungsrechtlichen Untersuchungen von grundlegender Bedeutung sind.

2) Im *zweiten Teil* seiner Schrift erörtert der Verfasser diejenigen Fragen, die sich ergeben, wenn ein deutscher Anwalt Hinweise zum ausländischen Recht gibt, bzw. seine Mandaten über ausländisches Recht berät. Es geht u.a. um die Sorgfaltsstandards, die erfüllt werden müssen, wenn Rechtsfragen im Zusammenhang mit Rechtswahlklauseln oder mit dem sog. forum-shopping zu lösen sind.

Der Verfasser arbeitet dabei deutlich das Prinzip heraus, daß ein deutscher Rechtsanwalt grundsätzlich nicht verpflichtet ist, ausländische Rechtsnormen zu kennen oder bei der Bearbeitung seines Mandats anzuwenden. Die Unterrichtung über das ausländische Recht ist grundsätzlich nicht Gegenstand seines Mandatsvertrages. Von diesem Prinzip können sich aber, wie der Verfasser überzeugend nachweist, unter bestimmten Voraussetzungen Ausnahmen ergeben, wenn der Anwalt z.B. die Beratung zum ausländischen Recht entweder ausdrücklich übernommen hat oder wenn er mit einer nach außen hervorgehobenen Spezialisierung (etwa: „Admitted to the Bar of State X“ auftritt, die das rechtssuchende Publikum zu der begründeten Annahme veranlaßte, er besitze die erforderlichen Kenntnisse zum ausländischen Recht. Im übrigen kann ein deutscher Rechtsanwalt seinem Mandanten jedoch nur dann helfen, wenn er übersieht, daß ausländisches Recht zur Anwendung berufen ist und wenn er dafür Vorsorge trifft, daß dem entsprechenden Beratungsbedarf Rechnung getragen wird. Er ist deshalb verplichtet, seine nationalen Kollisionsnormen einschließlich des in internationalen Verträgen normierten Kollisionsrechts zu beachten und dafür Vorsorge zu treffen, daß daraus die entsprechenden Konsequenzen gezogen werden.

3) In einem *dritten Teil* seiner Schrift untersucht der Verfasser die Probleme, die sich ergeben, wenn ein deutscher Anwalt mit einem oder mehreren ausländischen Kollegen zusammenarbeitet.

Ist diese Zusammenarbeit nicht auf Dauer angelegt, sondern findet sie lediglich punktuell in einem individuellen Einzelfall statt (der deutsche Anwalt „schaltet“ lediglich für die Bearbeitung eines einzelnen Mandates einen ausländischen Kollegen „ein“), so haben nach der überzeugend begründeten Meinung des Verfassers die folgenden Grundsätze zu gelten: Entgegen einer vielfach im Schrifttum vertretenen Meinung hat sich der deutsche Anwalt ein Verschulden seines ausländischen Kollegen nicht gemäß § 278 BGB anrechnen zu lassen. Denn die Anwendung dieser Vorschrift würde voraussetzen, daß die Beratung zum ausländischen Recht Gegenstand des Mandats gewesen wäre, das der deutsche Anwalt übernommen hat. Dies ist indessen, wie der Verfasser im zweiten Teil seiner Schrift bereits dargelegt hatte, gerade nicht der Fall. Der deutsche Anwalt haftet auch nicht gemäß § 664 Abs. 1 S. 2 BGB für ein Verschulden bei der Auswahl seines ausländischen Kollegen. Denn eine solche Haftung würde dem eindeutigen Wortlaut des für anwaltliche Geschäftsbesorgungsverträge geltenden § 675 BGB widersprechen. Der deutsche Anwalt könnte in einem solchen Falle also lediglich aus einer positiven Vertragsverletzung seines Geschäftsbesorgungsvertrages haften, der ihn mit seinem Mandanten verbindet, und zwar entweder deshalb, weil er seinen ausländischen Kollegen mangelhaft ausgewählt, informiert und/oder überwacht hat.

Ist die vertragliche Zusammenarbeit des deutschen Rechtsanwalts mit seinem ausländischen Kollegen hingegen auf Dauer vorgesehen, so ist zwischen den unterschiedlichen Formen, in denen eine solche Zusammenarbeit durchgeführt werden kann, zu unterscheiden. Hier hatte der Verfasser neue, bisher nicht erörterte Probleme zu lösen. Für eine auf Dauer angelegte Zusammenarbeit kommen in Betracht: „echte“ internationale Sozietäten, Zusammenschlüsse ohne gesellschaftsrechtliche Bindungen (sog. Klubs oder Allianzen) oder schließlich Europäische wirtschaftliche Interessenvereinigungen. Diese unterschiedlichen Rechtsformen führen auch zu unterschiedlichen rechtlichen Haftungsfolgen. Bei „echten“ internationalen Sozietäten haften nach der vom Verfasser vorgelegten Analyse nicht alle Partner derselben, sondern nur diejenigen, die in dem betreffenden Bezirk niedergelassen sind oder die bei den Gerichten desjenigen Staates ihre Zulassung bewirkt haben, um dessen Rechtsordnung es bei dem konkret zu bearbeitenden Mandat geht.

4) Den *vierten Teil* seiner Schrift hat der Verfasser der Erörterung der Problematik gewidmet, in welcher Weise sich der deutsche Anwalt gegen eine eventuelle haftungsrechtliche Inanspruchnahme sichern kann (z. B. durch Abschluß einer Haftpflichtversicherung, vgl. dazu § 51 Abs. 1 Nr. 3 und 4 BRAO); durch Vereinbarung einer Haftungsbegrenzungsklausel; usw.). Hier kritisiert der Verfasser die zum Teil nachlässigen Formulierungen der BRAO Novelle. Außerdem nimmt er gegenüber den häufig stereotypen Aussagen des neueren Schrifttums, das sich mit diesen Fragen beschäftigt hat, Differenzierungen vor.

III.

Die „internationale Anwaltshaftung“ ist damit im deutschen Schrifttum zum ersten Mal zusammenfassend untersucht worden – mit Ergebnissen, die durchweg überzeugen.

Münster, im Oktober 1995 *Otto Sandrock*

Vorwort des Verfassers

Die Rechtswissenschaftliche Fakultät der Westfälischen Wilhelms-Universität Münster hat diese Arbeit im Sommersemester 1995 als Dissertation angenommen. Gesetzgebung, Rechtsprechung und Schrifttum sind umfassend bis zum 15.2.1995 und nachträglich noch bis zum 30.9.1995 berücksichtigt. Rechtsvergleichend möchte ich auf meinen Aufsatz zur „Internationalen Anwaltshaftung in den U.S.A." hinweisen, den ich nach Fertigstellung der Dissertation verfaßt habe und der zur Veröffentlichung in der NJW vorgesehen ist.

Meinem akademischen Lehrer, Prof. Dr. Otto Sandrock, der die Arbeit betreut und das Erstgutachten angefertigt hat, gebührt mein besonderer Dank, mir zur Durchführung des Promotionsvorhabens eine Mitarbeiterstelle am Institut für Internationales Wirtschaftsrecht angeboten zu haben. Er vermittelte an der Schwelle zum nächsten Jahrhundert die Überzeugung, daß das Recht nicht an den Staatsgrenzen halt macht und war stets nicht nur um die juristische, sondern auch die persönliche Fortentwicklung seiner Mitarbeiter bemüht. Das gleiche gilt für Prof. Dr. Bernhard Großfeld, der das Zweitgutachten erstellt hat.

Mein Dank gilt auch allen Kollegen am Institut für Internationales Wirtschaftsrecht für die anregende Arbeitsatmosphäre. Insbesondere möchte ich mich bei Katharina Holtmann, Dr. Lars-Uwe Pera und Dr. Christian Jahndorf dafür bedanken, daß sie immer ein offenes Ohr für meine Fragen hatten und der Endfassung den letzten Schliff gegeben haben. Für verbleibende Fehler und Unzulänglichkeiten trage ich die alleinige Verantwortung.

Die Einblicke in die anwaltliche Tätigkeit und anregenden Gespräche mit den Rechtsanwälten der Sozietäten Rinsche & Partner in Hamm sowie Hengeler Mueller Weitzel Wirtz in Düsseldorf und Frankfurt haben mir geholfen, die theoretische Arbeit mit praktischen Erfahrungen zu verbinden.

Der Gesellschaft zur Förderung der Westfälischen Wilhelms-Universität und den Mitgliedern des Kuratoriums für den Harry Westermann-Preis danke ich für die Auszeichnung der Dissertation mit dem Harry Westermann-Preis 1995. Die Universität Münster hat dankenswerterweise einen Druckkostenzuschuß gewährt.

Schließlich möchte ich mich ganz besonders bei meinen lieben Eltern bedanken, ohne deren großzügige Unterstützung der Ausbildung und deren stetige Anregungen die vorliegende Arbeit nicht möglich gewesen wäre.

Soweit im Text von Rechtsanwälten die Rede ist, sind selbstverständlich auch Rechtsanwältinnen gemeint. Dies entspricht der Wortwahl des Gesetzgebers.

Münster, im September 1995 *Oliver Sieg*

Inhaltsverzeichnis

Abkürzungsverzeichnis 20

Einleitung 27

1. Teil: Grundlagen

§ 1 Rechtsanwalt 30

I. Rechtsgrundlagen der Berufsausübung 30

1. Nationales deutsches Recht 30
   a) Verfassungsrecht 31
   b) Beschlüsse des Bundesverfassungsgerichts vom 14. 7. 1987 ... 31
   c) Einfachgesetzliche Vorschriften 31

2. Europarecht 33
   a) EG-Vertrag 33
   b) EWR-Abkommen 34
   c) Verordnungen, Richtlinien und deren Umsetzungen in Deutschland 35
      aa) Freier Dienstleistungsverkehr für Anwälte 35
      bb) Niederlassung und Zulassung ausländischer Anwälte in Deutschland 36
      cc) Niederlassung und Zulassung deutscher Rechtsanwälte im Ausland 37
      dd) Europäische wirtschaftliche Interessenvereinigung 37
      ee) Diskussion um eine „Europäische Partnerschaft“ 37
      ff) Entwurf einer EU-Richtlinie über die Haftung bei Dienstleistungen 38
      gg) CCBE-Standesregeln 38

3. Allgemeines Übereinkommen über den Handel mit Dienstleistungen 39

4. Einzelne ausländische Rechtsordnungen 40

II. Tatsächliche Grundlagen der Berufsausübung 41

1. Spezialisierung 41

2. Kooperation 43
   a) Sozietät (Gesellschaft bürgerlichen Rechts) 43
      aa) Begriff 43
         (1) Gesellschaftsrechtliche Aspekte 44
         (2) Standesrechtliche Aspekte 44

bb) Überörtliche und internationale Sozietäten 44
(1) Gesetzliche Regelung 45
(2) Anwendungsproblem 45
(3) Teleologische Reduktion des § 59a Abs. 3 Nr. 1 BRAO 47
cc) Interdisziplinäre Sozietäten 47
dd) Zusammenarbeit mit angestellten Rechtsanwälten und freien Mitarbeitern 48
b) Bürogemeinschaft 48
c) Partnerschaftsgesellschaft 49
d) Gesellschaft mit beschränkter Haftung 49
aa) Streitstand zur Zulässigkeit einer Rechtsanwalts-GmbH .. 50
bb) Beschluß des Bayrischen Obersten Landesgerichts vom 24.11.1994 52
cc) Ausblick und praktische Bewertung 53
e) Europäische wirtschaftliche Interessenvereinigung 54
f) Schlichte Kooperationen – Verbund mit ausländischen Anwälten 55

3. Internationalisierung 56

III. Ausbildung zum Rechtsanwalt 58

§ 2 Haftung 61

I. Begriff 61

II. Haftungsgrund 62

1. Vertrag und gleichgestellte Rechtsbeziehungen 62

2. Gesetzliche Schuldverhältnisse 62

3. Dritthaftung 62

III. Haftungszweck 63

1. Ausgleichsfunktion 63

2. Präventivfunktion 64

3. Ökonomische Funktion 64

IV. Haftpflichtversicherung 65

§ 3 Recht 67

I. Allgemeines 67

II. Begriff des Rechts 68

1. Recht im objektiven Sinne 68
a) Positives Recht 68
aa) Gesetzliche Normen 68
bb) Gewohnheitsrecht 69
cc) Richterrecht 69
dd) Rechtswissenschaft 71
ee) Regeln der Sittlichkeit und Regeln der Verkehrssitte 71
b) Naturrecht 72
2. Subjektive Rechte 72
III. Methode der Rechtsfindung 73
IV. Relativität des dargelegten Rechtsbegriffs 73
V. Zusammenfassung 74

§ 4 Ausländisches Recht 75

I. Deutsches (inländisches) Recht und ausländisches Recht 75
II. Völkerrecht 76
III. Europarecht 77
1. Primäres und sekundäres Europarecht 77
2. Geltungsbereich und Verhältnis zum nationalen Recht 78
a) Rechtsprechung des Gerichtshofs der Europäischen Gemeinschaften 78
b) Rechtsprechung des Bundesverfassungsgerichts 79
3. Zusammenfassung 79
IV. Internationales Einheitsrecht 80
V. Autonomes Welthandelsrecht 80
1. Lehre von der „lex mercatoria“ 81
2. Im Schrifttum gegen „lex mercatoria“ vorgebrachte Einwendungen 82
3. „Lex mercatoria“ keine eigenständige Rechtsordnung 83
VI. Zusammenfassung 84

2. Teil: Haftung bei der Anwendung ausländischen Rechts

§ 5 Grundlagen der Anwaltshaftung im deutschen Recht 85

I. Anwaltshaftung wegen positiver Vertragsverletzung 86

1. Anwaltsvertrag 86
2. Objektive Pflichtwidrigkeit 87
3. Verschulden 87
4. Schadensverursachung 88
5. Zwischenergebnis 89
II. Unerlaubte Handlung 89
III. Dritthaftung 90

§ 6 Allgemeine Sorgfaltsstandards bei der Anwaltshaftung 91

I. Bestandsaufnahme der Rechtsprechung 91
1. Pflicht zur umfassenden und sorgfältigen Tatsachenfeststellung . 92
2. Pflichten bei der Rechtsanwendung 93
a) Rechtsnormen 93
b) Rechtsprechung 94
c) Schrifttum 95
3. Beratungs- und Aufklärungspflichten 95
a) Allgemeine, umfassende und möglichst erschöpfende Beratung 96
b) Weisungen des Mandanten 96
c) Kostenrisiko 97
d) Rechtskenntnisse des Mandanten 97
e) Vergleichsverhandlungen 98
4. Zusammenfassung 98
II. Standpunkte im Schrifttum 98
1. Pflichten im Bereich der Tatsachenfeststellung 99
2. Pflichten bei der Rechtsanwendung 99
a) Strenge Sorgfaltsanforderungen 99
b) Korrektiv für strenge Sorgfaltsanforderungen über Verschulden 101
c) Minderung der Sorgfaltsanforderungen 101
d) Besonderheiten bei Auftreten unter Spezialisierung 103
3. Beratungs- und Aufklärungspflichten 103
4. Zusammenfassung 104
III. Stellungnahme und Differenzierung der allgemeinen Sorgfaltsstandards 104
1. Stellungnahme zum Streitstand in Rechtsprechung und Schrifttum 104

2. Interessen der Betroffenen und Funktionen der Haftung 105

3. Differenzierung der Sorgfaltsstandards 107
a) Grundsatz: Pflicht, Recht richtig und im Interesse des Mandanten anzuwenden 108
aa) Recht 108
bb) Richtige Anwendung des Rechts 109
cc) Rechtsanwendung im Interesse des Mandanten 111
dd) Zwischenergebnis 111
b) Einschränkungen und Erweiterungen des allgemeinen Sorgfaltsmaßstabs 112
aa) Vorgaben des konkreten Mandats 112
bb) Nach außen hervorgehobene Spezialisierung 114
cc) Zeitdruck 115
dd) Rechtskenntnisse des Mandanten 116

IV. Zusammenfassung und Ergebnis zu den allgemeinen Sorgfaltsstandards 116

§ 7 Besondere Sorgfaltsstandards bei der Anwendung ausländischen Rechts 118

I. Probleme im Umgang mit auslandsbezogenen Sachverhalten 118

II. Sprachkenntnisse des Rechtsanwalts 119

III. Sorgfaltsstandards bei der Anwendung ausländischen Rechts 120

1. Höchstrichterliche Rechtsprechung 120
a) Urteil des Bundesgerichtshofs vom 22. 2. 1972 120
b) Urteil des Oberlandesgerichts Bamberg vom 7. 11. 1988 121
c) Urteil des Oberlandesgerichts Hamm vom 14. 3. 1995 122
d) Beschluß des Bundesgerichtshofs vom 2. 3. 1988 122
e) Zwischenergebnis 123

2. Stellungnahmen im Schrifttum 123
a) Grundsätzlich geminderter Sorgfaltsstandard 124
b) Grundsätzlich kein geminderter Sorgfaltsstandard 124
c) Bewertung der Lösungskonzepte 125

3. Differenzierung der Sorgfaltsstandards 127
a) Grundsatz: Keine Berücksichtigung ausländischen Rechts ... 127
b) Berücksichtigung ausländischen Rechts im Einzelfall 128
aa) Gegenstand des konkreten Anwaltsvertrages 128
bb) Nach außen hervorgehobene Spezialisierung 129
cc) Zeitdruck 130
dd) Rechtskenntnisse des Mandanten 130
c) Zusammenfassung 131

IV. Einzelfragen 131
1. Vertragsgestaltung und -verhandlungen 131
a) Grundsatz 132
b) Insbesondere Rechtswahlklauseln 133
c) Zusammenfassung 134
2. Rechtsberatung 134
3. Prozeßführung 135
a) Internationale Zuständigkeit 135
aa) Wahl des Gerichtsstandes (sog. forum shopping) 136
bb) Prorogation der internationalen Zuständigkeit 138
b) Rechtswahl während eines Prozesses 139
aa) Keine einseitige nachträgliche Rechtswahl durch den Kläger 140
bb) Nachträgliche Rechtswahl durch Einlassung des Beklagten 140
c) Anwendung ausländischen Rechts im Prozeß 141
d) Einstweiliger Rechtsschutz 142
V. Zusammenfassung 142

3. Teil: Haftung bei der Zusammenarbeit mit ausländischen Anwälten

§ 8 Ständige Zusammenarbeit auf vertraglicher Grundlage 145
I. Sozietät (Gesellschaft bürgerlichen Rechts) 146
1. Sozietät zwischen deutschen Rechtsanwälten 146
a) Grundsatz: Gesamtschuldnerische Haftung der Sozien 146
b) Keine gesamtschuldnerische Haftung bei Einzelmandat 147
c) Keine gesamtschuldnerische Haftung bei Haftungsbegrenzung 148
d) Gesamtschuldnerische Haftung für angestellte Rechtsanwälte 149
e) Gesamtschuldnerische Haftung bei Anschein einer Sozietät . 149
2. Sozietät mit deutschem Spezialisten in ausländischer Rechtsordnung 149
3. Internationale Sozietät 151
a) Grundsatz eines Gesamtmandats nach Ansicht im Schrifttum 151
b) Einzelmandat als Regelfall bei internationalen Sozietäten ... 152
c) Zwischenergebnis zur internationalen Sozietät 153
4. Zusammenfassung zur Haftung von Mitgliedern einer Sozietät . 154

II. Partnerschaftsgesellschaft 154
1. Grundsatz: Gesamtschuldnerische Haftung 155
2. Möglichkeit der Haftungsbegrenzung auf einzelne Partner 155
3. Möglichkeit der Haftungsbegrenzung auf einen Höchstbetrag 156
III. Gesellschaft mit beschränkter Haftung 156
IV. Europäische wirtschaftliche Interessenvereinigung 157
V. Schlichte Kooperation – Verbund mit ausländischen Anwälten 159
VI. Deliktsrechtliche Haftung für andere Anwälte 159

§ 9 Zusammenarbeit im Einzelfall 161

I. Höchstrichterliche Rechtsprechung 161
1. Urteil des Reichsgerichts vom 2. 10. 1925 161
2. Urteil des Reichsgerichts vom 4. 7. 1939 162
3. Urteil des Reichsgerichts vom 19. 4. 1940 163
4. Urteil des Bundesgerichtshofs vom 14. 11. 1951 163
5. Urteil des Oberlandesgerichts Bamberg vom 7. 11. 1988 163
6. Urteil des Bundesgerichtshofs vom 1. 2. 1990 164
7. Zusammenfassung 165
II. Streitstand im Schrifttum 165
III. Stellungnahme und eigene Bewertung 167
1. Stellungnahme zum Streitstand in Rechtsprechung und Schrifttum 167
2. Lösung über Auslegung des Anwaltsvertrages 168
a) Sorgfältige Auswahl des ausländischen Anwalts 171
b) Sorgfältige Unterweisung des ausländischen Anwalts 172
c) Überwachung des ausländischen Anwalts 172
d) Anwendung ausländischen Rechts 173
3. Zusammenfassung 173

§ 10 Zusammenarbeit mit ausländischem Anwalt nach dem Rechtsanwaltsdienstleistungsgesetz 174

I. Rechtsstellung des ausländischen Anwalts 174
II. Rechtsstellung des deutschen Einvernehmensanwalts 175
1. Gegenüber dem ausländischen Anwalt 175

2. Gegenüber dem Mandanten des ausländischen Anwalts 177
a) Haftung als Sachwalter 178
b) Vertrag mit Schutzwirkung zugunsten Dritter 179
c) Zwischenergebnis 180

III. Zusammenarbeit mit ausländischem Einvernehmensanwalt 180

IV. Zusammenfassung 180

4. Teil: Gestaltungsmöglichkeiten bei Mandaten mit Auslandsbezug

§ 11 Haftpflichtversicherung 182

I. Gesetzliche Regelung 182

II. Haftpflichtversicherung für die Anwendung ausländischen Rechts . 183

III. Sondervereinbarung bzw. Anschlußversicherung 184

§ 12 Vertragliche Haftungsbegrenzung 185

I. Gesetzliche Regelung 185

II. Haftungsbegrenzung bei der Anwendung ausländischen Rechts ... 186

III. Haftungsbegrenzung bei Zusammenarbeit mit ausländischem Anwalt 188

§ 13 Anwendbares Recht und Rechtswahl 189

I. Berufs- und Standesrecht 189

II. Vertragsstatut 190

1. Grundsatz: Recht des Ortes der Niederlassung des Anwalts 191
a) Strikte Geltung des Art. 28 Abs. 2 EGBGB 191
b) Ausnahmen von der strikten Geltung des Art. 28 Abs. 2 EGBGB 193
aa) Von mehreren Niederlassungen aus erbrachte Leistung .. 193
bb) Vertrag zwischen zwei Anwälten 194
cc) Abstellen auf Niederlassung des Anwalts nicht sachgerecht 194

2. Ausnahme aufgrund engerer Beziehungen zum Recht eines anderen Staates 195

3. Ausnahme bei Rechtswahl 196

4. Besonderheiten zum Verbraucherschutz 196

III. Deliktsstatut 197
1. Grundsatz: Recht des Tatortes 197
2. Ausnahme bei engerer Beziehung zu einer anderen Rechtsordnung 197
3. Ausnahme bei Rechtswahl der Beteiligten 198
4. Ausnahme bei bestehendem Vertragsverhältnis 198
5. Besonderheiten bei Verhaltensregeln 198
IV. Zusammenfassung 199

Schlußbetrachtung und Erkenntnisse für die anwaltliche Praxis 200

Literaturverzeichnis 207

Sachregister 233

Abkürzungsverzeichnis

a. A.	anderer Ansicht
a. a. O.	am angegebenen Ort
ABA-Journal	American Bar Association-Journal (U.S.A.)
ABl	Amtsblatt der Europäischen Gemeinschaften
Abs.	Absatz, Absätze
AcP	Archiv für die civilistische Praxis
ADHGB	Allgemeines Deutsches Handelsgesetzbuch
a. F.	alte Fassung
AG	Aktiengesellschaft
AGB	Allgemeine Geschäftsbedingungen
AGB-Gesetz	Gesetz zur Regelung des Rechts der Allgemeinen Geschäftsbedingungen
AHB Vermögen	Allgemeine Versicherungsbedingungen zur Haftpflichtversicherung für Vermögensschäden
AktG	Aktiengesetz
Anl.	Anlage
AnwBl	Anwaltsblatt
ArbGG	Arbeitsgerichtsgesetz
Art.	Artikel
Az.	Aktenzeichen
BAG	Bundesarbeitsgericht
BayJAPO	Ausbildungs- und Prüfungsordnung für Juristen (Bayern)
BayObLG	Bayerisches Oberstes Landesgericht
BB	Betriebs-Berater
Bd.	Band
BeurkG	Beurkundungsgesetz
BGB	Bürgerliches Gesetzbuch
BGBl I, II	Bundesgesetzblatt, Teil I; Bundesgesetzblatt, Teil II
BGH	Bundesgerichtshof
BGHZ	Entscheidungen des Bundesgerichtshofes in Zivilsachen
BNotO	Bundesnotarordnung
BRAGO	Bundesgebührenordnung für Rechtsanwälte
BRAK	Bundesrechtsanwaltskammer
BRAK-Mitt.	Mitteilungen der Bundesrechtsanwaltskammer
BRAO	Bundesrechtsanwaltsordnung
BT-Dr.	Deutscher Bundestag Drucksache
B. V.	Besloten Vernnootschap (Niederlande)
BVerfG	Bundesverfassungsgericht
BVerfGE	Entscheidungen des Bundesverfassungsgerichts

BVerfGG	Gesetz über das Bundesverfassungsgericht
BWJAPrO	Verordnung der Landesregierung über die Ausbildung und Prüfung der Juristen (Baden Württemberg)
CCBE	Conseil des Barreaux de la Communauté Européenne (Vereinigung der Anwaltskammern in der Europäischen Gemeinschaft)
CMR	La convention relative au contrat de transport international de marchandises par route (Übereinkommen über den Beförderungsvertrag im internationalen Straßengüterverkehr)
D.	Recueil Dalloz Sirey (Frankreich); Digesten
DAV	Deutscher Anwaltverein
DB	Der Betrieb
DDR	Deutsche Demokratische Republik
D. E. A.	Diplôme d'Etudes approfondies (Frankreich)
Ders.	Derselbe
D. E. S. S.	Diplôme d'Etudes supérieures spécialisées (Frankreich)
Dies.	Dieselbe(n)
Diss.	Dissertation
DJT	Deutscher Juristentag
DRiG	Deutsches Richtergesetz
DRiZ	Deutsche Richterzeitung
Dr. med.	Doktor der Medizin
DStR	Deutsches Steuerrecht
DVBl	Deutsches Verwaltungsblatt
DWiR	Deutsche Zeitschrift für Wirtschaftsrecht
EAGV	Vertrag zur Gründung der Europäischen Atomgemeinschaft
EEA	Einheitliche Europäische Akte
EFTA	European Free Trade Association (Europäische Freihandelsassoziation)
EG	Europäische Gemeinschaft
EGBGB	Einführungsgesetz zum Bürgerlichen Gesetzbuch
EGKS	Europäische Gemeinschaft für Kohle und Stahl
EGKSV	Vertrag zur Gründung der Europäischen Gemeinschaft für Kohle und Stahl
EGStPO	Einführungsgesetz zur Strafprozeßordnung
EGV	Vertrag zur Gründung der Europäischen Gemeinschaft
EGZPO	Einführungsgesetz zur Zivilprozeßordnung
Einl.	Einleitung
EU	Europäische Union
EuGH	Gerichtshof der Europäischen Gemeinschaften

EuGVÜ	Europäisches Übereinkommen über die gerichtliche Zuständigkeit und Vollstreckung gerichtlicher Entscheidungen in Zivil- und Handelssachen
EuR	Europarecht
EuZW	Europäische Zeitschrift für Wirtschaftsrecht
EWG	Europäische Wirtschaftsgemeinschaft
EWGV	Vertrag zur Gründung der Europäischen Wirtschaftsgemeinschaft
EWIV	Europäische wirtschaftliche Interessenvereinigung
EWIV-VO	Verordnung (EWG) Nr. 2137/85 des Rates über die Schaffung einer Europäischen wirtschaftlichen Interessenvereinigung
EWR	Europäischer Wirtschaftsraum
EWS	Europäisches Wirtschafts- und Steuerrecht
f., ff.	folgende
FamRZ	Zeitschrift für das gesamte Familienrecht
FAZ	Frankfurter Allgemeine Zeitung
FGG	Gesetz über die Angelegenheiten der freiwilligen Gerichtsbarkeit
Fn.	Fußnote (im vorliegenden Text)
FN.	Fußnote (im zitierten Text)
FS	Festschrift
G	Gesetz
GA	Goltdammer's Archiv für Strafrecht
GATS	General Agreement on Trade in Services (Allgemeines Übereinkommen über den Handel mit Dienstleistungen)
GATT	General Agreement on Tariffs and Trade (Allgemeines Zoll- und Handelsübereinkommen)
GBl	Gesetzesblatt (DDR)
GewO	Gewerbeordnung
GG	Grundgesetz für die Bundesrepublik Deutschland
GKG	Gerichtskostengesetz
GmbH	Gesellschaft mit beschränkter Haftung
GmbHG	Gesetz betreffend die Gesellschaften mit beschränkter Haftung
GmbHR	GmbH-Rundschau mit Sonderfragen der GmbH & Co
grdl.	grundlegend
GVG	Gerichtsverfassungsgesetz
GV NW	Gesetz- und Verordnungsblatt für das Land Nordrhein-Westfalen
HGB	Handelsgesetzbuch
H. L.	House of Lords (England)
Hrsg.	Herausgeber

ICQL	International and Comparative Law Quarterly (England)
IFLRev	International Financial Law Review (England)
IGH	Internationaler Gerichtshof
Int'l Lawyer	The International Lawyer (U.S.A.)
IPR	Internationales Privatrecht
IPRax	Praxis des Internationalen Privat- und Verfahrensrechts
JA	Juristische Arbeitsblätter
J. D. I.	Journal du Droit International (Frankreich)
JR	Juristische Rundschau
JurBüro	Das juristische Büro
JuS	Juristische Schulung
JW	Juristische Wochenschrift
JZ	Juristenzeitung
KG	Kammergericht; Kommanditgesellschaft
KGaA	Kommanditgesellschaft auf Aktien
KostO	Kostenordnung
KSchG	Kündigungsschutzgesetz
L	Leitsatz
LG	Landgericht
lit.	littera (Buchstabe)
LL. M.	Magister Legum (Magister der Rechte)
LM	Lindenmaier und Möhring, Nachschlagewerk des Bundesgerichtshofs
Ltd.	private limited company (England)
MDR	Monatsschrift für Deutsches Recht
Mio.	Million(en)
M. R.	Master of the Rolls (England)
m. w. N.	mit weiteren Nachweisen
n. Chr.	nach Christus
NCPC	Nouveau code de procédure civile (Frankreich)
NdsJAVO	Verordnung zum niedersächsischen Gesetz zur Ausbildung der Juristinnen und Juristen
n. F.	neue Fassung
NJW	Neue Juristische Wochenschrift
NJW-RR	NJW-Rechtsprechungs-Report Zivilrecht
Nr.	Nummer(n)
NVwZ	Neue Zeitschrift für Verwaltungsrecht
NWJAG	Gesetz über die juristischen Staatsprüfungen und den juristischen Vorbereitungsdienst (Juristenausbildungsgesetz) Nordrhein-Westfalen
OGH	Österreichischer Oberster Gerichtshof
OHG	Offene Handelsgesellschaft

OLG	Oberlandesgericht
p.	page (Seite)
PartGG	Gesetz über Partnerschaftsgesellschaften Angehöriger Freier Berufe (Partnerschaftsgesellschaftsgesetz)
pr.	primus (erster)
ProdHaftG	Produkthaftungsgesetz
PVV	Positive Vertragsverletzung
RabelsZ	Rabels Zeitschrift für ausländisches und internationales Privatrecht
RADG	Rechtsanwaltsdienstleistungsgesetz
RAG	Rechtsanwaltsgesetz (DDR)
RBerG	Rechtsberatungsgesetz
Rdn.	Randnummer(n)
Rev.	Review (Zeitschrift)
Rev. arb.	Revue de l'arbitrage (Frankreich)
RGRK	Reichsgerichtsrätekommentar
RGZ	Entscheidungen des Reichsgerichts in Zivilsachen
RichtlRA	Grundsätze des anwaltlichen Standesrechts, Richtlinien gemäß § 177 Abs. 2 Nr. 2 BRAO a. F.
RIW	Recht der Internationalen Wirtschaft, Außenwirtschaftsdienst des Betriebs-Beraters
s.	siehe
S.	Seite(n)
S. A.	Société Anonyme (Frankreich)
SachsJAPO	Ausbildungs- und Prüfungsverordnung für Juristen des Freistaates Sachsen
sog.	sogenannte(r)
StBerG	Steuerberatungsgesetz
StGB	Strafgesetzbuch
StPO	Strafprozeßordnung
u. a.	und andere
UN	United Nations (Vereinte Nationen)
U.S.A.	United States of America (Vereinigte Staaten von Amerika)
u. U.	unter Umständen
UWG	Gesetz gegen den unlauteren Wettbewerb
v.	versus (gegen); von
VerbrKG	Gesetz über Verbraucherkredite
VersR	Versicherungsrecht
vgl.	vergleiche
VVG	Versicherungsvertragsgesetz
VwGO	Verwaltungsgerichtsordnung
WiB	Wirtschaftsrechtliche Beratung
W. L. R.	The Weekly Law Reports (England)

WM	Zeitschrift für Wirtschaft- und Bankrecht, Wertpapiermitteilungen Teil IV
WPO	Gesetz über eine Berufsordnung der Wirtschaftsprüfer
WTO	World Trade Organisation (Welthandelsorganisation)
ZAP	Zeitschrift für die Anwaltspraxis
z. B.	zum Beispiel
ZEuP	Zeitschrift für Europäisches Privatrecht
ZfRV	Zeitschrift für Rechtsvergleichung, Internationales Privatrecht und Europarecht (Österreich)
ZVersWiss	Zeitschrift für die Gesamte Versicherungswissenschaft
ZHG	Zahnheilkundegesetz
ZHR	Zeitschrift für das gesamte Handelsrecht und Wirtschaftsrecht
ZIP	Zeitschrift für Wirtschaftsrecht
ZPO	Zivilprozeßordnung
ZvglRWiss	Zeitschrift für vergleichende Rechtswissenschaft

Einleitung

Ausgangspunkt der Untersuchung zur internationalen Anwaltshaftung ist eine Feststellung von *Karl Neumeyer* aus dem Jahr 1917:

> „Wie der Verkehr nun aber an den Landesgrenzen nicht stillesteht, so reicht aber auch die anwaltliche Tätigkeit über sie hinaus und damit können sich Schwierigkeiten ergeben, deren Lösung nicht auf den ersten Blick zu finden ist.“[1]

Nicht ganz vier Jahrzehnte später, im Jahre 1954, hat *Max Friedlaender* ausgeführt:[2]

> „Daß im Leben gerade der Rechtsanwalt vielfach in Beziehungen zum Ausland tritt, bedarf kaum einer Erwähnung, und es entstehen daher beinahe täglich Fragen [...].“

Dies zeigt, daß die haftungsrechtlichen Folgen grenzüberschreitender Betätigung der deutschen Rechtsanwälte keineswegs erst in den letzten Jahren aktuell geworden sind. Um so mehr überrascht es, daß im neueren juristischen Schrifttum hierzu nur wenige Untersuchungen vorliegen.[3] Die vorliegende Arbeit versucht, die bestehende Lücke durch eine umfassende Analyse zu schließen.

Wenn im folgenden die „Internationale Anwaltshaftung“ Gegenstand der Ausführungen ist, so ist darunter die Gesamtheit der in Deutschland geltenden Rechtsregeln zu verstehen, welche die Haftung des Rechtsanwalts gegenüber seinem Mandanten betreffen, wenn der dem Rechtsanwalt erteilte Auftrag einen Auslandsbezug aufweist.

Die anwaltliche Berufstätigkeit (im wesentlichen Rechtsberatung, Rechtsgestaltung und Prozeßvertretung) ist immer weniger an nationale Grenzen gebunden und auf die Anwendung des nationalen Rechts beschränkt. Nach einer Liberalisierung des Standesrechts Ende der achtziger Jahre hat in Deutschland eine Fusions- und Expansionswelle von Anwaltsgemeinschaften begonnen. Internationale Anwaltssozietäten bzw. -kooperationen operieren weltweit. Anwaltssozietäten mit Stammsitz im Ausland eröffnen zunehmend Zweigstellen in Deutschland.

Vor allem im internationalen Kapitalverkehr, wenn Unternehmen Tochtergesellschaften im Ausland gründen, Beteiligungen im Ausland erwerben oder mit ausländischen Unternehmen zusammenarbeiten, erfordert eine umfassende rechtliche Beratung des Mandanten die Berücksichtigung nicht nur des nationalen (deutschen) Rechts, sondern unter Umständen auch die Berücksichtigung einer Vielzahl ausländischer Rechtsordnungen. Zu den Mandanten zählen aber nicht

---

1 *Neumeyer*, GA 64 (1917), S. 1.

2 *Friedlaender*, AnwBl 1954, S. 1.

3 *Hök*, JurBüro 1990, 155ff.; *Raiser*, NJW 1991, 2049ff.; *Riederer v. Paar*, IPRax 1991, 496ff. und *Rinsche/M. Schlüter*, ZAP 1992, Fach 23, S. 115ff.

nur multinationale Konzerne. Besonders die mittelständischen Unternehmen betätigen sich traditionell im Ausland. Privatpersonen werden bei Reisen oder etwa bei Vermögensanlagen mit Problemen konfrontiert, die sich nach ausländischem Recht bestimmen. Wenden sie sich an deutsche Rechtsanwälte, so müssen diese für sie ausländisches Recht anwenden. Begeht der Rechtsanwalt Fehler, stellt sich die Frage nach der Haftung.

In politischer und wirtschaftlicher Hinsicht ist die gegenwärtige Entwicklung durch eine Globalisierung der Wirtschaftsbeziehungen und die fortschreitenden Veränderungen in Europa gekennzeichnet. Hervorzuheben sind die Konsolidierung des Gemeinsamen Marktes mit der einhergehenden Rechtsangleichung in den Staaten der Europäischen Union und des Europäischen Wirtschaftsraums einerseits sowie der Wandel in Osteuropa andererseits. Die asiatischen Märkte entwickeln sich mit großer Dynamik und gelten als die bedeutendsten Zukunftsmärkte. Außerdem ist der zunehmende Einfluß von U.S.-amerikanischem Recht für die Rechtsentwicklung in Europa nicht zu übersehen.

In den U.S.A. nehmen die Fälle zu, in denen Anwälte zur Zahlung hoher Schadensersatzsummen verurteilt werden bzw. sich im Rahmen von Vergleichen hierzu verpflichten. Dies betrifft nicht nur die Anzahl der Haftungsfälle, sondern auch die Höhe des Schadensersatzes. Seit 1986 sind 14 Fälle bekannt, in denen Anwälte Beträge von mehr als 20 Mio. U.S.-Dollar zahlen mußten.[4] Öffentliche Aufmerksamkeit haben die Insolvenzen von Kreditinstituten („savings & loans") erregt. Zum Beispiel mußten Anwaltssozietäten und Wirtschaftsprüfungsgesellschaften bei der Abwicklung der *Lincoln S & L* insgesamt 337 Mio. U.S.-Dollar zahlen.[5] Eine U.S.-amerikanische Anwaltssozietät hat einen Vergleich über 51 Mio. U.S.-Dollar akzeptiert.[6] Im September 1994 verurteilte ein U.S.-amerikanisches Gericht eine andere Anwaltssozietät des Landes, 6,9 Mio. U.S.-Dollar Strafschadensersatz (sog. „punitive damages") zu zahlen. Der Grund war, daß ein Partner der Sozietät die Klägerin, eine Anwaltsgehilfin, belästigt hatte („sexual harassment").[7] In beiden letztgenannten Fällen unterhalten die betroffenen Sozietäten auch Büros in Deutschland, und es ist zu vermuten, daß diejenigen deutschen Rechtsanwälte, die den Status eines Partners haben, von der Entscheidung des U.S.-amerikanischen Gerichts finanziell ebenfalls betroffen sind. Die für den Rechtsanwalt vertrauten nationalen Dimensionen verschwimmen immer mehr. Es ist daher notwendig, genau bestimmen zu können, nach welchem Recht sich anwaltliche Haftungsfragen richten.

Bei der vorliegenden Untersuchung ist besonderer Wert darauf zu legen, Erkenntnisse aus Rechtstheorie und -praxis zu verknüpfen. Die Gedankenführung soll von allgemeinen Grundsätzen hin auf die konkreten Einzelprobleme erfol-

---

4 Hierzu mit näheren Einzelheiten: *Couric*, ABA-Journal April 1994, 64 (65).

5 *Couric*, ABA-Journal April 1994, 64 (65); *Stewart*, IFLRev Mai 1992, 14ff.; April 1993, 12ff. und November 1993, 7f.

6 Dies berichten: *Hirte/Otte*, VersR 1994, 1387 (1399).

7 Hierzu: FAZ vom 8.9.1994, S. 17.

gen. Gegenstand des ersten Teils der Arbeit sind diejenigen Grundlagen, die für das Gesamtverständnis der im Anschluß daran folgenden Ausführungen zu ausgewählten Fragen der Anwaltshaftung unerläßlich sind. Muß ein Rechtsanwalt im Rahmen eines ihm erteilten Auftrags ausländische Rechtsnormen berücksichtigen, so kann er dieses auf zweierlei Weise tun: Er kann selbst tätig werden und ausländisches Recht anwenden. Die dabei zu beachtenden Sorgfaltsstandards sollen im zweiten Teil der Arbeit untersucht werden. Der praktische Regelfall dürfte demgegenüber sein, daß ein deutscher Rechtsanwalt einen ausländischen Anwalt aus dem jeweiligen Rechtskreis einschaltet und diesen beauftragt, die Prüfung nach seinem Heimatrecht durchzuführen. Schwerpunkt des dritten Teils der Arbeit ist es, zu ermitteln, welche Sorgfaltsstandards ein deutscher Rechtsanwalt zu beachten hat, wenn er mit ausländischen Anwälten zusammenarbeitet und unter welchen Voraussetzungen ein deutscher Rechtsanwalt für Pflichtverletzungen des ausländischen Anwalts haftet. Der vierte Teil ergänzt die beiden vorangegangenen Teile. Darin geht es um Möglichkeiten des Rechtsanwalts, sich durch im einzelnen näher beschriebene Maßnahmen abzusichern und das Vertragsverhältnis mit dem Mandanten zu gestalten. Der Rechtsanwalt kann sich über die gesetzliche Verpflichtung hinaus gegen die Haftpflichtgefahren, die sich aus seiner Berufstätigkeit ergeben können, versichern. Ferner kann er die Haftung gegenüber dem Mandanten vertraglich begrenzen. Bei Mandaten mit Auslandsberührung ist zu prüfen, was ein Rechtsanwalt unternehmen kann, um das auf Haftungsfälle anwendbare Recht vorherbestimmen zu können. In einer Schlußbetrachtung werden die Ergebnisse analysiert und Vorschläge für die anwaltliche Praxis erarbeitet.

1. Teil: Grundlagen

Vorab sollen die theoretischen Grundlagen der Haftung von Rechtsanwälten bei der Anwendung ausländischen Rechts in rechtlicher, aber auch tatsächlicher Hinsicht, jeweils bezogen auf das Gesamtthema, dargestellt werden. Der Schwerpunkt der Ausführungen bezieht sich auf die Rechtslage in Deutschland. Ausgangspunkt ist die zivilrechtlich orientierte Anwaltstätigkeit.

§ 1 Rechtsanwalt

„Rechtsanwalt" ist, wer nach Bestehen der zweiten juristischen Staatsprüfung[8] bei einem deutschen Gericht zugelassen ist[9] und sich als solcher betätigt. In Deutschland waren zu Beginn des Jahres 1995 insgesamt 74291 Rechtsanwälte zugelassen,[10] knapp 5% mehr als im Vorjahr.[11] Diese konkurrieren auf dem nationalen und insbesondere auf dem internationalen Markt mit ausländischen Anwälten.[12]

I. Rechtsgrundlagen der Berufsausübung

Rechtsgrundlagen für die anwaltliche Berufsausübung sind im wesentlichen Rechtsnormen des nationalen deutschen Rechts sowie Vorschriften der Europäischen Union (EU) und des Europäischen Wirtschaftsraums (EWR). Mittelbare Bedeutung haben seit dem 1.1.1995 die Regelungen des Allgemeinen Übereinkommens über den Handel mit Dienstleistungen (GATS) und, im jeweiligen Einzelfall, die Rechtsnormen ausländischer Staaten.

1. Nationales deutsches Recht

In Deutschland ist für die Berufsausübung der Rechtsanwälte neben den verfassungsrechtlichen Vorgaben vor allem die Bundesrechtsanwaltsordnung (BRAO) von grundlegender Bedeutung.

---

8 Oder der Eignungsprüfung nach dem Gesetz über die Eignungsprüfung für die Zulassung zum Rechtsanwalt vom 6.7.1990, BGBl I, S. 1349.

9 §§ 4ff. BRAO.

10 Hierzu: BRAK-Mitt. 1995, 62 und AnwBl 1995, 192.

11 Allgemein zu der Entwicklung der Anwaltschaft in Deutschland: *Hommerich*, Beilage AnwBl Mai 1988, S. 12ff.; *Pfeiffer*, in: FS-Stiefel (1987), S. 559ff.; *Redeker*, NJW 1995, 1241ff.; *Strobel*, NJW 1993, 2909 (2910).

12 Zur Anzahl der Anwälte in den EU-Staaten: *Kespohl-Willemer*, JZ 1990, 28; zur Entwicklung der Anwaltschaft in Europa: *Hauschka*, AnwBl 1988, 553 (555). In den USA waren 1989 etwa 725000 Anwälte zugelassen, *Weinschenk*, RIW 1990, 435.

a) Verfassungsrecht

Im Grundgesetz ist die „Rechtsanwaltschaft“ ausdrücklich nur in Art. 74 Nr. 1 erwähnt. Diese Vorschrift gewährt dem Bund – unter anderem auch – für die so bezeichnete Rechtsmaterie die konkurrierende Gesetzgebungskompetenz. Nach deutschem Verfassungsrecht ist Grundlage des Schutzes der beruflichen Betätigung von Rechtsanwälten Art. 12 Abs. 1 GG.[13] Aber auch in anderem Zusammenhang hat das Bundesverfassungsgericht in seiner Rechtsprechung regelmäßig die Bedeutung der „freien Advokatur“ für die objektive Rechtsordnung hervorgehoben.[14]

b) Beschlüsse des Bundesverfassungsgerichts vom 14. 7. 1987

Einschneidende Auswirkungen auf die Grundlagen des Anwaltsberufs hatten die am 14. 7. 1987 verkündeten Beschlüsse des Bundesverfassungsgerichts.[15] Darin stellte das Gericht fest, daß die Richtlinien des anwaltlichen Standesrechts[16] keine Rechtsnormen (im Sinne von Art. 12 Abs. 1 S. 2 GG) seien. Gemäß § 177 Abs. 2 Nr. 2 BRAO a. F. handelte es sich bei den Richtlinien um Regeln, die von der Bundesrechtsanwaltskammer erlassen werden konnten, um „die allgemeine Auffassung über Fragen der Ausübung des Anwaltsberufs [. . .] festzuhalten“. Daraus hat das Bundesverfassungsgericht gefolgert, daß in ihnen nur die Auffassungen der Standesangehörigen zusammenfassend registriert seien. Insbesondere bei der Auslegung des § 43 BRAO komme den Richtlinien eine rechtserhebliche Bedeutung nur noch für eine Übergangszeit zu, und zwar bis zur Neuordnung des anwaltlichen Berufsrechts, soweit ihre Heranziehung unerläßlich sei, um die Funktionsfähigkeit der Rechtspflege aufrechtzuerhalten.[17] Das Bundesverfassungsgericht bewirkte damit eine Neuorientierung der Rechtsanwaltschaft von Grund auf.[18]

c) Einfachgesetzliche Vorschriften

Von den einfachgesetzlichen Vorschriften, welche die Berufsausübung des Rechtsanwalts betreffen, kommt der Bundesrechtsanwaltsordnung grundlegende Bedeutung zu.[19] Das Gesetz regelt sowohl Fragen des Berufs- und Standesrechts

---

13 BVerfGE 76, 171 (184 ff.); BVerfGE 80, 269 (278); BVerfGE 87, 287 (316 ff.) = NJW 1993, 317 (318); BVerfG, NJW 1995, 775 (776); 1995, 951 (952).

14 Etwa: BVerfGE 63, 266 (287 ff.); ferner hierzu: *Laufhütte*, in: FS-Pfeiffer (1988), S. 959 ff.; *Redeker*, NJW 1987, 2610 ff.

15 BVerfGE 76, 171 ff. = NJW 1988, 191 ff. und BVerfGE 76, 196 ff. = NJW 1988, 194 ff.

16 RichtlRA zuletzt vom 1. 2. 1987, abgedruckt und kommentiert bei *Lingenberg/Hummel/Zuck/Eich*, Grundsätze des anwaltlichen Standesrechts.

17 Etwa zu der übergangsweisen Fortgeltung von § 48 RichtlRA: BGH, NJW 1994, 532 f. Zur Neuregelung der BRAO, unten, c).

18 Zu den Entscheidungen des Bundesverfassungsgerichts etwa: *Kleine-Cosack*, AnwBl 1987, 561 ff. und NJW 1988, 164 ff.; *Rabe*, NJW 1989, 1113 ff.; *Zuck*, NJW 1988, 175 ff.

19 Einzelheiten zur Bundesrechtsanwaltsordnung erläutern insbesondere die Kommentare von *Feuerich/Braun, Jessnitzer/Blumberg* und *Kleine-Cosack*.

als auch solche des Anwaltsvertragsrechts. Während das Berufs- und Standesrecht die Beziehungen des Rechtsanwalts zum Staat und anderen Rechtsanwälten betrifft, ist unter Anwaltsvertragsrecht die Gesamtheit der Rechtsbeziehungen zum Mandanten aufgrund des mit diesem geschlossenen Vertrages zu verstehen.

Die Bundesrechtsanwaltsordnung regelt insbesondere die Zulassung zur Rechtsanwaltschaft, die Rechte und Pflichten des Rechtsanwalts sowie die berufsständische Organisation. Gemäß § 1 BRAO ist der Rechtsanwalt ein unabhängiges Organ der Rechtspflege.[20] Nach § 2 BRAO übt der Rechtsanwalt einen freien Beruf und kein Gewerbe aus.[21] Der Rechtsanwalt ist der berufene unabhängige Berater und Vertreter in allen Rechtsangelegenheiten (§ 3 BRAO). Mit diesen Vorschriften hat der Gesetzgeber das Berufsbild des Rechtsanwalts in seinen wesentlichen Dimensionen umrissen. Daneben sind Rechte und Pflichten der Rechtsanwälte in einer Vielzahl von Einzelgesetzen geregelt.[22]

Der Gesetzgeber hat die Bundesrechtsanwaltsordnung durch das Gesetz zur Neuordnung des Berufsrechts der Rechtsanwälte und Patentanwälte vom 2.9.1994 novelliert.[23] Zweck der Novelle war es, das Berufsrecht den Vorgaben des Bundesverfassungsgerichts anzupassen. Zugleich sollte dadurch die Wettbewerbsfähigkeit der Rechtsanwaltschaft national und international gestärkt werden.[24] Ein Schwerpunkt der gesetzlichen Regelung ist in §§ 43–59b BRAO die Neuformulierung der Vorschriften, welche die Rechte und Pflichten des Anwalts und die berufliche Zusammenarbeit der Rechtsanwälte betreffen.[25] Aufgrund von §§ 59b, 191a ff. BRAO regelt eine Berufsordnung in Satzungsform das Nähere zu den beruflichen Rechten und Pflichten der Rechtsanwälte.[26] Diese tritt an die Stelle der vom Bundesverfassungsgericht mißbilligten Richtlinien. Mit der Ände-

20 Vgl. *Senninger*, AnwBl 1990, 238ff. sowie *Großfeld/Edelkötter*, in: FS-Hencke (1995), S. 310ff.

21 Hierzu etwa: *Michalski*, AnwBl 1989, 65 (70ff.); *Taupitz*, Die Standesordnungen der freien Berufe (1991), S. 11ff.

22 Zum Beispiel: ArbGG (§§ 11, 11a); BVerfGG (§ 22); BGB (§ 196); BRAGO; GewO (§ 6); GKG (Anl. 1 Nr. 1906); GVG (§ 34); KostO (§ 137); RBerG (§ 3 Nr. 2); StGB (§§ 139, 203, 352, 356); StPO (§§ 22, 53, 138/137ff., 147, 385); VVG (§ 158m); VwGO (§ 67); ZPO (§§ 78ff., 91, 121, 130, 135, 183, 198, 212a, 215, 244, 271, 383, 397, 520, 811, 1034); u.U. gilt auch Gewohnheitsrecht fort.

23 BGBl. I, S. 2278, in Kraft getreten am 9.9.1994. Einzelheiten hierzu: *Feuerich*, ZAP 1994, Fach 23, S. 183ff.; *Hartung*, WiB 1994, 585ff.; *Kleine-Cosack*, NJW 1994, 2249ff.; AnwBl 1994, 277f.; *Loewer*, BRAK-Mitt. 1994, 186ff.; *Schardey*, AnwBl 1994, 369ff. Zur Entstehung der Novelle etwa BT-Dr. 12/4993 vom 19.5.1993, 12/7656 vom 24.5.1994 und 12/7868 vom 14.6.1994 sowie *Hartung*, NJW 1993, 2776ff.; *Lindner*, MDR 1993, 605ff.

24 BT-Dr. 12/7656 vom 24.5.1994.

25 Zu den allgemeinen Sorgfaltsstandards, die ein Rechtsanwalt zu beachten hat: unten § 6.

26 Die Bundesrechtsanwaltskammer hat am 15.2.1995 einen Diskussionsvorschlag veröffentlicht, vgl.: BRAK-Mitt. 1995, 12ff.

rung der Bundesrechtsanwaltsordnung hat der Gesetzgeber eine Gebührenrechtsnovelle[27] und das Partnerschaftsgesellschaftsgesetz[28] verabschiedet. Die Regelungen der Bundesrechtsanwaltsordnung gelten nunmehr in allen Bundesländern gleichermaßen. Diejenigen Regelungen des von der DDR-Volkskammer erlassenen DDR-Rechtsanwaltsgesetzes vom 13.9.1990[29], die für die in der ehemaligen DDR zugelassenen Rechtsanwälte gemäß Art. 19 Einigungsvertrag vom 31.8.1990[30] übergangsweise fortgalten,[31] sind damit aufgehoben.

Für die Betätigung ausländischer Anwälte in Deutschland ist noch Art. 1 § 1 Abs. 1 Nr. 6 RBerG zu erwähnen.[32] Danach kann einem Rechtskundigen in einem ausländischen Recht eine Erlaubnis für die Rechtsbesorgung auf dem Gebiet dieses Rechts erteilt werden. Eine für das Recht eines der Mitgliedstaaten der Europäischen Union erteilte Erlaubnis erstreckt sich auch auf das Recht der Europäischen Gemeinschaften. Die Absätze 2 und 3 dieser Vorschrift enthalten weitere Verfahrensregeln zu der Rechtsbesorgungserlaubnis.

2. Europarecht

Europarechtliche Vorschriften[33], welche die grenzüberschreitende Tätigkeit der Anwälte aus den Staaten der Europäischen Union und des Europäischen Wirtschaftsraums betreffen, sind vor allem die europäischen Verträge, EU-Verordnungen und EU-Richtlinien. Bei den Richtlinien sind deren Umsetzungen ins nationale Recht zu beachten.

a) EG-Vertrag

Im primären Gemeinschaftsrecht sind die Niederlassungsfreiheit des Art. 52 EGV[34] und die Dienstleistungsfreiheit des Art. 59 EGV die Rechtsgrundlage da-

---

27 Gesetz zur Änderung von Kostengesetzen und anderen Gesetzen (BGBl I, S. 1325), das am 1.7.1994 in Kraft getreten ist. Hierzu etwa: *v. Eicken*, NJW 1994, 2258ff.

28 In Kraft getreten am 1.7.1995; ausführlicher zum Partnerschaftsgesellschaftsgesetz: unten, II 2c).

29 DDR-RAG, GBl DDR, S. 154. Hierzu etwa: *Kaiser*, AnwBl 1991, 133ff.; auch: *Hartstang*, S. 795ff.

30 BGBl II, S. 889.

31 Insoweit galten die Regelungen von Anlage I Kapitel III Sachgebiet A Abschnitt I Nr. 7, Abschnitt II Nr. 2 und Abschnitt III Nr. 1 lit. a sowie von Anlage II Kapitel III Sachgebiet A Abschnitt III Nr. 1 Einigungsvertrag.

32 Eingefügt durch Gesetz vom 30.8.1994, BGBl II, S. 1438. Nach Informationen der Bundesrechtsanwaltskammer waren am 1.9.1994 im Bundesgebiet 289 Teilerlaubnisse zur Rechtsberatung im ausländischen Recht erteilt worden. Hierzu: BRAK-Mitt. 1994, 213 (218).

33 Zu den einzelnen Rechtsquellen des Europarechts erfolgt eine vertiefende Darstellung unten, § 4 III.

34 Früher EWG-Vertrag (EWGV), seit EU-Vertrag vom 1.11.1993 (ABl EG C 224, S. 1): EG-Vertrag (EGV).

für, daß Anwälte grundsätzlich in allen Staaten der Europäischen Union tätig werden dürfen.[35] Für die Berufsordnung der Rechtsanwälte in Deutschland sind diese Vorschriften allerdings nur anwendbar, soweit sie Sachverhalte regeln, die einen grenzüberschreitenden Bezug aufweisen.[36] Andernfalls ist ein Ausgleich über nationale Vorschriften, insbesondere über Art. 12 Abs. 1 und Art. 3 Abs. 1 GG, zu finden.[37] Die Niederlassungsfreiheit (Art. 52–58 EGV) gewährt Anwälten das Recht, sich – nicht nur vorübergehend – wirtschaftlich in einem Mitgliedstaat in Form einer Haupt- oder Zweigniederlassung zu betätigen.[38] Die Dienstleistungsfreiheit (Art. 59–66 EGV) bezieht sich demgegenüber auf selbständige Erwerbstätigkeiten, die ein Anwalt lediglich vorübergehend von einer Niederlassung im Heimatstaat aus in einem anderen Mitgliedstaat erbringt.[39] Es gelten in beiden Fällen allerdings grundsätzlich diejenigen Voraussetzungen, die der jeweilige Staat für seine Angehörigen vorschreibt (vgl. Art. 59 Abs. 2 EGV; Prinzip der Inländergleichbehandlung, Diskriminierungsverbot).[40]

b) EWR-Abkommen

Neben den Vorschriften des EG-Vertrages kommt dem Abkommen über den Europäischen Wirtschaftsraum (EWR) Bedeutung zu.[41] Das EWR-Abkommen vom 2. 5. 1992[42] und das Anpassungsprotokoll zum Abkommen über den EWR vom 17. 3. 1993[43] sind in Deutschland am 1. 1. 1994 in Kraft getreten.[44] Vertragspartner sind die EWG, die EGKS, deren damalige zwölf Mitgliedstaaten sowie die damaligen Mitgliedstaaten der EFTA, nämlich Finnland, Island, Liechten-

---

35 Grundlegend: EuGH, NJW 1975, 513 ff., „Reyners“; NJW 1975, 1095 f., „van Binsbergen“; NJW 1977, 1582 f., „Thieffry“; NJW 1985, 1275 f., „Klopp“; NJW 1988, 887 ff., „Kommission./. BR Deutschland“; NJW 1989, 658 f., „Gullung“; NJW 1991, 3084 ff., „Kommission./. Frankreich“; EuZW 1991, 380 ff., „Vlassopoulou“; EuZW 1991, 542 ff., „Dennemeyer“; hierzu ferner: *Clausnitzer*, S. 1 ff.; *Commichau*, in: FS-Locher (1990), S. 441 ff.; *Everling*, Gutachten zum 58. DJT (1990), S. C 21 ff.; *Gornig*, NJW 1989, 1120 ff.; *Hartstang*, S. 394 ff.; *Hofmann*, Internationales Anwaltsrecht – Dienstleistungs- und Niederlassungsfreiheit in der Europäischen Gemeinschaft (1991); *Nerlich*, S. 16 ff. und 50 ff. (zur Dienstleistungsfreiheit) und S. 61 ff. und S. 158 ff. (zur Niederlassungsfreiheit); *Paus/Rader-Laufer*, S. 85 ff.; *Rabe*, AnwBl 1992, 146 ff.

36 BGH, NJW 1990, 108 f.; EuGH, EuZW 1992, 189, zu Art. 48 EGV; „Steen“.

37 *Rabe*, AnwBl 1992, 146 (148). Zur sog. Inländerdiskriminierung: *Heintzen*, EWS 1990, 82 ff. sowie kritisch: *Kewenig*, JZ 1990, 20 ff.

38 *Clausnitzer*, S. 2 ff.; *Paus/Rader-Leufer*, S. 85 ff.; *Rabe*, AnwBl 1992, 146 (148 ff.). Hierzu auch: unten, c) bb) und cc).

39 *Clausnitzer*, S. 1 (12 ff.); *Paus/Rader-Leufer*, S. 85 (88 f.); *Rabe*, AnwBl 1992, 146 (147 f.). Hierzu auch: unten, c) aa).

40 Hierzu: EuGH, EuZW 1991, 542 ff.

41 Hierzu: *Streit*, NJW 1994, 555 ff.

42 BGBl II 1993, S. 266.

43 BGBl II 1993, S. 1294.

44 Bekanntmachung vom 14. 10. 1993, BGBl I, S. 1666.

stein, Norwegen, Österreich und Schweden.[45] Bei dem EWR-Abkommen handelt es sich um einen völkerrechtlichen Vertrag. Darin haben die EFTA-Staaten einen Großteil der EU-Binnenmarktregelungen übernommen. Im Gegenzug haben sich die EU-Staaten verpflichtet, ihre nationalen Regelungen zur Umsetzung und Anwendung der EU-Binnenmarktregelungen auf die EWR-Vertragsstaaten der EFTA auszudehnen. In Deutschland ist dies durch die Gesetze vom 24. 4. 1993[46] und vom 27. 9. 1993[47] erfolgt. Diese Gesetze sind am 1. 1. 1994 in Kraft getreten. Zweck der Assoziierung war es, die EFTA-Staaten an einen späteren EU-Beitritt heranzuführen. Das EWR-Abkommen garantiert insbesondere auch die Niederlassungs- und Dienstleistungsfreiheit.

c) Verordnungen, Richtlinien und deren Umsetzungen in Deutschland

Die Vorschriften des primären Gemeinschaftsrechts haben Ausprägungen im sekundären Gemeinschaftsrecht gefunden. Soweit es sich dabei um Richtlinien handelt, hat die Bundesrepublik Deutschland die gemeinschaftsrechtlichen Vorgaben in innerstaatliches Recht umgesetzt.

aa) Freier Dienstleistungsverkehr für Anwälte

Zur Dienstleistungsfreiheit hat der Rat die Richtlinie 77/249/EWG vom 22. 3. 1977 betreffend die Erleichterung der tatsächlichen Ausübung des freien Dienstleistungsverkehrs der Rechtsanwälte innerhalb der Europäischen Gemeinschaft erlassen.[48] Der deutsche Gesetzgeber hat diese Richtlinie mit dem Rechtsanwaltsdienstleistungsgesetz (RADG) vom 16. 8. 1980 umgesetzt.[49] In § 1 Abs. 1 RADG sind die in Deutschland anerkannten Berufsbezeichnungen der Anwälte in den anderen EU- und EWR-Staaten festgelegt:

in Belgien:	Avocat bzw. Advocaat,
in Dänemark:	Advokat,
in Frankreich:	Avocat,
in Griechenland:	Dikigoros,
in Irland:	Barrister, Solicitor,
in Italien:	Avvocato,

45 Die Schweiz hat das Abkommen nicht ratifiziert. Finnland, Österreich und Schweden sind seit dem 1. 1. 1995 Mitglieder der Europäischen Union. Das norwegische Volk hat den EU-Beitritt in einem Referendum abgelehnt. Hierzu allgemein: FAZ vom 31. 12. 1994, S. 4.

46 Gesetz zur Ausführung des Abkommens vom 2. 5. 1992 über den Europäischen Wirtschaftsraum, BGBl I, S. 512.

47 Gesetz zur Anpassung des EWR-Ausführungsgesetzes, BGBl I, S. 1666.

48 ABl EG Nr. L 78 vom 26. 3. 1977, S. 17; abgedruckt etwa bei: *Feuerich/Braun*, BRAO, unter Nr. 4.

49 BGBl I, S. 1453, nunmehr geändert durch das Gesetz vom 27. 4. 1993, BGBl I, S. 529. Hierzu BT-Dr. 11/4793 vom 15. 6. 1989. Zu den Umsetzungen in den anderen EU-Staaten: *Kespohl-Willemer*, AnwBl 1991, 147 f.; *Pieper*, S. 21 (26 ff.). Allgemein hierzu auch: *Nerlich*, S. 42 ff. und 51 ff.

in Luxemburg:	Avocat-avoué,
in den Niederlanden:	Advocaat,
in Portugal:	Advogado,
in Spanien:	Abogado,
im Vereinigten Königreich:	Advocate, Barrister, Solicitor,
in Österreich:	Rechtsanwalt,
in Finnland:	Asinanajaja, Advokat,
in Island:	Lögmaur,
in Liechtenstein:	Rechtsanwalt,
in Norwegen:	Advokat,
in Schweden:	Advokat,
in der Schweiz:	Avokat, Avvocato, Advokat, Rechtsanwalt, Anwalt, Fürsprecher, Fürsprech.

Sie haben bei der Ausübung der Tätigkeiten im Zusammenhang mit dem RADG die Stellung eines Rechtsanwalts, § 2 Abs. 1 RADG. Nach dem RADG sind EU-Anwälte grundsätzlich[50] vor allen deutschen Gerichten postulationsfähig. Vor Gerichten, vor denen Anwaltszwang besteht, ist der ausländische Anwalt verpflichtet, Einvernehmen mit einem postulationsfähigen Rechtsanwalt herzustellen. Diesem obliegt es, darauf hinzuwirken, daß der dienstleistende Anwalt die Erfordernisse einer geordneten Rechtspflege beachtet, § 4 Abs. 1 S. 2 RADG. Zwischen dem sog. Einvernehmensanwalt und dem Mandanten kommt allerdings grundsätzlich kein Vertragsverhältnis zustande, § 4 Abs. 1 S. 3 RADG.

bb) Niederlassung und Zulassung ausländischer Anwälte in Deutschland

Für ausländische Anwälte aus den Staaten der Europäischen Union und des Europäischen Wirtschaftsraums besteht die Möglichkeit, sich in Deutschland – unter der ausländischen Berufsbezeichnung – niederzulassen, §§ 206, 207 BRAO.[51] Der Anwalt muß in die für den Ort seiner Niederlassung zuständige Rechtsanwaltskammer aufgenommen sein. Allerdings ist das Recht zur Niederlassung dieser Anwälte auf Rechtsbesorgung auf dem Gebiet des ausländischen Rechts und des internationalen Rechts begrenzt.[52] Darüber hinaus können Juristen aus den EU-Staaten in Deutschland nach Ablegen einer Eignungsprüfung als (deutscher) Rechtsanwalt zugelassen werden. Grundlage hierfür ist die allgemeine Hochschuldiplom-Anerkennungsrichlinie 89/48/EWG vom 21. 12. 1988.[53]

---

50 Beschränkungen gelten nur vor dem Bundesgerichtshof und den Zivilsenaten bei den Oberlandesgerichten, wenn der Anwalt bereits in erster Instanz Prozeßbevollmächtigter war, §§ 2, 3 RADG.

51 Am 1. 1. 1995 waren in Deutschland 84 ausländische Anwälte als Mitglieder der Rechtsanwaltskammern verzeichnet, vgl. BRAK-Mitt. 1995, 62 und AnwBl 1995, 192.

52 Zu ausländischen Anwälten aus anderen Staaten, unten, 3.

53 ABl EG Nr. L 19 vom 24. 1. 1989, S. 16, umgesetzt in Deutschland durch das Eignungsprüfungsgesetz vom 6. 7. 1990, BGBl I, S. 1349 und die Eignungsprüfungsverordnung vom 18. 12. 1990, BGBl I, S. 2881 zuletzt geändert durch Gesetz vom 27. 4. 1993, BGBl I, S. 529. Hierzu: *Feuerich*, NJW 1991, 1144ff.; *Hackl*, AnwBl 1993, 312ff.; *Kespohl-*

Die EU-Kommission plant gegenwärtig eine weitere Flexibilisierung der Niederlassung ausländischer Anwälte. Wenn diese eine ständige Erfahrung von mindestens drei Jahren mit dem Recht des Gastlandes nachweisen, sollen die ausländischen Anwälte ohne weitere Prüfung dem Berufsstand des Gastlandes beitreten können.[54]

cc) Niederlassung und Zulassung deutscher Rechtsanwälte im Ausland

Für deutsche Rechtsanwälte erkennt § 29a BRAO die grundsätzliche Zulässigkeit grenzüberschreitender Anwaltstätigkeit an. Danach dürfen deutsche Rechtsanwälte auch in anderen Staaten eine Kanzlei errichten und unterhalten.[55] Dabei ist zwischen der Betätigung im Ausland unter einer ausländischen Berufsbezeichnung und derjenigen als deutscher Rechtsanwalt zu unterscheiden.[56] Einzelheiten richten sich nach dem jeweiligen ausländischen Standesrecht.

dd) Europäische wirtschaftliche Interessenvereinigung

Die auf Europarecht beruhende Rechtsform der Europäischen wirtschaftlichen Interessenvereinigung (EWIV), die auch Anwaltskooperationen offensteht, wird an späterer Stelle näher erläutert.[57]

ee) Diskussion um eine „Europäische Partnerschaft"

Die EU-Kommission hat ein sog. Konsultationsdokument vom 19. 12. 1992 vorgelegt, das den ersten Entwurf einer Verordnung enthält, die eine einheitliche Rechtsform für die gemeinschaftliche Berufsausübung von Freiberuflern, also auch von Anwälten, vorsieht (sog. Europäische Partnerschaft).[58] Die Realisie-

---

Willemer, AnwBl 1989, 215f.; *Nerlich*, S. 80ff. und 120f.; ders., AnwBl 1994, 529 (530f.); *Oberheim*, NJW 1994, 1846f.
Nach Informationen der Bundesrechtsanwaltskammer haben vom 1. 1. 1991 bis zum Zeitpunkt des Berichts am 15. 2. 1995 bislang 40 Anwälte die Prüfung abgelegt. Von diesen haben 32 Kandidaten die Prüfung bestanden. Weitere 10 Kandidaten befanden sich im Prüfungsverfahren, BRAK-Mitt. 1995, 17 (auch Aufschlüsselung nach Ländern).

54 Entwurf einer EU-Richtlinie zum Niederlassungsrecht für Anwälte. Hierzu: BRAK-Mitt. 1994, 213 (217f.); FAZ vom 22. 12. 1994, S. 12. Hierzu auch: *Haas*, BRAK-Mitt. 1994, 185 und *Weil*, BRAK-Mitt. 1993, 2ff. (einschließlich des Entwurfstextes des CCBE).

55 Gesetz zur Änderung des Berufsrechts der Rechtsanwälte und Patentanwälte vom 13. 12. 1989, BGBl I, S. 2135. Anlaß hierzu war die bereits zitierte „Klopp"-Entscheidung des Europäischen Gerichtshofs: oben, a), Fn. 35.

56 Zur Zulassung deutscher Rechtsanwälte in anderen EU-Staaten: *Kespohl-Willemer*, JZ 1990, 28 (30); *dies.*, AnwBl 1991, 147f.

57 Unten II 2e).

58 Bislang unveröffentlicht. Das Konsultationsdokument beschreibt ausführlich *Nerlich*, Internationale Kooperationsmöglichkeiten für europäische Rechtsanwälte (1994), S. 106ff. und *ders.*, AnwBl 1994, 529 (537ff.), jeweils m. w. N.

rungschancen werden jedoch allgemein als gering eingestuft.[59] Zudem ist geplant, die Gesellschaftsform nur Anwälten aus den EU-Mitgliedstaaten zu eröffnen.[60] Die großen internationalen Anwaltssozietäten sind aber nicht nur in Europa, sondern weltweit tätig.[61] Es ist daher fraglich, ob die beschriebene Rechtsform den praktischen Bedürfnissen gerecht wird. Aus den vorgenannten Gründen erübrigt es sich, im Zusammenhang der vorliegenden Arbeit auf Einzelheiten einzugehen.

ff) Entwurf einer EU-Richtlinie über die Haftung bei Dienstleistungen

Gegenwärtig wird der Entwurf einer EU-Richtlinie über die Haftung bei Dienstleistungen erörtert.[62] Diese soll – gestützt auf Art. 100a EGV – vornehmlich den Verbraucherschutz verbessern. Der geplanten Richtlinie kommt für die Haftung von Rechtsanwälten allerdings keine Bedeutung zu, da die Kommission nunmehr plant, diese aus dem Anwendungsbereich der Richtlinie herauszunehmen.[63]

gg) CCBE-Standesregeln

Für Anwälte existieren auf EU-Ebene von der „Beratenden Kommission der Europäischen Anwaltschaft" (CCBE)[64] erlassene Standesregeln der Rechtsanwälte der Europäischen Union.[65] Die Regeln haben nur einen empfehlenden Charakter. Sie sind in den einzelnen Mitgliedstaaten nicht rechtsverbindlich, es sei denn, daß diese die Regeln in innerstaatliches Recht umgesetzt haben.[66] Formaljuristisch handelt es sich bei den CCBE-Regeln nicht um Gemeinschafts*recht*.

---

59 *Bösert*, ZAP 1994, Fach 15, S. 137 (141); *Haas*, BRAK-Mitt. 1994, 185; *Leutheusser-Schnarrenberger*, in: FS-Helmrich (1994), S. 677 (681).

60 So ausdrücklich *Nerlich*, S. 110, mit dem Beispiel, daß türkische Anwälte, die Mitglieder einer deutschen Rechtsanwaltssozietät sind, nicht Mitglieder einer „Europäischen Partnerschaft" werden können.

61 Hierzu: unten, II 3.

62 Vorgelegt von der Kommission am 9.11.1990, ABl. EG Nr. C 12 vom 18.1.1991, S. 8, abgedruckt bei: *Deutsch/Taupitz*, S. 245ff. Hierzu: *v. Bar*, in: FS-Lange (1992), S. 373ff.; *Frietsch*, DB 1992, 929ff.; *Nerlich*, S. 45; *Poll*, S. 202ff.; *Skaupy*, BB 1991, 2021ff.

63 *Haas*, BRAK-Mitt. 1994, 185 sowie Bericht der Bundesrechtsanwaltskammer, BRAK-Mitt. 1994, 213 (219).

64 „Conseil des Barreaux de la Communauté Européenne".

65 Abgedruckt in: AnwBl 1989, 647ff.

66 *Kespohl-Willemer*, JZ 1990, 28 (29) und *dies.*, EuZW 1990, 88ff.; *Nerlich*, S. 46; *Rinsche/M. Schlüter*, ZAP 1992, Fach 23, S. 115 (120); Lingenberg/Hummel/Zuck/Eich-*Zuck*, Kommentar zu den Grundsätzen des anwaltlichen Standesrechts, Vorspruch, Rdn. 40. Auf die CCBE-Richtlinien verweist nunmehr auch § 34 Abs. 2 des BRAK-Diskussionsvorschlags für eine Berufsordnung gemäß § 59b BRAO, BRAK-Mitt. 1995, 12 (16).

3. Allgemeines Übereinkommen über den Handel mit Dienstleistungen

Auswirkungen auf die anwaltliche Berufsausübung in Deutschland hat ferner das „Allgemeine Übereinkommen über den Handel mit Dienstleistungen“ („General Agreement on Trade in Services“ – im folgenden: GATS).[67] Hierbei handelt es sich um ein völkerrechtliches Abkommen[68], das die Vertragsstaaten am 15.4.1994 im Rahmen des „Übereinkommens zur Errichtung der Welthandelsorganisation einschließlich der Schlußakte über die Ergebnisse der multilateralen Handelsverhandlungen der Uruguay Runde“ des GATT-Übereinkommens[69] unterzeichnet haben. Die Regelungen sind am 1.1.1995 in Kraft getreten. Der Bundesgesetzgeber hat das Abkommen mit dem „Gesetz zu dem Übereinkommen vom 15. April 1994 zur Errichtung der Welthandelsorganisation und zur Änderung anderer Gesetze“ vom 30.8.1994 verabschiedet.[70] Das Abkommen bezieht sich auf alle Maßnahmen von Mitgliedern, die den Handel mit Dienstleistungen beeinflussen (Art. I GATS). Hierzu zählen auch die Dienstleistungen im Bereich der Rechtsberatung („Professional Services“). Es bezweckt die Freiheit der Erbringung von Dienstleistungen unter den Mitgliedstaaten sowie die Niederlassungsfreiheit. Von besonderer Bedeutung ist Art. II GATS. Dieser bestimmt, daß keine Person, die Dienstleistungen erbringt und aus dem Staat eines Vertragspartners stammt, schlechter behandelt werden darf als irgendein anderer Dienstleister (sog. Grundsatz der Meistbegünstigung – „Most-Favoured-Nation Treatment“). Wenn also ein Anwalt aus einem Vertragsstaat in Deutschland Rechtsberatung in seinem Heimatrecht betreiben darf, so muß dies Anwälten aus anderen Vertragsstaaten unter den gleichen Voraussetzungen ebenfalls möglich sein. Allerdings enthält Art. V GATS eine Ausnahmebestimmung für Freihandelszonen („Abkommen zur wirtschaftlichen Integration“), zu denen auch die Europäische Union und der Europäische Wirtschaftsraum zählen. Danach wirken in Freihandelszonen bestehende Liberalisierungsabkommen nicht zugunsten anderer, der Freihandelszone nicht angehörender Vertragspartner des GATS.

---

67 Hierzu: *Barth*, EuZW 1994, 455 ff.; *Errens*, AnwBl 1994, 461 ff.; EuZW 1994, 460 ff. und WiB 1994, 453 ff.; *Ewig*, BRAK-Mitt. 1994, 205 ff. und NJW 1995, 434 ff. Der Vertragstext ist abgedruckt in BGBl II, 1994, 1438 (1473 ff., englische Originalfassung und 1643 ff., deutsche Übersetzung).

68 Allgemein zum Begriff und zur Einordnung des Völkerrechts: unten, § 4 II.

69 „General Agreement on Tariffs and Trade“. Allgemein hierzu etwa: *Herdegen*, Internationales Wirtschaftsrecht, § 7, S. 107 ff. m. w. N. sowie speziell zur neusten Entwicklung und der Schaffung der Welthandelsorganisation: *Barth*, NJW 1994, 2811 f.; *Brinker*, WiB 1994, 457 ff.; *K. Ipsen/Haltern*, RIW 1994, 717 ff.; *Jansen*, EuZW 1994, 333 ff.

70 BGBl II, S. 1438 mit dem Abdruck des Vertragstextes in der englischen Originalfassung sowie deutscher Übersetzung. Hierzu ferner BT-Dr. 12/7655 und 12/7986 vom 16.6.1994. Hierzu auch Bericht der Bundesrechtsanwaltskammer, BRAK-Mitt. 1994, 213 (218).

Einzelheiten sind in Listen der spezifischen Verpflichtungen und Meistbegünstigungsausnahmen im Handel mit Dienstleistungen („Schedules of Specific Commitments") festgelegt (hierzu: Art. VI GATS). Diese Listen konkretisieren insbesondere die Verpflichtungen der Vertragspartner, ausländischen Anbietern von Dienstleistungen Marktzugang („Market Access") zu gewähren (Art. XVI GATS) und die sog. Inländerbehandlung („National Treatment") zu garantieren (Art. XVII GATS). Für Deutschland gilt die Liste der Europäischen Gemeinschaften.[71] Danach sind die ausländischen Anwälte nur berechtigt, Rechtsrat in ihrem jeweiligen Heimatrecht und im Völkerrecht zu erteilen, nicht jedoch im Recht der Europäischen Union oder in anderen nationalen Rechtsordnungen. Das Recht, Prozesse zu führen, d. h. den Mandanten vor Gerichten zu vertreten, ist ausgeschlossen.[72]

Derjenige Teil der Liste der Europäischen Gemeinschaften, der Deutschland betrifft, enthält keinen Vorbehalt bezüglich der Inländerbehandlung. Die ausländischen Anwälte, die sich in Deutschland beruflich betätigen, haben somit grundsätzlich dieselben Rechte und Pflichten wie die deutschen Rechtsanwälte.[73] Für ausländische Anwälte, die sich in Deutschland niederlassen wollen, gilt die mit dem Ratifizierungsgesetz geänderte Fassung des § 206 Abs. 2 BRAO.[74] Danach ist § 206 Abs. 1 BRAO für diejenigen Angehörigen der Mitgliedstaaten der Welthandelsorganisation maßgebend, die einen in der Ausbildung und den Befugnissen dem Beruf des Rechtsanwalts nach der Bundesrechtsanwaltsordnung entsprechenden Beruf ausüben. Es ist jedoch zu beachten, daß die Befugnis zur Rechtsberatung auf das Recht des Herkunftsstaates und das Völkerrecht beschränkt ist. Einzelheiten soll eine Rechtsverordnung des Bundesministeriums für Justiz bestimmen.

Für ausländische Anwälte aus anderen Staaten findet § 206 Abs. 3 BRAO Anwendung. Für diese gilt Abs. 1 mit der Maßgabe, daß die Rechtsbesorgung auf das Recht des Herkunftsstaates beschränkt ist, wenn die Gegenseitigkeit mit dem Herkunftsstaat verbürgt ist. Einzelheiten sind einer Rechtsverordnung des Bundesministeriums der Justiz vorbehalten.[75]

4. Einzelne ausländische Rechtsordnungen

Für die grenzüberschreitende Berufsausübung von Rechtsanwälten kann im Einzelfall bei auslandsbezogenen Mandaten eine Vielzahl ausländischer Rechtsvorschriften eine Rolle spielen. Dabei geht es vornehmlich um Rechtsnormen des

71 Im Vertrag ist von den „European Communities" die Rede. Abdruck der Liste in BGBl II, 1994, 1438 (1521 ff. und S. 1560 ff., englische Originalfassung bzw. 1678 ff. und S. 1723 ff., deutsche Übersetzung). Hierzu auch: *Errens*, EuZW 1994, 460 (462).

72 Für Anwälte aus den EU- und EWR-Staaten gilt § 206 Abs. 1 BRAO, hierzu: oben, 2c) bb).

73 Hierzu: *Errens*, EuZW 1994, 460 (462 f.).

74 Allgemein zu § 206 BRAO bereits: oben, 2c) bb).

75 Eine solche hat das Ministerium bislang noch nicht erlassen.

Berufs- und Standesrechts sowie des Haftungsrechts. Die ausländischen Rechtsnormen sind nicht Gegenstand dieser Arbeit. Hierzu ist auf Spezialdarstellungen zu verweisen.[76]

II. Tatsächliche Grundlagen der Berufsausübung

Das Berufsbild des Rechtsanwalts ist vielgestaltig. Es reicht vom allein praktizierenden Generalisten traditioneller Prägung[77] bis hin zum spezialisierten, mit anderen Rechtsanwälten kooperierenden und international agierenden Wirtschaftsanwalt. Neben der Prozeßvertretung gewinnt die außergerichtliche, rechtsberatende und -gestaltende Tätigkeit der Rechtsanwälte[78] eine zunehmende Bedeutung.[79] Die Rechtsanwälte stehen dabei in Konkurrenz mit anderen Anbietern von rechtsberatenden Dienstleistungen, insbesondere mit Verbänden, Banken, Wirtschaftsprüfungs- und Wirtschaftsberatungsgesellschaften.[80] Die gegenwärtige Entwicklung der Berufsausübung der Rechtsanwälte läßt sich mit den Begriffen Spezialisierung, Kooperation und Internationalisierung charakterisieren.[81]

1. Spezialisierung

Es ist zu beobachten, daß sich immer mehr Rechtsanwälte spezialisieren.[82] Die Ursache hierfür ist, daß die Rechtsordnung mittlerweile einen Umfang angenommen hat, der es einem Rechtsanwalt nicht mehr ermöglicht, auf allen Rechtsgebieten ausreichenden Rechtsrat – bei angemessenem Zeitaufwand – zu erteilen.[83] Allerdings darf als Folge hiervon nicht unterschätzt werden, daß der Spe-

---

76 Zum Anwaltsrecht der EU-Mitgliedstaaten (1994) sowie von Österreich und der Schweiz: *Henssler/Nerlich* (Hrsg.), Anwaltliche Tätigkeit in Europa (1994) jeweils m.w.N. zu den nationalen Rechtsordnungen. Zum U.S.-amerikanischen Anwaltsrecht etwa: *Gatto*, Die Anwaltshaftung im US-amerikanischen und deutschen Recht (1993); *Giesen*, ZvglRWiss 91 (1992), 43 ff. Beide berücksichtigen allerdings nicht die in dieser Arbeit angesprochenen Haftungsfragen nach U.S.-amerikanischem Recht. Hierzu: *Janis*, Int'l Lawyer 16 (1982), 693 ff.

77 Hierzu: *Frank*, AnwBl 1986, 331 f.; *Hartstang*, S. 21 ff.; *Plaas*, AnwBl 1988, 557 ff.

78 Sog. untypische Anwaltstätigkeiten sollen in dieser Arbeit ausgeklammert werden, hierzu etwa: *Hartstang*, S. 444 f.

79 *Busse*, NJW 1993, 2009 (2014 f.); *Commichau*, WiB 1994, 2 ff.; *Paul*, Anwaltsberuf im Wandel (1982), S. 11 (23 ff.); *Strobel*, NJW 1993, 2909 ff. sowie Kommentar von *Huff*, FAZ vom 22.2.1995, S. 15.

80 Hierzu: *Kühn*, AnwBl 1988, 129; *Meyer*, AnwBl 1992, 242 f.

81 Die künftige Entwicklung prognostiziert (aus U.S.-amerikanischer Sicht): *Gibbons*, AnwBl 1990, 282 ff.; vgl. auch die Analyse von *Redeker*, NJW 1995, 1241 (1243).

82 Hierzu etwa: *Hommerich*, Beilage AnwBl Mai 1988, S. 24 ff.

83 *Heldrich*, in: FS-Zweigert (1981), S. 811 ff. spricht von „Normenüberflutung"; auch: *Krasney*, DRiZ 1992, 165 ff.; *Stobbe*, NJW 1991, 2041, 2043; *Kegel*, Vorwort zur 7. Auflage 1995 des Internationalen Privatrechts, S. V: „Gesetzgebung, Schrifftum und Rechtsprechung wachsen unermüdlich. Es summt im Bienenkorb. Wir wissen immer mehr von immer weniger, vielleicht einmal alles von nichts und nichts von allem."

zialist den Bezug zum Gesamtgefüge des Rechts verliert.[84] Durch die Kommerzialisierung der Informationsmitteilung nimmt zudem das Angebot an Fachzeitschriften, Lehr- und Handbüchern, Kommentaren oder elektronischen Informationsbeschaffungssystemen zu. Für die vorliegende Arbeit ist vor allem von Relevanz, daß sich immer mehr Rechtsanwälte darauf spezialisieren, die Normen des Internationalen Privatrechts, Internationalen Prozeßrechts sowie unter Umständen auch ausländischen Rechts in ihre Tätigkeit einzubeziehen.

Für den spezialisierten Rechtsanwalt ist es von Bedeutung, daß er potentielle Mandanten auf seine Fähigkeiten aufmerksam machen kann. Ein erster Schritt in die Richtung, mit einer Spezialisierung zu werben, war das Recht, gesetzlich im einzelnen festgelegte Fachanwaltsbezeichnungen – im Verwaltungsrecht, Steuerrecht, Arbeitsrecht und Sozialrecht – führen zu dürfen.[85] § 43c BRAO n.F. ersetzt die vormals geltenden §§ 42a - 42d BRAO[86]. Einzelheiten unterliegen der Regelung durch die noch zu erlassende Berufsordnung, § 59b Abs. 2 Nr. 3 BRAO.

Die darüber hinausgehende Frage, ob und inwieweit es Rechtsanwälten erlaubt ist, Tätigkeitsschwerpunkte anzugeben, war lange Zeit nicht abschließend geklärt.[87] Noch vor Novellierung der Bundesrechtsanwaltsordnung hat die höchstrichterliche Rechtsprechung über diese Fragen entschieden. Danach war Werbung durch Rechtsanwälte unter den Voraussetzungen der § 43 BRAO, §§ 1, 3 UWG berufs- bzw. wettbewerbsrechtswidrig. Unzulässig war danach ein Verhalten, das darauf angelegt ist, andere dafür zu gewinnen, die Leistung desjenigen, für den geworben wird, in Anspruch zu nehmen.[88] Demgegenüber war gegen reine Informationswerbung nichts einzuwenden, etwa wenn ein Anwalt im Rechtsverkehr mit im Ausland erworbenen akademischen Abschlüssen[89] oder Berufszulassungen[90] auftritt. Die Zulässigkeit anwaltlicher Werbung ist nunmehr in § 43b BRAO ausdrücklich gesetzlich geregelt.[91] Auf die bisherige Rechtsprechung kann zur Konkretisierung des Gesetzes weiter zurückgegriffen werden.

---

84 *Hommerich*, AnwBl 1994, 322 (325); *Stobbe*, NJW 1991, 2041 (2048).

85 Hierzu etwa: *Hartstang*, S. 118ff.; *Kleine-Cosack*, NJW 1992, 785ff.

86 Diese Berechtigung gilt gemäß § 210 BRAO n.F. fort.

87 Grundlegend: BVerfG, NJW 1988, 194 (195f.); NJW 1992, 1613 und 1614; ferner die im folgenden zitierte höchstrichterliche Rechtsprechung sowie auch: *Feuerich*, NJW 1991, 1591ff.; *Feuerich/Braun*, § 43b Rdn. 8ff; *Hocke*, S. 231ff.; *Hartstang*, S. 700ff.; *Kleine-Cosack*, NJW 1992, 785 (788ff.) und ders., BRAO, § 43 Rdn. 20ff.

88 BGH, NJW 1992, 45; *Baumbach/Hefermehl*, UWG, § 1 Rdn. 682.

89 Zum Beispiel: LL. M. („Magister Legum"); D. E. A. („Diplôme d' Etudes approfondies"); D. E. S. S. („Diplôme d' Etudes supérieures specialisées").

90 Insbesondere „attorney at law" (U.S.A.); „solicitor", „barrister" (England); „avocat à la Court" (Frankreich), gefolgt jeweils von Orts- oder Landesangabe.

91 Vgl. nunmehr auch die Satzungskompetenz gemäß § 59b Abs. 2 Nr. 3 BRAO. Im übrigen zu § 43b BRAO und weiterhin offenen Rechtsfragen: *Kleine-Cosack*, NJW 1994, 2249 (2254f.) sowie die Kommentierung des § 43b BRAO bei *Jessnitzer/Blumberg*.

Die §§ 11–18 eines von der Bundesrechtsanwaltskammer am 15.2.1995 veröffentlichten Diskussionsvorschlags einer Berufsordnung für Rechtsanwälte[92] beschäftigen sich mit den Berufspflichten des Rechtsanwalts im Zusammenhang mit Werbung und Angaben über selbst benannte Interessenschwerpunkte. § 12 sieht zum Beispiel vor, daß ein Rechtsanwalt neben seiner Berufsbezeichnung im einzelnen genannte andere Berufsbezeichnungen, Titel und akademische Grade führen darf, zum Beispiel:

– „eine ausländische anwaltliche Berufsbezeichnung, wenn sie in einem rechtsförmlich geordneten Verfahren erworben ist, der Erwerb der Zulassung eine berufliche Qualifikation voraussetzt, die der deutschen anwaltlichen Qualifikation gleichwertig ist, die Berufsbezeichnung nach dem Recht des Herkunftsstaates geführt werden darf und diese Voraussetzungen der zuständigen Rechtsanwaltskammer nachgewiesen sind.
– von einer ausländischen Hochschule verliehene akademische Grade und ausländische Professorentitel, soweit sie nach deutschem Recht geführt werden dürfen."

§ 14 des Diskussionsentwurfs regelt die Voraussetzungen, unter denen Rechtsanwälte auf die Zusammenarbeit mit anderen – also auch ausländischen – Anwälten auf ihrem Briefbogen hinweisen dürfen.

2. Kooperation

Mit der Spezialisierung geht vielfach eine Kooperation mit anderen Rechtsanwälten einher. Hierzu gibt es eine Vielzahl möglicher gemeinschaftlicher Betätigungsformen.[93]

a) Sozietät (Gesellschaft bürgerlichen Rechts)

In herkömmlicher Weise arbeiten Rechtsanwälte in einer Sozietät[94] zusammen.[95] Einzelne Gesichtspunkte sind nunmehr in § 59a Abs. 1 bis 3 BRAO kodifiziert.

aa) Begriff

Bei einer Sozietät ist zwischen den gesellschaftsrechtlichen und den standesrechtlichen Aspekten zu differenzieren.

---

92 BRAK-Mitt. 1995, 12 ff.

93 *Bayer/Imberger*, DWiR 1993, 309 ff.; *Henssler*, NJW 1993, 2137 ff., *Hartstang*, S. 17 ff.; *Schardey*, in: FS-Quack (1991), 731 (736 ff.); *Schneider*, AnwBl 1991, 565 f. Rechtsvergleichend zu dem Recht der einzelnen EU-Mitgliedstaaten: *Nerlich*, AnwBl 1994, 529 (532 ff.).

94 Statistische Informationen hierzu bei: *Braun*, BRAK-Mitt. 1993, 185 ff.

95 *Oppenhoff*, AnwBl 1967, 267 ff.; *Rabe*, NJW 1971, 1385 ff.; *Steindorff*, in: FS-R. Fischer (1979), 747 ff.; sowie aus dem neueren Schrifttum: *Ahlers*, AnwBl 1992, 54 f.; *Feuerich/Braun*, § 59a Rdn. 8 ff.; *Henssler*, NJW 1993, 2137 (2137 ff.); *Kaiser/Bellstedt*, Die Anwaltssozietät (1993); *Kleine-Cosack*, BRAO, Einl. Rdn. 27 ff.

(1) Gesellschaftsrechtliche Aspekte

Gesellschaftsrechtlich ist eine Anwaltssozietät ein Zusammenschluß, bei dem sich die Rechtsanwälte zur gemeinschaftlichen Berufsausübung verbunden haben. Dies ist nunmehr durch § 59a Abs. 1 S. 1 BRAO klargestellt. Vorbehaltlich einer anderen Vereinbarung handelt es sich bei einer Sozietät um eine Gesellschaft bürgerlichen Rechts.[96] Die §§ 105 Abs. 1, 161 Abs. 1 HGB finden keine Anwendung, weil Rechtsanwälte gemäß § 2 Abs. 2 BRAO kein Gewerbe im Sinne von § 1 Abs. 1 HGB betreiben.[97] Die anwendbaren §§ 705ff. BGB sind allerdings sehr allgemein gehalten. Einzelheiten der Kooperation bleiben einer Regelung im Sozietätsvertrag vorbehalten. Nunmehr können sich Rechtsanwälte zur gemeinschaftlichen Berufsausübung auch in der Rechtsform einer Partnerschaftsgesellschaft oder einer GmbH zusammenschließen.[98]

(2) Standesrechtliche Aspekte

Die standesrechtlichen Anforderungen an eine Sozietät gelten unabhängig von deren Rechtsform. Nach § 59a Abs. 1 S. 1 BRAO kann sich ein Rechtsanwalt mit Mitgliedern einer Rechtsanwaltskammer oder Angehörigen anderer im einzelnen genannter freier Berufe in einer Sozietät zur gemeinsamen Berufsausübung verbinden. § 59a Abs. 2 S. 1 BRAO bestimmt des weiteren, daß eine Sozietät eine gemeinschaftliche Kanzlei oder mehrere Kanzleien voraussetzt, in denen zumindest ein Mitglied der Sozietät verantwortlich tätig ist, für das die Kanzlei den Mittelpunkt seiner Tätigkeit bildet.[99]

bb) Überörtliche und internationale Sozietäten

Standesrechtlich von besonderem Interesse ist die Frage, inwieweit sich Rechtsanwälte zu überörtlichen oder gar internationalen Sozietäten zusammenschließen können. § 59a Abs. 2 S. 1 BRAO erkennt nunmehr an, daß überörtliche Zusammenschlüsse von Rechtsanwälten[100] mit Kanzleien in mehreren Orten zulässig sind.[101] Internationale Sozietäten sind gesellschaftsrechtliche Zusammen-

96 *Nerlich*, S. 129ff. und rechtsvergleichend zu den einzelnen EU-Staaten: ders., S. 129 und 132.

97 BGHZ 72, 282 (287f.); *Baumbach/Hopt*, HGB, § 1 Rdn. 3; *v. Gierke/Sandrock*, § 6 II 6, S. 115; *K. Schmidt*, Handelsrecht, § 9 IV 2a) cc), S. 282f.

98 Hierzu: unten, c) und d).

99 Zur Rechtslage vor Novellierung der Bundesrechtsanwaltsordnung 1994: BGHZ 56, 355 (356ff.) = BGH, NJW 1971, 1801ff.; Soergel-*Hadding*, BGB, vor § 705 Rdn. 42; Münchener Kommentar-*Ulmer*, BGB, vor § 705 Rdn. 19 sowie die Legaldefinition des § 39 Abs. 3 S. 1 RAG DDR. Zur Neuregelung: *Jessnitzer/Blumberg*, BRAO, § 59a Rdn. 3.

100 Sie werden in Deutschland seit Mitte 1989 zunehmend praktiziert. Hierzu: *Budden*, IFLRev Juli 1993, 9ff.; zu den Sachgründen: *Schneider*, AnwBl 1991, 565 (566).

101 Hierzu nunmehr: *Jessnitzer/Blumberg*, BRAO, § 59a Rdn. 8. Zur Rechtsentwicklung: EuGH, NJW 1985, 1275f., „Klopp"; BGHZ 108, 290 (293ff.) = NJW 1989, 2890f.; BGH, NJW 1991, 49f.; 1993, 196ff. (Vorinstanz: OLG München, AnwBl 1990,

schlüsse von Anwälten, die in mindestens zwei staatlichen Jurisdiktionsbereichen zugelassen sind.[102] Nicht notwendig ist, daß sie Kanzleien in mehreren Staaten unterhalten. Dies ist jedoch bei internationalen Sozietäten der Regelfall und gemäß § 29a BRAO zulässig. Standesrechtlich ist zu beachten, daß ein Rechtsanwalt auf die Mitarbeit in einer überörtlichen Sozietät nur hinweisen darf, wenn die im Innenverhältnis getroffenen Absprachen den gesetzlichen und von der Rechtsprechung aufgestellten Anforderungen an eine überörtliche Sozietät[103] entsprechen. Andernfalls liegt ein Verstoß gegen § 43b BRAO vor.[104]

(1) Gesetzliche Regelung

Deutsche Rechtsanwälte dürfen sich mit ausländischen Anwälten unter den Voraussetzungen des § 59a Abs. 3 Nr. 1 BRAO zu einer internationalen Sozietät verbinden.[105] Danach müssen die ausländischen Anwälte „Angehörige von Rechtsanwaltsberufen aus Mitgliedstaaten der Europäischen Union oder anderen Staaten sein, die gemäß § 206 BRAO berechtigt sind, sich im Geltungsbereich [der Bundesrechtsanwaltsordnung] niederzulassen und die ihre Kanzlei im Ausland unterhalten". Als Voraussetzung, unter denen ausländische Anwälte „berechtigt sind, sich im Geltungsbereich der BRAO niederzulassen", bestimmt § 206 BRAO, daß der ausländische Anwalt auf Antrag in die für den Ort seiner Niederlassung zuständige Rechtsanwaltskammer „aufgenommen" ist.[106]

(2) Anwendungsproblem

Die großen deutschen überörtlichen Sozietäten betreiben ihre ausländischen Büros im wesentlichen mit deutschen Rechtsanwälten.[107] Die Zulässigkeit dieser internationalen Betätigung richtet sich dann nur nach § 29a BRAO, nicht jedoch nach § 59a Abs. 3 Nr. 1 BRAO.

262ff.); 1994, 2288f. (intraurbane Sozietät); OLG Hamm, NJW 1991, 2650 und 1994, 868f.; OLG München, MDR 1994, 418 (Internationale Sozietät). Auch: *Ahlers*, AnwBl 1992, 54ff.; *Boele*, Die Organisation von Rechtsanwaltssozietäten Heute und Morgen (1992), S. 151ff.; *Feuerich/Braun*, BRAO, § 59a Rdn. 9; *Hartstang*, S. 57ff.; *Henssler*, NJW 1993, 2137 (2139ff.); *Kleine-Cosack*, BRAO, Einl. Rdn. 38ff.; *Odersky*, in: FS-Merz (1992), 439ff.; *Schumann*, Die überörtliche Anwaltssozietät (1990); *Theißen*, MDR 1993, 1ff.

102 *Nerlich* unterscheidet zusätzlich zwischen multinationalen und transnationalen Sozietäten, AnwBl 1994, 529f. und 539. Die juristische Relevanz dieser Differenzierung legt er nicht dar. Sie entspricht auch nicht der gesetzlichen Regelung von § 59a BRAO.

103 Zu den von der Rechtsprechung entwickelten Anforderungen an eine überörtliche Sozietät: oben, Fn. 101.

104 *Jessnitzer/Blumberg*, BRAO, § 59a Rdn. 9.

105 Hierzu nunmehr: *Jessnitzer/Blumberg*, BRAO, § 59a Rdn. 12, die allerdings nicht auf das nachfolgend geschilderte Problem eingehen.

106 Für Angehörige von Staaten, die nicht Mitglied der EU oder des EWR sind, gilt gemäß § 206 Abs. 2 BRAO des weiteren, daß die Gegenseitigkeit mit dem Herkunftsstaat verbürgt sein muß.

107 Hierzu auch: unten, 3, mit weiteren Angaben.

Demgegenüber sind aus der Anwaltslandschaft in Deutschland diejenigen Sozietäten nicht mehr hinwegzudenken, die ihren Stammsitz in einem ausländischen Staat haben und ihre „Filialen“ in Deutschland mit ausländischen und deutschen Rechtsanwälten betreiben.[108] Um diese Büros einzurichten, sind die Voraussetzungen des § 59a Abs. 3 Nr. 1 BRAO nicht erfüllt, wenn sämtliche in dem deutschen Büro niedergelassenen Anwälte entweder Angehörige von Anwaltsberufen aus ausländischen Staaten oder deutsche Rechtsanwälte sind, die „nur“ in einem Angestelltenverhältnis zur Sozietät stehen. Sind die deutschen Rechtsanwälte aber Mitglieder der Sozietät (im allgemeinen Sprachgebrauch also „Partner“), so stellt sich die Frage, ob ihre Verbindung mit den ausländischen Anwälten nur zulässig ist, wenn alle ausländischen Sozietätsmitglieder – und zwar auch diejenigen, die in Deutschland nicht anwaltlich niedergelassen sind – in eine deutsche Rechtsanwaltskammer aufgenommen sind. Wendet man nämlich die Vorschriften der §§ 59a Abs. 3 Nr. 1, 206 BRAO wörtlich an, wäre genau dies erforderlich. Aus rein praktischen Erwägungen folgt, daß der Gesetzgeber dies nicht beabsichtigt haben kann. Ein solches wörtliches Gesetzesverständnis trüge der Praxis internationaler Sozietäten zwischen ausländischen und deutschen Anwälten, die sich bereits in Deutschland betätigen, nicht hinreichend Rechnung.

Hätte der Gesetzgeber derartige – ihm während des Gesetzgebungsverfahrens auch bekannte[109] – Zusammenschlüsse entgegen der bisherigen Rechtslage für unzulässig erklären wollen, hätte dies einer eindeutigen gesetzlichen Regelung bedurft. Die Gesetzgebungsmaterialien liefern hierzu keinerlei Anhaltspunkte. Vielmehr beabsichtigte der Gesetzgeber, ein zeitgemäßes Berufsrecht zu schaffen, das den deutschen Rechtsanwälten ermöglicht, im Wettbewerb mit ausländischen Anwälten ihre Aufgaben wirksam und zukunftsorientiert zu erfüllen.[110] Dazu gehört nach seiner Ansicht auch der Zusammenschluß mit ausländischen Anwälten zu internationalen Sozietäten.[111] Zweck des § 59a Abs. 3 Nr. 1 BRAO ist, bestimmte berufliche Qualitätsstandards auch bei internationalen Sozietäten zu gewährleisten. Dadurch beabsichtigt der Gesetzgeber, den Interessen der Rechtsuchenden Rechnung zu tragen.[112] Diesem Anliegen ist aber dadurch Genüge getan, daß die Voraussetzung einer Aufnahme in eine deutsche Rechtsanwaltskammer nur für diejenigen ausländischen Anwälte gilt, die sich in Deutschland auch tatsächlich anwaltlich niederlassen.

Dafür spricht auch eine weitere gesetzessystematische Erwägung. Setzte nämlich auch eine internationale Sozietät von deutschen mit ausländischen Anwälten voraus, daß alle ausländischen Partner – ohne Rücksicht darauf, ob sie in Deutschland niedergelassen sind oder nicht – in eine deutsche Rechtsanwaltskammer aufgenommen sind, wäre die erste Voraussetzung des § 59a Abs. 3 Nr. 1

108 Hierzu auch: unten, 3, mit weiteren Angaben.
109 BT-Dr. 12/4993 vom 19.5.1993, S. 23.
110 BT-Dr. 12/4993 vom 19.5.1993, S. 1 sowie BT-Dr. 12/7656 vom 24.5.1994, S. 1ff.
111 BT-Dr. 12/4993 vom 19.5.1993, S. 23 und 33f.
112 BT-Dr. 12/4993 vom 19.5.1993, S. 34.

BRAO überflüssig, wonach Rechtsanwälte, „mit Angehörigen von Rechtsanwaltsberufen aus Mitgliedstaaten der Europäischen Union oder aus anderen Staaten, die gemäß § 206 BRAO berechtigt sind, sich im Geltungsbereich dieses Gesetzes niederzulassen, eine Sozietät bilden dürfen". Denn gemäß § 59a Abs. 1 S. 1 BRAO ist eine Sozietät mit „Mitgliedern einer Rechtsanwaltskammer" möglich.

Schließlich ist bei der Auslegung des § 59a Abs. 3 Nr. 1 BRAO zu berücksichtigen, daß es sich bei dieser Rechtsnorm um eine standesrechtliche Vorschrift handelt. Der deutsche Gesetzgeber kann die Rechtsverhältnisse der in Deutschland zugelassenen Rechtsanwälte sowie der sich in Deutschland betätigenden ausländischen Anwälte regeln, nicht jedoch die Berufsausübung ausländischer Anwälte außerhalb Deutschlands.

(3) Teleologische Reduktion des § 59a Abs. 3 Nr. 1 BRAO

Der den allgemeinen Absichten des Gesetzgebers widersprechende Wortlaut des § 59a Abs. 3 Nr. 1 BRAO läßt sich nur so erklären, daß die Gesetzgebungsorgane bei der endgültigen Fassung dieser Vorschrift die Konkretisierung des in der BRAO-Novelle nicht veränderten § 206 BRAO und die Auswirkungen einer wörtlichen Gesetzesauslegung nicht bedacht haben. Die Verknüpfung des § 59a Abs. 3 Nr. 1 mit § 206 BRAO kann nur als Redaktionsversehen bewertet werden. § 59a Abs. 3 Nr. 1 BRAO ist daher im Einklang mit dem Gesetzeszweck teleologisch in dem Sinne zu reduzieren, wie er ohne die Verknüpfung mit § 206 BRAO auszulegen wäre.

Eine internationale Sozietät deutscher Rechtsanwälte mit ausländischen Anwälten ist demnach zulässig. Für ausländische Sozietätsmitglieder gilt, daß sie dann, wenn sie sich in Deutschland niederlassen, auch hierzu berechtigt sein müssen. Dies bedeutet, daß sie in die zuständige Rechtsanwaltskammer ihrer Niederlassung aufgenommen sein müssen. Ausländische Sozietätsmitglieder, die sich nicht in Deutschland niedergelassen haben, müssen nicht in eine deutsche Rechtsanwaltskammer aufgenommen sein, wenn sie ihre Kanzlei im Ausland unterhalten.

cc) Interdisziplinäre Sozietäten

Standesrechtlich zulässig sind auch interdisziplinäre Sozietäten von Rechtsanwälten mit Patentanwälten, Steuerberatern, Steuerbevollmächtigten, Wirtschaftsprüfern oder vereidigten Buchprüfern, § 59a Abs. 1 S. 1, Abs. 3 Nr. 2 BRAO.[113] Sozietäten von Rechtsanwälten mit Notaren sind grundsätzlich nur zulässig, wenn diese selbst als Rechtsanwalt zugelassen sind, § 9 Abs. 1 BNotO. Dies gilt allerdings nur in bezug auf ihre anwaltliche Berufsausübung, § 59a Abs. 1 S. 3 und 4 BRAO. Zusammenschlüsse von Notaren mit den genannten kaufmännischen Berufen sind generell nicht erlaubt.[114]

---

113 Zum Rechtszustand vor der BRAO-Novelle: BGHZ 83, 328 (330) = NJW 1982, 1866f.; *Henssler*, NJW 1993, 2137 (2144f.).

114 BGHZ 64, 214 (216ff.) = NJW 1975, 1414f.

dd) Zusammenarbeit mit angestellten Rechtsanwälten und freien Mitarbeitern

Innerhalb von Sozietäten ist die Zusammenarbeit mit Rechtsanwälten, die (noch) nicht Sozien sind, sondern den Status eines angestellten Rechtsanwalts oder denjenigen eines freien Mitarbeiters haben, von großer praktischer Bedeutung. Dies können auch ausländische Anwälte sein. Der Rechtsstatus von angestellten Rechtsanwälten und freien Mitarbeitern soll deshalb an dieser Stelle angesprochen werden.

Angestellter Rechtsanwalt ist, wer aufgrund eines privatrechtlichen Vertrages verpflichtet ist, einem Arbeitgeber unter Eingliederung in dessen Betrieb weisungsabhängige Arbeit gegen Entgelt zu leisten. Für den freien Mitarbeiter ist charakteristisch, daß er sich die Arbeits- und Urlaubszeit frei einteilen kann, in der Entscheidung über die Bearbeitung einzelner Rechtssachen und der Wahrnehmung anstehender Termine frei ist.

Bei der Ausgestaltung des jeweiligen Arbeitsverhältnisses bestehen aber jegliche Freiheiten.[115] Allgemein ist bei der Abgrenzung der Grad der persönlichen Abhängigkeit entscheidend, in dem sich der zur Dienstleistung Verpflichtete jeweils befindet. Die persönliche Abhängigkeit eines Mitarbeiters kann darin bestehen, daß er Arbeitsanweisungen hinsichtlich Zeit, Ort und Inhalt der geschuldeten Dienstleistungen beachten muß.[116]

b) Bürogemeinschaft

Weniger eng als bei der Sozietät ist die Zusammenarbeit der beteiligten Rechtsanwälte bei der sog. Bürogemeinschaft. Eine solche liegt vor, wenn die Rechtsanwälte nach außen erkennbar in bestimmter organisatorischer Hinsicht zusammenarbeiten (etwa indem sie gemeinsame Praxisräume und Bürogeräte unterhalten oder gemeinsam Personal beschäftigen), sich aber nicht zum Zweck gemeinsamer Berufsausübung zusammengeschlossen haben.[117] Auch hierbei handelt es sich um eine Gesellschaft bürgerlichen Rechts, allerdings mit einem gegenüber der Sozietät begrenzten Gesellschaftszweck. Für Bürogemeinschaften sind gemäß § 59a Abs. 4 BRAO dessen Absätze 1–3 entsprechend anzuwenden. Die Rechtsgrundsätze über Anwaltssozietäten gelten auch, wenn die Rechtsanwälte nach außen hin in zurechenbarer Weise den Anschein erwecken, zwischen ihnen bestehe eine Sozietät.[118]

---

115 Hierzu: *Feuerich/Braun*, BRAO, § 2 Rdn. 23ff.; *Jessnitzer/Blumberg*, BRAO, § 59a Rdn. 19; *Kleine-Cosack*, BRAO, Einl. Rdn. 48ff.; *Knief*, AnwBl 1985, 58f.; auch: *Fuhrmann*, Die Rechtsstellung des angestellten Rechtsanwalts (1989), S. 101ff.

116 BAG, NJW 1984, 1985ff.; 1993, 2458 (2459); *Kleine-Cosack*, BRAO, Einl. Rdn. 50.

117 *Feuerich/Braun*, BRAO, § 59a Rdn. 15; Soergel-*Hadding*, BGB, vor § 705 Rdn. 42; *Jessnitzer/Blumberg*, BRAO, § 59a Rdn. 14, 18; *Kaiser/Bellstedt*, S. 32f., Rdn. 24ff.; Münchener Kommentar-*Ulmer*, BGB, vor § 705 Rdn. 19; auch § 39 Abs. 2 RAG DDR. Rechtsvergleichend zu den einzelnen EU-Staaten: *Nerlich*, S. 124ff.

118 BGHZ 70, 247 (249ff.) = NJW 1978, 996f.

c) Partnerschaftsgesellschaft

Seit dem 1. 7. 1995 gilt das Partnerschaftsgesellschaftsgesetz (PartGG).[119] Danach können sich Rechtsanwälte gesellschaftsrechtlich zur gemeinschaftlichen Berufsausübung auch in der Rechtsform einer Partnerschaftsgesellschaft zusammenschließen. Zweck des Gesetzes ist es, die streng personalistischen Grundstrukturen von Freiberuflerzusammenschlüssen aufzulockern und der Entwicklung in anderen EU-Staaten[120] Rechnung zu tragen. Die Partnerschaftsgesellschaft soll von ihrer Ausgestaltung her den Charakter der freiberuflichen Berufsausübung berücksichtigen und sich besonders für interprofessionelle, überregionale und internationale Zusammenschlüsse eignen. Die herkömmlichen Formen der Berufsausübung sollen durch das neue Gesetz nicht verdrängt werden.[121] Von ihrer Rechtsform ist die Partnerschaftsgesellschaft eine Personengesellschaft in Form einer Gesamthandsgemeinschaft. Diese ist, ähnlich wie die OHG, durch die Anerkennung verschiedener Teilrechtsfähigkeiten einer juristischen Person angenähert, § 7 PartGG. Nach § 1 Abs. 4 PartGG finden die Vorschriften über die Gesellschaft bürgerlichen Rechts auf die Partnerschaft ergänzende Anwendung, wenn im PartGG nichts anderes bestimmt ist.

Ein Rechtsanwalt ist berechtigt, sich mit anderen Anwälten zu einer Partnerschaftsgesellschaft zusammenzuschließen, wenn er „Mitglied einer Rechtsanwaltskammer“ ist[122], § 1 Abs. 2, 2. Alt. PartGG. Dies können auch ausländische Anwälte sein. Gemäß § 59a Abs. 3 Nr. 1 BRAO, der als standesrechtliche Vorschrift auch für die Partnerschaftsgesellschaft gilt, reicht es für eine internationale Partnerschaft aus, daß ein ausländischer Partner, der seine Kanzlei im Ausland unterhält, „berechtigt“ ist, sich im Geltungsbereich dieses Gesetzes niederzulassen.[123]

d) Gesellschaft mit beschränkter Haftung

In Rechtsprechung und im juristischen Schrifttum ist umstritten, ob sich Rechtsanwälte in Gesellschaften mit beschränkter Haftung, deren Gegenstand die Besorgung fremder Rechtsangelegenheiten ist, zusammenschließen dürfen.[124]

---

119 Gesetz vom 25. 7. 1994, BGBl I, S. 1744. Hierzu: *Bösert*, ZAP 1994, Fach 15, S. 137 ff.; *Kempter*, BRAK-Mitt. 1994, 122 ff.; *Lenz*, MDR 1994, 741 ff.; *K. Schmidt*, NJW 1995, 1 ff.; *Seibert*, DB 1994, 2381 ff.; *Stuber*, WiB 1994, 705 ff.; zu den Vorarbeiten BT-Dr. 12/6152 vom 11. 11. 1993 und BT-Dr. 12/7642 vom 20. 5. 1994 sowie *v. Falkenhausen*, AnwBl 1993, 479; *Henssler*, NJW 1993, 2137 (2142 f.); *ders.*, WiB 1994, 53 ff.; *Michalski*, ZIP 1993, 1210 ff.; *K. Schmidt*, ZIP 1993, 633 ff.; *Seibert*, AnwBl 1993, 155 ff.

120 Zu der Rechtslage in den anderen EU-Staaten: *Nerlich*, S. 132 ff. Speziell zu einzelnen Staaten: *Bakker*, AnwBl 1993, 245 ff. (zu England); *Recq*, AnwBl 1993, 67 (68); *Schmuck*, RIW 1993, 553 ff. (beide zu Frankreich). Rechtsvergleichend auch: *Donath*, ZHR 156 (1992), 134 (146 ff.).

121 BT-Dr. 12/6152 vom 11. 11. 1993 und BT-Dr. 12/7642 vom 20. 5. 1994.

122 Hierzu: oben, I 2c) bb).

123 Oben, a) bb).

124 Zu den Vor- und Nachteilen einer Rechtsanwalts-GmbH: *Ahlers*, AnwBl 1991, 10 (11 f.); *Heinemann*, AnwBl 1991, 233 ff.

aa) Streitstand zur Zulässigkeit einer Rechtsanwalts-GmbH

Deutschen Rechtsanwälten ist es im Gegensatz zu einzelnen anderen freien Berufen[125] und im Gegensatz zu Anwälten in anderen Staaten[126] nach herkömmlicher Ansicht untersagt, sich zum Zweck gemeinsamer Berufsausübung zu einer GmbH zusammenzuschließen.[127] Die Vertreter dieser Ansicht verweisen im wesentlichen auf die standesrechtliche Stellung des Rechtsanwalts, wie sie insbesondere durch die §§ 1 und 4 BRAO vorgegeben ist. Wesensmerkmale des freien Berufs seien die Eigenverantwortung, die Weisungsfreiheit in der Berufsausübung, die persönlich vertrauensvolle Beziehung zum Auftraggeber und das über die rein gewerbliche Motivation hinausgehende Berufsethos. All dies sei nicht gewährleistet, wenn Vertragspartner des Mandanten eine GmbH sei. Eine GmbH könne nicht zur Rechtsanwaltschaft zugelassen werden. Die erforderliche gesetzliche Grundlage dafür, daß eine Rechtsanwalts-GmbH unzulässig sei, ergebe sich aus Art. 1 §§ 1; 3 Nr. 2 RBerG. Danach bedürfe die GmbH einer Erlaubnis nach dem Rechtsberatungsgesetz, wenn sie Verträge über die Besorgung von Rechtsangelegenheiten schließe. Eine solche sehe weder das Rechtsberatungsgesetz noch die Bundesrechtsanwaltsordnung vor.[128]

Mit den hiergegen vorgebrachten Einwendungen hat sich der Bundesgerichtshof nicht auseinandergesetzt. In mehreren obiter dicta hat das Gericht aber die Ansicht vertreten, Rechtsanwälte dürften nicht eine GmbH zur Ausübung ihrer Berufstätigkeit gründen.[129] Noch im Urteil vom 20. 1. 1994 hat der I. Zivilsenat ausgeführt, daß Rechtsanwälte nicht in der Rechtsform einer GmbH auftreten dürften. Diese Beschränkung beruhe auf dem Berufsbild der Rechtsanwälte.[130]

---

125 Steuerberater und Wirtschaftsprüfer können sich gemäß §§ 3 Abs. 1 Nr. 1, 49 Abs. 1 StBerG bzw. §§ 1 Abs. 3, 27 Abs. 1 WPO zu Steuerberatungs- bzw. Wirtschaftsprüfungsgesellschaften zusammenschließen. Diese können in der Rechtsform der AG, KGaA, GmbH, OHG oder KG gegründet werden. Im Gegensatz dazu bestimmt § 8 ApothekenG, daß mehrere Personen eine Apotheke nur in der Rechtsform einer Gesellschaft bürgerlichen Rechts oder einer OHG betreiben können.

126 Hierzu: *Nerlich*, S. 137 ff. (für die EU-Staaten) sowie *Bakker*, AnwBl 1993, 245 (248 ff. – England); *Donath*, ZHR 156 (1992), 134 (146 ff. – U.S.A., Frankreich, Österreich, Australien, Dänemark); *Henssler*, JZ 1992, 697 (708 f. – Dänemark und Frankreich); *Henrichfreise*, Frankreichs Anwaltschaft im Wandel (1992), S. 124 f.; *Recq*, AnwBl 1993, 67 (68); *Schmuck*, RIW 1993, 983 ff. (alle zu Frankreich).

127 Hierzu die Nachweise aus der Kommentarliteratur zum GmbHG im Urteil des LG München I, NJW 1994, 1882 (1883). Ferner mit jeweils ausführlicher Begründung etwa *Bösert*, ZAP 1994, Fach 15, S. 137 (139 f.); *Donath*, ZHR 156 (1992), 134 (136 ff.); *Düwell*, AnwBl 1990, 388 f.; *Haas*, BRAK-Mitt. 1994, 1; *Kleine-Cosack*, BRAO, Einl. Rdn. 46; *Kremer*, GmbHR 1983, 259 (264 f.); *Loewer*, BRAK-Mitt. 1994, 186 (190); *Taupitz*, JZ 1994, 1100 (1104 ff.); *Weigel*, BRAK-Mitt. 1992, 183 f.; Lingenberg/Hummel/Zuck/Eich-*Zuck*, Grundsätze des anwaltlichen Standesrechts, § 28 Rdn. 50.

128 Ausführlich: *Taupitz*, JZ 1994, 1100 (1104 ff.).

129 Vgl. etwa: BGHZ 114, 343 (347) = NJW 1991, 2287 (2289), m. w. N.

130 BGH, NJW 1994, 1658 (1659).

Eine Trendwende hatte sich kurz zuvor für die berufsrechtliche Stellung der Zahnärzte abgezeichnet. Mit dem Urteil vom 25. 11. 1993[131] erkannte der I. Zivilsenat des Bundesgerichtshofs die Zulässigkeit und Wirksamkeit einer GmbH an, die Zahnärzte gegründet hatten und die u. a. zum Gegenstand hatte, ambulante Zahnbehandlungen zu erbringen. Der Senat führte aus, die GmbH sei nicht verpflichtet, es zu unterlassen, im Rahmen ihrer Unternehmenstätigkeit Zahnheilkunde durch approbierte Zahnärzte ausüben zu lassen. Darin könne weder eine unzulässige Ausübung eines Heilberufs im Sinne von § 1 Zahnheilkundegesetz (ZHG) gesehen werden, noch verstoße die GmbH dadurch gegen die guten Sitten im Wettbewerb gemäß § 1 UWG. Zur Begründung stellte der Senat im wesentlichen auf Art. 12 Abs. 1 GG ab. Ohne gesetzliche oder vorkonstitutionelle gewohnheitsrechtliche Normen seien die ordentlichen Gerichte nicht befugt, Regelungen, auch wenn sie diese im Interesse der Allgemeinheit für wünschenswert oder gar für notwendig hielten, selbst durch Entwicklung eigener Rechtssätze vorzunehmen, wenn letztere das Recht der freien Berufswahl einschränken würden. Dies sei jedoch vorliegend der Fall. Ein Verbot, das den Anforderungen des Art. 12 Abs. 1 GG entspricht, sei insbesondere nicht in § 1 ZHG[132] zu sehen.[133]

Im neueren juristischen Schrifttum setzt sich ebenfalls die Ansicht durch, Rechtsanwälte könnten sich zu einer GmbH, deren Gegenstand die Erbringung anwaltlicher Tätigkeiten ist, zusammenschließen.[134] Ein Verbot dieser Rechtsform für die Berufsausübung von Rechtsanwälten sei wegen Art. 12 Abs. 1 GG nur durch Gesetz oder aufgrund eines Gesetzes zulässig. Bei einer am Normzweck orientierten Auslegung sei ein Verbot einer Rechtsanwalts-GmbH weder dem Rechtsberatungsgesetz noch § 4 BRAO zu entnehmen. Dies gelte jedenfalls dann, wenn Gesellschafter und Geschäftsführer der GmbH ausschließlich Rechtsanwälte oder Mitglieder solcher Berufe seien, mit denen ein Rechtsanwalt eine Sozietät bilden dürfe. Ferner sei eine ausreichende Haftpflichtversicherung sicherzustellen.[135]

---

131 BGH, NJW 1994, 786 ff. („Zahnärzte-GmbH“).

132 Diese Vorschrift entspricht im wesentlichen § 4 BRAO.

133 Dem Urteil zur „Zahnärzte-GmbH“ legen viele Vertreter des Schrifttums eine richtungsweisende Bedeutung auch für die Anwaltschaft bei, etwa *Brötzmann*, WiB 1994, 271 (272); *Henssler*, ZIP 1994, 844 (848 ff.); *Kleine-Cosack*, NJW 1994, 2249 (2257); jedoch a. A.: *Kempter*, BRAK-Mitt. 1995, 4 f.; *Taupitz*, JZ 1994, 1100 (1104 ff.).

134 Grundlegend: *Henssler*, JZ 1992, 697 ff. m. w. N.; ferner *ders.*, NJW 1993, 2137 (2140 ff.) und ZIP 1994, 844 (848 ff.) sowie *Ahlers*, AnwBl 1991, 10 ff. und 226 ff.; *ders.*, in: FS-Rowedder (1994), 1 ff.; *Boele* (1992), S. 214 ff.; *P. Heinemann*, AnwBl 1991, 231 ff.; *Kewenig*, JZ 1990, 782 (788 f.); *Koch*, AnwBl 1993, 157 ff.

135 Zusammenfassend: *Henssler*, NJW 1993, 2137 (2140 f.), m. w. N. sowie die zuvor genannten Autoren.

bb) Beschluß des Bayrischen Obersten Landesgerichts vom 24.11.1994

Mit dem ersten in der Praxis bekanntgewordenen Versuch, eine Rechtsanwalts-GmbH zu gründen, war das Bayrische Oberste Landesgericht letztinstanzlich konfrontiert.[136] Die zum Handelsregister eingereichte Satzung bestimmte, daß Gegenstand des Unternehmens „die Besorgung fremder Rechtsangelegenheiten einschließlich der Rechtsberatung durch Übernahme von Anwaltsaufträgen, deren Ausführung nur durch die in den Diensten der Gesellschaft stehenden, zugelassenen Rechtsanwälte und Rechtsanwältinnen unabhängig und eigenverantwortlich unter Beachtung des Berufsrechts ausgeführt werden, ... " war.

Mit Beschluß vom 24.11.1994 hat sich der Senat den Argumenten des neueren Schrifttums angeschlossen. Das Gericht hat entschieden, daß die GmbH mit dem Unternehmenszweck der Besorgung fremder Rechtsangelegenheiten in das Handelsregister eingetragen werden kann. Dabei hat sich das Gericht im wesentlichen den Gründen des I. Zivilsenats des Bundesgerichtshofs im vorgenannten Urteil vom 25.11.1993[137] angeschlossen. Die Eintragung der Anwalts-GmbH sei wegen Art. 12 Abs. 1 S. 2 GG nur dann zu versagen, wenn dem ein gesetzliches Verbot oder ein gewohnheitsrechtlich fixiertes Berufsbild des Rechtsanwalts entgegenstünde. Beides verneint das Gericht. Ein gesetzliches Verbot ergebe sich weder aus der neugefaßten BRAO noch aus dem zum 1.7.1995 in Kraft tretenden PartGG. Nach § 1 GmbHG dürfe eine GmbH zu jedem erlaubten Zweck errichtet werden. Nicht die Rechtsanwalts-GmbH bedürfe einer Zulassung nach § 4 BRAO, sondern nur der einzelne Rechtsanwalt, welcher die Rechtsberatungstätigkeit ausübe. Etwas anderes ergebe sich auch nicht aus Art. 1 § 1 RBerG. Diese Vorschrift verfolge eine andere Zielrichtung. Das Gericht betont jedoch, daß die Stellung des Rechtsanwalts als unabhängiges Organ der Rechtspflege durch entsprechende Bestimmungen im Gesellschaftsvertrag gesichert sein müsse. Geschäftsführer der Gesellschaft dürften nur Rechtsanwälte sein. Ein Weisungsrecht der Gesellschafterversammlung gegenüber den Geschäftsführern hinsichtlich der anwaltlichen Tätigkeit im Einzelfall müsse ausgeschlossen werden. In der Satzung sei auch zu gewährleisten, daß nur der in § 59a BRAO aufgeführte Personenkreis Geschäftsanteile erwerben kann. Die Satzung der GmbH habe eine angemessene Haftpflichtversicherung vorzuschreiben.

Der Senat hat damit die Entscheidung des Amtsgerichts München vom 17.5.1993, die das Landgericht München I mit Beschluß vom 10.3.1994[138] bestätigt hatte, aufgehoben. Das Amtsgericht hatte die Anmeldung der GmbH zum Handelsregister zurückgewiesen. Das Landgericht hatte mit der herkömmlichen Ansicht darauf abgestellt, daß der Gegenstand des Unternehmens unzulässig sei. Es sei mit der Verpflichtung des Rechtsanwalts, höchstpersönlich seine Tätigkeit am gesetzlichen Leitbild des unabhängigen Organs der Rechtspflege auszurich-

136 BayObLG, NJW 1995, 199ff. Hierzu auch die Berichte in der FAZ vom 30.11.1994, S. 16 und vom 2.12.1994, S. 17.

137 Oben, aa).

138 LG München I, NJW 1994, 1882f.

ten, nicht zu vereinbaren, wenn sich Rechtsanwälte gesellschaftsrechtlich als GmbH organisierten. Einer solchen Organisationsform stehe sowohl das berechtigte Interesse des Rechtsuchenden, mit dem Anwalt in unmittelbare vertragliche Beziehungen zu treten, als auch die der Rechtsform der GmbH immanente Haftungsbegrenzung entgegen.[139]

Im juristischen Schrifttum hat die Entscheidung des Bayerischen Obersten Landesgerichts ein weitgehend zustimmendes Echo gefunden.[140]

cc) Ausblick und praktische Bewertung

Die Gesetzgebungsorgane stehen den überzeugenden Argumenten des neueren Schrifttums und des Bayerischen Obersten Landesgerichts zurückhaltend gegenüber. In der Neufassung der BRAO 1994 hat der Gesetzgeber bewußt auf eine Festlegung verzichtet, ob und unter welchen Voraussetzungen eine GmbH als Form der gemeinsamen anwaltlichen Berufsausübung zulässig ist.[141] Zurückhaltend ist auch die Stellungnahme zum Entwurf des PartGG ausgefallen. Darin vertritt der Gesetzgeber die Ansicht, die Leistungserbringung innerhalb einer Kapitalgesellschaft sei mit dem Wesen freiberuflicher Tätigkeit nur schwer zu vereinbaren.[142]

Es ist abzuwarten, wie die weitere Entwicklung abläuft. Setzt sich die Ansicht des neueren Schrifttums, die in dem Beschluß des Bayrischen Obersten Landesgerichts seinen vorläufigen Abschluß gefunden hat, durch, ist es Sache des Gesetzgebers, sich bald für oder gegen die Rechtsanwalts-GmbH zu entscheiden.[143] Reagiert er nicht, ist daraus zu schließen, daß er sich mit den faktischen Gegebenheiten abfindet. Ein Zurückdrehen der Entwicklung dürfte dann nur mit Schaden für die Rechtssicherheit möglich sein. Wie bereits das Entstehen der überörtlichen Rechtsanwaltssozietäten[144] oder die Lockerungen des Werbeverbots[145] gezeigt haben, wäre es nicht das erste Mal, daß sich Neuerungen des anwaltlichen Berufsrechts zuerst in der Rechtsprechung gegen Widerstand in Teilen des Schrifttums durchgesetzt haben und daß der Gesetzgeber die so herausgebildeten Grundsätze unter dem Druck der entstandenen Sachlage später kodifiziert hat.

---

139 LG München I, NJW 1994, 1882 (1883).

140 *Ahlers*, AnwBl 1995, 3 ff.; *ders.*, AnwBl 1995, 121 ff.; *Hartstang*, ZAP 1994, Fach 23, S. 193 f.; *Henssler*, ZIP 1994, 1871 f. Unklar: *Boin*, NJW 1995, 371 ff., der dafür plädiert, daß der Gesetzgeber die Anwalts-GmbH einführt. Ablehnend: *Kempter*, BRAK-Mitt. 1995, 4 f.; *Taupitz*, NJW 1995, 369 ff.

141 BT-Dr. 12/4993 vom 19. 5. 1993, S. 23.

142 BT-Dr. 12/6152 vom 11. 11. 1993, S. 1 und 15.

143 Bislang hat der Gesetzgeber es ausdrücklich offengelassen, ob eine Rechtsanwalts-GmbH nach geltendem Recht zulässig ist: BT-Dr. 12/4993 vom 19. 5. 1993, S. 23 (Entwurf der BRAO Novelle 1994) sowie BT-Dr. 12/6152 vom 11. 11. 1993, S. 8 (Entwurf des Partnerschaftsgesellschaftsgesetzes).

144 Hierzu: oben, a) bb).

145 Hierzu: oben, 1.

Im Zusammenhang der vorliegenden Arbeit ist die Tatsache hinzunehmen, daß nunmehr die Rechtsanwalts-GmbH als Form der Zusammenarbeit von Rechtsanwälten existiert, und zwar anerkannt von einem letztinstanzlichen Gericht. Ausländische Anwälte können Gesellschafter einer Rechtsanwalts-GmbH unter denjenigen Voraussetzungen werden, unter denen sie Mitglied einer internationalen Anwaltssozietät werden können.[146]

e) Europäische wirtschaftliche Interessenvereinigung

Europarechtlich können Anwälte bzw. Anwaltssozietäten[147] aus Mitgliedstaaten[148] der Europäischen Union[149] in der Weise zusammenarbeiten, daß sie eine Europäische wirtschaftliche Interessenvereinigung (EWIV) gründen.[150] Bei der EWIV handelt es sich um eine supranationale Gesellschaftsform. Rechtsgrundlagen sind die EWG-Verordnung des Rates Nr. 2137/85 vom 31.7.1985[151] sowie in Deutschland das hierzu ergangene Ausführungsgesetz vom 25.7. 1988[152]. Soweit die Verordnung[153] keine Regelungen enthält, bestimmt Art. 2 Abs. 1 EWIV-VO, daß für die im einzelnen genannten Gegenstände das „innerstaatliche Recht" des Staates anzuwenden ist, in dem die Vereinigung ihren Sitz hat. Im übrigen ist zur Lückenfüllung das „einzelstaatliche Recht" zu ermitteln, das sich aus dem jeweils anwendbaren nationalen Kollisionsrecht er-

146 § 59 Abs. 3 Nr. 1 BRAO sowie zur teleologischen Reduktion der Voraussetzungen: oben, a) bb).

147 Art. 4 EWIV-VO. Zur Mitgliedschaft einer Gesellschaft bürgerlichen Rechts als Mitglied einer EWIV: *Bach*, BB 1990, 1432ff.; *Nerlich*, S. 99ff., jeweils m.w.N.

148 Zur Problematik der Teilnahme von Anwälten aus Drittländern an einer EWIV: *Zahorka*, EuZW 1994, 201ff. Die FAZ berichtet, daß ein europäischer Anwaltsverbund unter der Führung einer deutschen Großsozietät deshalb nicht in der Rechtsform einer EWIV gegründet worden sei, weil ein Kooperationspartner eine Schweizer Anwaltssozietät ist, FAZ vom 13.2.1995, S. 18.

149 Zur Möglichkeit der EWR-Staaten, die EWIV-VO umzusetzen: *Zahorka*, EuZW 1994, 201 (202).

150 Hierzu etwa: *Authenrieth*, BB 1989, 305ff.; *Baumbach/Hopt*, HGB, Anh. § 160; *Boele*, S. 222ff.; *Gloria/Karborski*, WM 1990, 1313ff.; *Grüninger*, AnwBl 1990, 228ff.; *ders.*, AnwBl 1992, 111ff.; *Henssler*, NJW 1993, 2137 (2143f.); *Klein-Blenkers*, DB 1994, 2224ff.; *Knoll/Schüppen*, WiB 1994, 889ff.; *Kollhosser/Raddatz*, JA 1989, 10ff.; *Müller-Gugenberger*, NJW 1989, 1449ff.; *Nerlich*, S. 93ff.; *K. Schmidt*, Gesellschaftsrecht, § 65, S. 1582ff.; *Schollmeier*, S. 31 (34ff.); *Zuck*, NJW 1990, 954ff.; monographisch zur EWIV: *Ganske* (1988); *v. d. Heydt/v. Rechenberg* (Hrsg.; 1991); *Jahndorf* (1995); *Lentner* (1994); *Meyer-Landrut* (1988); *Scriba* (1988).
Abel berichtet, daß es Ende 1990 in Europa ca. 90 Anwalts-EWIVs gab, Case Western Reserve Law Rev. 44 (1994), 737, 821ff. *Zahorka* berichtet, daß bis Ende 1993 insgesamt ca. 500 EWIVs gegründet worden sind, EuZW 1994, 201.

151 ABl EG Nr. L 199 vom 31.7.1985, S. 1; unmittelbare Geltung gemäß Art. 189 Abs. 2 EGV.

152 BGBl I, S. 514, in Kraft getreten am 1.7.1989.

153 Allgemein zu EU-Verordnungen: unten, § 4 III 1.

gibt.[154] Gilt danach deutsches Recht, bestimmt § 1 des EWIV-Ausführungsgesetzes, daß für die EWIV die für die Offene Handelsgesellschaft geltenden Vorschriften anzuwenden sind.

Die EWIV unterscheidet sich von anderen Gesellschaftsformen hauptsächlich durch ihren Zweck, der allein darin bestehen darf, die wirtschaftliche Tätigkeit ihrer Mitglieder zu erleichtern oder zu entwickeln, um es ihnen zu ermöglichen, ihre Ergebnisse dieser Tätigkeit zu verbesseren oder zu steigern; sie hat nicht den Zweck, Gewinn für sich selbst zu erzielen.[155] Wegen dieses Hilfscharakters muß die Tätigkeit der Vereinigung mit der Tätigkeit ihrer Mitglieder verknüpft sein, sie darf aber nicht an deren Stelle treten. Einer Rechtsanwalts-EWIV ist es nicht gestattet, selbst eine freiberufliche Tätigkeit gegenüber Dritten auszuüben. Sie darf also auch keine Rechtsberatung durchführen, wie Abs. 5 der Erwägungsgründe zur EWIV-VO klarstellt. Eine Anwalts-EWIV als „law firm" ist mithin nicht zulässig. Eine EWIV kann zwar auch eine eigene Sachfirma führen. Dies ändert jedoch nichts daran, daß es die einzelnen Mitglieder sind, welche die eigentliche anwaltliche Tätigkeit durchführen.[156] Infolge dieses Umstandes kann das Ziel einer Anwalts-EWIV nur sein, Synergieeffekte für die eigentliche Anwaltstätigkeit der Mitglieder zu erreichen.

f) Schlichte Kooperationen – Verbund mit ausländischen Anwälten

Unterhalb der Ebene eines gesellschaftsrechtlichen Zusammenschlusses existiert eine Vielzahl von Möglichkeiten für Anwälte, miteinander zu kooperieren. Diese reichen von der Zusammenarbeit im Einzelfall über die klassische Form der Beauftragung eines Korrespondenz-/Verkehrsanwalts für die Führung von Rechtsstreitigkeiten vor Gerichten, bei denen der andere Anwalt nicht zugelassen ist,[157] über gelegentliche interne Konsultationen oder die Zusammenarbeit anläßlich einzelner Projekte, bis hin zur – vor allem grenzüberschreitenden – ständigen, vertraglich abgesicherten Kooperation mit anderen Anwälten

Bestehen vertragliche Beziehungen, die nicht den Grad eines gesellschaftsrechtlichen Zusammenschlusses erreichen, können die Anwälte diese auf unterschiedliche Weise ausgestalten.[158] So können sich die Anwälte etwa gegenseitig ver-

---

154 Ausführlich zur Einbeziehung nationalen Rechts durch die EWIV-VO etwa *Meyer-Landrut*, S. 15ff.; *Baumbach/Hopt*, HGB, Anh. § 160 Rdn. 8–11.

155 Präambel und Art. 3 Abs. 1 EWIV-VO. Eingehend hierzu: *Jahndorf* (1995), 3. Teil, 1. Abschnitt, B.

156 *Knoll/Schüppen*, WiB 1994, 889f. und 893; *Lentner*, S. 66f.; *Nerlich*, S. 93ff.; *Schneider*, AnwBl 1991, 565 (566).

157 § 52 BRAGO; allgemein hierzu: *Mayer*, AnwBl 1992, 170ff.; Zusammenarbeit mit einem ausländischen Korrespondenzanwalt: *Pieper*, S. 21 (29f.); allgemein zum Verkehrsanwaltsvertrag auch: BGH, NJW 1991, 2084ff. sowie unten, § 9 I 5.

158 Sog. clubs, networks oder strategic alliances, hierzu: *Abel*, Case Western Reserve Law Rev. 44 (1994), 737 (820f.); *Goldberg*, ABA-Journal April 1993, 51, 54; *Schardey*, in: FS-Quack (1991), S. 731 (738f.); *Schneider*, AnwBl 1991, 565 (566). Zur Organisation der „Pünder Group": FAZ vom 13.2.1995, S. 18.

pflichten, sich Büroräume zur Verfügung zu stellen oder sich Mandate aus bestimmten Rechtsgebieten zu übertragen, auf denen nur einer der Anwälte tätig ist. Sie können sogar vereinbaren, gemeinsam ein Zweigbüro aufzubauen und zu betreiben. Es ist sowohl wettbewerbsrechtlich (§§ 1; 3 UWG) als auch berufsrechtlich (§ 29a BRAO) zulässig, daß ein Anwalt auf dem Briefbogen seiner Kanzlei im Ausland niedergelassene Anwälte, die er bei Fragen des ausländischen Rechts ständig zu Rate zieht, als „Kooperationspartner" benennt.[159]

Auf nicht-vertraglicher Ebene kann ein gegenseitiger, längerfristig angelegter Mandantenaustausch stattfinden, sog. referrals, allerdings ohne Exklusivität oder Publizierung (sog. best-friends-system oder affiliation agreements).[160]

3. Internationalisierung

Deutlich erkennbar ist eine Internationalisierung der Art und Weise, wie Anwälte ihre Dienstleistungen erbringen.[161] Dies ist die Konsequenz der zunehmend grenzüberschreitenden wirtschaftlichen Betätigung der (potentiellen) Mandanten. Es besteht weltweit eine anhaltende Tendenz, daß die Anwaltssozietäten die Anzahl der Partner und der angestellten Anwälte vergrößern und insbesondere ihre Auslandstätigkeit ausweiten. Der Zustrom U.S.-amerikanischer Sozietäten nach Europa hält an. Anwaltszentrum Europas ist London.[162]

Bereits international tätige Anwaltssozietäten, die ihren Stammsitz im Ausland haben – insbesondere die anglo-amerikanischen „law firms" – nutzen die Liberalisierung des deutschen Standesrechts[163] und dringen vermehrt auf den deutschen Rechtsanwaltsmarkt vor.[164] Sie betätigen sich allerdings in erster Linie im Zusammenhang mit ihrem jeweiligen „Heimatrecht". Soweit sie aber darüber hinaus auch anwaltliche Dienstleistungen im Bereich des deutschen Rechts anbieten, treten sie in direkte Konkurrenz zu den deutschen Rechtsanwaltssozietäten. Die international größten Anwaltssozietäten – *Baker &*

159 BGH, NJW 1993, 1331 f.; ebenso OLG Hamm, NJW 1993, 1338 unter der Voraussetzung, daß die Kooperationsvereinbarung Gegenseitigkeit gewährleistet. Nunmehr auch: § 14 des Diskussionsvorschlags der BRAK für eine Berufsordnung gemäß § 59b BRAO.

160 *Goldberg*, ABA-Journal April 1993, 51 (54); *Schneider*, AnwBl 1991, 565.

161 *Abel*, Case Western Reserve Law Rev. 44 (1994), 737 ff.; *Gibbons*, AnwBl 1990, 282 (284); *Hauschka*, AnwBl 1988, 553 ff.; *Kühn*, AnwBl 1988, 129 ff.; *Rabe*, NJW 1995, 1403 f.; *Trubek/Dezalay/Buchanan/Davis*, Case Western Reserve Law Rev. 44 (1994), 407 ff., speziell zu Deutschland S. 447 f. Umfassend zu den einzelnen Sozietäten etwa: *Martindale-Hubbell's*, Law Directory. Zur Zulässigkeit von Eintragungen in derartigen Verzeichnissen in Deutschland: *Hauschka*, AnwBl 1988, 553 (554).

162 Zum Vorstehenden: *Hauschka*, AnwBl 1988, 553 (555).

163 Nur BRAO-Novelle 1994: oben, I 1 c).

164 *Budden*, IFLRev Juli 1993, 9 ff. m.w.N.; allerdings wird teilweise auch wieder von einer gegenläufigen Entwicklung berichtet: IFLRev Februar 1994, 3 („it's difficult for foreign law firms to crack the German legal market").

McKenzie (1664 Anwälte mit Büros in 33 Staaten)[165], *Clifford Chance* (1171 Anwälte mit Büros in 16 bzw. einschließlich der „associated offices“ in 19 Staaten)[166], *Jones Day Reavis & Pogue* (1153 Anwälte mit Büros in 10 Staaten)[167] oder *Skadden Arps Slate Meagher & Flom* (1005 Anwälte mit Büros in 13 Staaten)[168] – sind weltweit operierende „law firms“, die sich nicht mehr in nationalen Dimensionen fassen lassen.[169]

Demgegenüber sind die großen, international tätigen deutschen Rechtsanwaltssozietäten wesentlich kleiner – die zahlenmäßig größten sind *Oppenhoff & Rädler* (220 Rechtsanwälte und Büros in 5 Staaten)[170], *Bruckhaus Westrick Stegemann* (180 Rechtsanwälte und Büros in 5 Staaten)[171] sowie *Pünder Volhard Weber & Axster* (130 Rechtsanwälte und Büros in 7 Staaten)[172] – und sehr stark im Inland verwurzelt. Nach der zu Anfang der 90er Jahre begonnenen Fusionswelle und der Entwicklung, neue Büros in Mitteldeutschland zu gründen,[173] geht die Tendenz gegenwärtig zunehmend dahin, auch neue Büros im Ausland zu eröffnen und international zu expandieren.[174] Auch in den anderen europäischen Staaten ist eine ähnliche Entwicklung festzustellen.[175]

---

165 Zu *Baker & McKenzie*: *Lee*, IFLRev September 1993, 9ff.; auch FAZ vom 15.10.1993, S. 21. Selbstdarstellung in Stellenanzeige in NJW 1995, Heft 19, S. XLI.

166 Zu *Clifford Chance*: *Carr*, IFLRev März 1987, 5ff. sowie Selbstdarstellung in Stellenanzeige in NJW 1995, Heft 8, S. XLIX.

167 Selbstdarstellung in Anzeige in NJW 1995, Heft 1, S. XXVII.

168 Zu *Skadden Arps Slate Meagher & Flom*: *Caplan*, Skadden (1993) sowie Selbstdarstellung in Stellenanzeige in NJW 1994, Heft 2, S. XX.

169 Allgemein hierzu: *Coleman*, IFLRev September 1993, 6ff. und *Goldberg*, ABA-Journal April 1993, 51ff. m.w.N.

170 Zu *Oppenhoff & Rädler*: FAZ vom 4.1.1995, S. 13; Bericht in IFLRev Februar 1995, 5; vgl. auch die Selbstdarstellung in der Stellenanzeige, NJW 1995, Heft 11, S. XXXV.

171 Selbstdarstellung in Stellenanzeige in NJW 1995, Heft 20, S. XXXI.

172 Zu *Pünder Volhard Weber & Axster*: FAZ vom 13.2.1995 sowie Selbstdarstellung in Stellenanzeige in NJW 1995, Heft 10, S. XLV.

173 *Stewart*, IFLRev April 1992, 14ff.

174 Zu den deutschen Rechtsanwaltssozietäten und insbesondere zur Zahl der Sozien bzw. angestellten Rechtsanwälte: *Crossmann*, IFLRev März 1995, 26ff. sowie auch: *Budden*, IFLRev Juli 1993, 9ff.; *Abel*, Case Western Reserve Law Rev. 44 (1994), 737 (801ff.).

175 Zu Belgien: *Crossmann*, IFLRev Februar 1995, 26ff.; zu England: *Goldberg*, ABA-Journal April 1993, 51ff. und *McGrath*, IFLRev August 1994, 23ff.; zu Frankreich: *Lee*, IFLRev Februar 1994, 16ff.; zu Italien: *Stewart*, IFLRev November 1992, 19ff.; zu den Niederlanden: *Zach*, IFLRev Februar 1995, 39ff.; zur Schweiz: *Page*, IFLRev Januar 1995, 22ff. Allgemein zur Entwicklung weltweit: *Abel*, Case Western Reserve Law Rev. 44 (1994), 737 (782ff.).

III. Ausbildung zum Rechtsanwalt

Eine Übersicht über das Berufsbild des Rechtsanwalts erfordert schließlich eine Darstellung der Ausbildung zum Rechtsanwalt.[176] Dies erleichtert es, an späterer Stelle zu ermitteln, welchen Sorgfaltsmaßstab ein Rechtsanwalt zu beachten hat, wenn es darum geht, welche Rechtskenntnisse der Mandant erwarten kann bzw. in welchem Umfang ein Rechtsanwalt verpflichtet ist, sich die erforderlichen Rechtskenntnisse zu verschaffen.

Gemäß § 4 Abs. 1 BRAO muß ein Anwalt grundsätzlich die Befähigung zum Richteramt nachweisen. Dies ist in §§ 5–7 DRiG näher umschrieben und setzt grundsätzlich Studium und Vorbereitungsdienst sowie das Bestehen der beiden juristischen Staatsexamina voraus.[177] Die Vorschriften des DRiG verweisen wegen der Einzelheiten auf die Juristenausbildungsgesetze der Bundesländer.[178] Im Rahmen der vorliegenden Analyse soll exemplarisch auf das Juristenausbildungsgesetz des Landes Nordrhein-Westfalen[179] abgestellt werden.[180] Die Juristenausbildungsgesetze der anderen Länder sehen im wesentlichen Entsprechendes vor.

Die Ausbildungsziele sind gemäß § 3 und § 2 Abs. 2 NWJAG zum einen, dem angehenden Juristen Wissen zu vermitteln, und zum anderen, das nötige Verständnis und die erforderliche Arbeitsmethode. Wissen soll der angehende Jurist in erster Linie während des Studiums erwerben. Bei den erforderlichen Rechtskenntnissen unterscheidet § 3 Abs. 2 NWJAG im Anschluß an § 5a Abs. 2 DRiG zwischen Pflichtfächern und Wahlfächern. Demgegenüber bezweckt der Vorbereitungsdienst, die Selbständigkeit des Denkens, die praktisch-methodischen Fähigkeiten sowie das soziale, wirtschaftliche und rechtspolitische Verständnis auszubilden, wie § 22 Abs. 3 NWJAG hervorhebt. Am Ende des Vorbereitungsdienstes soll der angehende Volljurist in der Lage sein, sich selbständig auch in solche Tätigkeiten einzuarbeiten, in denen er nicht ausgebildet ist (§ 22 Abs. 1 S. 2 NWJAG). Die Bedeutung der Fähigkeit, daß ein Jurist im allgemeinen und ein Rechtsanwalt im besonderen in der Lage ist, neben einem Kernbestand juristischen Wissens sich in neue Materien unter Einsatz

---

176 Daneben besteht eine Obliegenheit, sich ständig fortzubilden, hierzu: *Stobbe*, NJW 1991, 2041 (2046ff.) sowie nunmehr § 43a Abs. 6 BRAO.

177 Zu den Prüfungsergebnissen vgl. etwa JuS 1994, 900ff. Durchschnittlich dauert die Ausbildung in Deutschland 10 Jahre, Bericht der Bundesrechtsanwaltskammer, BRAK-Mitt. 1994, 223 m.w.N.

178 Zusammenstellung der Landesgesetze bei *Schönfelder*, Deutsche Gesetze, Anm. 3 zu § 5 DRiG.

179 GV NW, S. 924. Nordrhein-Westfalen ist nicht nur das größte deutsche Bundesland, sondern der Verfasser hat in diesem auch einen Großteil seiner juristischen Ausbildung abgeleistet.

180 Nach der letzten Novellierung gilt die Fassung in der Bekanntmachung vom 8.11.1993.

juristischen Orientierungs- und Methodenwissens einzuarbeiten, kann nicht oft genug betont werden.[181]

Die deutsche Juristenausbildung bereitet die Rechtsanwälte nahezu ausschließlich darauf vor, nationales Recht anzuwenden. Demgegenüber spielt es in den Juristenausbildungsgesetzen nur eine untergeordnete Rolle, die internationalen Bezüge des deutschen Rechts zu vermitteln. Pflichtfach ist allenfalls das Europarecht,[182] während Internationales Privatrecht, Internationales Zivilprozeßrecht oder Rechtsvergleichung in aller Regel nur als Wahlfach in Frage kommen[183]. Eine Ausnahme bildet § 5 Abs. 3 Nr. 5 BWJAPrO, der zu den Pflichtfächern im ersten Staatsexamen bestimmt: „aus dem Internationalen Privatrecht im Überblick: Allgemeiner Teil, Kollisionsnormen des EGBGB“. Grundzüge ausländischer Rechtsordnungen werden an vielen Universitäten gelehrt, spielen in den Prüfungsordnungen aber keine Rolle. Das erinnert an eine Bemerkung *Rudolph Jherings* bereits vor mehr als einem Jahrhundert angesichts der äußeren Verdrängung des römischen Rechts:[184]

> „Die Wissenschaft ist zur Landesjurisprudenz degradiert, die wissenschaftlichen Gränzen fallen in der Jurisprudenz mit den politischen zusammen. Eine demüthigende, unwürdige Form für eine Wissenschaft! Aber es hängt nur von ihr selbst ab, jene Schranken zu überspringen und den Charakter der Universalität, den sie so lange besaß, in einer anderen Form als vergleichende Jurisprudenz sich für alle Folgezeit zu sichern.“

Angesichts der gegenwärtigen Rechtswirklichkeit ist daher eine anspruchsvolle Ausbildung angehender Juristen nicht mehr denkbar, ohne daß internationale Zusammenhänge vermittelt werden.[185] Die Europäische Union und die EFTA

---

181 *Hommerich*, AnwBl 1994, 322 (323); *Stobbe*, NJW 1991, 2041 (2043 und 2047). Beide weisen zu Recht auf den Schaden hin, der dadurch entsteht, daß sich in der Ausbildung befindende Juristen häufig unreflektiert bestimmte Argumentationsmuster und Problemlösungen einpauken, wie es insbesondere viele private Repetitorien praktizieren. Zur Juristenausbildung und der Vorbereitung auf den Anwaltsberuf, *Henssler*, AnwBl 1993, 541 (542 f.).

182 § 3 Abs. 2 Nr. 1 lit. e, Nr. 2 NWJAG sowie zum Beispiel auch §§ 5 Abs. 3 Nr. 11, 40 Abs. 1 Nr. 9 BWJAPrO; §§ 5 Abs. 2 Nr. 6, 44 Abs. 2 Nr. 1 BayJAPO; § 16 Nr. 3 d) aa) NdsJAVO; § 16 Abs. 2 Nr. 5 SachsJAPO.

183 § 3 Abs. 3 Nr. 8 NWJAG sowie zum Beispiel auch §§ 5 Abs. 4 Nr. 16; 40 Abs. 2 Nr. 8 BWJAPrO; §§ 5 Abs. 3 Nr. 3, 44 Abs. 3 Nr. 5 BayJAPO; § 17 Nr. 10 NdsJAVO; § 17 Abs. 3 Nr. 6 SächsJAPO.

184 *Jhering*, Geist des römischen Rechts auf den verschiedenen Stufen seiner Entscheidung, S. 15.

185 *Basedow*, NJW 1990, 959 ff.; *Coing*, NJW 1990, 937 ff.; *Ehlermann*, NJW 1993, 1856 (1859); *Flessner*, RabelsZ 56 (1992), 243 (250 ff.); *Großfeld*, JuS 1993, 710 (714 f.); *Kötz*, ZEuP 1993, 268 (271 ff.); *Sandrock*, ZfRV 1994, 50 (57); *Stobbe*, NJW 1991, 2041 (2048 f.). Auch für U.S.-amerikanische Anwälte fordert *Janis* eine bessere Ausbildung in ausländischen Rechtsordnungen, Int’l Lawyer 16 (1982), 693 (704).

fördern Auslandsstudien durch staatenübergreifenden Studentenaustausch.[186] Graduierte Hochschulabsolventen streben international anerkannte Abschlüsse in ausländischen Rechtsordnungen, insbesondere den U.S.A., an.[187] Während des Vorbereitungsdienstes werden Referendare dazu ermutigt, ihre sog. Wahlstation im Ausland abzuleisten.[188] Auch die international tätigen, großen Anwaltssozietäten erwarten von Berufsanfängern Fremdsprachenkenntnisse und Auslandserfahrung.[189]

186 Zum sog. ERASMUS-Programm: *Dieckmann*, ZEuP 1993, 615ff.; künftig „SOKRATES", vgl. FAZ vom 11.6.1994, S. 4.

187 *Stürner*, S. 3, 39f. spricht gar von den „Pilgerströmen" deutscher Referendare in die großen Anwaltskanzleien nach New York und Washington sowie die bekannten U.S.-amerikanischen Universitäten. Auch: *Stiefel*, JZ 1994, 109f.

188 Vgl. etwa die Informationsschrift des Justizministers des Landes Nordrhein-Westfalen „Was Sie als Referendar wissen sollten", 1989, S. 10–12.

189 Dies folgt aus einer Auswertung der in der NJW veröffentlichten Stellenanzeigen. Beispielhaft sei auf die oben, II 3, zitierten Beispiele verwiesen.

§ 2 Haftung

Eine Legaldefinition des Begriffs „Haftung“ existiert nicht.[190] Rechtsprechung und rechtswissenschaftliches Schrifttum sprechen von Haftung daher auch vielfach untechnisch, ohne dies weiter auszuführen. Der Bedeutungsgehalt des Haftungsbegriffs wird im Zusammenhang mit der Anwalts*haftung* als selbstverständlich vorausgesetzt.[191] Um den allgemeinverbindlichen Pflichtenstandard sowie die individuellen Sorgfaltsanforderungen der Rechtsanwälte bei der Rechtsprüfung zu bestimmen, ist es förderlich, Begriff, Grund und Zweck der Haftung zu erläutern.

I. Begriff

Haftung kann rechtsdogmatisch eine doppelte Bedeutung haben. Der Begriff umschreibt zum einen den Umstand, daß Vermögensgegenstände des Schuldners dem Zugriff des Gläubigers in der Zwangsvollstreckung unterworfen sind. Dann ist eine reine Sachhaftung gemeint, die zwar regelmäßig, aber nicht notwendig eine persönliche Schuld voraussetzt.[192]

Darüber hinaus kann unter Haftung verstanden werden, daß jemand für eine aus einem Schuldverhältnis herrührende Schuld einstehen muß, er für ein bestimmtes eigenes Verhalten oder das anderer Personen oder für bestimmte Gefahren in der Weise verantwortlich ist, daß er dem dadurch Geschädigten Ersatz zu leisten hat.[193] Im folgenden ist von diesem Haftungsbegriff auszugehen. Soweit Vertreter des rechtswissenschaftlichen Schrifttums darunter allein außervertragliche Verpflichtungen fassen,[194] widerspricht dies dem allgemein üblichen Sprachgebrauch und umfaßt die zu erörternde Problematik nicht in ihrer gesamten Tragweite.

---

190 Im Gesetz ist von „Haftung“ etwa in §§ 276 Abs. 2, 277, 701, 1117 ff. BGB, 25 ff., 128, 429, 442 HGB, § 1 GmbHG die Rede. Vgl. auch den bereits erwähnten Entwurf einer EU-Richtlinie zur „Haftung“ für Dienstleistungen.

191 BGH, NJW 1991, 1225 f.; 1993, 196 (198); KG, MDR 1994, 100; statt vieler aus einem kaum zu übersehenden Schrifttum: *Borgmann/Haug*, Anwaltshaftung; *Rinsche*, Die Haftung des Rechtsanwalts und des Notars; *Vollkommer*, Anwaltshaftungsrecht.

192 *Esser/Schmidt*, § 7 III, S. 124 ff.; Münchener Kommentar-*Kramer*, BGB, Einf. § 241 Rdn. 41; *Larenz*, Schuldrecht I, § 2 IV, S. 21 f.

193 *Esser/Schmidt*, § 7 I, S. 117 ff.; Palandt-*Heinrichs*, BGB, Einl. § 241 Rdn. 14; *Larenz*, Schuldrecht I, § 2 IV, S. 22; *Stoll*, S. 1.

194 *Deutsch*, Haftungsrecht, S. 1.

II. Haftungsgrund

Grundlage der Haftung können vertragliche bzw. gleichgestellte Beziehungen zwischen den Beteiligten oder gesetzliche Schuldverhältnisse sein.

1. Vertrag und gleichgestellte Rechtsbeziehungen

Grund der vertraglichen Haftung ist, daß der Schuldner ein rechtliches Ziel, nämlich die geschuldete Leistung oder den geschuldeten Leistungserfolg, nicht erreicht.[195] Wer sich gegenüber einem anderen im Rahmen einer schuldrechtlichen Sonderverbindung dazu verpflichtet hat, einen Leistungserfolg herbeizuführen oder eine Leistungshandlung zu erbringen, muß sich daran grundsätzlich festhalten lassen. Dabei geht es insbesondere um die Haftung für Leistungsstörungen. Bei der Haftung des Rechtsanwalts ist die Schlechterfüllung der Verpflichtungen gegenüber dem Mandanten von Relevanz.[196] Haftungsgrundlage sind dann Ansprüche aus positiver Vertragsverletzung des Anwaltsvertrages.[197]

2. Gesetzliche Schuldverhältnisse

Die außervertragliche Haftung beruht im wesentlichen auf einer unerlaubten und vorwerfbaren Beeinträchtigung rechtlich geschützter Güter und Interessen dritter Personen, sog. Unrechtshaftung.[198] Grundlage ist die Verletzung von Verhaltensregeln, die jedermann zum Schutz der Rechtsgüter Dritter auferlegt sind. Haftungsgrundlage sind in erster Linie Ansprüche gemäß §§ 823, 826 BGB. Dabei ist allerdings zu beachten, daß § 823 Abs. 1 BGB die Haftung auf die aufgeführten Rechte und Rechtsgüter begrenzt und daher insbesondere Vermögensschäden grundsätzlich nicht erfaßt werden. Die §§ 823 Abs. 2, 826 BGB gewähren zwar auch Vermögensschutz, allerdings nur bei vorsätzlicher Schädigung. Deshalb kommt der Deliktshaftung im Rahmen der thematisierten Fragen eine untergeordnete Bedeutung zu.[199]

3. Dritthaftung

Unter dem Stichwort „Berufshaftung“ oder „Dritthaftung“ diskutieren Vertreter des Schrifttums eine Haftung (auch) von Rechtsanwälten gegenüber Nichtmandanten, wenn diese im Vertrauen auf Rechtsauskünfte vermögensrelevante

---

195 „Pacta sunt servanda“; *Stoll*, S. 2; *Zweigert/Kötz* II, § 17 I, S. 332f.

196 Allgemein zu den Ebenen der Vertragshaftung sowie deren Erweiterungen vgl. *Gernhuber*, Bürgerliches Recht, § 40 II, III, S. 377f.

197 Einzelheiten hierzu: unten, § 5 I.

198 Gedanke des „neminem laedere“, *Deutsch*, S. 1; *Stoll*, S. 2.

199 Als außervertragliche Haftungsgründe, die allerdings im zu untersuchenden Zusammenhang ohne Bedeutung sind, sind der Vollständigkeit wegen noch die Gefährdungs- und die Aufopferungshaftung zu erwähnen. Hierzu etwa: *Deutsch*, S. 1f.; *Stoll*, S. 20ff. bzw. S. 28ff.

Maßnahmen ergriffen und dadurch später einen Schaden erlitten haben. In diesen Fallkonstellationen besteht insbesondere ein Konflikt zwischen dem Ausgleichsinteresse des Geschädigten und der Gefahr einer ausufernden, unübersehbaren Verantwortlichkeit des einzelnen Rechtsanwalts. Insbesondere die dogmatischen Grundlagen der Dritthaftung sind im rechtswissenschaftlichen Schrifttum umstritten.[200] Ob es dieser Rechtsfigur neben der vertraglichen und gesetzlichen Haftung überhaupt bedarf oder ob jene von diesen Haftungsgründen hinreichend erfaßt werden kann, ist an dieser Stelle nicht weiter zu erörtern. Die unter dem Stichwort der „Dritthaftung" diskutierten Fälle sollen in der vorliegenden Arbeit nicht vertiefend dargestellt werden.

III. Haftungszweck

Zweck der (Vertrags- und der Unrechts-)Haftung ist es primär, einen gerechten Schadensausgleich herbeizuführen. Als Nebenzweck kommt der Haftung insbesondere auch eine präventive sowie eine ökonomische Funktion zu.[201]

1. Ausgleichsfunktion

Wesentlicher Haftungszweck ist es, durch die Gewährung von Schadensersatzansprüchen (und Beseitigungsansprüchen) die Folgen einer Schadensverursachung demjenigen aufzuerlegen, der hierfür einzustehen hat. Diese Folgen sind rückgängig zu machen, oder dem Geschädigten ist ein angemessener Ausgleich zu gewähren.[202] Durch die Risikoüberwälzung auf den Schädiger bewirkt die Haftung eine Eingrenzung des Grundsatzes, daß der Rechtsgutsinhaber den entstehenden Schaden zu tragen hat („casum sentit dominus"). Die auftretenden Interessenkonflikte sind insbesondere bei der Festlegung des objektiven Sorgfaltsmaßstabs und des individuellen Verschuldensmaßstabs zu berücksichtigen.

Eine Besonderheit der Haftung von Rechtsanwälten liegt darin, daß sie gegenüber Mandanten allgemein typisiertes Vertrauen in Anspruch nehmen. Das beruht insbesondere auf dem überlegenen professionellen Wissen des Fachmanns einerseits und der regelmäßig fehlenden eigenen Sachkompetenz bzw. Kontroll- oder Überprüfungsmöglichkeit des Mandanten andererseits. Der Verkehr setzt

200 Hierzu grundlegend: *K. v. Gierke*, Die Dritthaftung des Rechtsanwalts (1984) sowie *Stahl*, Zur Dritthaftung von Rechtsanwälten [...] (1989); auch *Damm*, JZ 1991, 373 (374); *Ebke*, Wirtschaftsprüfer und Dritthaftung (1983), S. 11 ff. und *ders.*, EWS 1993, 229 ff.; *Grunewald*, JZ 1987, 627 ff.; *U. Hübner*, NJW 1989, 5 (9 f.); *Middleton/Rogge*, VersR 1994, 1027 ff.; *Odersky*, NJW 1989, 1; *Schwichtenberg*, ZvglRWiss 91 (1992), 290 ff.

201 *Deutsch*, S. 68 ff.; *Larenz*, Schuldrecht I, § 27 I, S. 421 ff.; Münchener Kommentar-*Mertens*, BGB, vor §§ 823–853 Rdn. 41 ff.; *Stoll*, S. 147 ff.; *Weyers*, S. 443 ff.; kritisch: *Kötz*, in: FS-Steindorff (1990), 643 (644 f.).

202 *Deutsch*, S. 68 ff.; Münchener Kommentar-*Mertens*, BGB, vor §§ 823–853 Rdn. 41, *Weyers*, S. 573 ff.

das Vorhandensein der berufstypischen Fähigkeiten und Kenntnisse voraus.[203] Daneben besteht die Möglichkeit, daß der Rechtsanwalt besonderes persönliches Vertrauen durch den Mandanten, das über das allgemeine berufstypische Vertrauen hinausgeht, im Einzelfall in Anspruch nimmt.

2. Präventivfunktion

Die präventive Funktion der Haftung soll den einzelnen auch zu sorgfältigem Arbeiten anhalten und dadurch einen Anreiz zur Schadensverhütung schaffen.[204] Hierbei ist allerdings zu beachten, daß eine zu strenge Haftung, welche die Realitäten der Praxis nicht hinreichend beachtet, die Aktivität und Kreativität des einzelnen behindern kann und dadurch kontraproduktiv wirkt.[205] Zudem kann Haftung zur Schadensverhütung nur beitragen, wenn der Betroffene eine Entscheidung nicht unter raschem Handlungszwang, sondern aufgrund sorgfältiger, rationaler Abwägung treffen kann. Die Funktion der Haftungsdrohung, Schäden zu verhüten, ist um so wichtiger, je weniger andere Einflußfaktoren in dieselbe Richtung wirken (z. B. öffentlich-rechtliche Sicherheitsvorschriften, strafrechtliche Sanktionsandrohungen oder etwa persönliche Furchtgefühle).[206]

Am Rande soll erwähnt werden, daß bei drohenden Schädigungen durch die Gewährung von Unterlassungsansprüchen die Möglichkeit gegeben ist, einen noch bevorstehenden Eingriff in den Rechtskreis des Betroffenen zu verhindern.

3. Ökonomische Funktion

In engem Zusammenhang mit der Präventivfunktion der Haftung stehen Ansätze im rechtswissenschaftlichen und volkswirtschaftlichen Schrifttum, der Haftung auch eine ökonomische Funktion (Wettbewerbsfunktion) beizulegen.[207]

Grundlage der ökonomischen Analyse des Rechts sind sog. Marktoptimierungsmodelle, die eine effiziente Mittelverwendung ermöglichen sollen. Durch geeignete Haftungssysteme sollen die volkswirtschaftlich relevanten Kosten minimiert werden.[208] Ausgangspunkt ist die Erkenntnis, daß wirtschaftlich gesehen die

---

203 *Hopt*, AcP 183 (1983), 608 (645).

204 *Deutsch*, S. 71 f.; Münchener Kommentar-*Mertens*, BGB, vor §§ 823–853 Rdn. 44; *Weyers*, S. 446 ff.

205 *U. Hübner*, NJW 1989, 5 (11); *Mertens*, VersR 1974, 509 (516).

206 *Basedow*, S. 487 f.

207 Grundlegend: *Posner*, Economic Analysis of Law, Kapitel 4 und 6. Aus dem deutschsprachigen Schrifttum: *Adams*, S. 17 ff.; *Hopt*, AcP 183 (1983), 608 (652 ff.); *Kötz*, in: FS-Steindorff (1990), 643 (646 ff.), der allerdings in fragwürdiger Weise die ökonomische Haftungsfunktion und die Präventionsfunktion miteinander vermengt; *Schäfer/Ott*, S. 85 ff., jeweils m. w. N.; auch: *Weyers*, S. 481 ff.

208 Speziell zur Haftung des Rechtsanwalts hat soeben *Wein*, Recht durch Rechtsanwälte? (1995), S. 179 ff., eine Analyse vorgelegt.

Fehleinschätzung beruflicher Leistungen sowohl für den einzelnen als auch für die Allgemeinheit Kosten verursachen. Dies folgt daraus, daß das eingesetzte Kapital angesichts einer Fehleinschätzung nicht optimal alloziert[209] wird. Die Korrektur der Ressourcenverteilung u. a. auch über Schadensersatz ist unproduktiv. Die Vertreter der ökonomischen Analyse des Rechts schlagen vor, daß die Schäden von dem „cheapest cost avoider" zu tragen sind.[210] Danach ist zu prüfen, welche Person den Eintritt eines Schadens mit dem geringsten Aufwand hätte verhindern können, wobei der Schädiger, der Geschädigte oder ein Dritter in Frage kommen. Die so ermittelte Person sei zum Abwehraufwand zu veranlassen und zum Schadensersatz heranzuziehen.[211]

Haftung bewirkt ferner, daß wettbewerbliche Strukturen erhalten bleiben, indem durch Qualitätswettbewerb die weniger qualifizierten Anbieter anwaltlicher Dienstleistungen angesichts des Haftungsrisikos aus dem Markt ausscheiden.[212]

IV. Haftpflichtversicherung

Um die Leistungsfähigkeit des Schuldners sicherzustellen, kann dieser – freiwillig oder gesetzlich vorgeschrieben – eine Haftpflichtversicherung abschließen.[213] So ist der Ausgleichsfunktion, welche Haftung zu erfüllen hat, zugunsten des Geschädigten Genüge getan.

Der Abschluß einer solchen Versicherung hat aber auch andere Folgen. Ob es im Einzelfall möglich und zumutbar ist, Versicherungsschutz zu erhalten, kann insbesondere von Bedeutung für den Umfang der Haftung und für die Ausgestaltung der Haftungsvoraussetzungen (z. B. Beweislastumkehr) sein. Zudem ist empirisch festzustellen, daß Gerichte eher geneigt sind, die Haftung zu verschärfen, etwa indem sie die Haftungsvoraussetzungen großzügig annehmen oder die Haftungsfolgen strenger bemessen, wenn der Schädiger bekanntermaßen über eine Haftpflichtversicherung geschützt ist oder mit einem solchen Schutz gerechnet werden kann.[214]

Auch die Präventivwirkung der Haftung kann beeinträchtigt werden, wenn eine Haftpflichtversicherung besteht. Hierzu hat der Bundesgerichtshof in einer Entscheidung ausgeführt, daß es sich nicht bestreiten lasse, daß die Haftpflichtversicherung nicht dazu beitrage, im Versicherungsnehmer den Willen zur Schadens-

209 Um „Allokationseffizienz" herzustellen: *Schäfer/Ott*, S. 5 f.

210 *Adams*, S. 21 f.; *Hopt*, AcP 183 (1983), 608 (653 f.).

211 *Hopt*, AcP 183 (1983), 608 (654); *Schäfer/Ott*, S. 120 ff.

212 *Hopt*, AcP 183 (1983), 608 (652 f.).

213 Für Rechtsanwälte gilt § 51 BRAO n. F.; hierzu: unten, § 11 I.

214 Hierzu: *Stoll*, S. 103; auch *Adams*, S. 206 ff.; *v. Bar*, RabelsZ 44 (1980), 455 (479 ff.) spricht von einer „Versicherung-Haftungs-Spirale". Auch: *Lord Denning*, M. R., in Court of Appeal, Lamb v. Camden London Bourough Council [1981] 2 W. L. R., 1038 (1046): „It is commonplace nowadays for the courts, when considering policy, to take insurance into account."

verhütung zu stärken.[215] Insoweit kann aber der Versicherer adäquate Gegenmaßnahmen ergreifen. So kann er die Versicherungsnehmer nach bestimmten Kriterien auswählen, die Prämien staffeln, eine Selbstbeteiligung vereinbaren oder den Versicherungsschutz für grob fahrlässig verursachte Schäden ausschließen.[216]

215 BGHZ 7, 311 (324). Auch: *Großfeld/U. Hübner*, ZVersWiss 66 (1977), 393 (405); *Schäfer/Ott*, S. 125 f.

216 *Großfeld/U. Hübner*, ZVersWiss 66 (1977), 393 (409); *Kötz*, in: FS-Steindorff (1990), 643 (665 f.).

§ 3 Recht

Die Frage aufzuwerfen, was unter Recht zu verstehen ist, ist gewagt und läßt sich sicherlich nicht im Rahmen der „Grundlagen" dieser Arbeit erschöpfend beantworten. Sie ist Gegenstand eines seit Jahrtausenden währenden Nachdenkens und entsprechend vielgestaltig und umfassend. Für die Ordnung eines Gemeinwesens ist sie von existenzieller Bedeutung. *Großfeld* hat sogar vom „Geheimnis des Wort[teil]s Recht" gesprochen.[217] Gleichwohl soll im Zusammenhang der Anwaltshaftung bei der Anwendung ausländischen *Rechts* der Sinngehalt des Wortes Recht hinterfragt werden. Dies ist wichtig, um später im einzelnen zu ermitteln, unter welchen Voraussetzungen ein Rechtsanwalt seinem Mandanten zum Schadensersatz verpflichtet ist, wenn er ihn über seine *Rechte* falsch beraten hat oder wenn er *Rechts*normen in einer den Mandanten schädigenden Weise angewandt hat.

I. Allgemeines

Bereits bei *Ulpian*[218] heißt es im 1. Buch seines (Anfänger-) Lehrbuchs:

> „Iuri operam daturum prius nosse oportet, unde nomen iuris descendat. Est autem a iustitia appellatum; nam, ut eleganter Celsus definit, ius est ars boni et aequi."[219]

Recht hat der Gerechtigkeit zu dienen.[220] Daneben treten aber noch andere Werte wie Rechtssicherheit und auch Zweckmäßigkeit.[221] Aufgabe des Rechts ist es, aufgrund des menschlichen Zusammenlebens auftretende Interessen- und Wertkonflikte unter Berücksichtigung der zuvor genannten Gesichtspunkte miteinander in Ausgleich zu bringen.[222] Dabei ist Recht in seiner Form notwendig statisch, in seinem Gehalt aber ständig anpassungsbedürftig. Zudem ist Recht abhängig von einer staatlichen Autorität, die seine Durchsetzung im Einzelfall gegenüber den ihm unterworfenen Rechtsunwilligen durchsetzt. In den einzelnen Rechtskreisen kann unter „Recht" durchaus etwas anderes verstanden werden. Dies kann für die auslandsbezogene Tätigkeit des Rechtsanwalts von Bedeutung sein.

---

217 *Großfeld*, AcP 184 (1984), 289 (292).

218 Römischer Jurist, gestorben etwa 223 n. Chr.

219 Digesten (533 n. Chr.), D. 1. 1. 1 pr.: „Wer sich bemüht, das Recht zu erlernen, muß zunächst wissen, woher der Name *Ius* (Recht) stammt. Er ist nach der *iustitia* (Gerechtigkeit) so genannt worden. Denn, wie Celsus so schön definiert, das Recht ist die Kunst des Guten und des Billigen."

220 Hierzu auch: *Enneccerus/Nipperdey*, § 33 II, S. 213ff.

221 *Radbruch*, S. 345.

222 *Enneccerus/Nipperdey*, § 30 I, S. 196.

II. Begriff des Rechts

In der deutschen Sprache existieren Begriffe wie Rechtsanwalt, Rechtsprechung oder Rechtsstaat. In den Gesetzen ist von Recht in unterschiedlichem Zusammenhang die Rede.[223] Zu unterscheiden ist zwischen Recht im objektiven Sinne einerseits und sog. subjektiven Rechten andererseits.

1. Recht im objektiven Sinne

Recht im objektiven Sinne ist die geltende Rechtsordnung. Diese umfaßt alle in einem bestimmten Gemeinwesen, zu einer bestimmten Zeit und in einem bestimmten Raum verbindlich geltenden – von Menschen gesetzte – Rechtsnormen.[224] Fraglich ist, ob und inwieweit über das positive Recht hinaus sog. Naturrecht anzuerkennen ist.

a) Positives Recht

Rechtsnormen im Sinne von Rechtserzeugungsquellen[225] sind nach herkömmlicher Ansicht vor allem die Gesetzesregeln sowie alle jene konkreten Rechtssätze, die aus den erstgenannten und weiteren Prämissen methodisch korrekt gewonnen werden können. Ferner zählen hierzu auch die Regeln des Gewohnheitsrechts.[226] Im Einzelfall kann sich die Abgrenzung jedoch als schwierig erweisen.[227]

aa) Gesetzliche Normen

Das positive Recht besteht in erster Linie aus den gesetzlichen Normen. Gesetz in diesem Zusammenhang sind alle Akte bewußter Rechtsetzung, die eine durch die Verfassung des betreffenden Gemeinwesens begründete Legitimation des Gesetzgebers und die Einhaltung des in ihr vorgeschriebenen Verfahrens aufweisen.[228] Das sind Verfassungsgesetze (das Grundgesetz), Gesetze im formellen

---

223 Etwa: Art. 20 Abs. 3 GG („die vollziehende Gewalt und die Rechtsprechung sind an Gesetz und *Recht* gebunden"); § 206 Abs. 1 BRAO („auf dem Gebiet des ausländischen und internationalen *Rechts*"), § 293 ZPO („das in einem anderen Staate geltende *Recht*"); andererseits z.B.: Art. 1 Abs. 3 GG („Grund*rechte*"); §§ 226ff., 413, 434 BGB („*Recht*"), § 823 Abs. 1 BGB („sonstiges *Recht*").

224 Staudinger-*Coing*, BGB, Einl. Rdn. 113; *Fikentscher*, Bd. I, S. 1. Die deutsche Rechtsordnung erkennt den Anspruch der Religionsgemeinschaften, bestimmte Angelegenheiten ihrer Glaubensangehörigen autonom zu regeln, nicht als Rechtsetzungsmacht an, vgl. BGH, NJW 1980, 1221.

225 Hierzu: *Larenz*, AT, § 1 I, S. 7.

226 *Bydlinski*, S. 10f.; Staudinger-*Coing*, BGB, Einl. Rdn. 113; Palandt-*Heinrichs*, BGB, Einl. Rdn. 19; *H. Hübner*, Rdn. 15, S. 13; *Larenz*, AT, § 1 I c, S. 7ff.; *Meyer-Cording*, S. 49ff.

227 Auch die allgemeinen Regeln des Völkerrechts im Sinne von Art. 25 S. 1 GG sind zum positiven Recht zu rechnen. Ausführlich zum Völkerrecht: unten, § 4 II.

228 Sog. materieller Gesetzesbegriff; *Enneccerus/Nipperdey*, § 35 I 1, S. 240; *Larenz*, AT, § 1 I c, S. 7; *Meyer-Cording*, S. 17ff.; *Ossenbühl*, § 7 II 1, S. 116ff.

Sinne[229], Rechtsverordnungen, autonome Satzungen sowie Verwaltungsvorschriften, soweit ihnen eine verbindliche Außenwirkung zukommt;[230] ferner gehören dazu die Vorschriften der Verträge der Europäischen Union (sog. primäres Gemeinschaftsrecht) und EU-Verordnungen, EU-Richtlinien und EU-Entscheidungen gemäß Art. 189 Abs. 2 bis 4 EGV (sog. sekundäres Gemeinschaftsrecht)[231].

bb) Gewohnheitsrecht

Gewohnheitsrecht ist nicht gesetztes Recht, wird aber ebenso wie dieses behandelt.[232] Gewohnheitsrecht beruht auf der tatsächlichen Betätigung einer in der Rechtsgemeinschaft vorherrschenden Rechtsüberzeugung durch eine entsprechende langdauernde Übung der Rechtsgenossen.[233]

cc) Richterrecht

Indem die staatlichen Gerichte[234] die gesetzlichen Normen auslegen und fortentwickeln, entsteht Richterrecht.[235] Nach deutschem (und kontinentaleuropäischem) Rechtsverständnis unterstützt, ergänzt und entwickelt das Richterrecht das gesetzte Recht. Es ist allerdings nicht Aufgabe des Richters, Rechtsnormen zu schaffen und in Geltung zu setzen; dies ist Sache des Gesetzgebers.[236] Der Richter muß Recht in der Entscheidung des Einzelfalls finden. Gerichtliche Entscheidungen sind nur unter den Parteien des Rechtsstreits verbindlich, grundsätzlich jedoch nicht gegenüber Dritten.[237] Deutsche Richter sind nicht verpflichtet, höchstrichterlichen Präjudizien, vorbehaltlich ihrer Bewährung und anderer Fortgeltungsvoraussetzungen, zu folgen.[238]

---

229 Einschließlich der durch formelle Gesetze umgesetzten völkerrechtlichen Verträge oder EU-Richtlinien.

230 Hierzu und zu den damit im Zusammenhang stehenden Streitfragen: Palandt-*Heinrichs*, BGB, Einl. Rdn. 20–23, 24a; *H. Hübner*, Rdn. 17ff., S. 14ff.; *Ossenbühl*, § 7, S. 114ff.

231 Zum Europäischen Recht ausführlich: unten § 4 III.

232 Die setzen etwa Art. 2 EGBGB, § 12 EGZPO und auch § 7 EGStPO voraus.

233 BVerfGE 28, 17 (28f.); BGHZ 37, 219 (222ff.); Staudinger-*Coing*, BGB, Einl. Rdn. 234; *Enneccerus/Nipperdey*, §§ 38–40, S. 261ff.; *Fikentscher*, Bd. III, S. 691ff. und Bd. IV, S. 317ff.; Palandt-*Heinrichs*, BGB, Einl. Rdn. 24; *Larenz*, AT, § 1 I c, S. 7 und Methodenlehre, S. 356ff.; *Ossenbühl*, § 7 VII, S. 154ff.

234 Außer acht sollen die Erkenntnisse privater oder institutioneller Schiedsgerichte bleiben, hierzu: *Sandrock*, Rechtsfortbildung, S. 21ff.

235 Hierzu: Staudinger-*Coing*, BGB, Einl. Rdn. 214f.; *Enneccerus/Nipperdey*, § 42 I, S. 273ff.; *Fikentscher*, Bd. IV, S. 313; *Larenz*, Methodenlehre, S. 429ff.; *Raisch*, ZHR 150 (1986), 117ff.

236 Eine Ausnahme stellt insoweit § 31 Abs. 2 BVerfGG dar.

237 Vgl. etwa § 325 ZPO, §§ 326, 327 ZPO, § 121 VwGO.

238 *Enneccerus/Nipperdey*, § 42 I 1, S. 275. Dies ist nicht zu verwechseln mit der Bindung des Berufungsgerichts an den Ausspruch des Revisionsgerichts im Fall der Zurückverweisung, vgl. z.B. § 565 Abs. 2 ZPO.

Die Bedeutung der Rechtsprechung allein hierauf zu reduzieren, verkürzt jedoch ihre praktischen Auswirkungen. Insoweit kommt gerade der höchstrichterlichen Rechtsprechung sowohl eine über den Einzelfall hinausgehende Bedeutung als Entscheidungsmaßstab für künftige, gleichgelagerte Streitfälle als auch für die Rechtsgestaltung zu. Der Richter muß das Gesetz anwenden und dabei auslegen. Soweit es lückenhaft ist, muß er es fortentwickeln.[239] Die Rechtsprechung dient damit auch der Rechtssicherheit und dem Vertrauensschutz. Daß die Gerichte von einer ständigen Rechtsprechung abweichen, ist nur ausnahmsweise hinzunehmen, wenn deutlich überwiegende oder sogar schlechthin zwingende Gründe dafür sprechen.[240]

Eine Rechtsquelle, wie Gesetz und Gewohnheitsrecht im Sinne eines Entstehungsgrundes für verbindliche Normen, ist die Rechtsprechung gleichwohl nicht.[241] Die Rechtsprechung ist aber sehr wohl eine Rechtserkenntnisquelle, da ihre Ergebnisse das zum Zeitpunkt der Entscheidung geltende Recht zum Ausdruck bringen. Ständige Rechtsprechung kann zu Gewohnheitsrecht erstarken.

Diese auf dem Kodifikationsprinzip aufbauende Sichtweise steht in fundamentalem Gegensatz zur anglo-amerikanischen Methode des „case law“. Danach werden Rechtsnormen primär durch die höchstrichterliche Rechtsprechung gebildet, modifiziert und fortentwickelt. Eine verbindliche Vorentscheidung (sog. precedent) ist in ihrem Kerngehalt (sog. ratio decidendi) prinzipiell von demselben Gericht sowie allen rangniedrigeren Gerichten des Jurisdiktionsbereichs bei späteren Urteilen zu beachten (sog. stare-decisis-doctrine).[242] Dem Gesetzesrecht („statute law“) kommt daneben nur eine sekundäre, das Richterrecht ergänzende bzw. berichtigende Funktion zu.[243]

---

239 Für die Großen Senate des Bundesgerichtshofs ergibt sich die Kompetenz zur Rechtsfortbildung aus § 132 Abs. 4 GVG. Allgemein zur Befugnis der Richter zur Rechtsfortbildung: BVerfGE 34, 269 (287); 49, 304 (318); 65, 182 (190f.); 71, 354 (362f.); auch: *Esser*, insb. S. 242ff.; *Fikentscher*, Bd. III, S. 701ff.; Palandt-*Heinrichs*, BGB, Einl. Rdn. 46–49; *Larenz*, AT, § 1 I c, S. 9f.; *Sandrock*, Rechtsfortbildung, S. 21 (25ff.); *Harry Westermann*, in: FS-Larenz II (1983), 723 (731ff.).

240 BGHZ 85, 64 (66).

241 *Enneccerus/Nipperdey*, § 42 I, S. 273ff.; Staudinger-*Coing*, BGB, Einl. Rdn. 238; *Larenz*, AT, § 1 I c, S. 12; *Raisch*, ZHR 150 (1986), 117 (131ff.).

242 Hierzu: *Blumenwitz*, § 3, S. 6ff., insb. S. 21ff.; *Esser*, S. 183ff.; *Farnsworth*, S. 44ff.; *Fikentscher*, Bd. II, S. 58ff., insb. S. 81ff.; *Halsbury's*, Bd. 26 Rdn. 573; *James*, S. 16ff.; *Keenan*, S. 130ff.; *Zweigert/Kötz* I, § 20 II, S. 299ff.

243 *Blumenwitz*, § 4, S. 44ff.; *Farnsworth*, S. 65ff.; *Fikentscher*, Bd. II, S. 59f. und S. 111ff.; *Halsbury's*, Bd. 44 Rdn. 801ff.; *James*, S. 7ff.; *Keenan*, S. 116ff.; *Zweigert/Kötz* I, § 20 III, S. 306ff.; zumindest im englischen Rechtskreis kommt dem Gesetzesrecht durch die Verpflichtung, EU-Richtlinien umzusetzen, aber eine zunehmende Bedeutung zu.

dd) Rechtswissenschaft

Die Rechtswissenschaft bereitet die Rechtsfortbildung durch den Gesetzgeber und den Richter vor, indem sie Systeme entwickelt und Einzelprobleme erörtert. Die Rechtswissenschaft hat allerdings nicht die Wirkung einer Rechtsnorm, da ihre Lehren keine bindende Kraft haben. Sie hat den Rechtsstoff systematisch zu erfassen, methodische Regeln für die gleiche Anwendung des Rechts zu erarbeiten und die Rechtsanwendung insbesondere der Gerichte kritisch zu beobachten. Sie dient der Rechtsfortbildung, indem sie Lücken im Rechtssystem aufzeigt und Lösungsmöglichkeiten vorschlägt.[244] Rechtswissenschaft ist insoweit ebenfalls keine Rechtserzeugungs-, wohl aber eine Rechtserkenntnisquelle. Handbücher, Kommentare und ähnliche Werke erleichtern die Rechtsanwendung.

ee) Regeln der Sittlichkeit und Regeln der Verkehrssitte

Die Gebote der Sittlichkeit und Moral, d.h. die von der Gesellschaft vorausgesetzten sozialethischen Maßstäbe, richten sich im Gegensatz zu Rechtsregeln nicht nur an das äußere Verhalten von Menschen, sondern auch an deren Gesinnung.[245] Sie können in rechtliche Gebote und Verbote einfließen, so etwa in §§ 138, 817, 826 BGB.[246] Wenn das geltende Gesetzesrecht hierauf verweist, sind die Gebote von Sittlichkeit und Moral Bestandteil des Rechts.

Auch Regeln der (Verkehrs-)Sitte[247] oder (Handels-)Bräuche[248] enthalten keine Rechtsgebote.[249] Verkehrssitte ist die in einem Verkehrskreis herrschende tatsächliche Übung.[250] Handelsbrauch ist eine handelsrechtliche Verkehrssitte.[251] Sie sind in Voraussetzungen und Rechtsfolgen insbesondere vom Gewohnheitsrecht abzugrenzen. Die Rechtsordnung geht allerdings in vielen Fällen – vor allem im Zivilrecht – von einem typischen menschlichen Verhalten aus und unterstellt dabei insbesondere die Einhaltung der Verkehrssitte[252] oder der Handels-

---

244 Staudinger-*Coing*, BGB, Einl. Rdn. 113, 128; *Enneccerus/Nipperdey*, § 42 II, S. 276f.; *H. Hübner*, Rdn. 27, S. 22.

245 *Enneccerus/Nipperdey*, § 31 I 1, S. 22.

246 Auch: § 241 Nr. 4 AktG, § 847 Abs. 2 BGB, § 1611 Abs. 1 S. 1 BGB, § 172 Nr. 1 GVG, § 13 Abs. 2 S. 1 KSchG, § 226a StGB, § 1 UWG.

247 Hierzu: Münchener Kommentar-*Mayer-Maly*, BGB, § 157 Rdn. 15; *Oertmann*, insb. S. 5ff. und 60ff.

248 Hierzu: *Basedow*, ZHR 150 (1986), 469 (473ff.); *v. Gierke/Sandrock*, § 3 III, S. 38ff.; *K. Schmidt*, Handelsrecht, § 1 III 3, S. 23ff. Zur Beachtung ausländischer Handelsbräuche: BGH, BB 1984, 1191

249 *Enneccerus/Nipperdey*, § 31 I, S. 201ff. und § 41, S. 271ff.; auch: *Sonnenberger*, S. 61ff.

250 Münchener Kommentar-*Mayer-Maly*, BGB, § 157 Rdn. 15.

251 *K. Schmidt*, Handelsrecht, § 1 III 3, S. 24

252 Vgl. §§ 151 S. 1, 157, 242 BGB („Verkehrssitte"), aber auch §§ 534, 814, 1375 Abs. 2 Nr. 1, 1425 Abs. 2, 1641 S. 2, 1804 S. 2, 2113 Abs. 2 S. 2, 2205 S. 3, 2330 BGB („sittliche Pflicht oder Anstand") sowie § 276 Abs. 1 S. 2 BGB („Verkehrserforderlichkeit").

gebräuche[253]. Sie sind aber nur insofern zu beachten, als sie mit den Wertungsmaßstäben der Rechtsordnung in Einklang stehen. Für deren Erkenntnis können sie ihrerseits nicht herangezogen werden.[254]

b) Naturrecht

Die allgemeine Meinung lehnt einen wertungsfreien Gesetzespositivismus ab. Verfassungsrechtlich ist dies über Art. 20 Abs. 3 GG abgesichert, wonach die Rechtsprechung nicht nur an Gesetz, sondern auch an Recht gebunden ist. Hierzu hat das Bundesverfassungsgericht ausgeführt, daß Gesetz und Recht sich zwar faktisch im allgemeinen, aber nicht notwendig und immer decken. Das Recht sei nicht mit der Gesamtheit der geschriebenen Gesetze identisch.[255] Das Bundesverfassungsgericht[256] und auch der Bundesgerichtshof[257] haben entschieden, daß positives Recht wegen Verstoßes gegen höherrangiges (Natur-) Recht unbeachtet bleibt, wenn in ihm ein offensichtlich grober Verstoß gegen Grundgedanken der Gerechtigkeit und Menschlichkeit zum Ausdruck kommt. Grundlage ist die Erkenntnis, daß auch der Gesetzgeber Unrecht setzen kann. Im äußersten Fall muß die Möglichkeit gegeben sein, den Grundsatz der materiellen Gerechtigkeit höher zu werten als denjenigen der Rechtssicherheit, wie er in der Geltung des positiven Gesetzes zum Ausdruck kommt. Voraussetzung ist, daß der Verstoß so schwerwiegend ist, daß er die allen Völkern gemeinsamen, auf Wert und Würde des Menschen bezogenen Rechtsüberzeugungen verletzt. Im Anschluß an *Radbruch* ist das jedoch nur der Fall, wenn der Widerspruch des positiven Gesetzes zur Gerechtigkeit so unerträglich ist, daß das Gesetz als „unrichtiges Recht“ der Gerechtigkeit zu weichen hat.[258]

2. Subjektive Rechte

Im Rahmen des objektiven Rechts besteht eine Vielzahl von subjektiven Rechten.[259] Nach gängiger Definition ist ein subjektives Recht eine dem einzelnen durch die objektive Rechtsordnung oder aufgrund derselben verliehene Willens- oder Rechtsmacht zur Verfolgung oder Verwirklichung seiner Interessen. Ein

---

253 §§ 346, 359 Abs. 1, 380 Abs. 1 und 2, 393 Abs. 2, 394 Abs. 1 HGB, § 24 S. 2 AGB-Gesetz, Art. 36 Abs. 2 S. 1 ScheckG, § 114 GVG.

254 *V. Gierke/Sandrock, § 3 III, S. 39f.; Larenz*, AT, § 1 I c, S. 12; *K. Schmidt*, Handelsrecht, § 1 II 3e, S. 28f.

255 BVerfGE 34, 269 (286ff.); auch: *Enneccerus/Nipperdey*, § 33, S. 210ff.

256 BVerfGE 3, 225 (231ff.) = NJW 1954, 65f.

257 BGHSt 2, 234 (237ff.); BGH, NJW 1993, 141 (144f.), Strafbarkeit sog. „Mauerschützen“.

258 *Radbruch*, Rechtsphilosophie, S. 345. Zur sog. Radbruchschen Formel vor dem Hintergrund des im Namen der DDR begangenen Unrechts: *Arthur Kaufmann*, NJW 1995, 81ff.

259 Die englische Rechtsterminologie unterscheidet konsequent zwischen „law“ für das objektive und „right“ für das subjektive Recht.

subjektives Recht kann absolutes Recht (Herrschaftsrecht), relatives Recht (Anspruch, Forderung) oder Gestaltungsrecht sein.[260]

III. Methode der Rechtsfindung

Recht ist selten eindeutig, sondern vielfach auslegungsbedürftig. In Deutschland hat die moderne Diskussion um die Methode der Rechtsfindung, die Bestimmung des Sinns der Rechtsnormen,[261] zu Beginn des 19. Jahrhunderts eingesetzt.[262] Zu erwähnen sind die großen Richtungen, die mit den Stichworten Begriffs-, Interessen- und Wertungsjurisprudenz gekennzeichnet werden.[263] Vorherrschend ist gegenwärtig die Lehre von der Wertungsjurisprudenz. Danach ist jeder Rechtsbegriff Ausdruck einer Wertung, was bei der Rechtsanwendung (Subsumtion) und -auslegung zu berücksichtigen ist. Zugrundezulegen sind die Wertentscheidungen der konkreten Norm sowie generell der gesamten Rechtsordnung, die durch anerkannte, nachprüfbare methodische Grundprinzipien begrenzt werden.[264] Damit einher geht die Erkenntnis der Relativität des Wahrheitsgehalts von Entscheidungen, die jegliche formaljuristische Argumentation einschränkt. Angesichts der Wertungsfragen sind oft mehrere „richtige" Entscheidungen möglich.

IV. Relativität des dargelegten Rechtsbegriffs

Der zuvor entwickelte Rechtsbegriff beansprucht jedoch keine allgemeine Geltung. Auf die jeweilige Rechtsordnung und deren Begriffsbildung wirken eine Vielzahl kultureller und traditioneller, historischer, sozialer, wirtschaftlicher, aber auch religiöser und politischer Einflüsse.[265] Ein interkultureller Rechtsbegriff existiert nicht.[266] Die einzelnen Rechtsordnungen bezwecken, die einander widerstreitenden Interessen zu einem Ausgleich zu bringen, und zwar nach den Grundprinzipien von Gerechtigkeit, Rechtssicherheit und Zweckmäßigkeit. Sie

260 Einzelheiten bei *Enneccerus/Nipperdey*, §§ 72 und 73, S. 428ff.; Larenz, AT, § 13 I–III, S. 210ff. Zum subjektiven-öffentlichen Recht: *Erichsen*, § 10 I 3, S. 210ff.

261 Allgemein hierzu: Staudinger-*Coing*, BGB, Einl. Rdn. 119ff.; *Enneccerus/Nipperdey*, §§ 53ff., S. 323ff.; *Larenz*, Methodenlehre, S. 312ff.

262 Allgemein zur historischen Entwicklung: *Mayer-Maly*, S. 104ff.

263 Einzelheiten bei *Bydlinski*, S. 109ff.; Staudinger-*Coing*, BGB, Einl. Rdn. 162ff.; Palandt-*Heinrichs*, BGB, Einl. Rdn. 28–32; *Larenz*, AT, § 4 I, S. 72ff.; *ders.*, Methodenlehre, S. 9ff.

264 Staudinger-*Coing*, BGB, Einl. Rdn. 114, 195f.; Palandt-*Heinrichs*, BGB, Einl. Rdn. 30, 33; *Larenz*, AT, § 4 I, S. 75.

265 Hierzu: *Constantinesco*, ZfRV 1981, 161ff.; *Großfeld*, AcP 184 (1984), 289 (304ff.); ders. JZ 1984, 1ff.; *Neumayer*, RabelsZ 34 (1970), 411ff.; *Rüthers*, S. 19.

266 *Großfeld*, AcP 184 (1984), 289 (294); zu den unterschiedlichen Methoden der Rechtsfindung: *Fikentscher*, Bd. I, S. 375ff., II, III; zu den einzelnen Rechtskreisen weltweit: *David/Grasmann*, S. 46ff.; *Rheinstein*, S. 77ff.; *Zweigert/Kötz* I, §§ 5ff., S. 72ff.

sind insoweit als gleichwertig zu bezeichnen. Sie unterscheiden sich allein darin, wie sie diese Prinzipien gewichten und von welchen Wertungskriterien sie dabei ausgehen. Die Rechtsordnungen kommen im Einzelfall daher nicht zu den gleichen Ergebnissen und sind somit nicht auch als gleichartig zu bezeichnen.

In Deutschland regelt vor allem das staatliche Gesetzesrecht sowie ein ausgeprägtes Rechtsbewußtsein der Bürger die sozialen Beziehungen.[267] Andere Völker sehen demgegenüber jede autoritative Äußerung als „Recht" an. Es kommt dann entscheidend darauf an, wer für was als Autorität gilt.[268] In anderen Rechtskulturen wiederum stehen nicht-rechtliche Steuerungssysteme im Vordergrund.[269] Die meisten Rechtsordnungen sowie neueren Staatsverträge[270] tragen dieser Erkenntnis dadurch Rechnung, daß die Anwendung der Rechtsnormen anderer Staaten unter dem Vorbehalt des ordre public, d. h. der offensichtlichen Unvereinbarkeit mit den wesentlichen Grundsätzen der jeweiligen nationalen Rechtsordnung, steht.[271] Im deutschen Recht folgt dies aus Art. 6 EGBGB.[272]

V. Zusammenfassung

Wenn im folgenden von „Recht" die Rede ist, ist dieses objektivrechtlich im Sinne der Rechtsnormen, also des Gesetzes- und Gewohnheitsrechts, zu verstehen. In engem Zusammenhang hierzu steht das Richterrecht. Die obersten Gerichte legen Rechtsnormen im Einzelfall letztverbindlich aus und haben allgemein die Kompetenz, das Recht fortzubilden. Stets ist zu vergegenwärtigen, daß Recht im Einzelfall in aller Regel durch Wertungen zu ermitteln ist. Dann existiert keine „richtige" oder „falsche" Rechtsanwendung, sondern nur eine „vertretbare" und „unvertretbare". Im internationalen Zusammmenhang ist zu beachten, daß der Rechtsbegriff und das Rechtsverständnis von der jeweiligen Kultur abhängig sind.

---

267 Vgl. hierzu auch die zuvor gemachten Ausführungen zur Bedeutung des Richterrechts im anglo-amerikanischen Rechtskreis: oben, II 1 a) cc).

268 *Großfeld*, AcP 184 (1984), 290 (294).

269 Etwa zum traditionellen „Normenbewußtsein" der Japaner: *v. Senger*, ZfRV 1981, 265 ff. Zum Rechtsverständnis der Chinesen *ders.*, Einführung in das chinesische Recht (1994), S. 26 ff. und 175 ff.

270 Hierzu: Münchener Kommentar-*Sonnenberger*, EGBGB, Art. 6 Rdn. 1 FN. 2, 3 m. w. N.

271 Hierzu: BVerfG, NJW 1971, 1509 ff., „Spanier"; BGH, NJW 1992, 3096 (3098 ff.), „punitive damages"; NJW 1993, 848 (849), iranisches Sorgerecht; Palandt-*Heldrich*, EGBGB, Art. 6; *Kegel*, § 2 III, S. 116 ff. und § 16, S. 372 ff.; Münchener Kommentar-*Sonnenberger*, EGBGB, Art. 6; *Spickhoff*, S. 78 ff.

272 Auch: §§ 328 Abs. 1 Nr. 4, 1041 Abs. 1 Nr. 2, 1044 Abs. 2 Nr. 2 ZPO, § 16a Nr. 4 FGG; Art. 27 Nr. 1 EuGVÜ.

§ 4 Ausländisches Recht

Gegenstand der vorliegenden Arbeit ist es auch zu prüfen, unter welchen Voraussetzungen deutsche Rechtsanwälte gegenüber ihren Mandanten haften, wenn sie ausländische Rechtsnormen fehlerhaft anwenden. Vorab ist allgemein zu klären, was unter ausländischem Recht zu verstehen ist. Die Differenzierung zwischen deutschem (inländischem) und ausländischem Recht steht in engem Zusammenhang mit der Untersuchung des Rechtsbegriffs. Im Einzelfall können sich Abgrenzungsschwierigkeiten ergeben, etwa bei der Einordnung der völkerrechtlichen Normen, des Rechts der Europäischen Union oder des sog. Internationalen Einheitsrechts. Fraglich ist, ob neben den staatlichen Rechtsordnungen eine sog. ‚lex mercatoria' im Sinne „transnationalen Rechts" anzuerkennen ist.

I. Deutsches (inländisches) Recht und ausländisches Recht

Ausländisches Recht hat vor allem rechtserhebliche Bedeutung, wenn es darum geht, diejenige materielle Rechtsordnung zu bestimmen, die auf einen Sachverhalt mit Auslandsbezug anzuwenden ist, Art. 3 ff. EGBGB, sowie prozessual im Rahmen von § 293 ZPO.[273] Auf die Auslegung dieser Vorschriften in Rechtsprechung und Rechtslehre kann bei der Ermittlung des Bedeutungsgehalts von „ausländischem Recht" im Zusammenhang mit der Anwaltshaftung zurückgegriffen werden.

Bei deutschem und ausländischem Recht handelt es sich um einander (grundsätzlich) ausschließende Begriffe. Ausländisches Recht sind nach gängiger Definition alle Rechtsnormen anderer (souveräner) Staaten, die außerhalb des Geltungsbereichs des deutschen Grundgesetzes verbindlich sind.[274] Das sind die nationalen Rechtsordnungen der einzelnen Staaten bzw. die jeweiligen Teilrechtsordnungen[275]. Auch dadurch, daß das deutsche Internationale Privatrecht

273 § 293 ZPO erwähnt das „in einem anderen Staate geltende Recht", die Art. 3 ff. EGBGB das „Recht eines anderen Staates" bzw. „Recht eines ausländischen Staates" im Gegensatz zu „deutschem Recht". Die §§ 549 Abs. 1, 562 ZPO beschränken die Revisibilität von Gerichtsentscheidungen – grundsätzlich – auf die Verletzung von „Bundesrecht". Daneben sind § 17 Abs. 3 BeurkG („ausländisches Recht") zu erwähnen sowie § 206 Abs. 1 BRAO, der die Begriffe „ausländisches und internationales Recht" bzw. „Recht des Herkunftsstaates" (Abs. 2 S. 1) verwendet. Schließlich spricht Art. 1 § 1 Abs. 1 Nr. 6 RBerG von Rechtsberatung in einem „ausländischen Recht".

274 Zöller-*Gelmer*, ZPO, § 293 Rdn. 2; Stein/Jonas-*Leipold*, ZPO, § 293 Rdn. 27; Münchener Kommentar-*Prütting*, ZPO, § 293 Rdn. 17; *Rosenberg/Schwab/Gottwald*, § 113, S. 648.

275 Die Unterscheidung zwisch Bundes- und Landesrecht spielt in Deutschland vornehmlich im öffentlichen Recht eine Rolle, vgl. insb. Art. 30, 70 ff. GG. Hierzu etwa: *Ossenbühl*, § 7 II 2, S. 119 ff.; *Rudolf*, S. 109 ff. Eine interlokale Rechtsspaltung existiert in anderen Staaten auch im Bereich des Privatrechts, etwa in den U.S.A., Kanada, Australien oder dem Vereinigten Königreich, hierzu etwa: *Kegel*, § 1 VII 1 a), S. 20 f.,

(IPR) auf eine ausländische Rechtsordnung verweist, wird diese nicht zu inländischem Recht.[276] Was Recht in einem Staat ist, muß anhand der jeweiligen Rechtsordnung ermittelt werden.[277] Ebenso sind für die Anwendung ausländischen Rechts die Methoden der Gerichte unter Heranziehung der Rechtslehre der jeweiligen Staaten maßgeblich.[278]

II. Völkerrecht

Das Völkerrecht dient der Regelung der Beziehungen zwischen Völkerrechtssubjekten[279], es zielt primär auf die Ordnung der zwischenstaatlichen Beziehungen.[280] Die Rechtsnormen des Völkerrechts[281] stehen neben der staatlichen Rechtsordnung.[282] Sie entfalten als solche keine unmittelbare Wirkung im innerstaatlichen Rechtsbereich. Dazu bedarf es vielmehr eines dahingehenden innerstaatlichen Rechtsanwendungsbefehls.[283] Gemäß Art. 25 S. 1 GG sind die allgemeinen Regeln des Völkerrechts Bestandteil des Bundesrechts. Nach der Rechtsprechung des Bundesverfassungsgerichts sind die allgemeinen Regeln des Völkerrechts vorwiegend universell geltendes Völkergewohnheitsrecht[284], ergänzt durch anerkannte allgemeine Rechtsgrundsätze.[285, 286] Über deren Gel-

---

Schack, IZVR, § 1 III 4a), S. 10f. Die Vertreter des Schrifttums unterscheiden zum Teil noch zwischen ausländischem Recht und fremdem Recht. Bei letzterem handele es sich um inländisches Recht, nämlich das von dem „eigenen" abweichende Recht eines anderen inländischen Gebietes, vgl. *Kegel*, in: FS-Nipperdey I (1965), 453.

276 Zöller-*Geimer*, ZPO, § 293 Rdn. 2; Münchener Kommentar-*Prütting*, ZPO, § 293, Rdn. 17.

277 Soergel-*Kegel*, EGBGB, vor Art. 7 Rdn. 133ff.; Münchener Kommentar-*Sonnenberger*, EGBGB, Art. 6 Rdn. 46.

278 BGH, RIW 1987, 545 (546); Zöller-*Geimer*, ZPO, § 293 Rdn. 24; *Kegel*, § 15 III, S. 365ff.; Münchener Kommentar-*Prütting*, ZPO, § 293 Rdn. 57; Münchener Kommentar-*Sonnenberger*, EGBGB, Einl. Rdn. 455ff.

279 *K. Ipsen*, vor § 1 Rdn. 1, S. 1.

280 *Herdegen*, § 2 Rdn. 1, S. 9.

281 Hierzu auch Art. 38 Abs. 1 des Statuts des Internationalen Gerichtshofs vom 26.6.1945.

282 Im einzelnen strittig; zu den monistischen und dualistischen Ansätzen vgl. etwa *K. Ipsen*, § 72, S. 1071ff.; *Rudolf*, S. 128ff.; *Seidl-Hohenveldern*, Rdn. 539ff., S. 137ff.; *Verdross/Simma*, §§ 71ff., S. 53ff., jeweils m.w.N.

283 Vgl. BVerfGE 73, 339 (375) = NJW 1987, 577 (579f.); Einzelheiten hierzu sind strittig (Adaptions-, Transformations- und Vollzugslehre), vgl. *K. Ipsen*, § 73, S. 1077ff.; *Kegel*, § 1 IV 1a), S. 8; *Rudolf*, S. 150ff.; *Schweitzer*, Rdn. 307ff., S. 117ff.; *Seidl-Hohenveldern*, Rdn. 556ff., S. 140ff.; *Verdross/Simma*, §§ 847ff., S. 538ff., insb. § 858, S. 545f., jeweils m.w.N.

284 Hierzu: *K. Ipsen*, § 16, S. 189ff.; *Schweitzer*, Rdn. 174ff., S. 69ff.; *Seidl-Hohenveldern*, Rdn. 467ff., S. 116ff.; *Verdross/Simma*, §§ 549ff., S. 345ff.

285 Hierzu: *K. Ipsen*, § 17, S. 207ff.; *Schweitzer*, Rdn. 195ff., S. 75ff.; *Seidl-Hohenveldern*, Rdn. 505ff., S. 127ff.; *Verdross/Simma*, §§ 597ff., S. 380ff.

286 BVerfGE 23, 288 (317); *K. Ipsen*, § 74 Rdn. 8ff., S. 1086ff.; Art. 25 S. 1 GG wird in der Literatur jedoch zum Teil anders ausgelegt, etwa *Schweitzer*, Rdn. 354, S. 137 und Rdn. 364, S. 143.

tung im Einzelfall entscheidet das Bundesverfassungsgericht, Art. 100 Abs. 2 GG.[287] Völkerrechtliche Verträge[288] sind gemäß Art. 59 Abs. 2 GG umzusetzen. Sie werden innerstaatliches Recht durch Ratifikation und Veröffentlichung des Zustimmungsgesetzes im Bundesgesetzblatt[289]. Soweit das Völkerrecht – gemäß Art. 25 S. 1 bzw. Art. 59 Abs. 2 GG – transformiert ist, ist es nationales deutsches Recht.[290]

III. Europarecht

Wenn im folgenden der Begriff Europarecht benutzt wird, ist das Recht der Europäischen Union gemeint.[291] Das Recht der EU bildet eine eigenständige Rechtsordnung, die sich mit den allgemeinen völkerrechtlichen Kategorien nicht hinreichend erfassen läßt. Grundlagen im deutschen Verfassungsrecht sind Art. 23 GG n. F. sowie Art. 24 Abs. 1, 59 Abs. 2 S. 1 GG. Es setzt sich im wesentlichen aus sog. primärem und sekundärem Europarecht zusammen.[292]

1. Primäres und sekundäres Europarecht

Primäres Europarecht sind die Regelungen in den europäischen Verträgen. Von Bedeutung sind insbesondere die Verträge über die Europäische Gemeinschaft für Kohle und Stahl (EGKSV), die Europäische Atomgemeinschaft (EAGV) und die Europäische (Wirtschafts-)Gemeinschaft (EGV, früher EWGV)[293], ferner die Einheitliche Europäische Akte (EEA) sowie der Vertrag über die Europäische Union[294].

---

287 Eingehend hierzu: BVerfGE 23, 288 (317 ff.).

288 Staatsverträge (Art. 59 Abs. 2 S. 1 GG) oder Verwaltungsabkommen (Art. 59 Abs. 2 S. 2 GG), bilateraler oder multilateraler Art, hierzu: *Herdegen*, § 2 Rdn. 10 ff., S. 13 f.; *K. Ipsen*, §§ 9 ff., S. 94 ff. und § 74 Rdn. 30 ff., S. 1093 ff.; *Schweitzer*, Rdn. 67 ff., S. 29 ff.; *Seidl-Hohenveldern*, Rdn. 190 ff., S. 54 ff.

289 BGBl. Teil II. Hiervon abzugrenzen sind die Fälle, daß im Anschluß an das Zustimmungsgesetz ein eigenständiges innerstaatliches Gesetz verabschiedet wird (Veröffentlichung dann im BGBl. Teil I); vgl. *v. Hoffmann*, IPRax 1984, 10 ff.; *Kegel*, § 1 IV 1 a), S. 8.

290 Zu § 293 ZPO: Zöller-*Geimer*, Rdn. 5; Baumbach/Lauterbach/Albers/Hartmann-*Hartmann*, Rdn. 2; Stein/Jonas-*Leipold*, Rdn. 6; Münchener Kommentar-*Prütting*, Rdn. 10.

291 Hiervon abzugrenzen ist ein weites Verständnis von Europarecht als Inbegriff der normativen Regelungen aller internationalen europäischen Organisationen.

292 Allgemein zu allen Rechtsquellen des EU-Rechts: *Bleckmann*, § 4, S. 121 ff. Andere Rechtsquellen sind die Verträge ergänzendes Gewohnheitsrecht auf Ebene der EU und allgemeine Rechtsgrundsätze, die den Rechtsordnungen der Mitgliedstaaten gemeinsam sind, wie es von Art. 215 Abs. 2 EGV vorausgesetzt wird.

293 Zum E(W)GV: *Bleckmann*, § 1, S. 13 ff.; *Oppermann*, § 4, S. 67 ff.

294 Sog. EU-Vertrag oder Vertrag von Maastricht, hierzu: *Oppermann/Classen*, NJW 1993, 5 (6 ff.); auch: BVerfG, NJW 1993, 3047 ff.

Sekundäres Europarecht sind die von den Organen der Europäischen Union[295] auf der Grundlage des primären Gemeinschaftsrechts gesetzten verbindlichen Rechtsnormen.[296] Es handelt sich dabei um Verordnungen, Richtlinien und Entscheidungen, Art. 189 Abs. 1–4 EGV.[297, 298] Die Verordnungen haben allgemeine Geltung. Sie sind in allen ihren Teilen verbindlich und gelten unmittelbar in jedem Mitgliedstaat, Art. 189 Abs. 2 EGV. Auch Entscheidungen sind in allen ihren Teilen für diejenigen verbindlich, die sie bezeichnen, Art. 189 Abs. 4 EGV. Richtlinien, Art. 189 Abs. 3 EGV[299], sind an die Mitgliedstaaten gerichtet und vermitteln daher grundsätzlich keine Wirkung gegenüber den einzelnen Rechtssubjekten. Eine solche haben nur die jeweiligen Umsetzungsakte der einzelnen Staaten. Ausnahmsweise, insbesondere wenn ein Mitgliedstaat eine Richtlinie nicht in dem vorgegebenen Zeitraum umsetzt, kann dieser Richtlinie eine unmittelbare Wirkung zukommen.[300]

2. Geltungsbereich und Verhältnis zum nationalen Recht

Allgemein ist anerkannt, daß von der Europäischen Union gesetztes Recht auch unmittelbar in den Mitgliedstaaten gilt und von deren Behörden und Gerichten anzuwenden ist. Im Einzelfall kommt dem EU-Recht Anwendungsvorrang vor entgegenstehendem nationalen Recht zu.[301] In Einzelheiten unterscheiden sich aber die Rechtsprechung des Gerichtshofs der Europäischen Gemeinschaften und des Bundesverfassungsgerichts.

a) Rechtsprechung des Gerichtshofs der Europäischen Gemeinschaften

Der Gerichtshof der Europäischen Gemeinschaften hat entschieden, daß die europäischen Verträge im Unterschied zu gewöhnlichen internationalen Verträgen eine eigene, von den Rechtsordnungen der einzelnen Mitgliedstaaten nicht

---

295 Rat, Kommission, Parlament (ein weiteres EU-Organ ist der Gerichtshof der Europäischen Gemeinschaften); hierzu: Art. 137–209 EGV; *Bleckmann*, Rdn. 34ff., S. 22ff.; *Hailbronner*, JuS 1990, 263ff. und 439ff.; *Oppermann*, § 5, S. 93ff.

296 Hierzu: Grabitz/Hilf-*Grabitz*, EGV, Art. 189 Rdn. 16; *Groß*, JuS 1990, 522 (524ff.); *Rabe*, NJW 1993, 1ff.; *Schweitzer*, Rdn. 254ff., S. 95ff.

297 Neben Art. 189 EGV existieren der inhaltsgleiche Art. 161 EAGV sowie Art. 14, 15 EKGSV, die einen mit Art. 189 EGV vergleichbaren Regelungsgehalt aufweisen. Diese werden im folgenden nicht angesprochen.

298 Empfehlungen und Stellungnahmen sind gemäß Art. 189 Abs. 5 EGV nicht verbindlich.

299 Hierzu: *Götz*, NJW 1992, 1849ff.

300 EuGH, NJW 1975, 2165L; NJW 1982, 499 (500ff.); NVwZ 1990, 649 (650); BVerfG 75, 223 (235ff.); aus dem Schrifttum: *Bleckmann*, Rdn. 152ff., S. 88ff.; *Everling*, in: FS-Carstens I (1984), 95 (98ff.); *Jarass*, NJW 1990, 2420 (2421ff.); *ders.* NJW 1991, 2665ff.; *Götz*, NJW 1992, 1849 (1855f.); Grabitz/Hilf-*Grabitz*, EGV, Art. 189 Rdn. 60ff.; *Oppermann*, Rdn. 466f., S. 179f.; *Pagenkopf*, NVwZ 1993, 216 (222f.).

301 Neben der Rechtsprechung des EuGH und des BVerfG zum Beispiel: *Bleckmann*, § 8, insb. Rdn. 809ff., S. 334ff.; *Everling*, DVBl 1985, 1201ff.; *Oppermann*, Rdn. 523ff., S. 194ff.; *Zuleeg*, BB 1994, 581 (584ff.).

abgeleitete Rechtsordnung geschaffen haben. EU-Recht besitzt einen doppelten Regelungsbereich. Auf europäischer Ebene bindet es die Gemeinschaftsorgane. Daneben gilt Europarecht unmittelbar in den Rechtsordnungen der Mitgliedstaaten. Unmittelbare Geltung bedeutet, daß die Bestimmungen unmittelbare Quelle von Rechten und Pflichten sind für alle diejenigen, die sie betreffen, und zwar Mitgliedstaaten oder Einzelpersonen, die an den Rechtsverhältnissen beteiligt sind, welche dem Europarecht unterliegen. Dem von den Verträgen geschaffenen, somit aus einer autonomen Rechtsquelle fließenden Recht können keine innerstaatlichen Rechtsvorschriften vorgehen.[302]

b) Rechtsprechung des Bundesverfassungsgerichts

Nach der Rechtsprechung des Bundesverfassungsgerichts handelt es sich bei der Europäischen Union um einen Staatenverbund, dessen Gemeinschaftsgewalt sich von den Mitgliedstaaten ableitet. Im deutschen Hoheitsbereich ist von der EU gesetztes Recht unmittelbar verbindlich.[303] Innerstaatliche Geltung und Anwendung sowie ein möglicher Anwendungsvorrang des Europarechts hängen von dem Rechtsanwendungsbefehl des nationalen Zustimmungsgesetzes ab.[304] Dies gilt für primäres Gemeinschaftsrecht und über Art. 189 EGV auch für sekundäres Gemeinschaftsrecht.[305] Das Bundesverfassungsgericht behält sich nur vor zu überprüfen, ob Rechtsetzungsakte der EU die Vorgaben des Art. 79 Abs. 3 GG beachten.[306]

3. Zusammenfassung

Ungeachtet der Unterschiede in der Rechtsprechung des Gerichtshofs der Europäischen Gemeinschaften und des Bundesverfassungsgerichts steht jedenfalls fest, daß Europarecht nach alledem wie deutsches Recht zu behandeln ist. Es ist nicht ausländisches Recht.[307]

---

302 EuGH, NJW 1964, 2371 (2372), „Costa/ENEL"; NJW 1978, 1741 f., „Simmenthal II"; EuGH, NJW 1963, 974 (976), „van Gend & Loos".

303 BVerfGE 31, 145 (173 f.).

304 BVerfG, NJW 1993, 3047 (3053), „Maastricht"; auch: BVerfGE 73, 337 (374 f.) = NJW 1987, 577 (579 f.), „Solange II".

305 BVerfGE 73, 337 (375) = NJW 1987, 577 (580).

306 Art. 23 Abs. 1 S. 3; hierzu: BVerfG, NJW 1993, 3047 (3052), „Maastricht"; auch: BVerfGE 37, 271 (279 f.), „Solange I"; BVerfGE 73, 337 (376), „Solange II".

307 Ebenso zu § 293 ZPO: Zöller-*Geimer*, Rdn. 5; Baumbach/Lauterbach/Albers/Hartmann-*Hartmann*, Rdn. 2; Stein/Jonas-*Leipold*, Rdn. 7; Münchener Kommentar *Prütting*, Rdn. 9. Allerdings hat der 15. Zivilsenat des Oberlandesgerichts München, EuR 1988, 409 (410), die Ansicht vertreten, § 293 ZPO gelte auch für Europarecht. Inländisches Recht sei lediglich das durch Zustimmungsgesetz übernommene Recht der Europäischen Gemeinschaften. Dazu gehöre der Vertrag über die EWG gerade nicht. Der Senat hat jedoch die dargestellte Rechtsprechung des Gerichtshofs der Europäischen Gemeinschaften und des Bundesverfassungsgerichts zur unmittelbaren Wirkung des Europarechts in den Mitgliedstaaten falsch angewandt. Zudem ist der

IV. Internationales Einheitsrecht

Ausländische Rechtsnormen werden nicht dadurch zu inländischem Recht, wenn sie mit diesem inhaltlich übereinstimmen.[308] Dieses formelle Verständnis betrifft insbesondere die Vorschriften des sog. Internationalen Einheitsrechts[309]. Dabei handelt es sich um Gesetzesvorschläge, die im Rahmen internationaler Abkommen ausgehandelt, in den einzelnen Vertragsstaaten in nationales Recht umgesetzt werden und auch nach ihrem Sinn und Zweck einheitlich gelten sollen. Die Rechtsänderung wirkt dann nicht nur im Verhältnis zu den Vertragsstaaten, sondern allgemein.[310] Die Normen des internationalen Einheitsrechts sind insbesondere vergleichbar mit den „Allgemeinen Gesetzen" im vergangenen Jahrhundert[311] oder den „Uniform Laws" in den U.S.A.[312]. In Deutschland gilt solches Einheitsrecht insbesondere im Bereich des internationalen Handelsrechts, aber auch im Familienrecht oder im Prozeß- und Verfahrensrecht.[313] Bei dem in Deutschland geltenden Einheitsrecht handelt es sich folglich um inländisches Recht.[314]

V. Autonomes Welthandelsrecht

Gegenstand einer regen wissenschaftlichen Diskussion ist die Frage, ob ein keiner nationalen Rechtsordnung zuzurechnendes übernationales Handelsgewohnheitsrecht („lex mercatoria") existiert und eine entsprechende Rechtsgeltung hat.

Ausgangspunkt der Entscheidung unzutreffend. Zu prüfen war, ob Europarecht ausländisches Recht ist. Dies vermochte der Senat nicht zu begründen. Soweit ersichtlich, ist der Beschluß in der Praxis ein Einzelfall geblieben.

308 BGH, NJW 1959, 1873; RIW 1978, 618, jeweils zum Wechselgesetz; allgemein hierzu: Zöller-*Geimer*, ZPO, § 293 Rdn. 2.

309 Sog. „loi uniforme", hierzu insb.: *v. Bar I*, Rdn. 61 ff., S. 48 ff.; *Kegel*, § 1 IV 1 a), S. 9; *Kropholler*, Einheitsrecht, und *ders.*, IPR, § 11 I 1, S. 81 ff.

310 Allgemein zu der dargelegten Differenzierung: *Kegel*, § 7 IV 1 a), S. 8 f.

311 Insbesondere Allgemeine Deutsche Wechselordnung von 1848–1850 und ADHGB von 1861.

312 Hierzu etwa: *Blumenwitz*, S. 47 f.

313 Zum Beispiel UN-Kaufrecht, Wechsel- und Scheckgesetz, CMR, Europäisches Schuldvertragsübereinkommen, das in einzelnen Vorschriften der Art. 3 ff. EGBGB umgesetzt worden ist, Brüsseler Übereinkommen über die gerichtliche Zuständigkeit und die Vollstreckung gerichtlicher Entscheidungen in Zivil- und Handelssachen (EuGVÜ); diese beruhen alle auf völkerrechtlichen Abkommen. Aus der Umsetzung von EU-Richtlinien sind etwa das VerbrKG oder das ProdHaftG entstanden; weitere Nachweise bei *Kegel*, § 1 IX 2, S. 60 ff. sowie bei *v. Bar* I, Rdn. 64 ff., S. 51 ff.; *Kropholler*, IPR, § 11 I 1, S. 81 ff.

314 BGHZ 96, 313 (322); *v. Bar I*, Rdn. 63, S. 50.

1. Lehre von der „lex mercatoria"

Die Vertreter der Lehre einer sog. lex mercatoria[315] bejahen die Existenz eines autonomen Welthandels*rechts*.[316] Eine besondere Bedeutung bei der Gewinnung und Anwendung von Regeln der „lex mercatoria"[317] kommt danach der internationalen Handelsschiedsgerichtsbarkeit zu.[318] Rechtsquellen der „lex mercatoria" seien insbesondere internationale Handelsbräuche, Verkehrssitten sowie im grenzüberschreitenden Wirtschaftsverkehr übliche Vertragsmuster, Allgemeine Geschäftsbedingungen und Regelwerke.[319, 320] Weitere Rechtsquellen seien Vorschriften des internationalen Einheitsrechts sowie allgemeine Grundsätze[321]. Diese seien durch den Vergleich unterschiedlicher nationaler – insbesondere kontinentaleuropäischer und anglo-amerikanischer – Rechtsordnungen zu ermitteln.[322] Die Befürworter der Existenz einer autonomen „lex merca-

---

315 Grundlegend: *Goldmann*, J. D. I. 106 (1979), 475 ff.; *ders.*, J. D. I. 119 (1992), 178 (182 ff.); *Schmitthoff*, RabelsZ 28 (1964), 47 ff.; ferner statt aller: *Blaurock*, ZEuP 1993, 247 (261 ff.); *Craig/Park/Paulsson*, § 7.04, S. 125 ff., § 17.03, S. 295 ff. und § 35, S. 603 ff.; *Ehricke*, JuS 1990, 967 ff.; *v. Hoffmann*, in: FS-Kegel II (1987), 215 ff.; *Kahn*, J. D. I. 116 (1989), 305 ff.; *Kappus*, „Lex mercatoria" in Europa und Wiener UN-Kaufrechtskonvention 1980 (1990), insb. S. 71 ff. sowie *ders.*, IPRax 1993, 137 (139 f.); *ders.*, WiB 1994, 189 (190); *Lando*, ICLQ 34 (1985), 747 (752 ff.); *Weise*, Lex mercatoria (1990), insb. S. 110 ff.

316 Ob diese Regeln den einzelnen staatlichen Rechtsordnungen vorgehen oder mit diesen auf einer Stufe stehen, kann im vorliegenden Zusammenhang offen bleiben. Hierzu: *Craig/Park/Paulsson*, § 35.01, S. 607 ff.; *Ehricke*, JuS 1990, 967; *Goldmann*, J. D. I. 119 (1992), 178 (185); Münchener Kommentar-*Martiny*, EGBGB, Art. 27 Rdn. 26.

317 Versuch einer Zusammenstellung solcher Regeln bei *Craig/Park/Paulsson*, § 38.02, S. 621 ff.; *Goldmann*, J. D. I. 106 (1979), 475 (485 ff.); *Kahn*, J. D. I. 116 (1989), 305 (318 ff., insb. 325 f.).

318 Zusammenstellung von Schiedsgerichtsentscheidungen, die auf „lex mercatoria" beruhen, bei *Kahn*, J. D. I. 116 (1989), 305 (307 FN. 9); ferner: *Craig/Park/Paulsson*, § 35.02, S. 619 ff.; *Lorenz*, in: FS-Neumayer (1985), 407 (414 ff.); *Spickhoff*, RabelsZ 56 (1992), 116 (134 ff.); *Triebel/Petzold*, RIW 1988, 245 m. w. N. jeweils zu Entscheidungen von Schiedsgerichten der Internationalen Handelskammer in Paris. Auch Schiedsurteile das Iran-U.S. Claims Tribunal haben wiederholt auf international anerkannte Rechtsgrundsätze („principles of commercial law") zurückgegriffen, vgl. *Herdegen*, § 2 Rdn. 37, S. 25 (FN. 57).

319 Regelwerke sind etwa die „Incoterms" oder die „Einheitlichen Richtlinien und Gebräuche für Dokumenten Akkreditive" (ERA), jeweils zusammengestellt von der Internationalen Handelskammer in Paris, abgedruckt bei *Baumbach/Hopt* unter (6) bzw. (11).

320 Zusammenstellung der Rechtsquellen bei *Ehricke*, JuS 1990, 967 (968 f.); *Goldmann*, J. D. I. 119 (1992), 178 (183 f.); *Lando*, ICLQ 34 (1985), 747 (749 ff.); *Schmitthoff*, RabelsZ 28 (1964), 47 (58 ff.).

321 Diese sind abzugrenzen von den „von den Kulturvölkern anerkannten allgemeinen Rechtsgrundsätzen" gemäß Art. 38 Abs. 1 lit. c IGH-Statut; hierzu: *Mann*, ICLQ 33 (1984), 193 (196 f.).

322 Nach der Ansicht von *Langen*, S. 13 ff., insb. S. 16, ergibt sich für ein so verstandenes „transnationales Recht" allerdings kein besonderes Rechtsanwendungsproblem. Transnational sei nur dessen Inhalt, es begründe aber keine eigenständige Rechts-

toria“ stellen insbesondere darauf ab, daß die nationalen Kollisionsnormen ein einzelnes Rechtsverhältnis häufig willkürlich einer bestimmten Rechtsordnung zuordneten. Nationales Recht sei nicht hinreichend auf die Bedürfnisse von internationalen Transaktionen zugeschnitten. Zudem werde vielfach eine Partei, nämlich diejenige, die nach „eigenem“ Recht handeln könne, einseitig begünstigt. Die Rechtssicherheit gehe auf Kosten der materiellen Gerechtigkeit.[323]

Schmitthoff vertritt die von der herkömmlichen Lehre zur „lex mercatoria“ abweichende Ansicht, daß die Regeln des Welthandelsrechts, soweit sie nicht aus internationaler Gesetzgebung hervorgegangen sind, auf der Autonomie des Parteiwillens beruhten, also letzten Endes auf dem Prinzip der Vertragsfreiheit. Verträge, die auf die Regeln des Welthandelsrechts Bezug nehmen, stellten „rechtsordnungslose“, d.h. über jeder positiven Rechtsordnung stehende Verträge dar.[324]

2. Im Schrifttum gegen „lex mercatoria“ vorgebrachte Einwendungen

Die Lehre von der „lex mercatoria“ ist nicht unbestritten. Hauptkritikpunkt ist der Einwand, die Regeln der „lex mercatoria“ seien keine eigenständigen, von den staatlichen Rechtsordnungen losgelöste Rechtsnormen. Die Lehre sei rechtsquellentheoretisch falsch, begrifflich verschwommen und rechtspolitisch verfehlt.[325] Autonomie könne nur von staatlichem Recht verliehen werden. Das staatliche Recht habe stets das letzte Wort. Auch die Befugnis, einen Rechtsstreit nicht vor staatlichen Gerichten, sondern vor privaten Schiedsgerichten auszutragen sowie die Schiedsgerichtsentscheidungen anzuerkennen und für vollstreckbar zu erklären, gehe allein auf die vom staatlichen Recht in jeweils unterschiedlichen Grenzen gewährte Vertragsfreiheit zurück. Entscheidend sei allein, ob nach dem im Einzelfall anwendbaren staatlichen Recht die jeweiligen AGB wirksamer Vertragsbestandteil geworden bzw. der jeweilige Handelsbrauch rechtlich anerkannt werde.[326] Verträge könnten nicht in einem rechtlichen Vakuum bestehen, sondern müßten stets auf einer staatlichen Rechtsordnung gründen.[327] Ab-

---

ordnung. *Bonell*, RabelsZ 42 (1978), 485 (496ff.), begrenzt „transnationales“ Recht auf die Bewertung einzelner Rechtsverhältnisse anhand der Prüfung der beteiligten Rechtsordnungen zur Überwindung bestehender Gegensätze.

323 *Ehricke*, JuS 1990, 967 (969); *v. Hoffmann*, in: FS-Kegel II (1987), 215 (218ff.).

324 *Schmitthoff*, RabelsZ 28 (1964), 47 (68f.).

325 So ausdrücklich: *v. Bar* I, Rdn. 103, S. 79. Ebenfalls ablehnend: *Böckstiegel*, in: FS-Beitzke (1979), 443 (456ff.); *Herdegen*, § 2 Rdn. 34ff., S. 23ff.; *Kegel*, § 1 IX 2, S. 92; *Lagarde*, Rev. arb. 1990, 666 (669ff.); *Sandrock*, in: Yelpaala, u.a. (1986), 145 (162ff.); *ders.*, Rechtsfortbildung (1989), S. 21 (75ff.); *ders.*, Jahrbuch für die Praxis des Schiedsgerichtswesens Bd. 4 (1990), 131ff.; *Sandrock/Steinschulte*, in: Sandrock, Handbuch I, Rdn. A 202ff., S. 101ff.; *Schlosser*, Rdn. 197ff., S. 149ff.; Münchener Kommentar-*Sonnenberger*, EGBGB, Einl. Rdn. 153; *Spickhoff*, RabelsZ 56 (1992), 116 (126ff.); *Triebel/Petzold*, RIW 1988, 245ff.

326 *v. Bar* I, § 2 III, insb. Rdn. 104, S. 80; auch: *Spickhoff*, RabelsZ 56 (1992), 116 (131).

327 *Lord Diplock*, in: H. L. (England), Amin Rasheed Shipping Corporation v. Kuweit Insurance Company [1983] 3 W. L. R. 241 (249): „Contracts are incapable of existing

gesehen von einzelnen, klar abgegrenzten Gebieten sei es nur schwer möglich, aus internationalen Handelsbräuchen, internationalen Billigkeitsgrundsätzen oder allgemein anerkannten Rechtsprinzipien konkret anwendbare Rechtsregeln zu gewinnen, die insbesondere eine vorhersehbare und Rechtssicherheit fördernde Lösung schwieriger, im internationalen Handel auftretender Rechtsfragen gewährleisten.[328]

3. „Lex mercatoria“ keine eigenständige Rechtsordnung

Im internationalen wie im nationalen Handelsverkehr existiert eine Vielzahl von Handelsbräuchen und Verkehrssitten. Eine transnationale Rechtsordnung im Sinne einer „lex mercatoria“ ist jedoch nicht anzuerkennen. Es geht dabei um die grundsätzliche Frage, was unter Recht zu verstehen ist.[329]

Nach der zuvor entwickelten Begriffsbestimmung[330] umfaßt Recht nur für den einzelnen verbindliche Regeln, deren Durchsetzung von einer staatlichen Autorität gewährleistet wird. Mit Naturrecht hat die Lehre von der „lex mercatoria“ demgegenüber nichts zu tun. Die Konsequenz dieses Ansatzes gebietet, internationaler Handelsgewohnheit ebenso den Charakter einer Rechtsnorm abzusprechen wie nationalen Handelsbräuchen[331]. Ausschließlich auf Regeln kontinentaleuropäischer und anglo-amerikanischer Rechtsordnungen zurückzugreifen, ist ein eurozentristischer und somit verkürzter Ansatz. Angesichts anderer Rechtsordnungen, insbesondere der in Asien, erscheint eine Bezeichnung der „lex mercatoria“ als „Welthandelsrecht“ nicht angemessen.

Grundsätzlich bemühen sich alle Rechtsordnungen, einen gerechten Interessenausgleich vorzunehmen. Allein die Wertungskriterien hängen von unterschiedlichen Faktoren ab.[332] Es ist davon auszugehen, daß die nationalen Rechtsordnungen einander gleichwertig sind. Sie enthalten abstrakte Rechtsregeln, so daß eine Partei nicht etwa bereits wegen ihrer Zugehörigkeit zu einem anderen Rechtskreis benachteiligt wird. Auch staatliche Rechtsordnungen berücksichtigen über allgemeingehaltene Generalklauseln international geltende Handelsbräuche. Handelsbräuche sind nicht an politische Grenzen gebunden, sondern folgen soziologischen Gegebenheiten.[333] Die kollisionsrechtliche Bestimmung

---

in legal vacuum. They are mere pieces of paper devoid of all legal effect unless they were made by reference to some system of private law [...]“.

328 *Sandrock*, in: Yelpaala, u.a. (1986), 145 (162); *Triebel/Petzold*, RIW 1988, 245 (247); auch: *Lagarde*, Rev. arb. 1990, 666 (674).

329 *Großmann-Doerth* hat bereits 1929 ausgeführt: „An der Diskussion innerhalb der Juristenzunft um das autonome Wirtschaftsrecht spürt man, daß es hier um die letzte Frage des Staatsgefühls [...] geht“, JW 1929, 3447 (3448).

330 Oben, § 3.

331 Oben, § 3 II 1a) ee).

332 Oben § 3 IV.

333 Allgemein: *Sonnenberger*, S. 94f.; zu § 346 HGB etwa: *Baumbach/Hopt*, insb. Rdn. 12, 29, 38 m.w.N. sowie BGH, NJW 1993, 1798 (Schiedsabrede kraft Handelsbrauchs).

der jeweils anwendbaren Rechtsordnung folgt einem differenzierten System, das größtmögliche Sachnähe anstrebt und im Regelfall auch ermöglicht.

Gegen die Anerkennung der Lehre von der „lex mercatoria“ als eigenständige Rechtsquelle spricht zudem, daß keine allgemein akzeptierte Begriffsbildung existiert, geschweige denn eine Systematisierung oder Veröffentlichung der Regeln. Es ist für Anwender der sog. lex mercatoria im Einzelfall nicht möglich einzugrenzen, was darunter fällt. Die Rechtsunsicherheit wird dadurch verstärkt, daß keine Instanz letztverbindlich über die Anerkennung einzelner Rechtsregeln entscheiden und überwachen kann, ob andere Schiedsgerichte die „Rechts“regeln richtig anwenden. „Die“ internationale Schiedsgerichtsbarkeit existiert nicht. Vielmehr sind die einzelnen Schiedsgerichte voneinander unabhängig. Die Kompetenz der Schiedsgerichte, über Streitigkeiten zu entscheiden, beruht darauf, daß sich die Parteien freiwillig dem Schiedsgericht unterworfen haben. Die innerstaatliche Anerkennung und Vollstreckung solcher Schiedsgerichtsentscheidungen, sofern ein Beteiligter sich nicht an den Schiedsspruch hält, beruht demgegenüber ausschließlich auf staatlicher Gestattung und Anerkennung der Privatautonomie. Auch die Bildung von Gewohnheitsrecht bedarf staatlicher Anerkennung. Soweit Schiedsgerichte Regeln einer „lex mercatoria“ zur Streitentscheidung heranziehen, ist dagegen nichts einzuwenden.[334] Das folgt a fortiori daraus, daß es Schiedsgerichten nicht einmal verwehrt ist, reine Billigkeitsentscheidungen zu treffen[335]. Das läßt allerdings nicht die Schlußfolgerung auf die Existenz von Rechtsnormen einer „lex mercatoria“ zu. Letztlich drängt sich der Eindruck auf, daß es sich bei der „lex mercatoria“ um ein rechtsdogmatisches Spielzeug handelt, das vom Wunschdenken von einer Weltrechtsordnung geleitet ist.

VI. Zusammenfassung

Ausländisches Recht ist eine Vielzahl von Rechtsordnungen souveräner Staaten, d. h. Rechtsnormen, die nicht in Deutschland verbindlich sind. Die in Deutschland umgesetzten Normen des Völkerrechts sind genausowenig ausländisches Recht wie die Normen des Europarechts oder des internationalen Einheitsrechts. Die Regeln einer sog. „lex mercatoria“ haben nicht die Qualität von Rechtsnormen.

334 Zu der Möglichkeit, Schiedssprüche, die keinem nationalen Recht unterstehen, anzuerkennen bzw. für vollstreckbar zu erklären: *Sir John Donaldson*, M. R., in: Court of Appeal (England), Deutsche Schachtbau- und Tiefbohrgesellschaft m.b.H. v. R'As al-Kaimah National Oil Co., [1987] 3 W. L. R. 1023 ff.; Cour de Cassation (Frankreich), J. D. I. 109 (1982), 931 ff., „Fourgerolle“; D. 1985, 101, „Norsolor“; J. D. I. 119 (1992), 177 f., „Valenciana“; OGH (Österreich), RIW 1983, 868 ff.

335 Billigkeitsgrundsätze werden allgemein nicht als Recht qualifiziert. Hierzu und zur Anwendbarkeit von Billigkeitsregeln in Schiedsverfahren: BGH, JZ 1986, 401 (402 f.); *Lando*, ICLQ 34 (1985), 747 (754 f.); *Sandrock*, JZ 1986, 370 (373 f.); *Schlosser*, Rdn. 748 ff., S. 546 ff.; *Triebel/Petzold*, RIW 1988, 245 (247 f.).

2. Teil: Haftung bei der Anwendung ausländischen Rechts

Die Anwaltshaftung in Deutschland ist Gegenstand einer Vielzahl ausführlicher, allgemeiner Darstellungen.[336] Zweck dieser Arbeit ist nicht, eine weitere hinzuzufügen. Vielmehr sollen gezielt Einzelfragen erörtert werden, die einen spezifischen Bezug zu grenzüberschreitenden (internationalen) Sachverhalten aufweisen. Aus Verständnisgründen werden zunächst die Grundlagen der Anwaltshaftung in Deutschland dargestellt (im folgenden unter § 5). Die Voraussetzungen, unter denen sich ein Rechtsanwalt objektiv pflichtwidrig verhält, sind herauszuarbeiten und dogmatisch abzusichern (im folgenden unter § 6). Dies dient als Grundlage, um zu prüfen, ob sich bei Rechtsanwälten, die sich grenzüberschreitend betätigen, Besonderheiten im Verhältnis zur allgemeinen Rechtslage bei bloßer Inlandsbetätigung ergeben. Schwerpunkt der Darstellung sind die Pflichtenstandards, wenn ein Rechtsanwalt ausländisches Recht anwendet (im folgenden unter § 7).

§ 5 Grundlagen der Anwaltshaftung im deutschen Recht

Haftungstatbestände sind Rechtsnormen, die eine Verpflichtung zum Schadensersatz begründen.[337] Diese können sowohl gegenüber Mandanten des Rechtsanwalts als auch gegenüber Nichtmandanten entstehen. Mandanten stehen mit dem Rechtsanwalt in einem Vertragsverhältnis. Bei Pflichtverletzungen folgen daraus insbesondere Ansprüche wegen positiver Vertragsverletzung[338]. Abgesehen von § 44 S. 2 BRAO[339] und § 51a BRAO[340] ist die Haftung des Rechtsanwalts in

---

336 *Borgmann/Haug*, Anwaltshaftung (1995); *Hartstang*, Anwaltsrecht (1991), S. 539ff.; *Rinsche*, Die Haftung des Rechtsanwalts und Notars (1995); *Vollkommer*, Anwaltshaftungsrecht (1987); sowie *Henssler*, JZ 1994, 178ff.; Auch: *Boergen*, Vertragliche Haftung des Rechtsanwalts (1968); *Gatto*, Die Anwaltshaftung im US-amerikanischen und deutschen Recht (1993), S. 86ff.; *Poll*, Die Haftung der freien Berufe am Beispiel des Rechtsanwalts (1992), insb. S. 49ff. und 163ff.

337 Zum Begriff der Haftung: oben, § 2 I.

338 So die Begriffsbildung der juristischen Praxis in Anlehnung an die ständige Rechtsprechung. Soweit Stimmen in der Rechtswissenschaft mit guten Gründen von positiver Forderungsverletzung sprechen, vgl. etwa *Larenz*, Schuldrecht I, § 24 I, S. 367f. m.w.N., handelt es sich um einen vernachläßigbaren formalen Einwand. An der Sache ändert sich nichts.

339 Haftung dafür, daß ein Rechtsanwalt die Erklärung, daß er einen Auftrag nicht annimmt, schuldhaft verzögert. Dies ist ein gesetzlicher Spezialfall des Verschuldens bei Vertragsschluß (culpa in contrahendo).

340 Vertragliche Begrenzung von Ersatzansprüchen.

Deutschland nicht spezialgesetzlich geregelt. Für Ansprüche wegen unerlaubter Handlung ergeben sich keine Besonderheiten gegenüber den allgemeinen Grundsätzen.

I. Anwaltshaftung wegen positiver Vertragsverletzung

Wenn ein Rechtsanwalt seinen Pflichten aus dem mit dem Mandanten geschlossenen Vertrag in schuldhafter Weise nicht nachkommt, ist er zum Ersatz des dem Mandanten dadurch verursachten Schadens aus positiver Vertragsverletzung[341] des Anwaltsvertrages verpflichtet.[342] Voraussetzungen sind demnach, daß

- der Anwalt mit dem Mandanten einen Vertrag geschlossen hat,
- eine daraus resultierende Pflicht verletzt hat,
- und zwar schuldhaft,
- sowie, daß er dadurch beim Mandanten einen Schaden verursacht hat.

1. Anwaltsvertrag

Der Inhalt des Anwaltsvertrages[343] hängt davon ab, wie ihn die Parteien im Einzelfall ausgestaltet haben. Gesetzliche Vorschriften, insbesondere die Bundesrechtsanwaltsordnung, regeln nur Einzelfragen.[344] Für die Vertragsauslegung gelten im übrigen die allgemeinen Vorschriften der §§ 157, 242 BGB. In aller Regel hat der Anwaltsvertrag eine entgeltliche Geschäftsbesorgung zum Gegenstand (§ 675 BGB). Soweit der Mandant den Rechtsanwalt allgemein zur Prozeßführung, Rechtsberatung oder Rechtsgestaltung beauftragt hat, liegt der anwaltlichen Geschäftsbesorgung ein Dienstvertrag (§ 611 BGB) zugrunde. Der Rechtsanwalt schuldet dem Mandanten grundsätzlich sein Tätigwerden, nicht jedoch einen bestimmten Erfolg. Im Einzelfall kann der Anwaltsvertrag ausnahmsweise Werkvertrag (§ 631 BGB) sein, wenn ein durch anwaltliche Arbeit herbeizuführender Erfolg den Gegenstand der Verpflichtung bildet.[345] Dies ist nur dann der

341 Zu pVV als Anspruchsgrundlage: BGH, WM 1986, 199 (203); NJW 1988, 563 (566); NJW-RR 1990, 1241 (1244); OLG Köln, AnwBl 1994, 300; *Hartstang*, S. 541; *K. Müller, JR 1969, 161; Vollkommer*, Rdn. 214ff., S. 120ff.

342 Es kommen weder vertragliche Gewährleistungsansprüche noch Schadensersatzansprüche wegen Verzugs oder Unmöglichkeit in Betracht, hierzu: *Vollkommer*, Rdn. 214, S. 120f.

343 Ausnahmsweise kommt eine gerichtliche Beiordnung des Rechtsanwalts in Betracht, § 11a ArbGG, §§ 141ff. StPO, §§ 78b, 78c, 121, 625 ZPO, §§ 48–49a BRAO. Auch in diesen Fällen kommt es in aller Regel zu einem Vertragsschluß zwischen Anwalt und Mandant, so daß sich keine Besonderheiten ergeben. Hierzu: *K. Müller*, JR 1969, 161 (162) sowie *Vollkommer*, Rdn. 35ff., S. 20ff. und Rdn. 223f., S. 125.

344 Siehe auch die oben in Fn. 22 genannten Gesetzesvorschriften.

345 Allgemein zur rechtlichen Qualifikation des Anwaltsvertrages: RGZ 88, 223 (226f.); BGH, NJW 1965, 106; 1987, 315 (316); 1994, 1405 (1406); *Boergen*, S. 12ff.; *Borgmann/Haug*, §§ 8–11, S. 45ff.; *K. v. Gierke*, S. 21; *Hartstang*, S. 419ff.; Palandt-*Putzo*, BGB, Einf. vor § 611 Rdn. 21; Münchener Kommentar-*Söllner*, BGB, § 611

Fall, wenn der Anwalt es ausschließlich übernimmt, Rechtsauskunft über eine konkrete Frage zu erteilen oder ein schriftliches Rechtsgutachten anzufertigen.[346] Ist allerdings der Inhalt der dem Anwalt übertragenen Tätigkeit in nicht unwesentlichem Umfang auch rechtsberatender Natur, stellt sich der Vertrag in seiner Gesamtheit als Anwaltsdienstvertrag dar.[347] Für Schadensersatzansprüche wegen positiver Vertragsverletzung des Anwaltsvertrages ist die vorgenommene Abgrenzung allerdings nur von untergeordneter Bedeutung.[348]

2. Objektive Pflichtwidrigkeit

Die Anwaltshaftung setzt voraus, daß der Rechtsanwalt gegenüber dem Mandanten Pflichten aus dem Anwaltsvertrag verletzt hat. Wegen des für die Arbeit gewählten Schwerpunktes sind die für die objektive Pflichtwidrigkeit relevanten Sorgfaltsanforderungen in einem gesonderten Abschnitt darzustellen.[349]

3. Verschulden

Das Verhalten des Rechtsanwalts ist schuldhaft, wenn ihm die Pflichtwidrigkeit im konkreten Einzelfall individuell vorgeworfen werden kann.[350] Die Haftung wegen positiver Vertragsverletzung des Anwaltsvertrages betrifft insbesondere fahrlässiges Fehlverhalten. Fahrlässig handelt gemäß § 276 Abs. 1 S. 2 BGB, wer die im Verkehr erforderliche Sorgfalt außer acht läßt. Die Sorgfaltsanforderungen richten sich nach einem objektiv typisierten, an dem Durchschnittsanwalt ausgerichteten Maßstab.[351] Ohne rechtliche Relevanz ist daher, ob der Rechtsanwalt nach seinen Fähigkeiten, Kräften, Erfahrungen und Kenntnissen die objektiv gebotene Sorgfalt erkennen und erbringen konnte. Besondere Fähigkeiten oder Kenntnisse können allenfalls den individuellen Sorgfaltsmaßstab er-

---

Rdn. 88; *Vollkommer*, Rdn. 2, S. 1 f.; *Wendt*, Gegenstände, Bedingungen und Sorgfaltsanforderungen bei der privatrechtlichen Tätigkeit des Rechtsanwalts (1984), S. 32 ff. Abgrenzung zum Steuerberatervertrag: BGH, NJW 1988, 563 (565); 1994, 1405 (1406); Abgrenzung zu berufsfremden Anwaltstätigkeiten: BGH, NJW 1985, 2642 (Maklervertrag); *Borgmann/Haug*, § 6, S. 22 ff.

346 Hierzu insbesondere: BGH, NJW 1965, 16.

347 BGH, NJW 1985, 2642.

348 Etwa für die Frage der Verjährung, hierzu *Vollkommer*, Rdn. 2, S. 2; a. A.: *Rinsche* Rdn. I 5, S. 3.

349 Zu den allgemeinen und besonderen Sorgfaltsstandards, die Rechtsanwälte bei der Berufsausübung zu beachten haben: unten, §§ 6 und 7.

350 Die Rechtswidrigkeit der Vertragsverletzung folgt unmittelbar aus der objektiven Pflichtwidrigkeit und bedarf daher keiner besonderen Erwähnung. Etwas anderes gilt ausnahmsweise nur, wenn der Rechtsanwalt sich auf spezielle Rechtfertigungsgründe berufen kann, Palandt-*Heinrichs*, BGB, § 276 Rdn. 8; differenzierend: *Hartstang*, BRAK-Mitt. 1992, 73 (76 f.) und *Vollkommer*, Rdn. 263 ff., S. 148 ff.

351 RGZ 95, 16 (17); BGH, NJW 1983, 676 (678); *Borgmann/Haug*, § 26 Rdn. 17 ff., S. 169 ff.; Münchener Kommentar-*Hanau*, BGB, § 276 Rdn. 78 ff.; Palandt-*Heinrichs*, BGB, § 276 Rdn. 15; *Larenz*, Schuldrecht I, § 20 III, S. 282 ff.; *Vollkommer*, Rdn. 271, S. 153 f.

höhen.[352] Hat der Rechtsanwalt eine dem Mandanten gegenüber bestehende Pflicht verletzt, wird im Haftungsprozeß sein Verschulden entsprechend §§ 282, 285 BGB vermutet.[353]

Etwaige Versäumnisse des Gerichts schließen die Mitverantwortung des Rechtsanwalts wegen eigenen Verschuldens grundsätzlich nicht aus. Nach der Rechtsprechung des Bundesgerichtshofs kann eine (fehlerhafte) Kollegialentscheidung eines Gerichts einen anwaltlichen Fehler bei der Rechtsanwendung nicht entschuldigen.[354] Gleiches gilt, wenn ein Rechtsgutachten eines Hochschullehrers vorliegt.[355] Ebenfalls kein Entschuldigungsgrund ist, daß ein Rechtsanwalt mit Arbeit überlastet[356] oder beruflich noch unerfahren ist[357].

4. Schadensverursachung

Ob der Rechtsanwalt durch sein Verhalten einen Schaden verursacht hat, ist nach den allgemeinen Grundsätzen zu ermitteln. Im Einzelfall ist zu prüfen, ob Schaden und Kausalität tatsächlich vorliegen und vom Mandanten, wenn nötig, auch bewiesen sind. Die notwendigen Feststellungen sind nach § 287 ZPO unter Würdigung aller Umstände nach freier Überzeugung des hierüber entscheidenden Gerichts zu treffen.[358] In der Praxis scheitern viele Anwaltshaftungsprozesse an dieser Voraussetzung.[359]

Der zur Prozeßführung beauftragte Rechtsanwalt wird von seiner Haftung nicht dadurch befreit, daß das im Ausgangsverfahren entscheidende Gericht oder ein von jenem eingeschalteter Verkehrsanwalt den Schaden in pflichtwidriger Weise

---

352 Münchener Kommentar-*Hanau*, BGB, § 276 Rdn. 78; *Vollkommer*, Rdn. 271, S. 154.

353 BGH, NJW 1982, 437 (438); 1985, 264 (265); 1985, 1154; 1992, 240; 1994, 1472 (1475); OLG Frankfurt, FamRZ 1991, 1047 (1049); *Heinemann*, NJW 1990, 2345 (2347); *Rinsche*, Rdn. I 306, S. 145; *Vollkommer*, in: FS-Baumgärtel (1990), 585 ff. jeweils m. w. N.

354 BGH, NJW 1983, 820 (822); 1985, 42 (43), offen gelassen; WM 1986, 199 (202 f.); NJW-RR 1990, 1941 (1942); *Borgmann/Haug*, § 26 Rdn. 24 ff., S. 173 ff.; *Vollkommer*, Rdn. 299 ff., S. 171 ff. Anders die allerdings vereinzelt gebliebene Entscheidung des OLG München, VersR 1987, 208 sowie *Scheffler*, NJW 1960, 265 ff.

355 BGH, WM 1986, 199 (202); NJW 1993, 1779.

356 BGH, VersR 1972, 886 (887).

357 BGH, VersR 1972, 148.

358 Ausführlich hierzu: BGH, NJW 1995, 449 (451) sowie auch: BGH, NJW-RR 1990, 1241 (1245); OLG Frankfurt, FamRZ 1991, 1047 (1048). Hat der Rechtsanwalt seine Beratungs- und Aufklärungspflichten verletzt, so gilt zugunsten des Mandanten die Vermutung, daß er sich beratungsgemäß verhalten hätte, BGH, NJW 1992, 240 (241); 1994, 1472 (1475). Eine Beweislastumkehr zugunsten des Mandanten hat der Bundesgerichtshof für die haftungsausfüllende Kausalität bislang abgelehnt, BGH, NJW 1993, 3259 (3260). Zum Entfallen des Zurechnungszusammenhangs zwischen Anwaltsfehler und Schaden, insbesondere für den Fall, daß der Mandant nacheinander mehrere Rechtsanwälte eingeschaltet hat, etwa: BGH, NJW 1994, 2822 f. und BGH, NJW 1994, 3295 (3298).

359 Hierzu: *Rinsche*, Rdn. I 211 ff., S. 94 ff. und Rdn. I 307 ff., S. 145 ff.

mitverursacht hat. Der IX. Zivilsenat des Bundesgerichtshofs hat dies damit begründet, daß es zu den Pflichten des Rechtsanwalts aufgrund von dessen rechtlicher und tatsächlicher Stellung im Gerichtsverfahren auch gehöre, Fehlern des Gerichts oder des von ihm eingeschalteten Verkehrsanwalts entgegenzuwirken.[360]

5. Zwischenergebnis

Die Voraussetzungen, unter denen ein Rechtsanwalt gegenüber seinem Mandanten haftet, ergeben sich aus dem allgemeinen Rechtsinstitut der positiven Vertragsverletzung des Anwaltsvertrages. Den einander widerstreitenden Interessen von Anwälten und von dessen Rechtsberatung suchenden Mandanten ist dadurch Rechnung zu tragen, daß im Rahmen der objektiven Pflichtwidrigkeit die Anforderungen an den Rechtsanwalt abgestuft nach den Besonderheiten des konkreten Einzelfalls zu ermitteln sind.

II. Unerlaubte Handlung

Ansprüche des Mandanten wegen unerlaubter Handlung kommen nach deutschem Recht in aller Regel nicht in Betracht.[361] § 823 Abs. 1 BGB setzt voraus, daß der Schuldner eines der abschließend aufgeführten absoluten Rechte oder Rechtsgüter verletzt hat. Primäre Vermögensverletzungen zählen nicht hierzu.[362] Darum geht es jedoch in der Regel bei den Fällen, die einer Anwaltshaftung zugrunde liegen. § 823 Abs. 2 BGB kommt zwar auch bei Vermögensverletzungen in Betracht, jedoch nur in Verbindung mit der Verletzung eines den Schutz des Mandanten bezweckenden Gesetzes. Hierzu zählen weder einzelne Vorschriften der Bundesrechtsanwaltsordnung[363] noch die anwaltlichen Standesrichtlinien[364]. Etwaige Vorschriften des Strafgesetzbuchs können zwar die Voraussetzungen eines Schutzgesetzes erfüllen, setzen jedoch in den einschlägigen Fällen stets eine vorsätzliche Schädigung voraus. Daß ein Anwalt einen Mandanten vorsätzlich schädigt, ist in der Praxis selten und dann auch haftungsrechtlich unproblematisch. Zudem weist die Vorsatzproblematik im Bereich der Anwaltshaftung keine Besonderheiten gegenüber dem allgemeinen Haftungsrecht auf. Das gleiche gilt für § 826 BGB. Eine vertiefte Darstellung kann angesichts der Schwerpunktbildung auf Fragen im Zusammenhang mit grenzüberschreitenden Sachverhalten der Anwaltshaftung unterbleiben.

---

360 BGH, NJW 1988, 3013 (3015 f.).

361 Hierzu: BGH, NJW 1991, 32 (33); *Poll*, S. 115 ff.; *Rinsche*, Rdn. I 37 f., S. 15 f. und Rdn. 57 ff., S. 23 ff.

362 BGHZ 41, 123 (127); Erman-*Schiemann*, BGB, § 823 Rdn. 36; Palandt-*Thomas*, BGB, § 823 Rdn. 31.

363 Insbesondere nicht § 43 BRAO (Pflicht zur gewissenhaften Berufsausübung). Hierzu: *Feuerich*, BRAO, § 43 Rdn. 5; *K. v. Gierke*, S. 31; *Schwichtenberg*, ZvglRWiss 91 (1992), 290 (311).

364 Dazu, daß die Standesrichtlinien keine Rechtsnormen sind: oben, § 1 I 1 b).

III. Dritthaftung

Dritthaftung ist die Haftung von Rechtsanwälten gegenüber Nichtmandanten.[365] Die damit zusammenhängenden Rechtsfragen lassen sich mit den zuvor genannten Ansprüchen nicht erfassen. In der Praxis werden derartige Fälle insbesondere über das Rechtsinstitut des Vertrages mit Schutzwirkung zugunsten Dritter[366] oder über eine weite Ausdehnung des Vorsatzerfordernisses in § 826 BGB[367] gelöst. Zum Teil hat die Rechtsprechung den konkludenten Abschluß eines Auskunftsvertrages zwischen dem Rechtsanwalt und dem Dritten konstruiert.[368] Eine allgemeine Sachwalter- oder Berufshaftung des Rechtsanwalts, nur weil er auf der Seite seines Vertragspartners in Vertragsverhandlungen mit Dritten eingeschaltet ist, hat die höchstrichterliche Rechtsprechung ohne Hinzutreten besonderer Umstände bislang strikt abgelehnt.[369] Rechtsanwälte nehmen nicht bereits aufgrund ihres Berufs besonderes Vertrauen Dritter in Anspruch.

---

365 Allgemein hierzu die Ausführungen oben, § 2 II 3. Grundlegend die dort unter Fn. 200 genannten Autoren; ferner: *Borgmann/Haug*, §§ 32–34, S. 212ff.; *Henssler*, JZ 1994, 178 (184); *Poll*, S. 104ff.; *Rinsche*, Rdn. I 39ff., S. 16ff.; *Vollkommer*, Rdn. 61ff., S. 32ff. und Rdn. 225, S. 125ff.

366 Hierzu allgemein grundlegend: *Larenz*, Schuldrecht I, § 17 II, S. 224ff.; BGH, NJW 1959, 1676f.; BGHZ 49, 350ff.; 69, 82ff.; 96, 9ff.; Münchener Kommentar-*Gottwald*, BGB, § 328 Rdn. 78ff., insb. Rdn. 108; Palandt-*Heinrichs*, BGB, § 328 Rdn. 13ff.; speziell im Zusammenhang mit der Anwaltshaftung etwa: BGH, NJW 1965, 1955 (1956f.); 1977, 2073 (2074); 1986, 581 (582); 1988, 200 (201); 1995, 51 (52).

367 BGH, NJW 1972, 678 (679f.); 1992, 2821ff.; *Schlee*, AnwBl 1993, 118f.

368 Ausgangspunkt ist der grundsätzliche Haftungsausschluß für Rat oder Empfehlung in § 676 BGB. Allgemein zur Konstruktion eines Auskunftsvertrages: BGH, NJW 1979, 1595 (1596f.); 1991, 352f.; JZ 1986, 1111 (1112); Palandt-*Thomas*, BGB, § 676 Rdn. 3ff. sowie speziell für Rechtsanwälte: RGZ 52, 365 (366f.); BGH, NJW 1972, 678 (680); *Hartstang*, S. 447ff.; *Poll*, S. 109ff. m.w.N.

369 BGH, NJW 1989, 293 (294); NJW-RR 1990, 459 (460f.); NJW 1991, 32 (33): Insoweit bleibt es bei den allgemeinen Grundsätzen der Haftung wegen Verschuldens bei Vertragsschluß. Auch: Münchener Kommentar-*Emmerich*, BGB, vor § 275 Rdn. 185ff. und 191ff.; Palandt-*Heinrichs*, BGB, § 276 Rdn. 93ff.; Soergel-*Wiedemann*, BGB, vor § 275 Rdn. 196ff. Ferner speziell zur Prospekthaftung des Anwalts: BGH, NJW 1980, 1840f.; 1984, 865f.; Soergel-*Wiedemann*, BGB, vor § 275 Rdn. 184ff.

§ 6 Allgemeine Sorgfaltsstandards bei der Anwaltshaftung

Die Prüfung der objektiven Pflichtwidrigkeit setzt voraus, die anwaltlichen Pflichten möglichst konkret zu umschreiben. Einzelne Pflichten sind in §§ 43ff. BRAO geregelt. Für die vorliegende Untersuchung enthalten diese Vorschriften keine Konkretisierungen. § 59b Abs. 2 BRAO ermächtigt nunmehr den Satzungsgeber, in der noch zu erlassenden Berufsordnung weitere Einzelheiten zu regeln. Hervorzuheben ist § 59b Abs. 2 Nr. 9 BRAO, der die besonderen Berufspflichten im grenzüberschreitenden Rechtsverkehr erfaßt. Die Sorgfaltspflichten, welche ein Rechtsanwalt bei der Berufsausübung zu beachten hat, haben im wesentlichen die Gerichte unter Heranziehung der allgemeinen Grundsätze herausgebildet.[370] Ausgangspunkt der folgenden Darstellung ist daher eine Bestandsaufnahme der höchstrichterlichen Rechtsprechung (im folgenden I). Dabei soll aber bereits die spätere Eingrenzung des Themas auf die Frage, inwieweit der Rechtsanwalt haftet, wenn er ausländisches Recht anwendet, eine besondere Berücksichtigung finden. Im Anschluß daran erfolgt eine Analyse der Standpunkte und Lösungsvorschläge seitens des juristischen Schrifttums (im folgenden II). Abschließend soll eine eigene differenzierte Bewertung der Anwaltspflichten vorgenommen werden (im folgenden III). Dies ist Voraussetzung dafür, um zu prüfen, ob bei der Anwendung ausländischen Rechts besondere Pflichtenstandards gelten.

I. Bestandsaufnahme der Rechtsprechung

Für die Ausgestaltung der Anwaltshaftung in der Rechtspraxis ist die Rechtsprechung des IX. Zivilsenats des Bundesgerichtshofs, der für dieses Rechtsgebiet zuständig ist, von richtungweisender Bedeutung. Allgemein ausgedrückt ist danach der Rechtsanwalt aufgrund des Anwaltsvertrages verpflichtet, die Interessen des Auftraggebers in den Grenzen des ihm erteilten Mandats nach jeder Richtung umfassend wahrzunehmen. Der Rechtsanwalt muß sein Verhalten so einrichten, daß er Schädigungen seines Auftraggebers, mag deren Möglichkeit auch nur von einem Rechtskundigen vorausgesehen werden können, tunlichst vermeidet. Sind mehrere Wege möglich, um einen erstrebten Erfolg zu erreichen, hat er denjenigen zu wählen, auf dem dieser am sichersten erreichbar ist. Der Pflicht des Anwalts zur Wahl des sichersten Weges kommt allgemein eine grundlegende Bedeutung zu. Will der Rechtsanwalt einen weniger sicheren Weg wählen, muß er zumindest seinen Auftraggeber zuvor über die insoweit bestehenden Gefahren belehren und sein weiteres Verhalten von dessen Entscheidung abhängig machen.[371]

370 Zum Richterrecht allgemein: oben, § 3 II 1a) cc).

371 BGH, NJW 1993, 3323 (3324); ähnlich bereits: RGZ 151, 258 (263f.); ferner etwa RGZ 158, 130 (134); BGH, WM 1986, 199 (202); NJW-RR 1990, 1241 (1242); NJW 1992, 1159 (1160); 1993, 2676; 1994, 1472; 1995, 51 (52) sowie BGH, NJW 1995, 449 (450).

Systematisch lassen sich die von der Rechtsprechung entwickelten Pflichten des Anwalts gegenüber dem Mandanten wie folgt einteilen:[372]

- Pflicht, die relevanten Tatsachen umfassend und sorgfältig festzustellen,
- Pflicht, Recht richtig anzuwenden,
- Pflicht, den Mandanten zu beraten und aufzuklären.

Diese Pflichten können ineinander übergehen. Ob eine Pflichtverletzung vorliegt, muß in jedem Einzelfall im Rahmen einer Gesamtwürdigung geprüft werden. Die Pflichten, die sich aus den allgemeinen Grundsätzen ergeben, hängen stets von dem Umfang des Mandats ab, das der Auftraggeber dem Rechtsanwalt erteilt hat, sowie von den jeweiligen Umständen des Einzelfalls.[373] Hat ein Rechtsanwalt einen auf bestimmte Aufgaben beschränkten Auftrag erhalten, ist er nicht verpflichtet, Vorgänge, die ihm bei Gelegenheit dieser Tätigkeit bekannt werden, auf rechtliche Folgen zu überprüfen, die nicht in unmittelbarer Beziehung zu der von ihm übernommenen Aufgabe stehen. Allerdings können aus dem Anwaltsvertrag Nebenpflichten zur Aufklärung des Mandanten erwachsen.[374]

1. Pflicht zur umfassenden und sorgfältigen Tatsachenfeststellung

Ausgangspunkt jeder anwaltlichen Tätigkeit ist es, im Zusammenwirken mit dem Mandanten die Tatsachen, die rechtlich zu bewerten sind, so umfassend und vor allem so sorgfältig wie möglich festzustellen.[375] Dabei haben Rechtsanwälte auch Regelwerke zu berücksichtigen, die keine Rechtsnormen sind. Hier ist vor allem an Allgemeine Geschäftsbedingungen, Tarifverträge oder Vertragsunterlagen zu denken.[376]

---

372 Über diese Pflichten besteht im Grundsatz Einigkeit. Die Einteilung erfolgt nach den Stadien der Ausführung eines Mandats. Bestehende Unterschiede hinsichtlich der Systematisierung im Einzelfall können vernachlässigt werden, da sie keine rechtserhebliche Bedeutung haben. Daneben können Kontroll- und Überwachungspflichten des Anwalts Bedeutung erlangen. Vgl. etwa BGH, NJW 1988, 3020f. zur Kontrolle eines eingeschalteten weiteren Rechtsanwalts im Rechtsmittelverfahren durch den Ausgangsanwalt. Allgemein zur Systematisierung der anwaltlichen Pflichten etwa *Borgmann*, AnwBl 1995, 222f.; *Hartstang*, S. 454ff.; Palandt-*Heinrichs*, BGB, § 276 Rdn. 39ff.; *Henssler*, JZ 1994, 178ff.; *Poll*, S. 49ff.; *Rinsche*, Rdn. I 71ff., S. 28ff.; *Vollkommer*, Rdn. 98ff., S. 52ff.

373 Vgl. etwa: BGH, NJW 1988, 563 (566); 1993, 2045; 1993, 3323 (3325).

374 BGH, NJW 1995, 958 (zur Haftung des Steuerberaters; der Senat zieht allerdings eine Parallele zur Haftung des Rechtsanwalts). Hierzu auch: BGH, NJW 1993, 2045.

375 BGH, NJW 1961, 601 (602); 1982, 437; 1985, 1154 (1155); 1991, 2839 (2841); 1993, 2676 (2677); 1994, 2293 jeweils m.w.N. und Einzelheiten. Sehr weitgehend ist die Entscheidung BGH, NJW 1983, 1665 (1666), in der der BGH die Ansicht vertreten hat, der Anwalt sei sogar verpflichtet, durch die Befragung von Dritten, unter Umständen sogar der Gegenseite, rechtlich relevante Tatsachen festzustellen. Hiergegen zu Recht etwa *Hartstang*, S. 461.

376 BGH, NJW 1983, 1665f. (Betriebsvereinbarungen oder betriebliche Übungen im Arbeitsrecht). Soweit Vertreter des Schrifttums teilweise die Ansicht vertreten, diese unter-

2. Pflichten bei der Rechtsanwendung

Die Rechtsprüfung folgt der Tatsachenfeststellung. Hierbei ist von besonderer Bedeutung, welche Pflichten ein Rechtsanwalt zu beachten hat, wenn er Rechtsnormen anwendet.

Die Rechtsprechung stellt insoweit hohe Anforderungen an den Rechtsanwalt. So hat der III. Zivilsenat des Bundesgerichtshofs in einer älteren Entscheidung ausgesprochen, daß ein Rechtsanwalt grundsätzlich jeden Rechtsirrtum zu vertreten hat.[377] Übernimmt ein Rechtsanwalt ein Mandat aus einem ihm weniger vertrauten Rechtsgebiet, muß er sich die erforderlichen Rechtskenntnisse verschaffen.[378] Der häufigste Fall fehlerhafter Rechtsanwendung ist, daß ein Rechtsanwalt materielle oder prozessuale Fristen versäumt.[379]

Verträge sind so zu gestalten, daß eine Gefährdung des Mandanten möglichst ausgeschlossen ist. Wenn ein Rechtsanwalt die Vereinbarung schriftlich niederlegt, muß er darauf achten, daß diese den Willen seines Auftraggebers richtig und vollständig zum Ausdruck bringt. Er muß des weiteren Unklarheiten vermeiden, die den Erfolg der Vereinbarung in Frage stellen könnten.[380] Der Anwalt hat den ihm vorgetragenen Sachverhalt rechtlich daraufhin zu prüfen, ob er geeignet ist, den vom Auftraggeber erstrebten Erfolg herbeizuführen.[381]

a) Rechtsnormen

Ein Anwalt muß alle Rechtsnormen, insbesondere die innerstaatlichen Gesetze, kennen bzw. sich die erforderlichen Kenntnisse verschaffen.[382] Bei der Rechtsprüfung muß der Anwalt allgemein anerkannte rechtswissenschaftliche Methoden beachten.[383]

---

fielen der Rechtsprüfungspflicht, vgl. *Poll*, S. 55 f.; *Vollkommer*, Rdn. 138 ff., S. 73 f., bleibt unberücksichtigt, daß es sich hierbei gerade nicht um Rechtsnormen handelt (hierzu oben, § 3 II 1), sondern um dem Beweis zugängliche Tatsachen. Im Ergebnis hat dieser Streit keine Auswirkungen.

377 BGH, VersR 1959, 638, 641; ferner: OLG Koblenz, NJW 1989, 2699. Die zitierte Formulierung hat der für die Anwaltshaftung gegenwärtig zuständige IX. Zivilsenat des Bundesgerichtshofs nicht übernommen.

378 OLG Koblenz 1989, 2699.

379 Statistische Angaben etwa bei: *Hartstang*, S. 541; *Jatzkowski/Zipprick*, S. 159 (167 ff.).

380 BGH, VersR, 1960, 546 (547); 1960, 932 (933).

381 BGH, NJW 1992, 1159 (1160).

382 BGH, NJW 1971, 1704; 1978, 1486 (Verschaffen der erforderlichen Kenntnisse „jedenfalls von den Gesetzen, die die Gebiete betreffen, mit denen er es in seiner Praxis gewöhnlich zu tun hat“); OLG Hamm, VersR 1981, 936 („Gesetzeskenntnis, zumindest des BGB, bis ins Detail“); umfassend: BGH, MDR 1959, 646 („Rechtskenntnis auf dem in Betracht kommenden Gebiet“); BGH, NJW-RR 1991, 803 und OLG Koblenz, NJW 1989, 2699 f. (Kenntnis aller „einschlägigen Gesetze“).

383 BGH, NJW 1986, 2043 (2045).

b) Rechtsprechung

Zur Auslegung der Gesetze muß der Rechtsanwalt die höchstrichterliche Rechtsprechung heranziehen und berücksichtigen.[384] Bei einer höchstrichterlich noch nicht entschiedenen Frage muß er die Rechtsprechung der Oberlandesgerichte beachten.[385] Jeder Rechtsanwalt muß sich die Kenntnis dieser Entscheidungen durch Veröffentlichungen in den amtlichen Entscheidungssammlungen oder allgemeinen juristischen Zeitschriften[386] unverzüglich verschaffen.[387] Eine Pflicht zur laufenden Lektüre von Fachzeitschriften[388] besteht grundsätzlich nur, wenn der Anwalt in einem bestimmten Fachgebiet tätig ist.[389]

Allgemein zur Bedeutung der höchstrichterlichen Rechtsprechung, der Rechtsprechung der Oberlandesgerichte und insbesondere zum Vertrauen des Rechtsanwalts auf den Fortbestand der höchstrichterlichen Rechtsprechung hat der IX. Zivilsenat des Bundesgerichtshofs am 30. 9. 1993 in einer grundlegenden Entscheidung ausführlich Stellung genommen. Die Entscheidungsgründe lassen ein Grundsatz-Ausnahme-Schema erkennen, das den Umständen des jeweiligen Einzelfalls Rechnung trägt. Im einzelnen hat der Senat ausgeführt:[390]

> „Wegen der richtungsweisenden Bedeutung, die höchstrichterlichen Entscheidungen für die Rechtswirklichkeit zukommt, hat sich ein Rechtsanwalt bei der Wahrnehmung eines Mandats grundsätzlich an dieser Rechtsprechung auszurichten. Er darf in der Regel auf ihren Fortbestand vertrauen. Das gilt insbesondere in den Fällen einer gefestigten höchstrichterlichen Rechtsprechung, weil von einer solchen nur in besonderen Ausnahmefällen abgegangen zu werden pflegt. Das gleiche wird für neuere Entscheidungen zutreffen, in denen die jeweilige Problematik behandelt und in einem bestimmten Sinn entschieden worden ist. Auch entgegenstehende Judikatur von Instanzgerichten und abweichende Stimmen im Schrifttum verpflichten den Rechtsanwalt dann regelmäßig nicht, bei der Wahrnehmung seiner Aufgaben die abweichende Meinung zu berücksichtigen. [...]

---

384 BGH, NJW 1952, 425; 1979, 877; 1983, 1665f.; 1989, 1155 (1156); NJW-RR 1991, 803; OLG Düsseldorf, VersR 1980, 359f.

385 BGH, NJW-RR 1993, 243 (245); OLG Frankfurt, FamRZ 1991, 1047 (1048). Wird ein Rechtsstreit letztinstanzlich von einem Landgericht entschieden, so muß der Anwalt auch diese Rechtsprechung berücksichtigen, wenn sie von der herrschenden Meinung abweicht: KG, MDR 1993, 178 (179).

386 In den entschiedenen Fällen: NJW oder MDR.

387 BGH, NJW 1952, 425; VersR 1979, 232 (233) und 375 (376); NJW 1983, 1665f.; OLG Düsseldorf, VersR 1980, 359 sowie BGH, NJW 1992, 3237 (3239), zur Haftung des Notars; hierzu allgemein: *F. O. Fischer*, AnwBl 1993, 597ff.

388 In den entschiedenen Fällen: FamRZ, VersR.

389 OLG München, NJW-RR 1991, 803; hierzu auch: BGH, VersR 1979, 232 (233).

390 BGH, NJW 1993, 3323 (3324f.), m. w. N.; ferner auch zur Bedeutung von Zumutbarkeit und den Umständen des einzelnen Falls und des konkreten Mandats: BGH, WM 1986, 199 (202); NJW 1995, 51 (52).

Gleichwohl gibt es Grenzen anwaltlichen Vertrauens auf den Fortbestand einer höchstrichterlichen Rechtsprechung. [...] Der Anwalt hat die Auswirkungen neuer Gesetze auf eine zu dem alten Rechtszustand ergangene Judikatur zu erwägen. Auch hat er Hinweise eines obersten Gerichts auf die Möglichkeit einer künftigen Änderung seiner Rechtsprechung zu berücksichtigen. Ferner hat er nach Möglichkeit neue Entwicklungen in Rechtsprechung und Rechtswissenschaft zu verfolgen und im Rahmen des Zumutbaren deren mögliche Auswirkungen auf eine ältere Rechtsprechung im Bereich der jeweiligen Problemfelder zu bedenken. [...] Allgemeine Regeln lassen sich insoweit kaum finden. Entscheidend sind stets die besonderen Umstände des Einzelfalls. Grundsätzlich wird darauf abzustellen sein, mit welchem Grad an Deutlichkeit (Evidenz) eine neue Rechtsentwicklung in eine bestimmte Richtung weist und eine neue Antwort auf eine bisher anders entschiedene Frage nahelegt. Ferner wird ins Gewicht fallen, mit welchem Aufwand – auch an Kosten – der neuen Rechtsentwicklung im Interesse des Mandanten Rechnung getragen werden kann. [...] Regelmäßig wird es sich um besonders zu begründende, eng umgrenzte Ausnahmefälle handeln, in denen es als schuldhafte Pflichtverletzung des Anwalts zu werten ist, daß er seiner Beratung die Möglichkeit einer Änderung der bisherigen höchstrichterlichen Rechtsprechung nicht zugrunde gelegt hat."[391]

c) Schrifttum

Auf das rechtswissenschaftliche Schrifttum (Kommentare, Hand- und Lehrbücher) muß ein Rechtsanwalt zurückgreifen, um die einschlägige Rechtsprechung zu ermitteln. Im übrigen ist er hierzu jedoch nur verpflichtet, wenn einschlägige Gerichtsentscheidungen nicht vorliegen.[392] Die höchstrichterliche Rechtsprechung verlangt vom Anwalt nicht, daß er alle in der Rechtslehre vertretenen Rechtsansichten kennt und berücksichtigt.

3. Beratungs- und Aufklärungspflichten

Kommt der Rechtsanwalt, nachdem er die relevanten Tatsachen ermittelt und die Rechtslage geprüft hat, zu einem Ergebnis, so muß er den Mandanten hiervon in Kenntnis setzen und mit ihm das weitere Vorgehen abklären. Der Rechtsanwalt muß den Mandanten in die Lage versetzen, eigenverantwortlich darüber zu entscheiden, wie er seine Interessen in rechtlicher und wirtschaftlicher Hinsicht zur Geltung bringen will.[393]

Der Umfang der Aufklärungspflicht richtet sich nach dem erhaltenen Auftrag und den jeweiligen Umständen des Einzelfalls.[394]

391 Zitate sind fortgelassen.

392 BGHZ 85, 252 (260f.); BGH, NJW 1993, 3323 (3324); OLG Düsseldorf, VersR 1973, 424 (425); OLG Celle, NJW 1977, 1350 sowie BGH, NJW 1992, 3237 (3239), zur Haftung des Notars: Pflicht, die üblichen Erläuterungsbücher auszuwerten.

393 BGH, NJW 1993, 1325 (1326) m.w.N.

394 Hierzu bereits oben, Fn. 373.

a) Allgemeine, umfassende und möglichst erschöpfende Beratung

Der Rechtsanwalt ist dann, soweit sein Mandant nicht unzweideutig zu erkennen gibt, daß er des Rates nur in einer bestimmten Richtung bedarf, zur allgemeinen, umfassenden und möglichst erschöpfenden Beratung des Auftraggebers verpflichtet. Unkundige muß er über die Folgen ihrer Erklärungen belehren und vor Irrtümern bewahren. Er hat dem Mandanten diejenigen Schritte anzuraten, die zu dem erstrebten Ziel zu führen geeignet sind, und Nachteile für den Auftraggeber vermeiden, soweit solche voraussehbar und vermeidbar sind.[395] Zweifel und Bedenken, zu denen die Sachlage Anlaß gibt, muß der Rechtsanwalt darlegen und mit seinem Mandanten erörtern. Er muß seinen Auftraggeber nicht nur über das Vorhandensein, sondern auch über das ungefähre, in etwa abschätzbare Ausmaß des (Prozeß-)Risikos unterrichten, weil der Mandant in der Regel nur aufgrund einer Einschätzung auch des Risikoumfangs über sein weiteres Vorgehen entscheiden kann.[396]

Neben der primären, vertraglich geschuldeten Aufklärungspflicht hat der Rechtsanwalt eine vertragliche Nebenpflicht, seine Mandanten vor Schaden zu bewahren. Diese ergibt sich aus § 242 BGB. Auch bei einem inhaltlich begrenzten Mandat muß der Rechtsanwalt daher auf Fehlentscheidungen hinweisen, die für ihn offen zutageliegen. Dies ist jedenfalls dann der Fall, wenn die Fehlentscheidung für einen durchschnittlichen Rechtsanwalt auf den ersten Blick ersichtlich ist, oder wenn er aufgrund seines persönlichen Wissens die Rechts- und Sachlage positiv kennt.[397] Hat der Mandant den Rechtsanwalt beispielsweise mit der Führung eines Rechtsstreits beauftragt, hat der Rechtsanwalt die damit unmittelbar zusammenhängenden rechtlichen und wirtschaftlichen Belange seiner Partei mitzuberücksichtigen und darauf zu achten, daß ihr insoweit keine Nachteile entstehen. Die gilt insbesondere für Ansprüche, die gegen Dritte in Betracht kommen.[398]

b) Weisungen des Mandanten

Wie zu verfahren ist, entscheidet letztverantwortlich der Auftraggeber. Erteilt der Mandant dem Rechtsanwalt verbindliche Weisungen, so ist dieser verpflichtet, die Weisungen zu befolgen (§§ 675, 665 BGB). Über Bedenken gegen eine Weisung muß der Rechtsanwalt den Mandanten beraten und aufklären.[399]

---

395 BGH, NJW 1988, 563 (566) m.w.N.; auch BGH, NJW-RR 1990, 1241 (1243); NJW 1992, 1159 (1160); 1993, 2676 sowie zuletzt: BGH, NJW 1995, 449 (450).

396 BGH, NJW 1992, 1159 (1160). Auch: BGH, NJW 1984, 791 (792f.); 1986, 2043 (2044); OLG Hamm, VersR 1981, 936.

397 BGH, NJW 1995, 958 (zur Haftung des Steuerberaters; für Rechtsanwälte gilt dasselbe).

398 BGH, NJW 1993, 2045 (hier: Hinweis auf drohende Verjährung von Ansprüchen gegen Dritte bei ungünstigem Ausgang des Rechtsstreits).

399 RGZ 161, 280 (282); BGH, VersR 1980, 925 (926); 1984, 658 (659); NJW 1985, 42 (43); NJW-RR 1990, 1241 (1243).

c) Kostenrisiko

Zu den Umständen, welche die Aufklärungspflicht umfaßt, kann auch das mit der Rechtsverfolgung verbundene Kostenrisiko zählen.[400] Grundsätzlich ist der Anwalt nur dazu berufen, den Mandanten rechtlich zu beraten. Ob sich die Rechtsverfolgung lohnt, hat die Partei selbst zu erwägen. Soweit hierzu die Höhe der aufzuwendenden Kosten von Bedeutung ist, ist es eine Obliegenheit des Mandanten, sich bei dem von ihm beauftragten Rechtsanwalt zu erkundigen. Auf Verlangen des Mandanten muß der Anwalt die voraussichtliche Höhe der gesetzlichen Vergütung mitteilen.[401] Beim Vorliegen besonderer Umstände kann der Rechtsanwalt gemäß §§ 157, 242 BGB ausnahmsweise verpflichtet sein, auch unaufgefordert den Mandanten über das Kostenrisiko aufzuklären. Das ist der Fall, wenn der Rechtsanwalt den Mandanten nicht auf naheliegende wirtschaftliche Bedenken gegen die Zweckmäßigkeit der ihm übertragenen Rechtsverfolgung hinweist.[402] Die Aufklärungspflicht erstreckt sich somit auch auf die wirtschaftlichen Gefahren eines Geschäfts.[403]

d) Rechtskenntnisse des Mandanten

Ferner hängt der Umfang der Aufklärungspflicht auch von den Rechtskenntnissen des Mandanten ab. Sie kann ganz entfallen, wenn der Rechtsanwalt erkennt, daß der Mandant die Risiken des Geschäfts oder der beabsichtigten Gestaltung kennt und er diese auch bei einer Belehrung auf sich nehmen würde.[404] Auch wenn der Mandant selbst über eine juristische Vorbildung[405] verfügt, muß er stets darauf vertrauen können, daß der beauftragte Rechtsanwalt die anstehenden Rechtsfragen fehlerfrei bearbeitet, ohne daß eine Kontrolle notwendig ist. Der Umfang der sich daran anschließenden Beratungspflicht geht allerdings

---

400 RGZ 118, 365 (367); BGH, NJW 1980, 2128 (2130); OLG Karlsruhe, NJW 1990, 2132; LG Flensburg, AnwBl 1987, 193 f.; aber OLG Düsseldorf, MDR 1984, 844: keine Pflicht zu – ungefragter – Auskunft über zusätzlich anfallende Notargebühren. Eine ausdrückliche Hinweispflicht auf den Ausschluß einer Kostenerstattung sieht die als Ausnahme einzuordnende Vorschrift des § 12 a Abs. 1 S. 2 ArbGG vor. Zur Pflicht des Rechtsanwalts, den Mandanten auf die Möglichkeit hinzuweisen, Prozeßkostenhilfe in Anspruch zu nehmen: OLG Düsseldorf, AnwBl 1987, 147 ff.

401 BGH, NJW 1980, 2128 (2130).

402 Vgl. RGZ 118, 365 (367); OLG München, NJW-RR 1991, 1460 (1461).

403 BGH, VersR 1960, 932 (933). Ob sich die Aufklärungspflicht bei einem allgemeinem Steuermandat auch auf zivilrechtliche Fragen bezieht, hat der Bundesgerichtshof offen gelassen: BGH, NJW 1988, 563 (566).

404 BGH, NJW 1977, 2073 (2074); 1992, 1159 (1160).

405 Etwa, wenn der Mandant ein Wirtschaftsunternehmen oder eine öffentlich-rechtliche Körperschaft mit eigener Rechtsabteilung ist und in der Lage ist, den Fall selbst unter Kontrolle zu halten, vgl. BGH, NJW 1992, 820. Gleiches gilt, wenn der Ehepartner des Mandanten Volljurist ist und dieser mit der Rechtsangelegenheit im einzelnen befaßt ist, vgl. OLG München, VersR 1986, 172.

bei einer rechtskundigen Partei nicht so weit wie bei einem rechtsunkundigen Laien. Sie entfällt jedoch nicht völlig.[406]

e) Vergleichsverhandlungen

Eine besondere Ausprägung findet die anwaltliche Pflicht, den Mandanten in die Lage zu versetzen, eigenverantwortlich darüber zu entscheiden, wie er seine Interessen in rechtlicher und wirtschaftlicher Hinsicht zur Geltung bringen will, wenn er in Vergleichsverhandlungen eingeschaltet ist. Wegen der dabei möglichen Schwierigkeiten und Ungewißheiten billigt die höchstrichterliche Rechtsprechung dem Rechtsanwalt, der an Vergleichsverhandlungen mitwirkt, einen Spielraum zu. Innerhalb dieses Spielraums hat er eine gewissenhafte Interessenabwägung vorzunehmen. Der Rechtsanwalt darf aber dann einen Vergleich nicht ohne weiteres abschließen oder empfehlen, wenn dieser den Interessen seines Mandanten in keiner Weise gerecht wird und begründete Aussicht besteht, im Fall einer Prozeßentscheidung ein günstigeres Ergebnis zu erzielen. Hierzu ist auf die Situation abzustellen, die sich dem Rechtsanwalt zum Zeitpunkt des Vergleichsabschlusses bietet. Der Rechtsanwalt muß im einzelnen darlegen, welche Gesichtspunkte für und gegen den Abschluß des Vergleichs sprechen. Er muß auf alle Bedenken, Unsicherheitsfaktoren und die seinem Mandanten durch den vorhergesehenen Vergleich entstehenden Folgen hinweisen.[407]

4. Zusammenfassung

Zusammenfassend läßt sich festhalten, daß die Rechtsprechung hohe Anforderungen an eine pflichtgemäße Berufsausübung der Rechtsanwälte stellt. Allerdings zeigt die zitierte Entscheidung des IX. Zivilsenats vom 30.9.1993, daß die neuere Rechtsprechung durchaus nicht starr ist, sondern den Umständen des jeweiligen Einzelfalls Rechnung trägt und eine angepaßte Bewertung des Pflichtenmaßstabs ermöglicht. Es bleibt abzuwarten, inwieweit diese Prinzipien in der künftigen Praxis umgesetzt werden.

II. Standpunkte im Schrifttum

Ein Großteil der Vertreter des Schrifttums in Rechtslehre und Rechtspraxis kritisiert die höchstrichterliche Rechtsprechung zu den Pflichtenstandards im Bereich der Anwaltshaftung. Eine der Rechtsprechung gegenüberstehende einheitliche „herrschende Meinung“ in der Literatur hat sich bislang jedoch nicht herausgebildet. Die Autoren kritisieren lediglich einzelne Aspekte der Rechtsprechung in

---

406 BGH, NJW 1992, 820. Danach gehört etwa die Fristenkontrolle zum ureigenen Aufgabenbereich des Rechtsanwalts. Dieser hat stets dafür Sorge zu tragen, daß die Rechte des Mandanten gegen eine drohende Verjährung gesichert werden.

407 BGH, VersR 1961, 276 (278); 1968, 450 (451 f.); NJW 1993, 1325 (1328); VersR 1994, 1298 (1299); OLG Hamburg, VersR 1980, 1073 (1074); OLG Frankfurt, NJW 1988, 3269 (3270).

unterschiedlicher Gewichtung. Nach Durchsicht des Schrifttums lassen sich die Gegenargumente sowie die Lösungsvorschläge zu den Pflichten des Rechtsanwalts wie folgt zusammenfassen.

1. Pflichten im Bereich der Tatsachenfeststellung

Die von der Rechtsprechung dem Anwalt auferlegten Pflichten im Bereich der Tatsachenfeststellung haben die Vertreter der Rechtslehre und -praxis grundsätzlich befürwortet und übernommen.[408] Angesichts der Themenstellung ist es nicht erforderlich, hierauf weiter einzugehen.

2. Pflichten bei der Rechtsanwendung

Die Stellungnahmen im Schrifttum zu den von der Rechtsprechung aufgestellten Anforderungen an die vom Anwalt bei der Rechtsanwendung zu beachtenden Standards gehen auseinander.

a) Strenge Sorgfaltsanforderungen

Auffassungen im Schrifttum, welche die von der Rechtsprechung aufgestellten Sorgfaltsanforderungen im wesentlichen befürworten, bilden die Ausnahme.[409]

Im Gegensatz zur Vorauflage ihres Lehrbuchs unterstützen nunmehr auch *Borgmann/Haug* uneingeschränkt die Rechtsprechung des Bundesgerichtshofs zu den Sorgfaltsanforderungen, die Rechtsanwälte bei der Rechtsprüfung zu beachten haben.[410] Die Pflichten zur Rechtsprüfung seien hoch anzusetzen, da die Rechtsprüfung für den Rechtsanwalt aufgrund seiner Ausbildung und Stellung die berufsspezifische Aufgabe sei, wie sich aus §§ 1 und 3 BRAO ergebe.[411] Haftungsrechtlich komme es im Ergebnis allein auf den für die Aufgabenerledigung erforderlichen Wissensstand des Rechtsanwalts an. Unerheblich sei, ob der Wissensstand aufgrund der Begabung, Ausbildung, Erarbeitung oder des Erinnerungsvermögens ausreiche oder ob andere Berufskollegen ebenso unwissend seien. Fühle sich ein Rechtsanwalt auf einem bestimmten Rechtsgebiet überfordert und wolle er sich nicht grundsätzlich einarbeiten, sei von ihm zu erwarten, daß er das Mandat nicht annehme.[412] Bezüglich der vom Rechtsanwalt erwarteten Gesetzes- und Rechtsprechungskenntnisse stimmen *Borgmann/Haug* in vollem Umfang mit der aktuellen BGH-Rechtsprechung überein. Die grundsätzlich strengen Sorgfaltsstandards seien anhand der Besonderheiten des Einzelfalls zu relativieren.[413]

---

408 Vgl. etwa: *Borgmann*, in: FS-Ostler (1983), 1 (5ff); *Henssler*, JZ 1994, 178f.; *Poll*, S. 51f.; *Rinsche*, Rdn. I 83ff., S. 34ff.

409 *Odersky*, NJW 1989, 1 (3); *Poll*, S. 57 („Die Rechtsprechung verlangt vom Anwalt nichts, was er bei sorgfältiger Arbeit in seinem Gebiet nicht auch leisten könnte. Insoweit geht die häufig geäußerte Kritik an diesen Anforderungen fehl.“).

410 *Borgmann/Haug*, § 19, S. 98ff. Anders noch in der 2. Auflage (1986), S. 89ff.

411 *Borgmann/Haug*, § 19 Rdn. 31, S. 98.

412 *Borgmann/Haug*, § 19 Rdn. 33, S. 99.

413 *Borgmann/Haug*, § 19 Rdn. 34ff., S. 99ff.

Derselben Tendenz im Schrifttum sind die Ausführungen von *Prinz* zuzuordnen.[414] Angesichts der Überschrift seines Aufsatzes[415] ordnen ihn allerdings viele Autoren falsch ein.[416] *Prinz* spricht zwar davon, daß die Rechtsprechung vom Anwalt „allumfassende Kenntnisse und Hellsehergabe" verlange. Zudem sei die Anwaltshaftung einer – wenn auch eingeschränkten – Garantiehaftung für optimale Anwaltsdienstleistung angenähert.[417] Im Ergebnis rechtfertigt *Prinz* allerdings einen strengen Pflichtenmaßstab des Rechtsanwalts. Er begründet ausführlich, warum der Rechtsanwalt und nicht der Auftraggeber den entstandenen Schaden zu tragen habe und es bei der grundsätzlichen Haftung des Rechtsanwalts bleibe:[418]

- Der Anwalt könne einen Schaden am leichtesten vermeiden. Ein generalpräventiver Effekt der veröffentlichten BGH-Entscheidungen und der spezialpräventive Effekt der Schadensbeteiligung gäben hierzu Anreiz und hätten positiven Einfluß auf den allgemeinen Standard der anwaltlichen Berufsausübung.
- Der Anwalt könne den Schaden am leichtesten versichern, weil er die Risiken abschätzen könne und keine Einzelfallversicherung, sondern eine generelle Versicherung für seine gesamte Berufsausübung abschließe.
- Er biete sich als Berater an, lebe davon, sei dazu ausgebildet und müsse daher grundsätzlich auch die Konsequenzen eines falschen Rates tragen.
- Eine weitgehende Haftung sei auch als Ausgleich für das Rechtsberatungsmonopol der Anwaltschaft durchaus interessengemäß.
- In der Literatur werde die strenge Haftung des Rechtsanwalts nicht zuletzt „als notwendiges Regulativ für die Erfüllung der hohen Berufspflichten angesehen".

Den mit der grundsätzlichen Haftung des Anwalts verbundenen Problemen könne durch versicherungstechnische Maßnahmen abgeholfen werden, und zwar durch von den Versicherern gewährte Schadensfreiheitsrabatte sowie durch Haftungsbeschränkungen in den Mandatsbedingungen der Anwälte.[419]

---

414 *Prinz*, VersR 1986, 317ff.; Unklar sind die Ausführungen von *U. Hübner*, NJW 1989, 5 (8), der einerseits kritisiert, daß die Anforderungen der Rechtsprechung so hoch seien, daß sie der Realität häufig nicht entsprächen. Andererseits ist er aber der Ansicht, daß es im Prinzip im Interesse des Berufsstandes angezeigt erscheine, an den hohen Anforderungen der Rechtsprechung festzuhalten.

415 „Der juristische Supermann als Maßstab", übernommenes Zitat von *Rinsche* (unten, Fn. 427), *Prinz*, VersR 1986, 317 (318).

416 Etwa: *Gatto*, S. 162, FN. 565; *Hartstang*, S. 464; *Henssler*, JZ 1994, 178 (179); *Poll*, S. 50.

417 *Prinz*, VersR 1986, 317 (319), der als Korrektiv hierzu die Beweislastverteilung ansieht.

418 *Prinz*, VersR 1986, 317 (319f.).

419 *Prinz*, VersR 1986, 317 (319f.).

b) Korrektiv für strenge Sorgfaltsanforderungen über Verschulden

Ein Teil der Rechtslehre stimmt im wesentlichen dem strengen Sorgfaltsmaßstab zu, den die höchstrichterliche Rechtsprechung im Rahmen der objektiven Pflichtwidrigkeit aufstellt.[420] Die Pflichtwidrigkeit sei nur ausgeschlossen, wenn der Rechtsanwalt ein Höchstmaß an Sorgfalt beachtet habe.[421] Der strenge Sorgfaltsmaßstab sei allerdings über eine anwaltsfreundlichere Auslegung des Verschuldenserfordernisses im Einzelfall zu korrigieren.[422] Halte sich ein Rechtsanwalt bei der Gesetzesauslegung an die Vorgaben der höchstrichterlichen Rechtsprechung, könne ein Pflichtverstoß nicht bejaht werden. Der Rechtsanwalt könne nicht alle Eventualitäten und alle denkbaren, für den Mandanten ungünstigeren Rechtsmeinungen beachten. Solange keine Anhaltspunkte für einen Meinungswandel vorlägen, dürfe sich der Rechtsanwalt auf den Fortbestand der herrschenden Meinung verlassen.[423] Die Risikobereitschaft des Rechtsanwalts müsse gefördert werden. Ansonsten drohe eine Lähmung der Anwaltstätigkeit.[424]

c) Minderung der Sorgfaltsanforderungen

Eine andere Tendenz in der Rechtslehre setzt bereits auf der Ebene der objektiven Pflichtwidrigkeit an und schlägt vor, den Pflichtenstandard bei der Rechtsanwendung im Verhältnis zu den Anforderungen der höchstrichterlichen Rechtsprechung generell zu senken. Entscheidend sei, was dem Rechtsanwalt im jeweiligen Einzelfall möglich und zumutbar sei.[425]

So führt *Rinsche* aus, die Rechtsprechung verlange vom Anwalt einen größeren Wissensstand und einen höheren Sorgfaltsmaßstab, als bei realistischer Beurteilung überhaupt möglich sei. Dieser erscheine sogar manchmal illusorisch.[426] In diesem Zusammenhang ist von den Anforderungen an einen „juristischen Supermann" die Rede, die kein Rechtsanwalt erfüllen könne.[427] Es gehe nicht an, vom

---

420 *Vollkommer*, Rdn. 147ff., S. 78ff., allerdings mit Einschränkungen.

421 *Vollkommer* betont aber die Notwendigkeit, zwischen präsentem Wissen und Rechtskenntnissen, die sich der Rechtsanwalt aneignen muß, zu differenzieren, Rdn. 120, S. 62f. und Rdn. 150f., S. 79f.

422 So etwa: *Henssler*, JZ 1994, 178 (182) im Anschluß an *Vollkommer*, Rdn. 269ff., 284ff. *Vollkommer* legt zudem Wert darauf, daß die „abstrakten" Pflichten eines Anwalts im jeweiligen Einzelfall „konkretisiert" werden müssen, Rdn. 95, S. 50f. Er differenziert zudem zwischen berufs-, bereichs- und situationsspezifischer Sorgfalt, Rdn. 284ff., S. 161ff.

423 *Henssler*, JZ 1994, 178 (182).

424 *Vollkommer*, Rdn. 183, S. 101f.

425 *Gatto*, S. 158ff. und 197ff. (rechtsvergleichend zum U.S.-amerikanischen Recht); *Hartstang*, S. 463, 539ff. und *ders.*, BRAK-Mitt. 1992, 73ff.; sowie insbesondere: *Rinsche*, Rdn. I 99ff., S. 40ff.

426 *Rinsche*, Rdn. I 73, S. 29 und Rdn. I 97, S. 39f. Ähnlich *Gatto*, S. 158ff., der die Anforderungen der Rechtsprechung als „überspannt und oftmals irreal" bezeichnet.

427 *Rinsche*, Rdn. I 72, S. 28f. („Der pflichtgemäß arbeitende Rechtsanwalt im Sinne der Rechtsprechung muß – überspitzt formuliert – danach ein juristischer Supermann

Rechtsanwalt eine menschenunmögliche Leistung zu verlangen. Die Rechtsprechung setze einen irreal hohen Wissensstand und einen praktisch nicht einzuhaltenden Sorgfaltsmaßstab voraus. Der Maßstab der Anforderungen müsse sich vielmehr danach ausrichten, was ein versierter und intelligenter Jurist bei größtmöglicher Aufmerksamkeit tatsächlich zu leisten imstande sei, und zwar bei realistischer Beurteilung.[428]

Vom Rechtsanwalt könne verlangt werden, daß er sich bei der Bearbeitung eines Falles die entsprechenden Gesetzeskenntnisse verschaffe. Wer ein Mandat auf einem bestimmten, wenn auch unbekannten Rechtsgebiet übernehme, müsse sich die dazu erforderlichen Kenntnisse gegebenenfalls erst aneignen. Dies gelte allerdings nur für Gesetze, die für die Entscheidung des anstehenden Falles erkennbar von Bedeutung sein könnten, nicht jedoch für nur am Rande auftretende Rechtsfragen, die irgendwie für den Mandanten relevant sein könnten. Der Rechtsanwalt müsse nicht die gesamte Gesetzesmaterie auswendig wissen.[429] *Rinsche* ist des weiteren der Ansicht, die Kenntnis höchstrichterlicher Rechtsprechung könne nur verlangt werden, wenn die Entscheidungen veröffentlicht seien.[430] Für den Rechtsanwalt sei es unmöglich, sämtliche höchstrichterliche Entscheidungen zu „speichern", die in den Entscheidungssammlungen bzw. den allgemeinen juristischen Zeitschriften veröffentlicht worden seien. Vom Anwalt könne nur erwartet werden, daß er sich in die Rechtsmaterie einarbeite, die im unmittelbaren Zusammenhang mit dem zu bearbeitenden Fall stehe.[431]

Wichtig sei es, zu differenzieren zwischen präsentem Wissen des Rechtsanwalts einerseits und erreichbarem Wissen andererseits, welches sich der Rechtsanwalt verschaffen könne, indem er sich in die jeweilige Rechtsmaterie einarbeite. Auch sei die für die Durchführung des Auftrags zur Verfügung stehende Zeit zu berücksichtigen.[432]

Hartstang kritisiert ebenfalls besonders nachdrücklich die Rechtsprechung zur Anwaltshaftung. Er spricht von unerfüllbaren Verallgemeinerungen, die mit einer permanent vorhandenen Regreßgefahr für den Rechtsanwalt einhergingen.[433] Der Bundesgerichtshof lege für die von den Rechtsanwälten verlangten Gesetzes- und Rechtsprechungskenntnisse „die Meßlatte zu hoch" an.[434] Das Gericht verlange bei der üblichen richterlichen Ex-post-Betrachtung vom Rechts-

---

sein, der über ein computerhaftes Gedächtnis, ein hervorragendes Judiz sowie über höchste Intelligenz und Energie verfügt."); uneingeschränkt zustimmend: *Hartstang*, S. 539.

428 *Rinsche*, Rdn. I 73, S. 29.

429 *Rinsche*, Rdn. I 99ff., S. 40ff.

430 *Rinsche*, Rdn. I 111, S. 46.

431 *Rinsche*, Rdn. I 114, S. 47f.

432 *Rinsche*, Rdn. I 99, S. 41 und Rdn. I 121, S. 52; auch: *Poll*, S. 54f. m.w.N.; *Vollkommer*, Rdn. 120, S. 62 und Rdn. 168, S. 89 (Dringlichkeit des Auftrags).

433 *Hartstang*, BRAK-Mitt. 1992, 73 (74).

434 *Hartstang*, BRAK-Mitt. 1992, 73 (75).

anwalt in dem Zeitpunkt, in dem dieser seine Beratungsentscheidung treffe, geradezu hellseherische Fähigkeiten.[435]

d) Besonderheiten bei Auftreten unter Spezialisierung

Die Vertreter der Rechtslehre befürworten einen verschärften Pflichtenstandard für diejenigen Anwälte, welche im Rechtsverkehr unter Angabe einer besonderen Spezialisierung auftreten.[436] Dies gilt vor allem für Fachanwälte sowie Rechtsanwälte, die mit einer Schwerpunktangabe werben.[437] Dies dürfte allerdings auf Mandate begrenzt sein, die in Bezug zu der jeweiligen Spezialisierung stehen. Gerichtliche Entscheidungen zu dieser Frage liegen nicht vor.[438]

3. Beratungs- und Aufklärungspflichten

Auch die Vertreter des Schrifttums unterscheiden in der Sache zwischen Pflichten bei der Rechtsanwendung und Pflichten im Zusammenhang mit der Beratung und Aufklärung des Mandanten. Allerdings ist die Terminologie nicht einheitlich. Die von der Rechtsprechung vertretene These, der Anwalt sei verpflichtet, den Mandanten allgemein, umfassend und möglichst erschöpfend zu beraten und aufzuklären, lehnt die Mehrheit der Autoren im Schrifttum als zu weitgehend ab.[439] So ist *Rinsche* der Ansicht, außerhalb des Mandats könnten vom Rechtsanwalt nur Belehrungen verlangt werden, die einem versierten Juristen üblicherweise möglich seien, und zwar auch nur dann, wenn ein besonderer Anlaß dazu bestehe. Ein Rechtsanwalt könne nicht, ohne einen Fall gezielt zu bearbeiten, „nebenbei" alle nur denkbaren Hinweise zu jeder rechtlichen Problematik geben.[440] Auch *Vollkommer* betont, daß für den Umfang der Beratungspflicht stets das konkrete Mandat maßgeblich sei.[441]

Borgmann/Haug betonen demgegenüber nunmehr, daß die Gerichte „zu Recht" hohe Anforderungen an die dem Rechtsanwalt obliegende Beratungspflicht stell-

---

435 *Hartstang*, BRAK-Mitt. 1992, 73 (75).

436 Etwa *F. O. Fischer*, AnwBl 1993, 597 (598 f.), Rechtsanwalt mit allgemeiner Prozeß- und Beratungspraxis einerseits und Fachanwalt oder Rechtsanwalt, der mit bestimmten Tätigkeitsschwerpunkten in Erscheinung tritt, andererseits; *Gatto*, S. 179 ff.; *Hartstang*, S. 549; *Henssler*, JZ 1994, 178 (183); *Raiser*, NJW 1991, 2049 (2053 f.) und auch *Vollkommer*, Rdn. 287 f., S. 163 f. (Abgrenzung bei Verschulden). A. A.: *Borgmann/Haug*, § 19 Rdn. 33, S. 99.

437 Zur Werbung mit Tätigkeitsschwerpunkten: oben, § 1 II 1.

438 In diese Richtung deutet allerdings BGH, NJW 1988, 563 (565), Pflichtenstandard bei Steuerberatung durch Rechtsanwalt, der als Fachanwalt für Steuerrecht dem Mandanten gegenüber auftrat.

439 Es wird nachdrücklich darauf hingewiesen, daß der Ausgang eines Prozesses nur ungenau vorhergesagt werden könne, da „auch Richter Menschen sind und sich irren können", so *Rinsche*, Rdn. I 122, S. 53; ebenso *Vollkommer*, Rdn. 164, S. 86 (fehlende Prognostizierbarkeit des Rechts).

440 *Rinsche*, Rdn. I 77 ff., S. 31 ff.

441 *Vollkommer*, Rdn. 157, S. 83 sowie Rdn. 158 ff., S. 83 ff.

ten. Der weitgefaßte, unbestimmte allgemeine Grundsatz, den die Rechtsprechung aufstelle, sei nur ein Grundsatz. Es sei stets minutiös der Sachverhalt und die Situation festzustellen, in welcher der Rechtsanwalt zur maßgebenden Zeit gestanden habe.[442]

4. Zusammenfassung

Die vorgenannten Ausführungen lassen erkennen, daß es zu der Vielzahl der von der Rechtsprechung herausgearbeiteten Probleme fundierte Stellungnahmen gibt. Es fehlen im rechtswissenschaftlichen Schrifttum aber bislang Ansätze, die einzelnen Anknüpfungspunkte zu systematisieren und zu einer in sich geschlossenen Lösung zu vereinen. Dies soll im folgenden versucht werden.

III. Stellungnahme und Differenzierung der allgemeinen Sorgfaltsstandards

Um zu ermitteln, welchen Pflichtenstandard ein Rechtsanwalt bei der Rechtsanwendung zu beachten hat, soll zunächst auf die zuvor beschriebenen Ansichten in der Rechtsprechung und im Schrifttum eingegangen werden (im folgenden unter 1). Sodann sollen die dogmatischen Grundlagen des Problems umschrieben werden (im folgenden unter 2). Auf dieser Grundlage ist sodann eine eigene Lösung zu entwickeln. Die allgemeinen Sorgfaltsstandards sind sachgerecht zu differenzieren (im folgenden unter 3).

1. Stellungnahme zum Streitstand in Rechtsprechung und Schrifttum

Viele Vertreter des rechtswissenschaftlichen Schrifttums kritisieren die höchstrichterliche Rechtsprechung zu den Pflichten des Rechtsanwalts bei der Rechtsanwendung nachdrücklich. Dasselbe gilt hinsichtlich der Beratungs- und Aufklärungspflichten, die ein Rechtsanwalt zu beachten hat.[443] Dabei kann nicht übersehen werden, daß die einzelnen Ansätze im wesentlichen auf ähnlichen Prämissen und Wertungskriterien beruhen. Allgemein anerkannte Grundsätze sind,

- daß die objektive Pflichtwidrigkeit stets im Rahmen einer Gesamtwürdigung aller Umstände des Einzelfalls festzustellen ist,
- daß dabei der Pflichtenumfang insbesondere von der Ausgestaltung des jeweiligen Mandatsverhältnisses abhängt,

---

442 *Borgmann/Haug*, § 20, S. 114ff., insb. Rdn. 66f.; anders noch in der Vorauflage 1986, S. 102 („Unmöglichkeit des Verlangens" einer umfassenden und erschöpfenden Beratung des Auftraggebers durch den Anwalt).

443 Unbestritten ist die Forderung der Rechtsprechung, daß der Anwalt die der Rechtsprüfung zugrunde gelegten Tatsachen sorgfältig und umfassend ermittelt. Generell gilt, daß Fehler, die einem Juristen bei der Ermittlung des relevanten Sachverhalts unterlaufen, in aller Regel irreparable Fehler bei der Rechtsanwendung nach sich ziehen. Hierauf kann nicht eindringlich genug hingewiesen werden.

- daß der Rechtsanwalt sich bei der Rechtsanwendung gegebenenfalls die notwendigen Kenntnisse verschaffen muß und
- daß die Haftung ihre Grenzen in der Zumutbarkeit, einschließlich des notwendigen Aufwandes für die anwaltliche Tätigkeit findet.

In der neueren Rechtsprechung des IX. Zivilsenats des Bundesgerichtshofs läßt sich angesichts der Entscheidung vom 30. 9. 1993[444] eine flexible Handhabung der vom Anwalt verlangten Rechtskenntnisse erkennen, die den Umständen des Einzelfalls umfassend Rechnung trägt.[445] Die Richtlinien der höchstrichterlichen Rechtsprechung können daher als Grundlage dienen, um im folgenden die Sorgfaltsstandards bei der anwaltlichen Berufsausübung zu differenzieren.

Allenfalls in Einzelfällen sind Unterschiede erkennbar, die zum Teil auch auf Mißverständnissen beruhen. So ist etwa im rechtswissenschaftlichen Schrifttum die Ansicht verbreitet,[446] nach den von der Rechtsprechung aufgestellten Maßstäben müsse ein Anwalt ein „juristischer Supermann" sein, um den Anforderungen einer ordnungsgemäßen Rechtsanwendung gerecht zu werden. Diese Aussage beruht auf einer ungenauen Interpretation der Rechtsprechung. Der Bundesgerichtshof verlangt vom Rechtsanwalt nicht, daß dieser über ein umfassendes präsentes Wissen verfügt. Vielmehr erwartet die Rechtsprechung von den Rechtsanwälten, daß sie in der Lage sind, sich auch in juristisch schwierige Sachverhalte einzuarbeiten, die Rechtsgrundlagen zu erschließen, die Gesetzesauslegung durch die Rechtsprechung zu ermitteln und so zu einem methodisch korrekt ermittelten Ergebnis zu gelangen.[447] Dies ist eine Frage sorgfältigen Arbeitens und entspricht auch den von den genannten Autoren umschriebenen Sorgfaltsanforderungen.

2. Interessen der Betroffenen und Funktionen der Haftung

Um einen allgemeinen Sorgfaltsstandard zu ermitteln, sind die Interessen der Betroffenen, nämlich des Rechtsanwalts und des Auftraggebers, der Rechtsberatung sucht, zu beschreiben. Des weiteren sind die Zwecke des Haftungsrechts zu berücksichtigen. In die Bewertung fließen zudem die Grundregeln ein, die den Rahmen für jede Rechtsanwendung bilden, nämlich Gerechtigkeit, Rechtssicherheit und Zweckmäßigkeit.[448]

Die Sachverhalte, die den Rechtsfragen im Zusammenhang mit der Anwaltshaftung zugrunde liegen, sind geprägt von dem Interessengegensatz zwischen Rechtsanwalt und Mandant. Der Mandant verfügt im Regelfall nicht über Rechtskenntnisse und ist in einer arbeitsteiligen Gesellschaft auf die Rechtskenntnisse des hierzu ausgebildeten Spezialisten angewiesen. Gemäß § 3 Abs. 1

444 Oben, Fn. 390.
445 BGH, NJW 1993, 3323 (3324 f.).
446 Oben, II 2c), m. w. N.
447 Oben, I 2, m. w. N.
448 Hierzu: oben, § 3 I.

BRAO ist der Rechtsanwalt der „berufene" unabhängige Berater und Vertreter in allen „Rechts"angelegenheiten. Die Rechtsanwendung im Interesse seines Auftraggebers ist die berufsmäßige Aufgabe des Rechtsanwalts. Die besondere Sachkunde des Rechtsanwalts bildet die sachliche Rechtfertigung dafür, daß er nur gegen Honorar tätig wird. Mangels eigener Sachkunde kann der Mandant in aller Regel nur begrenzt überprüfen, ob der Rechtsanwalt seinen Auftrag ordnungsgemäß erledigt. Ein Rechtsanwalt nimmt ein berufstypisches Vertrauen in Anspruch. Aus dem mit dem Rechtsanwalt geschlossenen Vertrag ergeben sich besondere Vertrauenstatbestände.

Auf der anderen Seite ist auch eine nicht übersehbare Arbeitsbelastung der meisten Rechtsanwälte zu berücksichtigen. Der Rechtsanwalt ist gezwungen, wirtschaftlich zu arbeiten, um seine Büro- und Personalkosten zu decken und für einen angemessenen eigenen Lebensunterhalt zu sorgen. Schließlich ist die Anwaltstätigkeit „gefahrgeneigt". Auch ein erfahrener Rechtsanwalt kann ein Problem übersehen.

Des weiteren muß eine Bewertung der Sorgfaltsstandards bei der anwaltlichen Berufsausübung die mit dem Haftungsrecht verfolgten Zwecke (Kompensation, Prävention, Wettbewerb)[449] beachten.

Wenn der Rechtsanwalt für einen Fehler bei der Rechtsanwendung einzustehen hat, so muß dies grundsätzlich zur Folge haben, daß er einen beim Mandanten verursachten Schaden ersetzt (Ausgleichsfunktion der Haftung). Die Verpflichtung des Rechtsanwalts, sich gegen die aus seiner Berufstätigkeit ergebenden Risiken zu versichern,[450] gewährleistet, daß er hierzu auch faktisch in der Lage ist. So hat der Gesetzgeber bei der Novellierung der Bundesrechtsanwaltsordnung 1994 argumentiert, daß der Ausgleich wirtschaftlicher Schäden, die ein Mandant durch fehlerhafte Berufshandlungen des Rechtsanwalts erleidet, durch eine leistungsfähige Haftpflichtversicherung zuverlässiger gewährleistet sei als durch eine unbeschränkte persönliche Haftung des Rechtsanwalts.[451]

Hohe Sorgfaltsstandards bei der Rechtsanwendung halten den Anwalt an, sorgfältig zu arbeiten und Schäden beim Mandanten zu verhindern (Präventivfunktion des Schadensersatzes). Auch dadurch, daß eine Berufshaftpflichtversicherung besteht, kann ein solcher Anreiz beibehalten werden. Hierzu eignen sich etwa eine Selbstbeteiligung des Rechtsanwalts, wenn der Versicherungsfall eintritt, sowie eine Prämiengestaltung, die einer sorgfältigen Berufsausübung Rechnung trägt.[452] Allerdings hat ein übertrieben hoher Sorgfaltsmaßstab auch negative Auswirkungen. Ein solcher zwingt den Rechtsanwalt, Vorsichtsmaßnahmen zu ergreifen. Dadurch muß der Rechtsanwalt mehr Zeit aufwenden, um die

449 Oben, § 2 III.

450 § 51 BRAO; unten, § 11.

451 BT-Dr. 12/4993 vom 19.5.1993, S. 32.

452 Zur Haftpflichtversicherung allgemein: oben, § 2 IV sowie speziell für Rechtsanwälte: unten, § 11 I.

übernommenen Mandate zu bearbeiten. Dies wirkt sich auf die Wirtschaftlichkeit der Rechtsberatung aus. In der Praxis hätte dies wiederum zur Folge, daß in einer Vielzahl von Fällen mit einem geringen Streitwert eine anwaltliche Beratung nicht mehr wirtschaftlich wäre und Rechtsanwälte ein Mandat zum Nachteil des Rechtsschutz suchenden Mandanten ablehnen müßten. Daraus folgt einerseits, daß die Präventivfunktion der Anwaltshaftung grundsätzlich einen strengen Haftungsmaßstab gebietet. Andererseits ist es aber unter Berücksichtigung des Präventionsgedankens notwendig, daß die Sorgfaltsanforderungen nicht übertrieben werden. So kann verhindert werden, daß der Rechtsanwalt bei seinem Tätigwerden nicht stets an ein mögliches Haftungsrisiko denken muß und daher allzu vorsichtig agiert.

Der Rechtsanwalt hat es im Verhältnis zum Auftraggeber allein in der Hand, den Aufwand seines Tätigwerdens und damit auch die Sorgfalt bei der Rechtsanwendung zu steuern. Er erhält vom Mandanten für die Rechtsprüfung ein Honorar und muß bzw. kann sich gegen die Risiken aus der Berufsausübung allgemein sowie zusätzlich im Einzelfall versichern. Er ist daher der „cheapest cost avoider" im Sinne der an anderer Stelle entwickelten ökonomischen Analyse des (Haftungs-)Rechts.[453]

Aus der Wettbewerbsfunktion des Haftungsrechts folgt zudem die Aufgabe der Haftungsstandards, die nicht geeigneten Angehörigen einer Berufsgruppe auszulesen. Die anwaltliche Praxis wird den in sie gesetzten Anforderungen in einer arbeitsteiligen Gesellschaftsordnung, den Bürger in allen Rechtsangelegenheiten zu beraten (vgl. § 3 Abs. 1 BRAO), nicht immer gerecht. Gerade im prozessualen Bereich kommt es vor, daß einzelne Rechtsanwälte bei der Anfertigung von Schriftsätzen allzusehr darauf vertrauen, das entscheidende Gericht werde die Sache schon „richten". Fehler und Nachlässigkeiten im Sach- und Rechtsvortrag lassen sich aber nicht nur mit dem Zeitdruck, unter dem Anwälte gewöhnlich stehen, erklären. Zum Schutz der Mandanten, welche in den meisten Fällen die Arbeit ihres Rechtsanwalts gar nicht überprüfen können, zur Sicherung einer geordneten Rechtspflege, aber auch im Interesse der sorgfältig arbeitenden Anwaltskollegen kommt dem Anwaltshaftungsrecht eine Selektionsfunktion zu. Hohe Sorgfaltsanforderungen begünstigen den präzise arbeitenden, gut ausgebildeten und sich gewissenhaft fortbildenden Rechtsanwalt. Sie gehen zu Lasten der „schwarzen Schafe" des Berufsstandes und der „Blender", die umfassende Rechtskenntnisse vortäuschen und so den Mandanten nachhaltig gefährden.

3. Differenzierung der Sorgfaltsstandards

Auf den vorgenannten Überlegungen aufbauend, soll im folgenden ein abgestufter Prüfungsmaßstab entwickelt werden, der es ermöglicht, die Sorgfaltsanforderungen des Anwalts bei der Rechtsanwendung zu systematisieren. Im Rahmen einer Vorüberlegung soll zunächst ein allgemeiner Sorgfaltsmaßstab aufgezeigt

453 Oben, § 2 III 3.

werden. Dieser soll anschließend präzisiert werden. Dazu sind Kriterien zu erarbeiten, die eine Differenzierung nach den besonderen Eigenarten des jeweiligen Falls erlauben. Es ist einerseits zu unterscheiden zwischen der Rechtsanwendung sowie den Aufklärungs- und Beratungspflichten, welche der Rechtsanwalt gegenüber seinem Mandanten zu beachten hat. Andererseits ist zu beachten, daß diese Pflichten in einem engen, oft untrennbaren Zusammenhang stehen. Wenn der Rechtsanwalt seinen Mandanten berät und aufklärt, geht es darum, daß jener die Erkenntnisse umsetzt, die er bei der Rechtsanwendung gewonnen hat und mit seinem Mandanten das künftige Verhalten abspricht. Nur der umfassend aufgeklärte Mandant ist in der Lage, eigenverantwortlich der ihn treffenden Entscheidungslast nachzukommen. Es kann im Einzelfall nicht sachgerecht sein, zwischen diesen beiden Pflichten zu trennen. Wenn es darum geht, den konkreten Pflichtenstandard bei der anwaltlichen Tätigkeit zu ermitteln, dürfen die Zusammenhänge zwischen beiden Aspekten nicht unterschlagen werden. Bei alledem ist der zunehmenden Spezialisierung[454] der Rechtsanwälte Rechnung zu tragen. Es müssen folgende Fragen beantwortet werden:

(1) Welche Pflichten treffen den Rechtsanwalt grundsätzlich bei der Rechtsanwendung?
    (a) Was ist unter Recht zu verstehen, und
    (b) wie ist es anzuwenden?
    (c) Inwieweit hat die Rechtsanwendung die Interessen des Mandanten zu berücksichtigen?

(2) Was folgt daraus für die Rechtsanwendung im Einzelfall?
    (a) Welche Vorgaben ergeben sich aus dem konkreten Mandat?
    (b) Ist eine nach außen hervorgehobene Spezialisierung des Rechtsanwalts von Relevanz?
    (c) Welche Bedeutung kommt dem Zeitfaktor zu?
    (d) Inwieweit sind rechtliche Vorkenntnisse des Mandanten zu berücksichtigen?

a) Grundsatz: Pflicht, Recht richtig und im Interesse des Mandanten anzuwenden

Ausgangspunkt bei der Ermittlung der vom Rechtsanwalt zu beachtenden Sorgfaltsstandards ist die Pflicht, Recht richtig anzuwenden. Was darunter zu verstehen ist, soll im folgenden näher erläutert werden.

aa) Recht

Nach deutschem Verständnis sind „Recht" alle Rechtsnormen, also Gesetze und Gewohnheitsrecht.[455] Hierzu gehören somit nicht die Entscheidungen der Gerichte. Entsprechendes gilt für die Rechtslehre. Ein Rechtsanwalt ist seinem Man-

454 Hierzu: oben, § 1 II 1.

455 Zum Rechtsbegriff ausführlich: oben, § 3 sowie insbesondere § 3 II 1a).

danten nicht zum Schadensersatz verpflichtet, wenn er eine im juristischen Schrifttum vertretene Ansicht nicht berücksichtigt hat. Rechtsprechung und Rechtslehre kommt eine große Bedeutung zu, wenn es darum geht, Rechtsnormen anzuwenden, also die einschlägigen Rechtsnormen aufzufinden und im Einzelfall auszulegen.[456] Ob der Rechtsanwalt diese Hilfsmittel heranzieht, beeinflußt den an die Berufsausübung zu stellenden Sorgfaltsmaßstab.

bb) Richtige Anwendung des Rechts

Die Frage, ob ein Anwalt Recht richtig oder falsch angewandt hat, kann nur selten zweifelsfrei beantwortet werden. So kann in aller Regel zwar eindeutig festgestellt werden, ob eine prozessuale oder materiell-rechtliche Frist infolge eines Fehlers des Anwalts verstrichen ist, ob eine deskriptive Gesetzesvoraussetzung vorliegt oder ob der Anwalt bei der Fallbearbeitung von falschen Rechtsgrundlagen ausgegangen ist. Dies ist etwa zu bejahen, wenn ein Rechtsanwalt zwischenzeitlich außer Kraft getretene „alte“ Gesetze anwendet, wenn er übersehen hat, daß auf einen grenzüberschreitenden Kaufvertrag nicht die Vorschriften des BGB, sondern diejenigen des UN-Kaufrechts heranzuziehen sind oder wenn der Anwalt bei einem Fall mit Auslandsbezug von der falschen nationalen Rechtsordnung ausgeht.

Daneben existiert eine Vielzahl normativer Gesetzesbestimmungen.[457] Diese lassen Raum für Wertungen des Rechtsanwenders oder eröffnen unterschiedliche Auslegungsmöglichkeiten. Dann kann grundsätzlich vom Anwalt nur verlangt werden, daß er die einschlägigen Rechtsvorschriften auffindet und das Gesetz in einer vertretbaren Weise anwendet. Nur eine offensichtlich unzutreffende, abwegige Rechtsanwendung kann als „falsch“ gewertet werden. Gleiches gilt für unterschiedliche Gestaltungs- oder Handlungsmöglichkeiten, wenn der Anwalt für den Mandanten rechtsgestaltend oder rechtsberatend tätig wird.[458]

Bestandteil der richtigen Rechtsanwendung ist die Forderung, daß der Anwalt die gültigen Rechtsnormen umfassend und sorgfältig ermittelt sowie die hierzu ergangene höchstrichterliche Rechtsprechung berücksichtigt. Aufgrund seiner Ausbildung ist der deutsche Rechtsanwalt in der Lage, nach methodischen Grundregeln für jeden Fall, unter Zugrundelegung der vorgegebenen Tatsachen, die einschlägigen Rechtsnormen aufzufinden und anzuwenden.[459] Niemand verlangt von einem Rechtsanwalt, daß er alle geltenden abstrakten Rechtsnormen und die hierzu ergangene höchstrichterliche Rechtsprechung auswendig kennt. Er muß lediglich im konkreten Einzelfall bei der vorzunehmenden Rechtsprüfung die einschlägigen Gesetzesvorschriften auffinden und diese methodisch korrekt anwenden. Es geht nicht darum, jede Gesetzesänderung im Bundesge-

---

456 Hierzu allgemein: oben, § 3 II 1a) cc) – ee) sowie unten, b) aa).

457 So etwa auch die vorliegend erörterten Pflichtenstandards im Bereich der Anwaltshaftung.

458 Ausführlich hierzu: unten, § 7 IV 1 und 2.

459 Zur Juristenausbildung: oben, § 1 III.

setzblatt zu verfolgen oder alle in einer allgemeinen juristischen Zeitschrift wie etwa der NJW veröffentlichten Urteile einschließlich der Entscheidungsgründe zu kennen. Es genügt juristisches Problembewußtsein und Vorstellungsvermögen sowie die Fähigkeit, sich anhand der Hilfsmittel, welche die Rechtspraxis zur Verfügung stellt (Hand- und Lehrbücher, Kommentare oder elektronische Datenbanken) Kenntnis der gesetzlichen Grundlagen und der Gesetzesauslegung durch die höchstrichterliche Rechtsprechung zu verschaffen. Die so gefundenen Gesetze und Urteile sind genau zu studieren und auszuwerten. Es ist daher folgende Vorgehensweise vom Anwalt bei der Rechtsanwendung zu verlangen und auch angesichts der nicht zu leugnenden Belastung zumutbar:

- Erkennen und Eingrenzen des Problems,
- Erfassen aller Rechtsgrundlagen und der relevanten Rechtsprechung,
- Auswertung und Umsetzung im konkreten Fall.

Letztlich ist die sorgfältige Bearbeitung eines Falles eine Frage des angemessenen Zeit- und Mitteleinsatzes. Es besteht ein Zusammenhang zwischen der Qualität der anwaltlichen Leistung und dem Zeit-, Sach- und Personalaufwand, den der Rechtsanwalt erbringt.[460] Daneben existiert auch ein unmittelbarer Zusammenhang zwischen Zeit- und Sachaufwand, Honorar und Haftungsrisiko. Das Honorar[461] steht in der Regel in direkter Abhängigkeit zum Streitwert des bearbeiteten Falls[462] bzw. zum jeweiligen Arbeitsaufwand[463]. Unter haftungsrechtlichem Blickwinkel ist es für einen Rechtsanwalt grundsätzlich zumutbar, in Sachen mit hohen Honoraraussichten sorgfältiger zu arbeiten als bei Sachen mit geringeren Honoraraussichten. Oberflächliches Arbeiten bedeutet dann zwar dem Grunde nach ein gesteigertes Haftungsrisiko, nicht aber der Höhe nach. Umgekehrt ist es dann bei größerem Sorgfaltsaufwand: Das Haftungsrisiko ist dem Grunde nach geringer, der Höhe nach aber erheblicher.

Bei der Überlegung, daß der Rechtsanwalt danach verpflichtet ist, Recht richtig anzuwenden, kann konsequenterweise nicht differenziert werden zwischen allgemeinen und besonderen Rechtsfragen. Wenn der Rechtsanwalt die Haftung scheut und aus zeitlichen oder wirtschaftlichen Gründen nicht sorgfältig arbeiten

---

460 Der Anwalt hat danach die Wahl zwischen der Möglichkeit, bei vorgegebenem Aufwand ein Maximum an Qualität (Ertrag) zu erzielen oder bei einer vorgegebenen Qualität ein Minimum an Aufwand einzusetzen (sog. ökonomisches Prinzip). Daneben ist die abstrakte Leistungsfähigkeit des Anwalts (Intelligenz und angeeignetes Wissen) als individuelle Konstante zu berücksichtigen.

461 Zu den unterschiedlichen Arten des Anwaltshonorars (Streitwertabhängigkeit; Gesamtbewertung nach anwaltlichem Ermessen; Pauschale; Zeithonorar; Erfolgshonorar): *Pera*, Anwaltshonorare in Deutschand und den U.S.A. (1995), §§ 2 und 7; *M. J. Schmidt*, Die internationale Durchsetzung von Rechtsanwaltshonoraren (1991), S. 27f. sowie allgemein *v. Eicken/Madert*, NJW 1994, 169ff. Zur Situation in den U.S.A.: *Weinschenk*, RIW 1990, 435ff.

462 Davon gehen die Regeln der BRAGO aus, insbesondere §§ 7 und 8.

463 Abrechnung auf der Basis eines Pauschal- oder Stundenhonorars. Zur Honorarvereinbarung mit dem Mandanten: *Hartstang*, S. 495ff.; *Hansens*, BRAGO, § 3 Rdn. 1ff.

kann, hat er in jedem Fall die Möglichkeit, (intern oder extern) mit einem Spezialisten zusammenzuarbeiten[464] sowie als ultima ratio ein Mandat nicht anzunehmen oder niederzulegen.

cc) Rechtsanwendung im Interesse des Mandanten

Der Rechtsanwalt ist – im Gegensatz zum Richter – nicht verpflichtet, Recht objektiv anzuwenden, sondern hat sich an den Interessen seines Mandanten zu orientieren. Das ändert nichts daran, daß ein Rechtsanwalt Recht richtig, das heißt vertretbar, anwenden muß. Vorbehaltlich einer anderen Absprache folgt daraus aber im Regelfall, daß der Anwalt Recht nicht nur vertretbar, sondern auch (kumulativ) im Interesse seines Mandanten anzuwenden hat. Dabei ist auf das objektiv bewertete Interesse des Mandanten abzustellen. Dieses Ergebnis folgt aus dem Umstand, daß der Rechtsanwalt verpflichtet ist, den für den Auftraggeber sichersten Weg einzuschlagen.[465]

Weitere Aspekte, die im bisherigen Schrifttum zur Anwaltshaftung noch nicht in Betracht gezogen worden sind, sollten auch für die Rechtsprechung unter Zumutbarkeitskriterien im Einzelfall nutzbar gemacht werden. Dem Rechtsanwalt ist ein Spielraum zuzugestehen, und zwar in dem Sinne, daß er in der Lage sein muß, in eigener Verantwortung zu entscheiden, was nach seinem pflichtgemäßen Dafürhalten für den Mandanten die günstigste Lösung ist. Dabei kann der Rechtsanwalt der Ansicht sein, daß im Einzelfall nichtrechtliche Gesichtspunkte bei einer Problemlösung die rechtlich optimale Lösung verdrängen können. Zum Beispiel sei verwiesen auf die soziale Verträglichkeit und die allgemeine Akzeptanz, wenn die Beteiligten im Vergleichswege ein Übereinkommen aushandeln oder die Rechtsanwälte sich im Interesse aller Beteiligten für eine Lösung nach Billigkeitsgesichtspunkten entscheiden. Zudem können persönliche Kriterien eine wichtige Rolle spielen. Beispiele hierzu sind insbesondere im Familien-, Erb-, Arbeits- oder Mietrecht denkbar. Auch kann eine optimale rechtliche Lösung in keinem Verhältnis zum Aufwand oder auch zum Risiko eines langfristigen Rechtsstreits stehen. Für den Mandanten kann es zu berücksichtigen sein, daß er auch in Zukunft noch mit der Gegenseite auskommen muß. Weitere Kriterien können das Bedürfnis des Mandanten sein, Diskretion oder das Gesicht zu wahren.

dd) Zwischenergebnis

Zusammenfassend ist festzuhalten, daß ein Rechtsanwalt den allgemeinen Sorgfaltsanforderungen genügt, wenn er das Recht richtig im Sinne von vertretbar und im objektiven Interesse des Mandanten angewandt hat.

---

464 Zu den Formen der Kooperation unter Anwälten: oben, § 1 II 2.
465 Hierzu: oben, I.

b) Einschränkungen und Erweiterungen des allgemeinen Sorgfaltsmaßstabs

Einschränkungen, aber auch Erweiterungen des allgemeinen Sorgfaltsmaßstabs können sich aus den Umständen des Einzelfalls ergeben. So ist von Bedeutung, ob der Anwalt gegenüber dem Rechtsberatung suchenden Publikum eine besondere Qualifikation herausstellt. Auch kann es eine besondere Beurteilung erfordern, daß der Rechtsanwalt einen Auftrag unter Zeitdruck zu erledigen hat. Schließlich können rechtliche Vorkenntnisse des Mandanten Einfluß auf den vom Rechtsanwalt zu beachtenden Sorgfaltsmaßstab haben.

aa) Vorgaben des konkreten Mandats

Der zuvor gewonnene Maßstab kann nur ein Ausgangspunkt sein. Die vom Rechtsanwalt zu beachtenden Sorgfaltspflichten hängen entscheidend von der Ausgestaltung des einzelnen Mandats ab.[466] Wichtig ist es daher, jeweils zunächst im Einzelfall genau den Mandatsinhalt zu umschreiben.[467] Der Rechtsanwalt muß das Recht in dem Umfang und dem Sinne anwenden, wie es in dem mit dem Mandanten geschlossenen Vertrag vereinbart ist.

Der Rechtsanwalt hat die Möglichkeit, den Gegenstand des Vertrages gegenüber dem Mandanten individualvertraglich zu begrenzen. Dies ist insbesondere empfehlenswert, wenn der Mandant den Rechtsanwalt unter besonderem Zeitdruck einschaltet, oder generell, wenn der Vertragsgegenstand eine Eingrenzung erlaubt. Hierzu ist (insbesondere bei Wirtschaftsmandaten) das dem Handelsrecht entstammende Rechtsinstitut des kaufmännischen Bestätigungsschreibens dienbar zu machen. Zweck eines solchen Bestätigungsschreibens ist es, Unsicherheiten zwischen Rechtsanwalt und Mandant über den genauen Vertragsinhalt zu vermeiden. Daher ist dem Rechtsanwalt zu empfehlen, nachdem er das Mandat übernommen hat, nach der ersten Besprechung sowie bei Änderungen der Sachlage oder des Anliegens des Mandanten dies

- (aus Beweiszwecken) schriftlich festzuhalten, und zwar
- so präzise wie möglich,
- so schnell wie möglich und versehen
- mit der Aufforderung an den Mandanten, gegebenenfalls seinerseits umgehend zu widersprechen, wenn er mit dem Inhalt nicht einverstanden ist.

Dann ist es dem Mandanten zuzumuten, die Punkte gegenüber dem Rechtsanwalt anzusprechen und festzuhalten, die für ihn von Bedeutung sind. Dies setzt

---

466 Deswegen sind einer schematischen Darstellung der Anwaltspflichten „natürliche" Grenzen gezogen.

467 Auf andere Möglichkeiten des Rechtsanwalts, seine Haftung wegen unrichtiger Rechtsanwendung zu begrenzen, soll hier nur der Vollständigkeit wegen hingewiesen werden. Diese Punkte werden in anderem Zusammenhang angesprochen: Verursachung eines Schadens durch Pflichtverletzung sowie deren Beweisbarkeit im Fall eines Rechtsstreits, oben, § 5 I 4; Versicherung des Haftungsrisikos, unten, § 11 und vertragliche Haftungsbegrenzungen, unten, § 12.

allerdings voraus, daß der Rechtsanwalt den Mandanten über alle rechtlich relevanten Fragen hinreichend aufgeklärt hat. Der Rechtsanwalt sollte zudem so bald wie möglich Schwierigkeiten, die auftreten, während er das Mandat bearbeitet, dem Mandanten mitteilen oder auf seine begrenzten sachlichen oder personellen Einwirkungsmöglichkeiten hinweisen. Dazu zählt auch eine nicht mehr wirtschaftliche Arbeitsweise (bei Abrechnung nach BRAGO) und die Möglichkeit, eine andere Abrechnungsmodalität zu vereinbaren.

Wenn der genaue Inhalt des Vertrages feststeht, ist der Umfang der Pflichten des Anwalts bei der Rechtsanwendung zu ermitteln und zu fragen, über welche rechtlich relevanten Umstände der Rechtsanwalt den Mandanten aufzuklären hat. Dabei besteht ein enger Zusammenhang zwischen der Rechtsanwendung und der Beratung des Mandanten.

Die Pflicht des Rechtsanwalts, den Mandanten umfassend zu beraten und über mögliche rechtliche Risiken aufzuklären,[468] ist zugunsten des Rechtsanwalts einzuschränken. Es ist zu differenzieren zwischen der Aufklärungspflicht im Rahmen des konkret umschriebenen Mandats und der Aufklärungspflicht über Rechtsfragen, die über den konkreten Mandatsumfang hinausgehen. Im ersten Fall ist die Beratungs- und Aufklärungspflicht Hauptpflicht des zwischen Mandant und Anwalt geschlossenen Beratungsvertrages. Im zweiten Fall ist die Beratungs- und Aufklärungspflicht eine Nebenpflicht der anwaltlichen Tätigkeit.[469] Dies gilt insbesondere, wenn der Rechtsanwalt primär zur Prozeßführung beauftragt ist. Die Aufklärungspflicht kann nur in dem Umfang bestehen, den der Auftraggeber vom Rechtsanwalt erwarten kann.

Kraft des mit dem Mandanten geschlossenen Vertrages ist der Rechtsanwalt verpflichtet, jenen über solche Umstände aufzuklären und zu beraten, die kraft ausdrücklicher Vereinbarung umfaßt sind oder in engem und unmittelbarem Bezug zum Mandat stehen. Ob danach eine Aufklärungspflicht besteht, ist eine Frage der Bewertung im Einzelfall. Die so umschriebene weitergehende Aufklärungspflicht kann allerdings nicht ohne weiteres auf alle mit dem Mandat nur in einem äußeren Zusammenhang stehenden Rechtsfragen ausgedehnt werden. Hier müssen besondere Umstände vorliegen, die eine erweiterte Aufklärungspflicht rechtfertigen.

Insofern erstreckt sich die Aufklärungspflicht auf Umstände, die der Mandant aufgrund der Stellung des Rechtsanwalts allgemein erwarten darf. Dazu ist auf das Berufsbild, wie es vom Gesetzgeber umschrieben ist, abzustellen. Insbesondere ist auf die in den Juristenausbildungsgesetzen umschriebenen Anforderungen, Prüfungsziele und Ausbildungsgrundsätze zurückzugreifen.[470]

---

468 Oben, I 3.

469 Demgegenüber ist die Pflicht, Recht richtig anzuwenden, stets eine Hauptpflicht des Anwaltsvertrages.

470 Zur Juristenausbildung: oben, § 1 III.

Der Rechtsverkehr darf daher zweierlei grundsätzlich erwarten: zum einen ein präsentes Wissen im Bereich der sog. Pflichtfächer, zum anderen die Fähigkeit, daß der Anwalt sich in alle anderen denkbaren Rechtsgebiete einarbeiten kann. Im Rahmen der Beratungs- und Aufklärungspflicht kommt es mehr auf präsentes Wissen bzw. Problembewußtsein an. Der Auftraggeber darf sich demnach grundsätzlich darauf verlassen, daß der Anwalt ihn kraft seiner vom Gesetzgeber umschriebenen Stellung auf alle rechtlich bedeutsamen Umstände hinweist, die im wesentlichen von dem in der Ausbildung erworbenen Pflichtfachwissen umfaßt sind. Dies ist allerdings nur ein grober Maßstab, der als Bewertungshilfe im Rahmen der Feststellung des Pflichtenumfangs im Einzelfall dienen kann. Zudem ist dazu im Interesse einer einheitlichen Rechtsanwendung eine Gesamtschau aller Landesgesetze vorzunehmen.

Will der Mandant sicher gehen, umfassend beraten zu werden, muß er die ihm wichtigen Punkte zum Gegenstand des Vertrages machen oder sich an einen ausgewiesenen Spezialisten[471] halten.

bb) Nach außen hervorgehobene Spezialisierung

Für den Pflichtenmaßstab, den ein Rechtsanwalt zu beachten hat, kann des weiteren von Relevanz sein, ob dieser im Rechtsverkehr gegenüber dem Mandanten eine spezielle Qualifikation hervorhebt und dadurch besonderes Vertrauen in Anspruch nimmt. Kein Unterschied ergibt sich im Hinblick auf die Pflicht, Recht richtig anzuwenden. Zu prüfen ist aber, ob darüber hinaus eine besondere Verpflichtung des Anwalts besteht, den Mandanten auf konkrete Rechtsfragen hinzuweisen und über Risken aufzuklären, die zwar außerhalb des konkreten Mandatsverhältnisses liegen, sich aber auf die spezifische Qualifikation beziehen, die der Rechtsanwalt nach außen hervorhebt.

Eine solche besondere fachliche Qualifikation liegt etwa vor, wenn der Rechtsanwalt eine Fachanwaltsbezeichnung führt oder mit Spezialisierungsangaben wirbt.[472] Hierzu zählt auch der Hinweis auf akademische Titel oder berufsbezogene Abschlüsse.[473] In diesen Fällen nimmt der Anwalt über das allgemeine als Rechtsanwalt in Anspruch genommene Vertrauen hinaus noch ein besonderes Vertrauen als Fachmann in Anspruch. Dieses besondere Vertrauen ist konkret durch die eigene Person begründet und nicht durch die abstrakte Eigenschaft als Angehöriger einer Berufsgruppe.

Ein „Hervorheben“ setzt allerdings voraus, daß der Rechtsanwalt durch die Art und Weise der Darstellung der zusätzlichen Qualifikation, etwa auf dem Briefbogen, der Visitenkarte oder dem Kanzleischild, gerade bei (potentiellen) Mandanten eine besondere Kompetenz signalisieren möchte. Dabei kommt es nur auf

471 Hierzu sogleich unten bb).

472 Zur Werbung mit einer Spezialisierung: oben, § 1 II 1.

473 Hierzu nunmehr § 12 des Diskussionsvorschlags der Bundesrechtsanwaltskammer für eine Berufsordnung gemäß § 59b BRAO, hierzu bereits oben, § 1 II 1.

den nach außen hervorgerufenen Rechtsschein und nicht auf die tatsächliche Berechtigung an. Nicht ausreichend für strengere Sorgfaltsstandards dürfte es demgegenüber sein, wenn der Hinweis an einer untergeordneten Stelle erfolgt. Als Beispiel sei ein Hinweis etwa im Zusammenhang mit einem von dem Rechtsanwalt veröffentlichten Aufsatz in einer Fachzeitschrift genannt.

Der Rechtsanwalt hat dann eine erweiterte Pflicht, den Mandanten über solche rechtlichen Umstände zu beraten bzw. aufzuklären, die nicht Gegenstand der allgemeinen Aufklärungspflicht sind, sondern sich auf eine spezielle Rechtsmaterie beziehen, die in unmittelbarem Zusammenhang mit der Qualifikation steht, die der Anwalt im Rechtsverkehr nach außen hervorhebt. Allerdings wird es vielfach so sein, daß der Gegenstand des Anwaltsvertrages auch in engem Zusammenhang mit der besonderen Qualifikation stehen wird, so daß der Umfang der Aufklärungspflicht bereits nach dem geschilderten allgemeinen Grundsatz im Einzelfall weit gefaßt ist.

Diese strenge Haftung ist gerechtfertigt, da der Auftraggeber in den genannten Fällen den Rechtsanwalt gerade deswegen beauftragt, weil er im Hinblick auf seine im Verhältnis zu anderen Rechtsanwälten besondere Qualifikation vertraut.

cc) Zeitdruck

Ebenfalls kann der Umstand den Pflichtenmaßstab beeinflussen, daß ein Auftrag unter Zeitdruck zu bearbeiten ist. So kann der Anwaltsvertrag eine umgehende Rechtsberatung[474], ein Vorgehen im Wege einstweiligen Rechtsschutzes vorsehen oder der Rechtsanwalt so kurzfristig eingeschaltet werden, daß ihm nur eine kurze Einarbeitungszeit zur Verfügung steht. Mit der Erklärung seines Einverständnisses, daß der Rechtsanwalt seine Tätigkeit unter Zeitdruck ausübt, kann der Mandant vom Anwalt nicht verlangen, sich in unbekannte Rechtsprobleme mit der gleichen Sorgfalt einzuarbeiten wie dann, wenn er keinen zeitlichen Beschränkungen unterliegt oder sich diese in einem allgemein üblichen Rahmen halten. Zeitdruck, soweit er vom Mandanten veranlaßt ist, kann somit geminderte Sorgfaltsanforderungen rechtfertigen. Aber auch unter Zeitdruck muß der Anwalt dem Genüge tun, was der Mandant an präsenten Rechtskenntnissen erwarten kann. Dazu zählt, daß er die einschlägigen gesetzlichen Vorschriften ermittelt. Allein bei der Auswertung der maßgeblichen höchstrichterlichen Rechtsprechung kann der Mandant nicht erwarten, daß der Anwalt sich einen vertieften Einblick verschafft. Der Anwalt ist verpflichtet, das Recht im zuvor dargestellten Sinne in einer vertretbaren Weise anzuwenden, ohne daß er die für den Mandanten bestmögliche Lösung finden muß. Auch bezüglich der Pflicht, den Mandanten zu beraten und aufzuklären, sind die allgemeinen Anforderungen nach den beschriebenen Erfordernissen des Einzelfalls zu mindern.

474 Zum Beispiel eine mündliche Auskunft oder bei einer Vertretung in einer mündlichen Gerichtsverhandlung, bei Vertragsverhandlungen oder bei bestimmten Geschäftsvorgängen wie einer Gesellschafterversammlung.

Vom Vorstehenden zu trennen ist die Frage, inwieweit der Rechtsanwalt nach Wegfall des zeitlichen Hindernisses verpflichtet ist, eine vertiefte und umfassende Rechtsprüfung vorzunehmen. Dies ist jedenfalls dann zu bejahen, wenn der Rechtsanwalt begründete Zweifel daran haben muß, wie er das Recht unter Zeitdruck angewandt hat. Ansonsten ist der Anwalt verpflichtet, seine vorherige Rechtsanwendung zu überprüfen, wenn der Mandant dies ausdrücklich begehrt. Dann gilt wieder der oben dargelegte Grundsatz, daß es auf den jeweiligen Inhalt des Anwaltsvertrages ankommt.[475]

dd) Rechtskenntnisse des Mandanten

Rechtliche Vorkenntnisse des Mandanten können zwar nicht den Sorgfaltsmaßstab bei der Rechtsanwendung mindern, wohl aber die Intensität der vom Anwalt zu fordernden Beratung und Aufklärung. Der Mandant ist dann weniger schutzbedürftig. Insoweit ist der an anderer Stelle bereits beschriebenen höchstrichterlichen Rechtsprechung nichts hinzuzufügen.[476]

IV. Zusammenfassung und Ergebnis zu den allgemeinen Sorgaltsstandards

Der Rechtsanwalt ist gegenüber dem Mandanten aus dem Anwaltsvertrag verpflichtet, die relevanten Tatsachen umfassend zu ermitteln sowie Recht richtig anzuwenden. Ferner können bei der Bemessung der konkreten Sorgfaltsmaßstäbe nichtrechtliche Kriterien eine entscheidende Rolle spielen. Als Korrektiv dieses strengen Maßstabs muß genau fetsgestellt werden, welchen Umfang das jeweilige Mandat hat sowie die Pflicht eingegrenzt werden, den Mandanten – unaufgefordert – über bestimmte Rechtsfragen zu beraten und aufzuklären.

Die Pflichten des Anwalts lassen sich wie folgt systematisieren:

(1) Grundsatz: Als allgemeiner Sorgfaltsmaßstab gilt, daß der Anwalt Recht richtig anwenden muß, wobei er grundsätzlich bei einer vertretbaren Rechtsanwendung den Anforderungen Genüge tut, wenn diese den Interessen des Mandanten entsprechen. Der Rechtsanwalt muß:
   (a) Rechtsprobleme erkennen und eingrenzen,
   (b) alle Rechtsgrundlagen und die relevante Rechtsprechung erfassen
   (c) und im konkreten Fall auswerten und umsetzen.

(2) Diese Vorgaben sind im Einzelfall zu konkretisieren.
   (a) Den Umfang der anwaltlichen Pflichten präzisiert im wesentlichen der Inhalt des konkreten Mandats.

475 Oben, b) aa).
476 Hierzu: oben, I 3d).

(b) Eine nach außen hervorgehobene Spezialisierung kann eine erweiterte Aufklärungspflicht begründen.
(c) Zeitdruck kann eine Rückführung auf den allgemeinen Sorgfaltsmaßstab erfordern und die Aufklärungspflicht begrenzen.
(d) Besondere rechtliche Vorkenntnisse des Mandanten können die Aufklärungspflicht einschränken.

§ 7 Besondere Sorgfaltsstandards bei der Anwendung ausländischen Rechts

Nachdem im vorangegangenen Abschnitt die Sorgfaltsstandards herausgearbeitet worden sind, die ein Rechtsanwalt allgemein zu beachten hat,[477] stellt sich nunmehr die Frage, ob diese Überlegungen auch auf den besonderen Fall übertragbar sind, daß ein Rechtsanwalt ausländisches Recht anwendet. Standesrechtlich ist es deutschen Rechtsanwälten nicht untersagt, Mandanten über ausländische Rechtsnormen zu beraten oder ausländisches Recht anzuwenden.

Dabei soll zunächst im Rahmen einer Vorüberlegung darauf eingegangen werden, welche praktischen Probleme der Umgang mit internationalen Sachverhalten aufwirft (im folgenden unter I). Besonderheiten ergeben sich bereits hinsichtlich der Fremdsprachenkenntnisse, über die ein Rechtsanwalt verfügen muß, wenn er ein grenzüberschreitendes Mandat bearbeitet (im folgenden unter II). Anschließend sollen die Sorgfaltsstandards bei der Anwendung ausländischen Rechts differenziert entwickelt werden. Hierzu sind die Stellungnahmen der höchstrichterlichen Rechtsprechung und des Schriftums zu berücksichtigen (sodann unter III). Die gewonnenen Schlußfolgerungen müssen sich im Einzelfall bewähren. Ob dies gewährleistet ist, soll anschließend anhand von typischen Konstellationen bei grenzüberschreitenden Mandaten überprüft werden (sodann unter IV).

I. Probleme im Umgang mit auslandsbezogenen Sachverhalten

In der anwaltlichen Praxis treten vielfach bereits Schwierigkeiten auf, wenn es zu einem Rechtsstreit kommt und ein Rechtsanwalt anhand des Internationalen Zivilverfahrensrechts ermitteln muß, welche staatliche Gerichtsbarkeit international zuständig ist. Zudem muß er unter Heranziehung des einschlägigen Kollisionsrechts prüfen, nach welcher Rechtsordnung ein Sachverhalt mit Auslandsbezug rechtlich zu bewerten ist.[478] An dieser Stelle sei noch einmal ausdrücklich wiederholt, daß diese Vorschriften des Internationalen Zivilverfahrensrechts und des Internationalen Privatrechts nicht gemeint sind, wenn von ausländischem Recht die Rede ist.[479] Insoweit gelten haftungsrechtlich die allgemeinen Regeln.[480]

477 Insbesonders: oben, § 6 III 3.

478 Sog. Internationales Privatrecht bzw. Internationales Verfahrensrecht; vgl. insoweit etwa: OLG Koblenz, NJW 1989, 2699 f. und hierzu auch: *Tepper*, IPRax 1991, 98 ff. Fraglich ist deshalb OLG Hamburg, NJW 1960, 1207 f. zur Anwendung der deutschen Kollisionsnormen.

479 Zum Begriff des ausländischen Rechts eingehend: oben, § 4.

480 Hierzu: oben, § 6 III 3.

Auf die Anwendung ausländischen Rechts sind die deutschen Rechtsanwälte aufgrund ihrer Ausbildung grundsätzlich nicht vorbereitet.[481] Selbst wenn sie einen Abschnitt ihres Studiums oder Referendariats im Ausland verbracht haben, fehlt es in der Regel an den erforderlichen fundierten Kenntnissen und praktischen Erfahrungen im Umgang mit ausländischen Rechtsordnungen.[482] Die deutschen Rechtsanwälte verfügen zudem in aller Regel nicht über die erforderlichen Materialien wie Gesetzestexte, Entscheidungssammlungen, Zeitschriften sowie Lehr- und Handbücher zum ausländischen Recht.[483] Die Materialbeschaffung und Zusammenarbeit mit ausländischen Kollegen ist vielfach zeit- und kostenintensiv. Im übrigen bestehen für die deutschen Rechtsanwälte nicht nur rechtliche, sondern auch kulturspezifische Schwierigkeiten, insbesondere im Umgang mit fremden Sprachen und Rechtsgewohnheiten.

Die Sachverhalte, bei denen ein Rechtsanwalt mit ausländischem Recht konfrontiert sein kann, sind vielgestaltig und nehmen in ihrer Bedeutung ständig zu.[484] Wegen der angedeuteten Schwierigkeiten sehen viele deutsche Rechtsanwälte davon ab, ausländische Rechtsnormen zu berücksichtigen, und arbeiten, soweit erforderlich, mit ausländischen Anwälten zusammen.[485]

II. Sprachkenntnisse des Rechtsanwalts

Um die Sorgfaltsanforderungen an den Rechtsanwalt, der ausländisches Recht anwendet, zu umschreiben, muß an die Regeln und die Systematik angeknüpft werden, die zuvor allgemein für die Anwaltshaftung entwickelt worden sind.[486] Im Rahmen der Pflicht, die relevanten Tatsachen umfassend und sorgfältig festzustellen, ist für auslandsbezogene Sachverhalte unbedingt zu beachten, daß der Rechtsanwalt die fremde (Rechts-)Sprache beherrscht.[487] Gegebenenfalls muß sich der Rechtsanwalt sachverständiger Hilfe bedienen. Wenn der Rechtsanwalt ein auslandsbezogenes Mandat bearbeitet, muß er in der Lage sein, ausländische Gerichtsentscheidungen oder ausländisches Schrifttum auszuwerten, mit einem ausländischen Anwalt zu korrespondieren oder fremdsprachige Schriftstücke zu lesen und zu verstehen. Soweit erforderlich, muß der Rechtsanwalt dafür sorgen,

---

481 Zur deutschen Juristenausbildung: oben, § 1 III.

482 Hierzu: oben, § 3 IV und § 4 I.

483 Von den meisten Gerichtsbibliotheken sei ganz zu schweigen. Auch viele deutsche Universitätsbibliotheken bieten angesichts der begrenzten Haushaltsmittel einerseits und der Kostenexplosion bei der Rechtsliteratur andererseits nicht mehr den erforderlichen aktuellen Standard.

484 Zu den Anforderungen an die anwaltliche Betätigung im Ausland vgl. den allgemeinen Überblick bei *Rinsche/M. Schlüter*, ZAP 1992, Fach 23, S. 115 (117 ff.). *Riederer v. Paar*, AnwBl 1991, 496 (497) erörtert die rechtlichen Risiken im Umgang mit ausländischen Rechtsordnungen.

485 Zu den haftungsrechtlichen Konsequenzen: unten, §§ 8–10.

486 Oben, § 6.

487 Hierzu auch: *Raiser*, NJW 1991, 2049 (2050).

daß Urkunden übersetzt werden. Sollen sie zu Beweiszwecken in deutschen Gerichtsverfahren herangezogen werden, gilt § 142 Abs. 3 ZPO. Danach muß die Übersetzungen ein nach den Richtlinien der Landesjustizverwaltung hierzu ermächtigter Übersetzer angefertigt haben. Rechtliche Fehler aufgrund sprachlicher Mißverständnisse gehen zu Lasten des Rechtsanwalts. Praktisch dürfte aber für den Mandanten das Problem entstehen, zu beweisen, daß ein Schaden gerade durch fehlerhafte Sprachkenntnisse seines Rechtsanwalts verursacht worden ist.

III. Sorgfaltsstandards bei der Anwendung ausländischen Rechts

Um zu ermitteln, was der Rechtsanwalt beachten muß, wenn er ausländisches Recht anwendet und inwieweit er dann den Mandanten beraten und über rechtliche Risiken aufklären muß, soll zunächst auf die hierzu einschlägigen höchstrichterlichen Entscheidungen eingegangen werden (im folgenden unter 1). Sodann sind die Erkenntnisse des juristischen Schrifttums heranzuziehen (im folgenden unter 2). Im Anschluß daran erfolgt ein eigener, differenzierter Lösungsvorschlag (im folgenden unter 3).

1. Höchstrichterliche Rechtsprechung

Der höchstrichterlichen Rechtsprechung bot sich bislang nur selten Gelegenheit, speziell zur Frage der Haftung des Rechtsanwalts, der ausländisches Recht anwendet, Stellung zu nehmen.

a) Urteil des Bundesgerichtshofs vom 22.2.1972

Aus der Rechtsprechung des Bundesgerichtshofs ist allein das Urteil vom 22.2.1972[488] veröffentlicht, in dem sich der VI. Zivilsenat mit der hier diskutierten Problematik ausdrücklich auseinandergesetzt hat. Der Entscheidung lag ein Sachverhalt zugrunde, in dem der deutsche Mandant im Rahmen von Vertragsverhandlungen zunächst selbst einen portugiesischen Anwalt beauftragt hatte. Den deutschen Rechtsanwalt schaltete der Mandant erst später ein, als Schwierigkeiten auftraten.

Hierzu hat der Senat ausgeführt, daß ein deutscher Rechtsanwalt grundsätzlich nicht von der Verpflichtung befreit sei, sich die für die Ausführung des ihm erteilten Auftrags erforderlichen Kenntnisse ausländischen Rechts zu verschaffen. Komme es aber auf die Gültigkeit eines Vertrages an, an dessen Zustandekommen ein vom Mandanten selbst beauftragter Anwalt gerade des Landes mitgewirkt habe, dessen Recht maßgeblich sei, so könne sich im Einzelfall die Pflicht des deutschen Rechtsanwalts auf die Prüfung beschränken, ob der ausländische Anwalt hinsichtlich aller entscheidenden Punkte des Vertrages tätig war. Wie weit die Prüfungspflicht des inländischen Anwalts gehe, sei in derartigen Fällen eine Frage der Auslegung. Unter den gegebenen Umständen habe der deutsche

488 BGH, NJW 1972, 1044f.

Rechtsanwalt davon ausgehen dürfen, daß der von seinem Auftraggeber schon vorher eingeschaltete ausländische Anwalt sein Heimatrecht kannte und nach diesem Recht einen seiner Natur nach alltäglichen Vertrag fehlerfrei entworfen hatte.

Der Senat hat den Grundsatz aufgestellt, daß der deutsche Rechtsanwalt verpflichtet ist, auch ausländisches Recht fehlerfrei anzuwenden. Auf den ersten Blick enthält diese Entscheidung einen strengen Sorgfaltsmaßstab. Sie läßt gleichwohl Raum für die besonderen Umstände des Einzelfalls. Diese haben dann auch im konkreten Fall dazu geführt, daß der Senat im Ergebnis eine Haftung des deutschen Rechtsanwalts abgelehnt hat.

b) Urteil des Oberlandesgerichts Bamberg vom 7. 11. 1988

An die vom Bundesgerichtshof aufgestellten Grundsätze knüpft ein Urteil des 4. Zivilsenats des Oberlandesgerichts Bamberg vom 7. 11. 1988 an.[489] In dem entschiedenen Fall agierte der deutsche Rechtsanwalt als Verkehrsanwalt neben einem schweizerischen Prozeßanwalt, um in Zürich einen Rechtsstreit gegen eine schweizerische Firma nach schweizerischem Recht zu führen.[490]

Der Senat folgt der Ansicht des Bundesgerichtshofs, daß ein deutscher Rechtsanwalt im Prinzip nicht von der Verpflichtung befreit sei, sich die für die Ausführung des ihm erteilten Auftrags erforderlichen Kenntnisse ausländischen Rechts zu verschaffen. Auch das Oberlandesgericht räumt ein, daß sich etwas anderes ergebe, wenn der deutsche Rechtsanwalt im Namen und mit Willen des Mandanten einen ausländischen Anwalt zum Prozeßbevollmächtigten bestellt und selbst nur die Rolle des Verkehrsanwalts ausübe.[491] Dann sei der deutsche Rechtsanwalt nicht verpflichtet, die Verjährungsvorschriften des ausländischen Rechts zu prüfen und den Mandanten auf eine drohende Verjährung hinzuweisen. Er dürfe sich darauf verlassen, daß der beauftragte Prozeßbevollmächtigte seinen Pflichtenkreis vollständig und mit der erforderlichen Sorgfalt übernehmen und das anzuwendende ausländische Recht kennen und beachten werde.

Auch in dieser Entscheidung geht das Gericht von einem strengen Haftungsmaßstab aus, kommt aber angesichts der Umstände des Einzelfalls zu einem anwaltsfreundlichen Ergebnis. Die Klage, mit der der Mandant seinen deutschen Rechtsanwalt auf Zahlung von Schadensersatz in Anspruch genommen hatte, wies das Gericht ab.

---

489 OLG Bamberg, MDR 1989, 542 f. Der IX. Zivilsenat des BGH hat den Antrag des Klägers auf Bewilligung von Prozeßkostenhilfe mit Beschluß vom 23. 2. 1989 mangels hinreichender Aussicht auf Erfolg abgelehnt, ebenda.

490 Zur Haftung des deutschen Verkehrsanwalts im Verhältnis zu einem ausländischen Prozeßanwalt auch unten, § 9 I 5.

491 Allgemein zu den Haftungsverhältnissen, wenn der deutsche Anwalt oder der Mandant einen ausländischen Anwalt im Einzelfall hinzuzieht, ausführlicher: unten, § 9.

c) Urteil des Oberlandesgerichts Hamm vom 14. 3. 1995

Zu erwähnen ist auch ein aktuelles Urteil des 28. Zivilsenats des Oberlandesgerichts Hamm vom 14. 3. 1995.[492] Der auf Schadensersatz in Anspruch genommene Rechtsanwalt hatte von dem Mandanten den Auftrag erhalten, die Vaterschaft über ein während der Ehe mit der Kindesmutter geborenes Kind anzufechten. Dabei übersah der Rechtsanwalt, daß im konkreten Fall für die Vaterschaftsanfechtung gemäß Art. 19; 14 Abs. 1 EGBGB eine Frist des italienischen Rechts anzuwenden war. Da der Rechtsanwalt es versäumte, die Vaterschaft seines Mandanten innerhalb dieser Frist anzufechten, verlor der Mandant sein Anfechtungsrecht und muß deshalb weiterhin Unterhalt für das, wie später im Haftungsprozeß bewiesen wurde, nicht von ihm stammende Kind zahlen.

Der Senat führt in dem Urteil aus, daß es den Rechtsanwalt nicht entlaste, daß es sich bei der nicht beachteten Anfechtungsfrist um eine Rechtsvorschrift des italienischen Rechts handelt. Ohne die vorzitierten Entscheidungen des Bundesgerichtshofs vom 22. 2. 1972 sowie des Oberlandesgerichts Bamberg vom 7. 11. 1988 zu erwähnen, argumentiert der Senat in ähnlicher Weise. Wenn ein Anwalt einen Auftrag übernehme, bei dessen Erledigung ausländisches Recht zur Anwendung kommen könnte, müsse er entweder den Mandanten darauf hinweisen, daß er die ausländische Gesetzesmaterie nicht beherrsche und daß deswegen der Rat eines Fachmannes eingeholt werden müsse, oder er müsse sich selbst die erforderlichen Kenntnisse verschaffen. Zur Begründung stützt sich der Senat darauf, daß auch der Bundesgerichtshof eine Mitwirkungspflicht des Anwalts bei der Beibringung der Erkenntnisquellen für die Anwendung ausländischen Rechts angenommen habe.[493] Daraus sei der Schluß zu ziehen, daß der Anwalt sich entsprechende Erkenntnisquellen im Rahmen des Zumutbaren verschaffen müsse. Der Senat hat einen Verstoß gegen diese Pflicht festgestellt und den Rechtsanwalt verurteilt, den Mandanten von allen Unterhaltsansprüchen des Kindes freizustellen.

d) Beschluß des Bundesgerichtshofs vom 2. 3. 1988

Tatsächlich und rechtlich anders gelagert ist der Fall, zu dem der IVb. Zivilsenat des Bundesgerichtshofs mit Beschluß vom 2. 3. 1988[494] Stellung genommen hat. Ein Ausländer war Beklagter in einem Rechtsstreit vor einem deutschen Gericht. Gemäß § 174 Abs. 2 ZPO bestellte er einen Anwalt seines Landes zum Zustellungsbevollmächtigten. Nachdem dieser eine prozessuale Frist[495] hatte verstreichen lassen, beantragte der Mandant Wiedereinsetzung in den vorigen Stand. Hierzu kam es maßgeblich darauf an, ob die ausländische Partei sich ein Verschulden ihres ausländischen Bevollmächtigten zurechnen lassen mußte.

492 OLG Hamm, Az. 28 U 104/94; bislang noch nicht veröffentlicht.

493 BGH, MDR 1976, 832.

494 BGH, NJW 1989, 1432f.

495 Vorliegend die Fünfmonatsfrist des § 516, Hs. 2 ZPO.

Der Senat hat hierzu ausgeführt, daß die Anforderungen an die Sorgfaltspflicht des Bevollmächigten den Umständen des Falles entsprechen müßten und nicht überspannt werden dürften. Bei einem im Ausland tätigen Anwalt sei zu berücksichtigen, daß die Kenntnis der deutschen Rechtsordnung und insbesondere des komplizierten Fristwesens nicht erwartet werden könne und die Beachtung solcher Fristen um so weniger zumutbar sei, wenn er aufgrund des vorangegangenen Schriftverkehrs mit dem Gericht die Zustellung einer Entscheidung abwarten dürfe.

Dieser Beschluß ist im Vergleich zu den vorzitierten Urteilen rechtlich insoweit anders gelagert, als es in dieser Entscheidung nicht um die Haftung des Anwalts wegen positiver Vertragsverletzung ging, sondern auf dessen Verschulden entsprechend § 85 Abs. 2 ZPO ankam. In den Gründen hat der Senat den in den anderen Entscheidungen aufgestellten Grundsatz, daß ein Anwalt sich Kenntnisse auch vom ausländischen Recht verschaffen muß, nicht aufgegriffen, sondern statt dessen sofort auf die Umstände des Einzelfalls abgestellt. Das Urteil vom 22.2. 1972 hat er nicht erwähnt. Fraglich und vom Senat nicht geprüft ist daher, ob sich die tragenden Gründe jener Entscheidung auch für dic Anwendung ausländischen Rechts durch einen deutschen Rechtsanwalt umkehren lassen. Von einer Modifizierung der Rechtsprechung kann nicht gesprochen werden.

e) Zwischenergebnis

Weitere Entscheidungen zum hier diskutierten Fragenkreis sind nicht veröffentlicht. Zusammenfassend läßt sich festhalten, daß die höchstrichterliche Rechtsprechung zur Haftung des Rechtsanwalts bei der Anwendung ausländischen Rechts den Umständen des Einzelfalls eine große Bedeutung beilegt. Im Ergebnis ist sie durchaus als anwaltsfreundlich zu bewerten. Eine einheitliche Linie im Sinne einer ständigen Rechtsprechung hat sich noch nicht herausgebildet. Die weitere Entwicklung bleibt abzuwarten.

2. Stellungnahmen im Schrifttum

Auch im rechtswissenschaftlichen Schrifttum hat eine vertiefte Auseinandersetzung zu den Pflichtenstandards bei der Anwendung ausländischen Rechts bislang noch nicht stattgefunden.[496] In den allgemeinen Darstellungen zur Haftung des Rechtsanwalts wird diese Frage in aller Regel nur am Rande mitbehandelt. Im wesentlichen lassen sich zwei Tendenzen feststellen. Während die einen Autoren dafür plädieren, die Sorgfaltsstandards bei der Anwendung ausländischen Rechts gegenüber denjenigen bei der Anwendung inländischen Rechts zu senken, sind die anderen der Ansicht, trotz eines erhöhten Schwierigkeitsgrades von Mandaten mit Auslandsbezug könnten sich für die vom Rechtsanwalt zu beachtenden Pflichten grundsätzlich keine Besonderheiten ergeben.

---

496 Überlegungen bei *Raiser*, NJW 1991, 2049ff. sowie bei *Henssler*, JZ 1994, 178 (184f.); *Hök*, JurBüro 1990, 155ff.; *Rinsche/M. Schlüter*, ZAP 1992, Fach 23, S. 115 (121f.).

a) Grundsätzlich geminderter Sorgfaltsstandard

Nach einer im Schrifttum verbreiteten Ansicht müssen an die Anwendung ausländischen Rechts durch einen deutschen Rechtsanwalt geringere Sorgfaltsanforderungen gestellt werden als dann, wenn er deutsches Recht anwendet. Die Unkenntnis ausländischer Rechtsregeln sei ihm grundsätzlich nicht vorzuwerfen.

So vertritt etwa *Rinsche* die Ansicht, die Anforderungen an einen deutschen Rechtsanwalt würden überspannt, wenn diesem zugemutet würde, sich in eine ausländische Rechtsordnung einzuarbeiten. Vom „Normalanwalt" könne eine umfassende Kenntnis des ausländischen Rechts nicht verlangt werden. Ein Rechtsanwalt hafte nur ausnahmsweise dann für eine falsche Auskunft, wenn er gegenüber dem Mandanten vorgebe, Auskunft und Rat auch über eine ausländische Rechtsordnung geben zu können. Der Rechtsanwalt sei daher verpflichtet, gegenüber dem Mandanten auf seine fehlende Sachkunde hinzuweisen.[497] Eine genauere Begründung und einen differenzierten Lösungsvorschlag läßt diese Ansicht vermissen.

Andere Autoren verweisen zur Begründung eines geminderten Sorgfaltsstandards auf § 293 ZPO. Aus dieser Vorschrift leiten sie eine im Verhältnis zum Regelfall verminderte Sorgfaltspflicht des Rechtsanwalts ab. Die Stellung des Rechtsanwalts als Organ der Rechtspflege (§ 1 BRAO) sei mit derjenigen des Richters vergleichbar. Von diesem erwarte der Gesetzgeber gerade nicht die Kenntnis ausländischen Rechts. Wo von den Gerichten lediglich Nachforschungen verlangt würden, könnten die Rechtsanwälte nicht zu mehr verpflichtet sein.[498] *Hök* führt hierzu aus, daß dann, wenn sich die Tätigkeit des Rechtsanwalts auch auf Fragen des ausländischen Rechts erstrecke, den Rechtsanwalt zwar Nachforschungspflichten träfen, diese aber nicht so weit reichten wie die richterlichen Aufklärungspflichten. Ein Rechtsanwalt habe nämlich geringere Möglichkeiten, den Regelungsgehalt ausländischen Rechts aufzuklären als die Gerichte.[499] Nur wenn ein Rechtsanwalt den Anschein erwecke, die von ihm geforderten Kenntnisse des ausländischen Rechts zu besitzen, müsse er sich entsprechend behandeln lassen.[500] Diese allgemeine Begründung präzisiert der Autor jedoch nicht weiter.

b) Grundsätzlich kein geminderter Sorgfaltsstandard

Gegen eine auf § 293 ZPO gestützte Minderung der Prüfungspflicht wendet sich ein anderer Teil der Vertreter des rechtswissenschaftlichen und rechtspraktischen Schrifttums. Sie sind der Ansicht, die Pflicht zur Prüfung ausländischen Rechts treffe einen Rechtsanwalt unbeschränkt. Die Meßlatte könne für Rechtsan-

497 *Rinsche*, I 108 f., S. 44 f. sowie: *Rinsche/M. Schlüter*, ZAP 1992, Fach 23, S. 115 (117 und 121). Ähnlich: *Vollkommer*, Rdn. 128, S. 66.
498 *Hök*, JurBüro 1990, 155 (158) sowie *Vollkommer*, Rdn. 128, S. 66.
499 *Hök*, JurBüro 1990, 155 (159 f.).
500 *Hök*, JurBüro 1990, 155 (158).

wälte je nach Auftragsinhalt sehr wohl höher angelegt werden als für Richter. Wer vermeidbare Fehler bei der Anwendung ausländischen Rechts mache, könne sich der Haftung nicht unter Hinweis auf das Fehlen entsprechender Prüfungspflichten des Gerichts entziehen. Etwas anderes könne nur gelten, wenn die Beteiligten aufgrund des konkreten Vertragsverhältnisses verminderte Sorgfaltsanforderungen des Rechtsanwalts bei der Anwendung ausländischen Rechts vereinbart hätten. Wenn ein Rechtsanwalt es uneingeschränkt übernehme, eine Frage des ausländischen Rechts zu prüfen, dabei aber auf nicht behebbare Unklarheiten stoße, müsse er den Mandanten darauf und auf die daraus folgenden Risiken hinweisen. Ohne ausdrückliche Regelung sei es nicht hinzunehmen, daß die Rechtsprüfungspflicht des Rechtsanwalts hinsichtlich des anwendbaren ausländischen Rechts gemildert oder eingeschränkt werde. Gleiches gelte für die mit der Rechtsprüfungspflicht in unmittelbarem Zusammenhang stehende Beratungs- und Belehrungspflicht des Rechtsanwalts.[501] Einem Rechtsanwalt bleibe es unbenommen, einen Spezialisten einzuschalten. Erleichterungen könnten sich allenfalls auf der Ebene des Verschuldens oder hinsichtlich der Zulässigkeit einer Haftungsbeschränkung ergeben.[502]

Die Vertreter dieser Ansicht liegen damit auf der in der Entscheidung des VI. Zivilsenats des Bundesgerichtshofs vom 22. 2. 1972 vorgezeichneten Linie[503], auf die sie sich auch ausdrücklich berufen.

Wendt verweist zusätzlich darauf, daß der Mandant gerade bei der Anwendung ausländischen Rechts, wie bei allen schwierigen Rechtsfragen, in besonderem Maße auf den Sachverstand des Rechtskundigen angewiesen sei und sich auf dessen Rat verlasse. Daher ergäben sich keine Besonderheiten gegenüber dem allgemeinen Pflichtenstandard.[504]

c) Bewertung der Lösungskonzepte

Die im Schrifttum bislang entwickelten Lösungskonzepte entsprechen einander im Endergebnis weit mehr, als der erste Eindruck vermuten ließe. Sie unterscheiden sich in erster Linie darin, daß sie von einem entgegengesetzten Grundsatz-Ausnahme-Verhältnis ausgehen. Während die Vertreter der erstgenannten Ansicht meinen, daß ein Rechtsanwalt grundsätzlich nicht hafte, wenn er ausländisches Rechts anwendet, erachtet die Gegenansicht dies als den besonders begrün-

---

501 *Raiser*, NJW 1991, 2049 (2052 f.) sowie im Ergebnis ihm folgend auch *Henssler*, JZ 1994, 178 (185); *Poll*, S. 74 f. und *Riederer v. Paar*, AnwBl 1991, 496. Im Ergebnis ebenso wohl auch *Hartstang*, S. 466. Nunmehr auch: *Borgmann/Haug*, § 19 Rdn. 40 f., S. 102 f.

502 *Henssler*, JZ 1994, 178 (185).

503 Oben, 1 a).

504 *Wendt*, S. 147. Dieser differenziert nach der Schwierigkeit der bearbeiteten Rechtsmaterie. Dies ist allerdings fraglich, da ein Mandant generell darauf vertraut, der von ihm beauftragte Rechtsanwalt werde sich stets die erforderlichen Rechtskenntnisse verschaffen.

dungsbedürftigen Ausnahmefall. Auch unter Einschluß der höchstrichterlichen Rechtsprechung ist anerkannt, daß

- ein Rechtsanwalt gegenüber dem Mandanten nicht haftet, wenn er die Bearbeitung ausländischen Rechts vertraglich ausgeschlossen hat,
- er aber dann haftet, wenn er besonderes Vertrauen des Mandanten in Anspruch genommen hat.

Die im juristischen Schrifttum vertretenen Meinungen bemühen sich jedoch nicht, ihre Aussagen sorgfältig zu begründen. Einzelne Begründungsversuche unterliegen nachhaltigen Bedenken. Vielfach sind die Stellungnahmen im Schrifttum auch nicht hinreichend differenziert.

Gegen die Ansicht, die einen verminderten Sorgfaltsstandard des Rechtsanwalts bei der Anwendung ausländischen Rechts vornehmlich mit einer Parallele zu § 293 ZPO begründet,[505] ist einzuwenden, daß eine solche Argumentation die unterschiedliche Rolle von Richter und Rechtsanwalt im Zivilprozeß nicht hinreichend beachtet. Der Richter hat einen ihm vorgegebenen Fall in seiner Funktion als Träger staatlicher Autorität objektiv zu entscheiden und ist an ein striktes Verfahrens- und Gebührenrecht gebunden. Demgegenüber wird der Rechtsanwalt im Interesse seines Mandanten tätig und hat die Möglichkeit und zum Teil auch die Verpflichtung, selbst tätig zu werden. Er übt einen freien Beruf aus und wird aufgrund eines Vertrages für seinen Auftraggeber tätig. Er kann sein Honorar in den gesetzlichen Grenzen mit dem Mandanten frei vereinbaren. Im Gegensatz zum Richter hat ein Rechtsanwalt weitergehende Möglichkeiten, den Inhalt ausländischen Rechts festzustellen. Der Rechtsanwalt kann ein Mandat mit Bezug zum ausländischen Recht selbst bearbeiten oder mit einem ausländischen Kollegen kooperieren.[506] Er kann ferner im Rahmen des Ausgangsmandats einen ausländischen Kollegen einschalten, mit diesem die weitere Korrespondenz führen und dessen Tätigkeit überwachen. Der deutsche Rechtsanwalt kann sich aber auch darauf beschränken, dem Mandanten einen ausländischen Kollegen zu vermitteln. Schließlich bleibt es einem Rechtsanwalt unbenommen, bei einem Fall mit Auslandsbezug das Mandat abzulehnen oder niederzulegen und den Mandanten an einen deutschen Kollegen zu verweisen, von dem er annimmt, daß dieser über die erforderlichen Spezialkenntnisse verfügt. Die Schlußfolgerung, aus § 293 ZPO lasse sich eine eingeschränkte Prüfungspflicht des Rechtsanwalts hinsichtlich ausländischen Rechts ableiten, ist somit nicht gerechtigtfertigt.

Auch die andere im Schrifttum vertretene Ansicht, die im wesentlichen die Pflichten des Rechtsanwalts bei der Anwendung nationalen Rechts auf die Anwendung ausländischen Rechts überträgt,[507] vermag nicht hinreichend zu überzeugen. Sie ist zu undifferenziert und trägt nicht genügend den Besonderheiten

505 Oben, 2a).

506 Hierzu: oben, § 1 II 2 sowie zu den haftungsrechtlichen Konsequenzen unten, § 8.

507 Oben, 2b).

Rechnung, die sich ergeben können, wenn ein Rechtsanwalt ausländische Rechtsnormen prüfen muß.

3. Differenzierung der Sorgfaltsstandards

Die Problemlösung muß an die Überlegungen im vorangegangenen Abschnitt zu den allgemeinen Sorgfaltsanforderungen bei der anwaltlichen Tätigkeit[508] anknüpfen. Im Vordergrund steht der Konflikt zwischen den Interessen des Mandanten und denjenigen des Rechtsanwalts. Dies führt zu einer Differenzierung der anwaltlichen Pflichten bei der Anwendung ausländischen Rechts. Im einzelnen sind folgende Anforderungen zu stellen:

a) Grundsatz: Keine Berücksichtigung ausländischen Rechts

Grundsätzlich kann der Mandant nicht erwarten, daß der von ihm beauftragte deutsche Rechtsanwalt Kenntnisse in ausländischen Rechtsordnungen hat und ausländisches Recht bei der Mandatsbearbeitung berücksichtigt. Das entspricht der allgemeinen Lebenserfahrung und wird durch den Umstand bestätigt, daß in der deutschen Juristenausbildung ausländisches Recht nicht prüfungsrelevant ist.[509] Wegen der Staatsbezogenheit der nationalen Rechtssysteme hat sich eine internationale Arbeitsteilung in dem Sinne entwickelt, daß in den einzelnen Staaten grundsätzlich diejenigen Anwälte die Rechtsbesorgung wahrnehmen, welche in dem jeweiligen Land ausgebildet und als Anwälte zugelassen sind. Den ausländischen Anwälten kommt daher grundsätzlich nur die Aufgabe zu, für Mandanten, die ihrem Rechtskreis zugehören, die Zusammenarbeit mit einem Kollegen zu koordinieren, der in der anderen Rechtsordnung spezialisiert ist. Fehler bei der (Nicht-)Prüfung ausländischen Rechts können diesem daher nicht angelastet werden. Wie bereits mehrfach angesprochen, kann ein Mandant von einem deutschen Rechtsanwalt nur erwarten, daß dieser die deutschen Rechtsnormen kennt und richtig, das bedeutet vertretbar, im Interesse des Mandanten anwendet.[510] Der Rechtsanwalt ist grundsätzlich auch nicht verpflichtet, den Mandanten über Probleme im Zusammenhang mit der Anwendung ausländischen Rechts zu beraten oder aufzuklären. Um eine Haftung des Rechtsanwalts auch bei der Anwendung ausländischen Rechts zu begründen, müssen vielmehr besondere, dies rechtfertigende Umstände vorliegen. Im einzelnen gilt für jeden deutschen Rechtsanwalt:

(1) Der Rechtsanwalt muß die nationalen Kollisionsnormen heranziehen und erkennen, daß ausländisches Recht bei der Auftragsbearbeitung zu berücksichtigen ist. Hierüber muß er den Mandanten aufklären und mit ihm das weitere Vorgehen absprechen.
(2) Der Rechtsanwalt muß sodann entscheiden, ob er das Mandat niederlegt oder weiterbearbeitet.

---

508 Oben, § 6 III 2 (Problembeschreibung) und 3 (Lösungsvorschlag).
509 Zur deutschen Juristenausbildung: oben, § 1 III.
510 Etwa: oben § 6 III 3a).

b) Berücksichtigung ausländischen Rechts im Einzelfall

Im Einzelfall können Umstände vorliegen, die strengere Sorgfaltsanforderungen rechtfertigen, nämlich wenn die Prüfung ausländischen Rechts Gegenstand des konkreten Anwaltsvertrages ist oder allgemein ein Rechtsanwalt unter einer besonderen, nach außen hervorgehobenen Spezialisierung auftritt. Der Mandant kann dann erwarten, daß sich der Rechtsanwalt die erforderlichen Kenntnisse von ausländischen Rechtsnormen – selbst oder in Zusammenarbeit mit einem Spezialisten – verschafft, diese richtig anwendet und den Mandanten entsprechend berät und über Risiken aufklärt. Besonderheiten können sich ergeben, wenn ein Rechtsanwalt das Mandat unter Zeitdruck bearbeiten muß oder spezielle Rechtskenntnisse des Mandanten eine andere Bewertung erfordern.

aa) Gegenstand des konkreten Anwaltsvertrages

Besondere Umstände, die eine Haftung des Rechtsanwalts auch bei der Anwendung ausländischen Rechts rechtfertigen können, liegen vor allem vor, wenn der Rechtsanwalt aufgrund des konkreten Auftrags ausländische Rechtsnormen zu prüfen hat. Die Einbeziehung kann auch stillschweigend erfolgen, wenn der Mandant nach seinem Verständnishorizont davon ausgehen darf, daß der Rechtsanwalt sich die erforderlichen Kenntnisse ausländischen Rechts tatsächlich verschafft. Voraussetzung dafür ist in aller Regel, daß von relevanten ausländischen Rechtsnormen zwischen Rechtsanwalt und Mandant die Rede war. Der Mandant, der seinem Rechtsanwalt Vertrauen entgegenbringt und sich auf dessen Arbeit verläßt, hat keinen Einblick in dessen Rechtskenntnisse. Soweit sich der Rechtsanwalt für den Mandanten erkennbar darauf einläßt, ausländisches Recht zu prüfen, darf dies nicht fehlerhaft erfolgen. Dann gelten die an anderer Stelle aufgestellten allgemeinen Grundsätze.[511]

Der Begriff des ausländischen Rechts ist bereits zuvor von demjenigen des deutschen Rechts abgegrenzt und sodann eingegrenzt worden.[512] Es existiert nicht ein einheitliches ausländisches Recht, sondern eine Vielzahl voneinander unabhängiger ausländischer Rechtsordnungen. Bei der Anwendung ausländischen Rechts ist zu beachten, daß die Rechtsnormen im Sinne der jeweiligen Rechtsordnung ausgelegt werden. In anderen Staaten kann sich die Rechtsmethodik grundlegend von der in Deutschland üblichen unterscheiden.[513]

Soweit der Rechtsanwalt sich entscheidet, einen Auftrag, bei dem ausländisches Recht anzuwenden ist, zu bearbeiten, ist dieses Vertragsgegenstand. Neben den allgemeinen Anforderungen muß er dann folgende besondere Sorgfaltspflichten beachten:

511 Oben, § 6 III 3b) aa).

512 Ausführlich: oben, § 4.

513 Etwa zur Bedeutung und Anwendung von Präzedenzfällen im anglo-amerikanischen Recht: oben § 3 II 1a) cc).

(1) Der Rechtsanwalt muß entscheiden, ob er das ausländische Recht selbst bearbeitet oder ob (und gegebenfalls wie) er mit einem ausländischen Kollegen zusammenarbeitet.[514]

(2) In der Regel wird er einen ausländischen Anwalt beauftragen, es sei denn, er arbeitet mit einem ausländischen Anwalt in einer Sozietät zusammen.[515]

(3) Der Rechtsanwalt muß mit dem Mandanten absprechen, inwieweit die eigene Rechtsprüfung auch ausländisches Recht erfaßt, und er muß eine Vereinbarung treffen, welche die eigene Haftung und die Haftung für Fehler des ausländischen Anwalts betrifft. Allerdings haftet er dem Mandanten stets, wenn er den ausländischen Anwalt fehlerhaft ausgewählt oder überwacht hat.[516]

(4) Sodann ist die Honorarfrage zu klären. Der Rechtsanwalt sollte klarstellen, daß der Mandant die zusätzlichen Kosten für die Beauftragung des ausländischen Anwalts trägt. Dies beinhaltet die Pflicht, den Mandanten darüber aufzuklären, daß gegebenenfalls keine Kostenerstattung im Rahmen der BRAGO erfolgt.[517]

(5) Entschließt sich der Rechtsanwalt, ausländisches Recht selbst zu bearbeiten, muß er entsprechend den allgemeinen Grundsätzen die jeweiligen Rechtsprobleme erkennen und eingrenzen, die Rechtsgrundlagen und die relevante Rechtsprechung erfassen und im konkreten Fall auswerten und umsetzen sowie das ausländische Recht richtig, d. h. vertretbar, und im Interesse seines Mandanten anwenden.

bb) Nach außen hervorgehobene Spezialisierung

Die zuvor beschriebenen Sorgfaltsanforderungen gelten allgemein, wenn ein Rechtsanwalt in nach außen hervorgehobener Weise, etwa auf seinem Praxisschild, auf seinem Briefbogen, seiner Visitenkarte oder in speziellen Anwaltsverzeichnissen, auf Umstände hinweist, die geeignet sind, bei Mandanten ein besonderes Vertrauen hervorzurufen, daß der Rechtsanwalt auch Kenntnisse in einer speziellen ausländischen Rechtsordnung hat. Derartige Umstände liegen etwa vor, wenn der Rechtsanwalt eigene fachliche Qualifikationen in einer ausländischen Rechtsordnung hervorhebt oder wenn ein Rechtsanwalt unter einem ausländischen akademischen Titel auftritt, der auf ein Rechtsstudium im Ausland hinweist. Dasselbe gilt, wenn ein Rechtsanwalt unter einer Anwaltszulassung in einem ausländischen Jurisdiktionsbereich auftritt.[518] Die meisten Juristen mögen wissen, daß ein in der Regel einjähriges Auslandsstudium allenfalls oberflächliche Einblicke in die fremde Rechtsordnung gewährt und den deutschen

514 Dann ist der Anwalt nach den oben, 1 a) und b) dargestellten höchstrichterlichen Entscheidungen grundsätzlich entlastet.

515 Zu den Formen der Zusammenarbeit mit ausländischen Kollegen, allgemein: oben, § 1 II 2, sowie zu den Haftungsfragen unten, § 8.

516 Hierzu: unten § 9.

517 Zur Aufklärung über damit zusammenhängende besondere Risiken: unten, IV 3 c).

518 Hierzu: oben, § 1 II 1.

Juristen nicht zum Kenner des ausländischen Rechts werden läßt.[519] Ein Studienaufenthalt ist nicht gleichzusetzen mit der vollständigen jahrelangen Ausbildung und praktischen Erfahrung eines ausländischen Anwalts.[520] Auf das Sonderwissen eines Juristen kann es jedoch nicht ankommen. Entscheidend ist das Vertrauen, das der durchschnittliche Mandant angesichts des nach außen erkennbaren und somit vom Rechtsanwalt selbst gesetzten Erscheinungsbildes in Anspruch nimmt. Diesem sind die dargelegten Feinheiten in aller Regel nicht bekannt. Ein Mandant darf daher von einem Rechtsanwalt, der die Bezeichnung „LL.M. (Harvard)“, „attorney at law (New York)“ oder „avocat à la cour (Paris)“ hervorhebt, die gleichen Kenntnisse von der jeweiligen Rechtsordnung verlangen wie von einem ausländischen Anwalt. Gleiches gilt, wenn ein deutscher Rechtsanwalt gemäß § 29a BRAO im Ausland ein Zweitbüro unterhält und hierauf nach außen erkennbar hinweist.

cc) Zeitdruck

Großzügiger als bei der Anwendung nationalen Rechts sind die zeitlichen Vorgaben bei der Mandatsabwicklung zu bemessen. Für einen deutschen Rechtsanwalt ist es zeitaufwendiger, sich die erforderliche Literatur und die erforderlichen Auskünfte zu einer ausländischen Rechtsordnung zu beschaffen als bei Sachverhalten mit reinem Inlandsbezug. Dies gilt auch dann, wenn er Erfahrung im Umgang mit auslandsbezogenen Sachverhalten hat und insoweit spezialisiert ist. Daher sind die geminderten Sorgfaltsanforderungen, die für den Fall entwickelt worden sind, daß ein Rechtsanwalt gezwungen ist, unter Zeitdruck zu arbeiten,[521] bei Sachverhalten mit Auslandsbezug großzügiger zu bemessen. Einzelheiten müssen im konkreten Fall wertend festgestellt werden und entziehen sich einer schematischen Einordnung.

dd) Rechtskenntnisse des Mandanten

Wenn ein Rechtsanwalt grundsätzlich verpflichtet ist, den Mandanten zu beraten und über rechtliche Risiken aufzuklären, können auch bei der Anwendung ausländischen Rechts insoweit vorhandene und dem Rechtsanwalt bekannte Rechtskennnisse des Mandanten die an den Rechtsanwalt gestellten Sorfaltsanforderungen mindern.[522] Demgegenüber verpflichtet die Unkenntnis des Mandanten in bezug auf eine ausländische Rechtsordnung einen Rechtsanwalt in besonderer Hinsicht, jenen auch über solche Umstände aufzuklären, über die ein Rechtsanwalt nicht aufklären muß, wenn er den Mandanten über deutsches Recht berät.[523]

---

519 Zur deutschen Juristenausbildung: oben, § 1 III.

520 Vgl. auch: *Riederer v. Paar*, AnwBl 1991, 496 (497).

521 Hierzu allgemein: oben, § 6 III 3b) cc).

522 Hierzu allgemein: oben, § 6 III 3b) dd).

523 Hierzu insbesondere: unten, IV 3c).

c) Zusammenfassung

Die gefundene Lösung weicht im Ergebnis erheblich von derjenigen ab, die allgemein gilt, wenn ein Rechtsanwalt inländisches Rechts anwendet. Es ist festzuhalten, daß ein Rechtsanwalt grundsätzlich nicht verpflichtet ist, ausländische Rechtsnormen zu kennen bzw. bei der Mandatsbearbeitung zu berücksichtigen. Entsprechendes gilt, soweit ein Rechtsanwalt deshalb den Mandanten unzureichend berät oder aufklärt. Eine Ausnahme ergibt sich entweder dann, wenn die Bearbeitung ausländischen Rechts konkret Gegenstand des Anwaltsvertrages ist oder wenn ein Rechtsanwalt generell mit einer nach außen hervorgehobenen Spezialisierung auftritt, die dem Rechtsverkehr zu dem begründeten Vertrauen Anlaß gibt, daß der Rechtsanwalt Kenntnisse in einer bestimmten ausländischen Rechtsordnung hat. Dann muß der Rechtsanwalt auch die jeweiligen ausländischen Rechtsnormen richtig anwenden und den Mandanten umfassend beraten und über rechtliche Risiken aufklären. Zu berücksichtigen sind auch die Rechtskenntnisse des Mandanten. Einschränkungen können sich ergeben, wenn ein Rechtsanwalt das ausländische Recht unter besonderem Zeitdruck anwenden muß.

IV. Einzelfragen

Die zuvor entwickelten Kriterien sind geeignet, als allgemeine Richtlinien zu dienen, um zu ermitteln, ob ein Rechtsanwalt sich pflichtgemäß verhalten hat. Gerade bei Sachverhalten mit Auslandsbezug wirken häufig nationale mit ausländischen Rechtsnormen zusammen, was dazu führt, daß die vom Rechtsanwalt zu bearbeitenden Mandate ein hohes Maß an Komplexität aufweisen. Im folgenden sollen die allgemeinen Kriterien durch die Betrachtung von Einzelfällen ergänzt werden. Diese knüpfen an die anwaltliche Tätigkeit im Zusammenhang mit Vertragsgestaltung und -verhandlungen sowie Rechtsberatung und Prozeßführung an.

1. Vertragsgestaltung und -verhandlungen

Im Wirtschaftsleben kommt es häufig vor, daß der Mandant seinen Rechtsanwalt beauftragt, einen Vertragsentwurf zu gestalten bzw. einen Entwurf des Vertragspartners zu bewerten. Der Auftrag kann auch vorsehen, daß der Rechtsanwalt den Mandanten anschließend berät oder gar vertritt, wenn es darum geht, den Inhalt des Vertrages mit der Gegenseite auszuhandeln. Die höchstrichterliche Rechtsprechung hatte bislang noch keine Gelegenheit, zu der Frage Stellung zu nehmen, wie die Sorgfaltsstandards bei kautelarjuristischer Tätigkeit des Rechtsanwalts[524] zu bewerten sind. Im Schrifttum ist vereinzelt darauf hingewiesen

524 Etwas anderes gilt allerdings zur Haftung des Notars gem. § 19 BNotO. Hierzu etwa: *Langenfeld*, Vertragsgestaltung (1991), Rdn. 107ff., S. 40ff.; *Rinsche*, Rdn. II 28ff., S. 249ff., jeweils m. w. N. Diese Erwägungen können jedoch nicht auf die Haftung des Rechtsanwalts übertragen werden, da der Notar im Gegensatz zum Rechtsanwalt Inhaber eines öffentlichen Amtes ist, § 1 BNotO, und zur Unparteilichkeit verpflichtet ist, § 14 Abs. 1 S. 2 BNotO.

worden, daß bei der Haftung eines vertragsgestaltenden Rechtsanwalts bei falscher Prognose zu berücksichtigen sei, daß der Vertragsjurist ex ante für eine ungewisse Zukunft plane und gestalte.[525]

Verträge mit Auslandsbezug enthalten oft Rechtswahl-, Gerichtsstands- oder Schiedsklauseln.[526] Vertragsklauseln sind aufgrund ihres Gegenstands notwendigerweise zukunftsorientiert zu gestalten. Sie bezwecken im voraus eine Festlegung für eine Vielzahl von denkbaren Konflikten zwischen den Vertragspartnern. Erst im nachhinein kann sich herausstellen, daß einzelne Klauseln den Interessen des Mandanten nicht gerecht werden oder für ihn nachteilig sind. Streitigkeiten können auch auftreten, wenn ein Vertrag keine Regelung eines Problems enthält, das später während der Vertragsabwicklung auftritt. Ausgangspunkt, um die Sorgfaltsstandards im konkreten Fall zu ermitteln, ist die Erkenntnis, daß die Beachtung ausländischen Rechts stets Gegenstand des konkreten Vertrags ist, wenn der Vertrag einer ausländischen Rechtsordnung untersteht, insbesondere wenn er eine Rechtswahlklausel enthält, die auf eine ausländische Rechtsordnung verweist.[527] Allerdings sind stets die Eigenarten kautelarjuristischer Tätigkeit zu berücksichtigen.

a) Grundsatz

Bei der Frage, ob ein Rechtsanwalt sorgfaltspflichtwidrig handelt, weil er seinem Mandanten empfohlen hat, eine spezielle Klausel in den Vertrag (nicht) aufzunehmen, bzw. vor den damit verbundenen Risiken nicht gewarnt hat, ist zu beachten, daß die Beteiligten einen Vertrag in aller Regel untereinander aushandeln. Die Parteien bzw. die sie beratenden Rechtsanwälte können nicht ausschließlich ihre eigenen Vorstellungen verwirklichen, sondern müssen auf die Interessen der Gegenseite eingehen. Der Vertragsinhalt kommt im Wege gegenseitigen Nachgebens zustande. Angesichts der Verhandlungssituation können auch pragmatische, nicht-rechtliche Erwägungen eine Rolle spielen, etwa der Umstand, daß der Mandant mit der Gegenseite auch künftig noch bei anderen Gelegenheiten zusammenarbeiten möchte oder zusammenarbeiten muß.[528] Im übrigen müssen Vertragsklauseln notwendig abstrakt gehalten und geeignet sein, vorbeugend eine möglichst große Anzahl von Konfliktfällen im Interesse der Vertragsparteien lösen zu können.

---

525 *Kanzleiter*, NJW 1995, 905 (910).

526 Hierzu: *Sandrock* (Hrsg.), Handbuch I, Rdn. A 1–206 und Handbuch II, E und F sowie *ders.*, in: FS-Stiefel (1987), S. 625 ff. Auch: *Buchheit*, IFLRev Juli 1994, 33 ff. sowie allgemein *Reithmann/Martiny*, Internationales Vertragsrecht. Zu den „Fallstricken", die auftreten können, wenn auf einen Sachverhalt mit Auslandsbezug deutsches Recht Anwendung findet, insbesondere, wenn die Parteien die Geltung deutschen Rechts vereinbaren: *Graf v. Westphalen*, NJW 1994, 2113 ff.

527 Zu den dabei geltenden Sorgfaltsstandards: oben, III 3b) aa).

528 Allgemein zur Berücksichtigung nicht-rechtlicher Erwägungen: oben, § 6 III 3a) cc). Speziell zu Vertragsverhandlungen: *Buchheit*, IFLRev September 1994, 29 f. und IFLRev Oktober 1994, 37 ff.

Ein Rechtsanwalt handelt daher prinzipiell nicht sorgfaltspflichtwidrig, wenn er für seinen Mandanten bei den Vertragsverhandlungen nicht alle seine Interessen durchsetzt. Wenn es zum Streit unter den Vertragspartnern kommt, kann sich herausstellen, daß gerade das streitentscheidende Problem nicht bedacht worden ist. Hierzu kann auf die Erwägungen zurückgegriffen werden, welche die höchstrichterliche Rechtsprechung aufgestellt hat, wenn ein Rechtsanwalt im Auftrag seines Mandanten Vergleichsverhandlungen führt.[529] Die vom Rechtsanwalt gewählte Lösung muß vertretbar sein und auch den Interessen des Mandanten dienen. Dem Rechtsanwalt ist ein Spielraum einzuräumen, innerhalb dessen er nach pflichtgemäßem Ermessen entscheiden kann. Weist der Vertrag einen Bezug zu einer ausländischen Rechtsordnung auf, handelt ein deutscher Rechtsanwalt, von Ausnahmen abgesehen, gewissenhaft, wenn er einen Vertragsentwurf einem Anwalt aus dem fremden Rechtskreis vorlegt, damit dieser den Vertrag auf etwaige Risiken für den Mandanten überprüft.[530] Sorgfaltspflichtwidrig ist es allenfalls, wenn der Rechtsanwalt den ausländischen Anwalt nicht sorgfältig ausgewählt oder überwacht hat.[531] Wichtig ist, daß der Rechtsanwalt den Mandanten über alle für die Entscheidungsfindung relevanten Kriterien, Zweifelsfragen und Ungewißheiten berät und aufklärt, so daß dieser in der Lage ist, eine eigenverantwortliche Entscheidung zu treffen. Der Rechtsanwalt haftet nur, wenn die ausgehandelte Lösung offensichtlich nicht den Interessen des Mandanten entspricht.

b) Insbesondere Rechtswahlklauseln

Speziell für die Wahl zwischen zwei oder mehreren Rechtsordnungen ist noch ein weiteres zu bedenken. Beruft sich der Mandant gegenüber dem Rechtsanwalt darauf, daß dieser ihm geraten habe, sich auf eine Rechtsordnung einzulassen, die sich später als für ihn nachteilig erweist, so ist davon auszugehen, daß die staatlichen Rechtsordnungen einander in dem Bemühen, einen gerechten Ausgleich der betroffenen Interessen herbeizuführen, grundsätzlich gleichwertig sind. Dies bedeutet nicht zugleich, daß die einzelnen Rechtsordnungen auch gleichartig sein müssen. Sie können hinsichtlich der Problemlösungen im Detail unterschiedliche Bewertungen vornehmen, andere Rechtsfolgen vorsehen und zu inhaltlich voneinander abweichenden Ergebnissen kommen.[532] Dies kann aber nicht dazu führen, daß einem Rechtsanwalt ohne weiteres die Wahl einer „falschen" Rechtsordnung zur Last gelegt werden kann. Es ist ferner zu beachten, daß sich die gewählte Rechtsordnung anläßlich eines späteren Streitfalls für den Mandanten im Einzelfall zwar als nachteilig erweisen mag. Umgekehrt kann die Vertragsgestaltung den Mandanten unter einem anderen Gesichtspunkt gegen-

529 Hierzu: oben, § 6 I 3e).

530 Dann ist der deutsche Rechtsanwalt grundsätzlich entlastet. Vgl. hierzu die oben, III 1a) und b), zitierten Urteile des Bundesgerichtshofs vom 22. 2. 1972 und des Oberlandesgerichts Bamberg vom 7. 11. 1988.

531 Zur Haftung des deutschen Rechtsanwalts bei der Zusammenarbeit mit ausländischen Anwälten im Einzelfall: unten, § 9.

532 Zum Vorstehenden allgemein auch: oben, § 3 IV.

über seinem Vertragspartner aber auch begünstigen. Deshalb ist es wichtig, alle für den Vertrag relevanten Umstände in eine Gesamtbewertung einzubeziehen. Diese muß sich davon lösen, bloße Ausschnitte des Gesamtproblems zu betrachten. Angesichts einer solchen Gesamtbewertung ist es für den Mandanten jedoch kaum nachzuweisen, daß zwischen einer Rechtswahlklausel, die auf eine bestimmte Rechtsordnung verweist, und einem Schaden ein Ursachenzusammenhang besteht. Entsprechendes gilt, wenn die Parteien in einem Vertrag eine Gerichtsstands- oder Schiedsgerichtsvereinbarung ausgehandelt haben.

c) Zusammenfassung

Für die Haftung des Rechtsanwalts, den sein Mandant beauftragt hat, einen Vertrag zu entwerfen oder den Vertragsentwurf der Gegenseite zu bewerten und mit dieser auszuhandeln, gelten neben den allgemeinen Regeln folgende Besonderheiten:

(1) Dem Rechtsanwalt steht bei dieser Tätigkeit ein Spielraum zu, innerhalb dessen er nach pflichtgemäßem Ermessen entscheiden kann.

(2) Weist der Vertrag einen konkreten Bezug zu einer ausländischen Rechtsordnung auf, handelt der deutsche Rechtsanwalt grundsätzlich dann gewissenhaft, wenn er einen Vertragsentwurf einem Anwalt aus dem fremden Rechtskreis vorlegt und diesen seinerseits beauftragt, den Vertrag auf etwaige Risiken für den Mandanten zu überprüfen. Dies gilt insbesondere, wenn der Vertrag eine Klausel enthält, die für Streitigkeiten aus dem Vertrag auf eine ausländische Rechtsordnung verweist oder eine Gerichtsstandsvereinbarung für ein ausländisches Gericht enthält.

(3) Ob der Rechtsanwalt gegen seine Sorgfaltspflichten verstoßen hat, ist durch eine Gesamtbewertung unter Einbeziehung aller denkbaren Umstände zu ermitteln.

(4) Der Rechtsanwalt haftet nur, wenn die von ihm gewählte Lösung offensichtlich nicht den Interessen des Mandanten entspricht oder wenn er den Mandanten nicht ordnungsgemäß aufgeklärt hat, so daß dieser nicht zu einer eigenverantwortlichen Entscheidung in der Lage war.

2. Rechtsberatung

Wenn der Mandant den Rechtsanwalt beauftragt, ihn rechtlich zu beraten und wenn er dabei ausländische Rechtsnormen zu prüfen hat, ist Gegenstand des Mandats stets ein genau umschriebenes Rechtsproblem. Unter haftungsrechtlichen Gesichtspunkten ist der Fall unproblematisch, wenn der Rechtsanwalt dabei eine im voraus bestimmte ausländische Rechtsordnung berücksichtigen soll. Es gelten dann die hierzu entwickelten Sorgfaltsstandards.[533] Insbesondere wenn der Rechtsanwalt seine Erkenntnisse dem Mandanten schriftlich mitgeteilt

533 Oben, III 3b).

hat, kann im Streitfall ohne weiteres überprüft werden, ob die Ausführungen des Rechtsanwalts inhaltlich richtig und umfassend genug waren.

Diese Ausgangslage ändert sich dann, wenn der Mandant Rechtsberatung wegen eines bestimmten Problems begehrt und wenn der Rechtsanwalt dieses nach mehreren Rechtsordnungen untersuchen soll, etwa um die für den Mandanten „günstigste" Rechtsordnung herauszufinden. Auch wenn der Rechtsanwalt in diesem Fall allein entscheidet und nicht darauf angewiesen ist, daß die Gegenseite zustimmt, können hier die zuvor entwickelten Gedanken übertragen werden, wenn der Rechtsanwalt für den Mandanten einen Vertrag mit Auslandsbezug entwirft.[534]

3. Prozeßführung

Kommt es zu einem Rechtsstreit und weist der Streitgegenstand einen Bezug zu ausländischem Recht auf, muß der Rechtsanwalt bestimmen, welche Gerichte international zuständig sind (im folgenden unter a), und sodann, welche Rechtsordnung für die Streitentscheidung anwendbar ist (im folgenden unter b). Dies kann dazu führen, daß ausländisches Sachrecht im Einzelfall zu berücksichtigen ist (im folgenden unter c). Unterliegt eine Partei im Rechtsstreit, stellt sich die Frage, ob dies auf ein pflichtwidriges Verhalten ihres Rechtsanwalts zurückzuführen ist.

a) Internationale Zuständigkeit

Verfahrensrechtlich kann fraglich sein, ob für die Entscheidung eines Rechtsstreits die deutschen Gerichte oder die Gerichte eines anderen Staates international zuständig sind. Dieses richtet sich nach den allgemeinen Regeln, und zwar sowohl in verfahrensrechtlicher[535] als auch in haftungsrechtlicher[536] Hinsicht. Im vorliegenden Zusammenhang sind diejenigen Konstellationen von Interesse, in denen der Rechtsanwalt für seinen Mandanten ausnahmsweise ein Wahlrecht hat, vor welcher staatlichen Gerichtsbarkeit er sich auf einen Rechtsstreit einläßt. Die Wahl des Forums kann weitreichende Folgen für den Ausgang eines Rechtsstreits haben.[537] Rechtliche Unterschiede können sich daraus ergeben, daß die Gerichte wegen des Kollisionsrechts auf die „lex fori" zurückgreifen und so das für den Rechtsstreit anwendbare Sachrecht bestimmen.[538] Ein im Ausland er-

---

534 Oben, 1, insb. b).

535 Vgl. zum deutschen Recht etwa: *Schack*, IZVR, Rdn. 185ff., S. 70ff. m.w.N.; im übrigen gilt für die Zuständigkeitsprüfung die sog. „lex fori", d.h. das Verfahrensrecht des Staates, dessen Gericht angerufen worden ist; hierzu: *Kegel*, § 22 III, S. 810; *Schack*, IZVR, Rdn. 39ff., S. 14ff. jeweils m.w.N.

536 Zu den allgemeinen und besonderen Sorgfaltsstandards: oben, § 6 III 3 sowie § 7 III 3.

537 Hierzu etwa: *v. Bar* I, Rdn. 409, S. 354; *Geimer*, IZPR, Rdn. 79ff., S. 24ff.; *Juenger*, RabelsZ 46 (1982), 708 (710ff.); *Kropholler*, IPR, § 58 IV 1, S. 514f.; *Schack*, IZVR, Rdn. 200ff., S. 77f.; *Siehr*, ZfRV 1984, 124 (126ff.).

538 Hierzu etwa: *Kropholler*, IPR, § 7, S. 41ff. m.w.N.

wirktes Urteil kann möglicherweise in einem anderen Staat nicht vollstreckt werden, weil die Gegenseitigkeit der Vollstreckung zwischen den Staaten nicht verbürgt ist.[539] Somit kann die Wahl eines international zuständigen Gerichts auch mittelbar Einfluß auf das anwendbare Sachrecht haben. Prozessuale Unterschiede zwischen den Gerichtsbarkeiten unterschiedlicher Staaten bestehen vielfach in bezug auf Beweiserhebung, Verfahrenskosten oder Vollstreckbarkeit.[540] Daneben können praktische Gründe erheblich sein, wie etwa die Dauer eines Rechtsstreits, die Nähe des Gerichtsortes oder die Vertrautheit einer Partei mit der anwendbaren Rechtsordnung. Im Ergebnis handelt es sich bei der Wahl eines bestimmten Gerichtsstandes um eine sehr komplexe Entscheidung mit einer Vielzahl von variablen, in ihrer Gesamtheit nur ungenau vorhersehbaren Faktoren.

aa) Wahl des Gerichtsstands (sog. forum shopping)

Es ist denkbar, daß für eine Klage[541] die Gerichte mehrerer Staaten international zuständig sind. Eine Partei kann dann unter den verschiedenen und staatlichen Zuständigkeiten wählen. Diese Konstellation umschreibt die Rechtspraxis mit dem aus dem U.S.-amerikanischen Sprachraum entlehnten Begriff „forum shopping“, was soviel wie „Einkauf des Gerichtsstands“ bedeutet und zu sprachlichen Fehlinterpretationen führen kann.[542] Daran, daß der Kläger zwischen mehreren gesetzlich vorgegebenen Gerichtsständen einen bestimmten auswählt, ist nichts auszusetzen.

---

539 Vgl. § 328 Abs. 1 Nr. 5 ZPO. Dabei handelt es sich um die Anwendung einer nationalen Rechtsvorschrift. Hierzu etwa: BGH, NJW-RR 1986, 1281 (1282) sowie umfassend: Baumbach/Lauterbach/Albers/Hartmann-*Hartmann*, ZPO, § 328 Rdn. 46ff. und Anhang nach § 328; *Geimer*, IZPR, Rdn. 2751ff., S. 636ff., insb. Rdn. 2879ff., S. 665f.; *Schack*, IZVR, Rdn. 871ff., S. 318ff.

540 Als besonders klägerfreundlich gilt eine Klage vor U.S.-amerikanischen Gerichten. Hierzu etwa: *Lord Denning* (M. R.), in Court of Appeal (England), Smith Kline & French Laboratories Ltd. and others v. Bloch [1983] 1 W. L. R. 730 (733f.): „As a moth is drawn to the light, so is a litigant drawn to the United States.“ (sowie mit ausführlicher Begründung). Genannt seien etwa die Möglichkeiten einer vorprozessualen Beweisaufnahme (sog. pretrial discovery) oder der Vereinbarung eines Erfolgshonorars mit dem Anwalt (sog. contingency fee). Hierzu etwa: *Geimer*, IZPR, Rdn. 79ff., S. 24ff. m.w.N. Auch die Zuerkennung hoher Schadenssersatzsummen durch U.S.-amerikanische Geschworenengerichte („trial by jury“) fällt im Gegensatz zu der deutschen Gerichtspraxis auf. Hierzu etwa: *Stürner*, S. 5ff. und S. 10ff. m.w.N.

541 Dies gilt sowohl für eine Leistungsklage als auch umgekehrt für eine präventive negative Feststellungsklage. Hierzu: *Geimer*, IZPR, Rdn. 1113ff., S. 291f.; *Schack*, IZVR, Rdn. 231, S. 87.

542 Hierzu etwa: *Geimer*, IZPR, Rdn. 1095, S. 287, der gar von einem „bösen Terminus“ spricht; *Juenger*, RabelsZ 46 (1982), 708f. (auch m.w.N.). Allgemein zum Einfluß der Rechtsterminologie auf das Rechtsbewußtsein: *Großfeld*, JZ 1984, 1ff. Entsprechend der deutschen Rechtstradition soll im folgenden eine sachliche Begriffsbildung gewählt werden.

Insbesondere im Bereich des Rechts der unerlaubten Handlungen spielt die Wahl des Gerichtsstands eine erhebliche Rolle. Beispielhaft sei der vom Europäischen Gerichtshof mit Urteil vom 30. 11. 1976 entschiedene Fall erwähnt.[543] Dabei ging es um die Klage eines in den Niederlanden ansässigen Gärtnereibetriebes und einer Stiftung „Reinwater", deren satzungsmäßiger Zweck es war, die Verbesserung der Wasserqualität im Stromgebiet des Rheins zu fördern. Beklagte war eine Gesellschaft mit Sitz in Frankreich, die im Elsaß ein Kalibergwerk betrieb. Streitgegenstand waren Schäden wegen der Verunreinigung des Rheins sowie der Produkte der Klägerin zu 1.) infolge von Salzabfällen, die das beklagte Unternehmen in den Fluß geleitet hatte. Auf der Rechtsgrundlage des Art. 5 Nr. 3 EuGVÜ hat das Gericht verbindlich entschieden, daß der Kläger wählen kann, ob er die Klage vor dem Gericht desjenigen Ortes erhebt, an dem der Schaden eingetreten ist, oder vor dem Gericht desjenigen Ortes, an dem der Schaden verursacht worden ist.[544]

Fraglich ist dann, wieweit die Pflichten des Rechtsanwalts reichen, für seinen Mandanten den „günstigsten" Gerichtsstand herauszufinden. Mehrere Autoren im rechtswissenschaftlichen Schrifttum vertreten die Ansicht, daß ein Rechtsanwalt verpflichtet sei herauszufinden, vor welchem Gericht eine Klage den größtmöglichen Erfolg verspreche. Verletze der Rechtsanwalt diese Pflicht, so mache er sich schadensersatzpflichtig.[545]

Die Aussage hält in dieser Allgemeinheit einer genaueren Betrachtung nicht stand. Ausgangspunkt der zu treffenden Bewertung muß das Interesse des Mandanten sein, an dem der beauftragte Rechtsanwalt seine Entscheidung auszurichten hat. Aus dem zuvor Gesagten folgt, daß der Rechtsanwalt diejenigen Rechtsnormen, welche die internationale Zuständigkeit regeln, richtig anwenden muß.[546] Dieser Verpflichtung kommt ein Rechtsanwalt, der einen bestimmten gesetzlich vorgesehenen Gerichtsstand auswählt, nach. Ein deutscher Rechtsanwalt ist jedoch nicht ohne weiteres verpflichtet, bei der Mandatsbearbeitung ausländisches Recht zu berücksichtigen. Er muß nur erkennen, daß aufgrund der anwendbaren Zuständigkeitsvorschriften eine Wahlmöglichkeit besteht, wonach er vor mehreren Gerichten die Klage erheben kann. Gleichwohl hat der Rechtsanwalt auch praktische, insbesondere wirtschaftliche Erwägungen anzustellen. Die Entscheidung für die Klage vor einem bestimmten Gericht hängt

543 EuGH, NJW 1977, 493 f. („Handelswekerij G. J. Bier B. V./. Mines de Potasse d'Alsace S.A.").

544 Nach dem autonomen deutschen Recht folgt dies aus § 35 ZPO. Hierzu: BGH, NJW 1985, 552 (553). Danach ist es einem Kläger nicht verwehrt, sein Klagebegehren unter Beachtung der internationalen Zuständigkeit und der übrigen Regeln über den Gerichtsstand vor dem Gericht seiner Wahl geltend zu machen.

545 *Geimer*, IZPR, Rdn. 1096, S. 287; *Juenger*, RabelsZ 46 (1982), 708 (713); *Kropholler*, IPR, § 58 IV 3, S. 515; *Schack*, IZVR, Rdn. 223, S. 84; *Siehr*, ZfRV 1984, 121 (141 f.). Gegenstimmen oder differenzierende Meinungen hierzu sind nicht ersichtlich.

546 Zu den allgemeinen Sorgfaltsstandards bei der Anwendung deutschen Rechts: oben, § 6 III 3.

nämlich von einer Vielzahl von oben bereits in der Einführung geschilderten Faktoren ab.

Ebenso wie in dem Fall, daß ein Rechtsanwalt eine bestimmte Rechtsordnung auszuwählen hat, wenn er von dem Mandanten beauftragt ist, einen Vertrag zu entwerfen oder auszuhandeln, ist es bei derart komplexen Rechtsfragen oft nur schwer feststellbar, ob der Rechtsanwalt im Einzelfall tatsächlich das „günstigste" Gericht ausgewählt hat. Die Prognose eines Rechtsstreits ist angesichts der Vielzahl der zu berücksichtigenden Faktoren in vielen Fällen lediglich sehr ungenau möglich. Dies gilt um so mehr, wenn es um einen Prozeß vor einem ausländischen Gericht geht. Auch das Votum eines ausländischen Kollegen kann dann nur einen groben Anhaltspunkt geben. Im einzelnen kann auch für die Frage, ob ein Rechtsanwalt bei der Auswahl eines internationalen Gerichtsstandes seinem Mandanten haftet, auf die zuvor entwickelten Sorgfaltsmaßstäbe zurückgegriffen werden.[547]

b) Prorogration der internationalen Zuständigkeit

Wenn nur ein bestimmtes Gericht international zuständig ist, kann sich die Zuständigkeit des angerufenen, an sich nicht zuständigen Gerichts auch daraus ergeben, daß der Beklagte sich auf den Rechtsstreit vor diesem Gericht rügelos einläßt.[548] Dabei ist zwischen den im folgenden beschriebenen Konstellationen zu unterscheiden.

Hat ein Rechtsanwalt im Auftrag seines Mandanten die Klage vor dem international allein zuständigen Gericht erhoben, kann der Mandant sich in einem späteren Haftungsprozeß nicht darauf berufen, die Klageerhebung vor einem an sich international unzuständigen Gericht sei erfolgversprechender gewesen. Eine Prorogation der internationalen Zuständigkeit hinge nämlich von einem Verhalten des Beklagten ab, das hinzugedacht werden müßte. Daß der Beklagte sich aber auf einen dem Kläger „günstigen" Gerichtsstand rügelos einläßt, kann nicht vermutet werden. Daher ist ein etwaiger Fehler des Rechtsanwalts nicht kausal für einen Schaden seines Mandanten.

Soweit ein Rechtsanwalt die Klage vor einem international unzuständigen Gericht erhoben und der Beklagte dessen Unzuständigkeit ordnungsgemäß gerügt hat, gelten die allgemeinen Grundsätze. Der Rechtsanwalt hat dann die Zuständigkeitsvorschriften unrichtig angewandt und haftet dem Mandanten grundsätzlich für den dadurch verursachten Schaden. Dabei macht es keinen Unterschied, ob der Rechtsanwalt die Klage vor einem deutschen Gericht erhoben hat[549] oder

---

547 Oben, 1.

548 Sog. Prorogation. Vgl. §§ 38 Abs. 2, 39 S. 1 ZPO, hierzu etwa: Baumbach/Lauterbach/Albers/Hartmann-*Hartmann*, ZPO, § 38 Rdn. 21 ff. und § 39 Rdn. 5; Zöller-*Vollkommer*, ZPO, § 38 Rdn. 5, 23 ff. und § 39 Rdn. 4. Vgl. auch Art. 17, 18 EuGVÜ sowie hierzu etwa: *Kropholler*, EuGVÜ, Art. 18 Rdn. 7 ff.; *Sandrock*, ZvglRWiss 78 (1979), 177 (178 ff.); *Schack*, IZVR, Rdn. 484 ff., S. 181 f.; *Siehr*, ZfRV 1984, 124 (138 f.).

549 Dann gelten die oben, § 6 III 3 aufgestellten Regeln.

ob er dem Mandanten geraten hat, vor einem ausländischen Gericht zu klagen, wenn er diesen über die Risiken aufgeklärt und der Mandant daraufhin zugestimmt hat. Jedenfalls dann, wenn der Rechtsanwalt dem Mandanten konkret geraten hat, vor einem ausländischen Gericht zu klagen bzw. eine Klage erhoben hat, ist die Anwendung der ausländischen Rechtsnormen, welche die internationale Zuständigkeit des angerufenen Gerichts regeln, Gegenstand des Anwaltsvertrages.[550]

Wenn der Kläger vor einem international unzuständigen Gericht klagt, muß der Beklagte entscheiden, ob er sich auf die Klage rügelos einläßt oder nicht. Erweist sich der gewählte Gerichtsstand für den Beklagten als nachteilhaft, gelten für den Rechtsanwalt des Beklagten dann diejenigen Grundsätze, die zuvor für Fälle entwickelt worden sind, in denen der Kläger zwischen mehreren Gerichtsständen wählen kann.[551] Das gleiche gilt umgekehrt für die Haftung des vom Kläger beauftragten Rechtsanwalts, wenn sich der Beklagte rügelos auf die Klage vor einem an sich international unzuständigen Gericht eingelassen und sich das gewählte Forum für den Kläger als nachteilig erwiesen hat.

b) Rechtswahl während eines Prozesses

Bei einem Rechtsstreit vor deutschen Gerichten kann sich die Frage stellen, ob auf einen Streitgegenstand mit Auslandsbezug deutsches oder ausländisches Sachrecht anzuwenden ist. Dies muß nach den allgemeinen Regeln der Art. 3 ff., insbesondere Art. 28 EGBGB, festgestellt werden.[552] Diese Regeln sind zumeist eindeutig und lassen dem Rechtsanwalt kein Wahlrecht. Jedoch können sich die Parteien noch während eines Rechtsstreits darauf einigen, eine kollisionsrechtlich nicht indizierte Rechtsordnung anzuwenden. Dies kann auch konkludent erfolgen.[553] Besteht somit die Möglichkeit, zwischen mindestens zwei Rechtsordnungen zu wählen, stellt sich die Frage, ob der Rechtsanwalt dem Mandanten haftet, wenn er diesem geraten hat, sich auf die für diesen „ungünstigere" Rechtsordnung einzulassen.[554]

---

550 Oben, III 3.

551 Oben, aa).

552 Hierzu etwa: *Kegel*, §§ 17 ff., S. 387 ff.; *Kropholler*, IPR, §§ 41 ff., S. 273 ff., jeweils m. w. N.

553 Vgl. Art. 27 Abs. 2 S. 1 EGBGB. Eine konkludente Rechtswahl setzt voraus, daß beide Parteien ein entsprechendes Erklärungsbewußtsein haben. Wichtiges Indiz hierfür ist, daß beide Parteien die Sache nach einer bestimmten Rechtsordnung behandeln. Hierzu etwa: BGH, NJW-RR 1990, 248 (249); NJW 1991, 1292 (1293); 1992, 909; 1992, 1380 sowie Palandt-*Heldrich*, EGBGB, Art. 27 Rdn. 7 und *Sandrock*, RIW 1986, 841 (847 f.) jeweils m. w. N. Praktisch dürfte nach der Rechtsprechung bereits ein bloßes Verhandeln nach deutschem Recht ausreichen. Dies geht sehr weit; kritisch hierzu etwa: *Schack*, NJW 1984, 2736 (2738 f.) und *ders.*, IZVR, Rdn. 623, S. 230, insbesondere, wenn eine Partei die kollisionsrechtliche Fragestellung gar nicht erkannt hat.

554 *Schack* stellt zur Frage der Pflichten des Rechtsanwalts bei einer Rechtswahl im Prozeß lediglich darauf ab, daß ein Rechtsanwalt das Risiko der Wahl der „lex fori" be-

aa) Keine einseitige nachträgliche Rechtswahl durch den Kläger

Die Konstellation, daß der Kläger nach der anwendbaren Rechtsordnung vorgeht, auf welche die anzuwendenden Kollisionsnormen verweisen, ist haftungsrechtlich unproblematisch, da der Rechtsanwalt, der den Kläger berät, sich dann ordnungsgemäß verhält. Vertritt der Rechtsanwalt den Kläger, kann der Mandant nicht verlangen, daß der von ihm beauftrage Rechtsanwalt ihm rät, auf eine nach den kollisionsrechtlichen Regeln an sich nicht anwendbare („falsche") Rechtsordnung abzustellen und darauf zu vertrauen, die Gegenseite und die Gerichte würden dies nicht bemerken oder die Gegenseite würde sich damit einverstanden erklären. Selbst wenn der Mandant beweisen könnte, daß eine ausländische Rechtsordnung, zu welcher der Sachverhalt einen konkreten Bezug aufweist, für ihn günstiger gewesen wäre, kann er mit einer derartigen Argumentation in einem Haftungsprozeß keinen Erfolg haben. Es hätte dann zusätzlich eines Einlassens des Beklagten bedurft. Die Entscheidung des Rechtsanwalts, die andere Rechtsordnung nicht in den Prozeß einzuführen, ist daher nicht kausal für einen etwaigen Schaden des Mandanten. Es fehlt aber auch ein pflichtwidriges Verhalten des Rechtsanwalts.

bb) Nachträgliche Rechtswahl durch Einlassung des Beklagten

Wenn der Kläger jedoch auf eine „falsche" Rechtsordnung abgestellt hat, muß der den Beklagten beratende Rechtsanwalt entscheiden, ob er dem Mandanten rät, zu widersprechen oder sich darauf einzulassen. Es ist zu unterscheiden, ob die deutschen Kollisionsnormen auf deutsches Sachrecht oder auf eine ausländische Rechtsordnung verweisen.

Zuvor wurde der Grundsatz entwickelt, daß ein deutscher Rechtsanwalt grundsätzlich nicht verpflichtet ist, ausländisches Recht bei der Mandatsbearbeitung zu berücksichtigen.[555] Allein dadurch, daß die gegnerische Partei in einem Rechtsstreit auf ausländisches Recht abstellt, wird dieses nicht Gegenstand des Vertrages des gegnerischen Rechtsanwalts mit seinem Mandanten. Der Mandant kann daher von seinem Rechtsanwalt grundsätzlich nicht verlangen, daß dieser überprüft, ob es für den Ausgang des Rechtsstreits günstiger ist, wenn die von der Gegenseite eingeführte ausländische Rechtsordnung anstatt des kollisionsrechtlich richtigerweise heranzuziehenden deutschen Rechts angewandt würde. Ein Rechtsanwalt verhält sich also nicht sorgfaltswidrig, wenn er der Einbeziehung ausländischen Rechts in einem Rechtsstreit ohne inhaltliche Überprüfung der ausländischen Rechtsordnung widerspricht.

Wenn kollisionsrechtlich auf eine ausländische Rechtsordnung abzustellen ist, kann es für den Mandanten von Interesse sein, darüber zu entscheiden, ob er sich

wußt mit den Vorteilen abwägen müsse, NJW 1984, 2736 (2737). Des weiteren führt er allgemein aus, der Rechtsanwalt müsse in jedem Einzelfall ernsthaft überlegen, ob er die Anregung, die „lex fori" zu vereinbaren, befolgen soll, a.a.O., S. 2739f.

555 Oben, III 3a).

auf deutsches Recht einläßt. In diesem Fall erstreckt sich der Auftrag auch auf die Anwendung der ausländischen Rechtsnormen. Es gelten dann die zuvor entwickelten besonderen Regeln.[556] Der Rechtsanwalt ist also zu einer umfassenden Aufklärung seines Mandanten verpflichtet. Er muß für seinen Mandanten prüfen, ob es für diesen rechtlich günstiger ist, sich auf deutsches Recht einzulassen. Insoweit gelten die gleichen Anforderungen, wenn ein Rechtsanwalt für seinen Mandanten prüft, vor welchem Gericht er eine Klage erhebt.[557]

c) Anwendung ausländischen Rechts im Prozeß

Während eines Rechtsstreits kann ein Rechtsanwalt gezwungen sein, bestimmte ausländische Rechtsnormen zu berücksichtigen. Deren Prüfung ist dann Gegenstand des Anwaltsvertrages, so daß die hierzu entwickelten haftungsrechtlichen Grundsätze gelten.[558]

Beispielhaft sei darauf verwiesen, daß im internationalen Zusammenhang zu beachten ist, daß andere Rechtsordnungen keine Ansprüche der obsiegenden Partei auf Prozeßkostenerstattung (§§ 91 ff. ZPO) vorsehen[559] oder keine streitwertorientierte Kostenberechnung kennen. Ausländische Anwälte rechnen insbesondere nach dem zeitlichen Aufwand für die Mandatsbearbeitung ab.[560] Dies kann die Rechtsverfolgung insbesondere bei Rechtsstreitigkeiten mit einem niedrigen Gegenstandswert im Vergleich zu Deutschland erheblich verteuern, ja geradezu wirtschaftlich unsinnig machen.[561] Auf das mit der Rechtsverfolgung im Ausland verbundene Kostenrisiko muß ein deutscher Rechtsanwalt den Mandanten, im Gegensatz zum deutschen Recht[562], dann auch hinweisen. Dies beruht darauf, daß der Mandant insoweit besonders schutzbedürftig ist, weil er aufgrund seiner Erwartungen, die auf der Rechtspraxis in Deutschland beruhen, nicht mit den abweichenden Rechtsnormen im Ausland rechnet.

---

556 Oben, III 3b) sowie oben 1.

557 Oben, a) aa). Hierbei gelten die zuvor unter 1 entwickelten Sorgfaltsanforderungen.

558 Oben, III 3b).

559 Etwa zur Rechtslage in Frankreich, wo das Gericht die unterlegene Partei zwar zu einer Entschädigung verurteilen kann (Art. 700 NCPC), deren Höhe (gegenwärtig 10000 französische Franken) aber in aller Regel nicht ausreicht, das Anwaltshonorar abzudecken: *Recq*, AnwBl 1993, 67 (68f.). In den U.S.A. gilt nach common law der Grundsatz, daß die unterlegene Partei eines Rechtsstreits nicht verpflichtet ist, der obsiegenden Partei ihre außergerichtlichen Kosten zu erstatten (sog. „American Rule"). Hierzu etwa: *Jestaedt*, RIW 1986, 95 ff.; *Maxeiner*, RIW 1990, 440 (445); *Weinschenk*, RIW 1990, 435 ff.

560 Allgemein zu den Anwaltshonoraren: oben, § 6 III 3a) bb).

561 In den U.S.A. wird es erst ab einem Gegenstandswert von 10.000 bis 100.000 U.S.-Dollar als wirtschaftlich angesehen, einen Rechtsstreit zu beginnen, vgl. *Maxeiner*, RIW 1990, 440 (445). Dies gilt, soweit der Anwalt nicht auf Erfolgshonorarbasis tätig wird.

562 Oben, § 6 I 3c).

d) *Einstweiliger Rechtsschutz*

Soweit ein Gericht auch in Verfahren des einstweiligen Rechtsschutzes das anwendbare ausländische Recht von Amts wegen ermitteln muß, § 293 ZPO,[563] fehlt es an der gemäß §§ 920 Abs. 2, 936, 294 ZPO erforderlichen Glaubhaftmachung des Verfügungsanspruchs, wenn der den Antragsteller vertretende Rechtsanwalt dem Gericht nicht die erforderlichen Rechtsnormen, Gerichtsentscheidungen oder die in der Rechtslehre geäußerten Ansichten aus dem ausländischen Rechtskreis präsentiert.[564] Auch wenn die Anforderungen an die zu beachtende Sorgfalt unter Zeitdruck gemindert sind,[565] muß der Rechtsanwalt einer Partei in der genannten Konstellation zumindest einen schlüssigen Antrag stellen bzw. eine erhebliche Verteidigung vorbringen. Er muß irreversible Schäden für seinen Mandanten vermeiden. Allerdings kann von einem deutschen Rechtsanwalt unter derartigen Umständen nur verlangt werden, was diesem angesichts der begrenzten personellen, sachlichen und zeitlichen Möglichkeiten zuzumuten ist. Deshalb ist im Einzelfall eine Gesamtbewertung aller Umstände vorzunehmen. Eine weitere schematische Beschreibung ist nicht möglich.

V. Zusammenfassung

Um zu ermitteln, ob ein Rechtsanwalt objektiv pflichtwidrig handelt, wenn er den Mandanten im Zusammenhang mit ausländischem Recht berät oder den Inhalt ausländischen Rechts prüft, gilt der Grundsatz, daß ein deutscher Rechtsanwalt nicht verpflichtet ist, ausländisches Recht bei der Mandatsbearbeitung zu berücksichtigen und anzuwenden. Für jeden Rechtsanwalt ist maßgebend:

(1) Der Rechtsanwalt muß die nationalen Kollisionsnormen heranziehen und erkennen, daß ausländisches Recht bei der Auftragsbearbeitung zu berücksichtigen ist. Hierüber muß er den Mandanten aufklären und mit ihm das weitere Vorgehen absprechen.

(2) Der Rechtsanwalt muß sodann entscheiden, ob er das Mandat niederlegt oder weiterbearbeitet.

Zusätzliche Anforderungen gelten, wenn die Anwendung ausländischen Rechts Gegenstand des konkreten Auftrags ist oder wenn der Rechtsanwalt generell im Rechtsverkehr unter einer Spezialisierung auftritt, aus der Mandanten auf Kenntnisse in einer bestimmten ausländischen Rechtsordnung schließen können.

(3) Dann muß der Rechtsanwalt entscheiden, ob er das ausländische Recht selbst bearbeitet oder ob (und gegebenfalls wie) er mit einem ausländischen Kollegen zusammenarbeitet. In der Regel wird er einen ausländschen Anwalt beauftragen,

---

563 OLG Oldenburg, RIW 1981, 136ff.; *Kropholler*, IPR, § 31 III 3, S. 197ff.; *Schack*, IZVR, Rdn. 627, S. 231f.

564 OLG Frankfurt, NJW 1969, 991f.; kritisch: *Mankowski/Kerfack*, IPRax 1990, 373ff.

565 Oben, III 3b) cc).

es sei denn, er arbeitet mit einem ausländischen Anwalt in einer Sozietät zusammen.

(4) Der Rechtsanwalt muß mit dem Mandanten absprechen, inwieweit die eigene Rechtsprüfung auch ausländisches Recht erfaßt, und er muß eine Vereinbarung treffen, welche die eigene Haftung und die Haftung für Fehler des ausländischen Anwalts betrifft. Allerdings haftet er dem Mandanten stets, wenn er den ausländischen Anwalt fehlerhaft ausgewählt oder überwacht hat.

(5) Sodann ist die Honorarfrage zu klären. Der Rechtsanwalt sollte klarstellen, daß der Mandant die zusätzlichen Kosten für die Beauftragung des ausländischen Anwalts trägt.

(6) Entschließt sich der Rechtsanwalt, ausländisches Recht selbst zu bearbeiten, muß er entsprechend den allgemeinen Grundsätzen die jeweiligen Rechtsprobleme erkennen und eingrenzen, die Rechtsgrundlagen und die relevante Rechtsprechung erfassen, im konkreten Fall auswerten und umsetzen sowie das ausländische Recht richtig, d.h. vertretbar, aber im Interesse seines Mandanten anwenden.

Besonderheiten können sich ergeben, wenn der Rechtsanwalt den Auftrag unter Zeitdruck zu erledigen hat. Auch spezielle Kenntnisse des Mandanten auf dem Gebiet der jeweiligen ausländischen Rechtsordnung beeinflussen die Sorgfaltspflichten des Rechtsanwalts.

Diese Kriterien müssen den besonderen Umständen angepaßt werden, je nachdem, ob der konkrete Auftrag den Rechtsanwalt zum Rechtsbeistand im Rahmen von Vertragsgestaltung und -verhandlungen, zur Rechtsberatung oder zur Prozeßführung verpflichtet. Muß der Rechtsanwalt eine komplexe Bewertung deutschen und ausländischen Rechts vornehmen, gelten neben den allgemeinen Regeln die nachfolgend beschriebenen Besonderheiten:

(7) Dem Rechtsanwalt steht bei der jeweiligen Tätigkeit ein Spielraum zu, innerhalb dessen er nach pflichtgemäßem Ermessen entscheiden kann.

(8) Weist der Vertrag einen konkreten Bezug zu einer ausländischen Rechtsordnung auf, handelt ein deutscher Rechtsanwalt grundsätzlich dann gewissenhaft, wenn er einen Vertragsentwurf einem Anwalt aus dem fremden Rechtskreis vorlegt und diesen seinerseits beauftragt, den Vertrag auf etwaige Risiken für den Mandanten zu überprüfen. Dies gilt insbesondere, wenn der Vertrag eine Klausel enthält, die für Streitigkeiten aus dem Vertrag auf eine ausländische Rechtsordnung verweist oder eine Gerichtsstandsvereinbarung für ein ausländisches Gericht enthält.

(9) Ob der Rechtsanwalt gegen seine Sorgfaltspflichten verstoßen hat, ist durch eine Gesamtbewertung unter Einbeziehung aller denkbaren Umstände zu ermitteln.

(10) Der Rechtsanwalt haftet nur, wenn die von ihm gewählte Lösung offensichtlich nicht den Interessen des Mandanten entspricht oder wenn er den Mandanten

nicht ordnungsgemäß aufgeklärt hat, so daß dieser nicht zu einer eigenverantwortlichen Entscheidung in der Lage war.

Wichtig ist bei alledem, daß der Rechtsanwalt den Mandanten über alle Kriterien, Zweifelsfragen und Ungewißheiten berät und aufklärt, die für die Auftragsdurchführung relevant sind, so daß dieser in der Lage ist, eine eigenverantwortliche Entscheidung zu treffen.

3. Teil: Haftung bei der Zusammenarbeit mit ausländischen Anwälten

Die vorangegangenen Ausführungen sind aus methodischen Gründen davon ausgegangen, daß der Rechtsanwalt einen Auftrag allein bearbeitet. In der Rechtspraxis stellt es gerade bei Mandaten mit Auslandsbezug für den Rechtsanwalt den Regelfall dar, daß er mit Anwälten aus dem jeweiligen Rechtskreis zusammenarbeitet. Es soll nunmehr geprüft werden, wie sich die verschiedenen Kooperationsformen[566] auf die vertragliche Haftung des Rechtsanwalts gegenüber seinem Mandanten auswirken. Dabei ist zu differenzieren, ob der deutsche Rechtsanwalt mit dem ausländischen Kollegen ständig auf vertraglicher Grundlage (im folgenden unter § 8) oder nur im Einzelfall (im folgenden unter § 9) zusammenarbeitet. Gesondert zu betrachten ist die Konstellation, daß ein deutscher Rechtsanwalt mit einem ausländischen Anwalt kooperiert, um für diesen das nach § 4 Abs. 1 RADG erforderliche Einvernehmen herzustellen (im folgenden unter § 10).

§ 8 Ständige Zusammenarbeit auf vertraglicher Grundlage

Bei den Kooperationsformen ist an erster Stelle die herkömmliche Rechtsform, in der deutsche Rechtsanwälte zusammenarbeiten, die Sozietät, zu untersuchen (im folgenden unter I). Daneben gibt es die sog. Bürogemeinschaft[567], für die allerdings im vorliegend erörterten Zusammenhang bei Mandaten mit Auslandsbezug keine Besonderheiten gelten. Vom 1. 7. 1995 an können sich Rechtsanwälte zu einer Partnerschaftsgesellschaft zusammenschließen (im folgenden unter II). Seit dem Urteil des Bayrischen Obersten Landesgerichts vom 24. 11. 1994 ist auch die Gründung einer Rechtsanwalts-GmbH möglich (im folgenden unter III). Auf europäischer Ebene können Anwälte oder Anwaltssozietäten eine EWIV gründen (im folgenden unter IV). Schließlich bestehen Möglichkeiten, auf schlicht vertraglicher Grundlage, d. h. ohne gesellschaftsrechtliche Bindung, über einen längeren Zeitraum zusammenzuarbeiten (im folgenden unter V). Kurz anzusprechen ist die deliktsrechtliche Haftung für andere Anwälte (im folgenden unter VI).

566 Zu den einzelnen Kooperationsformen allgemein: oben, § 1 II 2.
567 Allgemein zur Bürogemeinschaft: oben, § 1 II 2b).

I. Sozietät (Gesellschaft bürgerlichen Rechts)

Um die haftungsrechtlichen Folgen einer Zusammenarbeit von Rechtsanwälten in einer Sozietät[568] zu bewerten, ist von dem Grundfall auszugehen, daß alle Sozien bei einem deutschen Gericht zugelassen sind (im folgenden unter 1). Besonderheiten können sich ergeben, wenn ein Sozius nach außen erkennbar als Spezialist in einer bestimmten ausländischen Rechtsordnung auftritt (im folgenden unter 2). Schließlich ist zu prüfen, welche haftungsrechtlichen Regeln für eine internationale Anwaltssozietät gelten (sodann unter 3).

1. Sozietät zwischen deutschen Rechtsanwälten

Ob ein Mandant alle Mitglieder einer Rechtsanwaltssozietät als Gesamtschuldner in Anspruch nehmen kann, hängt von den Umständen des konkreten Auftrags ab.

a) Grundsatz: Gesamtschuldnerische Haftung der Sozien

Neben dem gesamthänderisch gebundenen Gesellschaftsvermögen haften grundsätzlich alle Mitglieder einer Rechtsanwaltssozietät aus dem zwischen ihnen und dem Auftraggeber bestehenden Vertrag als Gesamtschuldner, wenn ein Sozietätsmitglied infolge pflichtwidrigen Verhaltens beim Mandanten schuldhaft einen Schaden verursacht hat. Dies ist seit der grundlegenden Entscheidung des VI. Zivilsenats des Bundesgerichtshofs vom 6. 7. 1971[569] allgemeine Rechtsprechung.[570] Dem hat der Gesetzgeber Rechnung getragen und die Grundsätze in dem neu geschaffenen § 51 a Abs. 2 S. 1 BRAO kodifiziert.

Der Bundesgerichtshof hat die gesamtschuldnerische Haftung aller Sozien daraus hergeleitet, daß der Rechtsanwalt, der ein ihm angetragenes Mandat annimmt, regelmäßig namens der Sozietät handele. Der Rechtsanwalt verpflichte dann nicht nur sich, sondern auch seine Sozien.[571] Die gesamtschuldnerische Haftung aller Sozien sei der gesetzliche Regelfall. Der Senat hat zur Begründung ausgeführt, daß allein diese Rechtsfolge der Interessenlage und der Verkehrsauffassung entspreche. Die Sozietät trete gegenüber dem Mandanten als Einheit auf,

---

568 Allgemein zur Sozietät: oben, § 1 II 2a). Im folgenden ist von der Sozietät im gesellschaftsrechtlichen Sinne die Rede.

569 BGHZ 56, 355 ff. = NJW 1971, 1801 ff.

570 Ebenso etwa: BGH, NJW 1978, 996 f.; 1991, 1225; 1992, 3037 (3038); 1995, 51 (52) und NJW 1995, 449 (450), unter Verweis auf §§ 427, 714 BGB; OLG Düsseldorf, AnwBl 1995, 193 und die allgemeine Ansicht im Schrifttum: *Borgmann/Haug*, § 36 Rdn. 1 ff., S. 234 ff.; *Gatto*, S. 164; *Kornblum*, BB 1973, 218 ff.; *K. Müller*, NJW 1969, 903 ff. und 1416 f.; *Plass*, Der Haftungsstatus von Anwaltsgemeinschaften (1991), S. 64 ff.; *Rinsche*, Rdn. I 161, S. 72; *Seltmann*, VersR 1974, 97 ff.; *Steindorff*, in: FS-R. Fischer (1979), S. 747 ff.; *Vollkommer*, Rdn. 314, S. 181 und Rdn. 57 ff., S. 30 f. mit zum Teil allerdings abweichenden rechtsdogmatischen Begründungen. Die Gegenstimme von *Arndt*, NJW 1969, 1200 ist inzwischen als überholt anzusehen.

571 BGH, NJW 1971, 1801 (1802).

der dieser besonderes Vertrauen entgegenbringe. Hierzu sei das zwischen der Sozietät und dem Mandanten bestehende Außenverhältnis maßgeblich. Der Rechtsuchende, der eine Sozietät beauftrage, wolle sich grundsätzlich gerade die Vorteile zu Nutze machen, die ihm eine solche Sozietät biete. Der Mandant wolle insofern besser stehen, als wenn er einen Einzelanwalt beauftrage. So habe er die Gewißheit, daß hinter „seinem“ Rechtsanwalt die Sozietät mit ihren Vorteilen in bezug auf Organisation und Arbeitsteilung stehe. Wenn etwa die Sache von einem jüngeren Rechtsanwalt bearbeitet werde, der noch über keine große Erfahrung verfügt, rechne der Mandant vielfach damit, daß dieser sich gegebenenfalls, insbesondere in Spezialfragen, bei anderen Mitgliedern der Sozietät Rat holen werde. Gerade die gemeinsame Nutzung der Berufserfahrung und die Pflege des Gedankenaustauschs gehöre zum Zweck der Sozietät.[572] Diese Grundgedanken sind auch der Hintergrund des neuen § 51a Abs. 2 S. 1 BRAO.[573]

b) Keine gesamtschuldnerische Haftung bei Einzelmandat

Dem Mandanten haften ausnahmsweise nicht alle Sozien, wenn von vornherein nur ein Rechtsanwalt oder einzelne Rechtsanwälte der Sozietät Vertragspartner des Mandanten sind (sog. Einzelmandat, im Gegensatz zum sog. Gesamtmandat). Abzustellen ist darauf, von welchem Rechtsanwalt der Mandant nach seinem ausdrücklich oder schlüssig erklärten Willen erwartet, daß er die anwaltlichen Pflichten erfüllt sowie mit welchem Inhalt ein Rechtsanwalt der Sozietät dem Vertragsschluß zugestimmt hat. Der besonders begründungsbedürftige Ausnahmefall ist, daß der Rechtsanwalt ein Einzelmandat vereinbaren will.[574] Der Rechtsanwalt muß dies daher gegenüber seinem Vertragspartner klarstellen.[575] Daß der Gesetzgeber an der bisherigen höchstrichterlichen Rechtsprechung durch die neuen Vorschriften der Bundesrechtsanwaltsordnung etwas ändern wollte, ist nicht ersichtlich.

Indiz für ein Einzelmandat kann etwa sein, daß der Mandant im unmittelbaren Zusammenhang mit der Beauftragung eines Rechtsanwalts einer Sozietät eine nur auf diesen ausgestellte Vollmacht unterzeichnet.[576] Entsprechendes kann gelten, wenn Angelegenheiten der freiwilligen Gerichtsbarkeit Gegenstand des Auftrags sind, wenn es sich um einen reinen Beratungsauftrag handelt oder wenn ein Gericht dem Mandanten einen Rechtsanwalt zugeordnet hat[577]. Kein Ge-

572 BGH, NJW 1971, 1801 (1803 f.). Auch OLG München, MDR 1994, 418.

573 BT-Dr. 12/4993 vom 19.5.1993, S. 23 und 32.

574 Grundlegend: BGH, NJW 1971, 1801 (1802 f.); OLG Düsseldorf, AnwBl 1995, 193 f. Zum Gesamtzusammenhang auch: *Borgmann/Haug*, § 36 Rdn. 9 ff., S. 237 ff.; *Hartstang*, S. 591 f.; *Rinsche*, Rdn. I 18 ff., S. 8 ff.; *Vollkommer*, Rdn. 52 ff., S. 28 ff.

575 BGH, NJW 1978, 1003 (1004).

576 Zur Bedeutung und auch den Grenzen der Indizwirkung der vom Mandanten erteilten Vollmacht: BGH, NJW 1971, 1801 (1802) sowie BGH, NJW 1994, 232.

577 Zu der Konstellation, daß der Mandant im Verfahren der Prozeßkostenhilfe einen Rechtsanwalt, der einer Sozietät angehört, beigeordnet erhält und diesen beauftragt: BGH, NJW 1991, 2294 und OLG Köln, AnwBl 1994, 300.

samtmandat liegt im Regelfall dann vor, wenn nur einer der Rechtsanwälte bei dem Gericht zugelassen ist, bei dem zu verhandeln war, oder wenn der Gegenstand des Auftrags eine nichttypische Anwaltstätigkeit betrifft.[578]

c) Keine gesamtschuldnerische Haftung bei Haftungsbegrenzung

Die Rechtsanwälte einer Sozietät können mit dem Mandanten vertraglich vereinbaren, daß sie die Haftung auf das gesamthänderisch gebundene Gesellschaftsvermögen beschränken. Die höchstrichterliche Rechtsprechung vertritt die Ansicht, daß es für die Mitglieder einer Gesellschaft bürgerlichen Rechts zulässig sei, ihre Haftung auf das Gesellschaftsvermögen in der Weise zu begrenzen, daß sie die Vertretungsmacht des geschäftsführenden Gesellschafters durch den Gesellschaftsvertrag entsprechend ausgestalten. Diese Beschränkung der Vertretungsmacht müsse – zumindest nach einer Prüfung – erkennbar sein. Der zwischen anderen Angaben „versteckt“ am unteren Rand des Briefbogens einer in der Rechtsform der BGB-Gesellschaft bestehenden Rechtsanwalts-, Wirtschaftsprüfer- und Steuerberater-Sozietät befindliche Hinweis „Gesellschaft bürgerlichen Rechts (mit beschränkter Gesellschafterhaftung)“ bzw. „Gesellschaft des bürgerlichen Rechts mit beschränkter Haftung“ ist nach dem Urteil des I. Zivilsenats des Bundesgerichtshofs vom 25. 6. 1992 nicht geeignet, eine Haftungsbeschränkung herbeizuführen.[579]

Für Rechtsanwälte, die eine Sozietät bilden, hat der Gesetzgeber nunmehr in § 51 a Abs. 2 S. 2 und 3 BRAO[580] anerkannt, daß diese auch vertraglich die persönliche Haftung auf einzelne Mitglieder der Sozietät begrenzen können, und zwar auf diejenigen, die „das Mandat im Rahmen ihrer eigenen beruflichen Befugnisse bearbeiten und namentlich bezeichnet sind“.[581] Dies kann auch durch vorformulierte Vertragsbedingungen erfolgen. Die Zustimmungserklärung des Auftraggebers zu einer solchen Beschränkung darf keine anderen Erklärungen enthalten und muß von diesem unterschrieben sein.

Die gesetzliche Bestimmung in § 51 a Abs. 2 S. 2 BRAO, daß die Haftungsbegrenzung auch durch vorformulierte Vertragsbedingungen möglich ist, hat zur Folge, daß wegen § 8 AGB-Gesetz die §§ 9–11 AGB-Gesetz nicht zur Geltung

578 Zum Vorstehenden: BGH, NJW 1971, 1801 (1803); OLG Düsseldorf, MDR 1994, 411; AnwBl 1995, 193 (195).

579 BGH, NJW 1992, 3037 (3038 f.). Hierzu: *Heermann*, BB 1994, 2421 ff.; *Henssler*, JZ 1993, 155 ff. und *ders.*, NJW 1993, 2137 (2138 f.); *Nerlich*, S. 131 f. sowie allgemein: *Schröder*, DStR 1992, 507 ff.

580 Kritisch zu dem Inhalt des Gesetzes: *Borgmann/Haug*, § 41 Rdn. 46 ff., S. 263 ff. Sie sind der Ansicht, der Versuch, das sich aus der gesamtschuldnerischen Haftung aller Sozien ergebende Risiko einzuschränken, sei verständlich, aber in § 51 a Abs. 2 BRAO „von den Grundlagen her mißlungen“.

581 Daß allein die namentliche Bezeichnung nicht ausreicht, ist dem Gesetzeswortlaut eindeutig zu entnehmen. Eine wirksame Begrenzung setzt voraus, daß diejenigen Sozien, die namentlich bezeichnet sind, das Mandat auch tatsächlich bearbeiten. Hierzu auch *Borgmann/Haug*, § 41 Rdn. 48 f., S. 266.

kommen. Dies gilt insbesondere für § 11 Nr. 7 AGB-Gesetz. Die übrigen Vorschriften des AGB-Gesetzes werden allerdings ebensowenig eingeschränkt wie die allgemeinen Vorschriften der §§ 134, 138 und 276 Abs. 2 BGB.

Fraglich ist, wie die Sozietätsmitglieder in der Rechtspraxis festlegen können, auf welche Rechtsanwälte sie die persönliche Haftung begrenzen wollen. Angesichts des Umstandes, daß diese erst im jeweiligen Einzelfall entscheiden, wer von ihnen ein Mandat bearbeitet, muß hierzu eine im Sinne des Gesetzeswortlauts allgemeingehaltene, vorformulierte Vertragsbestimmung genügen. Es reicht aus, wenn die Rechtsanwälte gegenüber dem Auftraggeber anläßlich der konkreten Auftragsbestätigung oder im Fortgang des Mandatsverhältnisses diejenigen Sozien namentlich bestimmen, welche konkret verantwortlich sind, den Auftrag durchzuführen.

d) Gesamtschuldnerische Haftung für angestellte Rechtsanwälte

Die Sozien können intern mit angestellten Rechtsanwälten oder mit freien Mitarbeitern zusammenarbeiten.[582] Diese haben regelmäßig keine vertragliche Beziehung zum Mandanten.[583] Fehler der eingeschalteten Hilfskräfte sind den Sozien haftungsrechtlich grundsätzlich nach § 278 BGB zuzurechnen.[584]

e) Gesamtschuldnerische Haftung bei Anschein einer Sozietät

Rechtsanwälte haften wie die Mitglieder einer Rechtsanwaltssozietät, wenn sie nach außen in zurechenbarer Weise den Anschein erwecken, zwischen ihnen bestehe eine Sozietät. Diese Voraussetzung ist zum Beispiel erfüllt, wenn angestellte Rechtsanwälte mit den Mitgliedern einer Sozietät oder Rechtsanwälte, die eine Bürogemeinschaft bilden, gemeinsam auf dem Briefbogen, dem Praxisschild oder in Anwaltsverzeichnissen aufgeführt sind. An dem gesetzten Rechtsschein müssen sich alle Rechtsanwälte festhalten lassen. Die Voraussetzungen und Rechtsfolgen der Rechtsscheinhaftung ergeben sich aus den Grundsätzen der sog. Duldungs- und Anscheinsvollmacht.[585]

2. Sozietät mit deutschem Spezialisten in ausländischer Rechtsordnung

Fraglich ist, welche Folgen es für die gesamtschuldnerische Haftung der Sozietätsmitglieder hat, wenn ein deutscher Rechtsanwalt, der Mitglied der Sozietät ist, nach außen erkennbar als Spezialist in einer bestimmmten ausländischen

582 Hierzu: oben, § 1 II 2a) dd).

583 Daher haftet ein angestellter Rechtsanwalt auch nicht für eigene Fehler gegenüber dem Mandanten des ihn beschäftigenden Anwalts. Hierzu etwa: KG, MDR 1994, 100.

584 BGH, NJW-RR 1990, 459 (460); *Borgmann/Haug*, § 37 Rdn. 38 S. 249; *Fuhrmann*, Die Rechtsstellung des angestellten Rechtsanwalts (1989), S. 114f.; *Henssler*, JZ 1994, 178 (185); *Rinsche*, Rdn. I 203, S. 90; *Vollkommer*, Rdn. 328, S. 190f.

585 BGHZ 70, 247ff. = NJW 1978, 996f.; BGH, NJW 1991, 1225f.; Brandenburgisches OLG, AnwBl 1995, 262 (263); *Borgmann/Haug*, § 36 Rdn. 3, S. 235; *Fuhrmann*, S. 122f.; *Hartstang*, S. 591; *Rinsche*, Rdn. I 162, S. 73.

Rechtsordnung auftritt. Für diesen gelten die zuvor erarbeiteten strengeren Haftungsstandards.[586] Fraglich ist, ob auch die anderen Sozien nach den gleichen Maßstäben als Gesamtschuldner haften.

Im rechtswissenschaftlichen Schrifttum vertreten einzelne Autoren die Ansicht, daß die Voraussetzungen einer gesamtschuldnerischen Haftung nicht vorlägen, wenn sich der Mandant in einer Spezialsache an einen Sozius wende, der sich auf diesem Rechtsgebiet als Experte einen Namen gemacht habe. Dann beziehe sich das besondere Vertrauen des Auftraggebers in erster Linie auf dessen Spezialkenntnisse. Daher liege ein Einzelmandat auch vor, wenn der Mandant eine Gemeinschaftsvollmacht erteilt habe, sofern nicht in der Sozietät mehrere Spezialisten dieses Rechtsgebiets vereint seien.[587] Die höchstrichterliche Rechtsprechung hat zu dieser Frage bislang nicht Stellung bezogen. Übertragen auf den oben dargestellten Fall hieße dies, daß ein Anwaltsvertrag nur mit dem als Spezialist in einer bestimmten ausländischen Rechtsordnung auftretenden Sozietätsmitglied zustande kommt und allein dieser für Fehler bei der Auftragsbearbeitung dem Mandanten haftet.

Ein solches Ergebnis ist in der beschriebenen Allgemeinheit nicht sachgerecht. In der vorgenannten Konstellation gelten ebenfalls die Erwägungen, die der Bundesgerichtshof angeführt hat, um die gesamtschuldnerische Haftung aller Mitglieder einer Rechtsanwaltssozietät zu begründen.[588] Auch wenn der Mandant einen Spezialisten beauftragt, vertraut jener gerade darauf, daß mehrere Rechtsanwälte, die arbeitsteilig zusammenarbeiten, eine Leistung erbringen können, die qualitativ höherwertiger ist als diejenige eines Einzelanwalts. Die Mitglieder einer Sozietät treten auch dann gegenüber dem Mandanten als Einheit auf, wenn einer von ihnen in einer ausländischen Rechtsordnung spezialisiert ist. Dies gilt um so mehr, als derartige Aufträge vielfach deshalb sehr komplex sind, weil die ausländischen Rechtsvorschriften in einem engen Beziehungsgeflecht zu den einschlägigen deutschen Rechtsnormen stehen. Es ist dann notwendig, daß der Sozius, der Spezialist in einer ausländischen Rechtsordnung ist, mit einem anderen Sozius, der Spezialist in einem bestimmten Teilgebiet des deutschen Rechts ist, zusammenarbeitet und diese sich so bei der Mandatsbearbeitung ergänzen. Begehrt ein Sozietätsmitglied den Abschluß eines Einzelmandats, so ist es für ihn auch ohne weiteres zumutbar, dies gegenüber dem Mandanten klar herauszustellen und ihm mitzuteilen, welche Sozien den Auftrag bearbeiten. Unterläßt er dies, bleibt es bei der gesamtschuldnerischen Haftung aller Sozien. Dann gilt für alle Rechtsanwälte auch der strengere Sorgfaltsstandard.[589] Allerdings bleibt es den Sozietätsmitgliedern unbenommen, die Haftung gemäß § 51 a Abs. 2 S. 2, 3 BRAO auf einzelne Rechtsanwälte der Sozietät zu begrenzen.

---

586 Zu den Sorgfaltsstandards bei der Anwendung ausländischen Rechts durch einen Rechtsanwalt, der als Spezialist in dieser Rechtsordnung auftritt: oben, § 7 III 3 b) bb).

587 *Kornblum*, BB 1973, 218 (219 und 224 f.); *K. Müller*, NJW 1969, 903 (905); *Rinsche*, Rdn. I 20, S. 9 f.; *Vollkommer*, Rdn. 55, S. 29 f.

588 Zu diesen Erwägungen: oben, 1 a).

589 Hierzu: oben, § 7 III 3 b) bb).

Ein Einzelmandat kann nach Abwägung aller relevanten Gesichtspunkte ausnahmsweise dann sachgerecht sein, wenn das dem Rechtsanwalt, der als Spezialist in einer ausländischen Rechtsordnung auftritt, angetragene Mandat ausschließlich die Anwendung ausländischen Rechts zum Gegenstand hat und wenn der Auftragsinhalt für den Mandanten erkennbar war. Unter diesen Voraussetzungen kommt der zuvor angesprochenen Erwägung, daß sich auch bei Mandaten mit Bezug zu einer ausländischen Rechtsordnung in aller Regel komplexe Verflechtungen zum deutschen Recht ergeben, nur eine untergeordnete Bedeutung zu.

3. Internationale Sozietät

Internationale Sozietäten sind dadurch gekennzeichnet, daß deutsche Rechtsanwälte sich mit ausländischen Anwälten zur gemeinsamen Berufsausübung verbunden haben, §§ 59a Abs. 3 Nr. 1, 206 BRAO.[590] Ein hier nicht weiter behandelter Sonderfall ist eine Sozietät zwischen deutschen Rechtsanwälten, die eine Kanzlei im Ausland unterhalten, § 29a BRAO. Für die Haftung der Sozien einer internationalen Sozietät ist von den zuvor für die Sozietät unter deutschen Rechtsanwälten beschriebenen allgemeinen Grundsätzen[591] auszugehen. Erteilt ein Mandant einer internationalen Anwaltssozietät einen Auftrag, bei dem eine bestimmte ausländische Rechtsordnung anzuwenden ist, gelten die verschärften Sorgfaltsstandards[592], und zwar für all diejenigen Rechtsordnungen, in deren Geltungsbereich die Sozietät Büros unterhält oder in denen ein Sozietätsmitglied als Spezialist auftritt, insbesondere weil er vor den Gerichten des jeweiligen Staates zugelassen ist. Einzelheiten der Haftung ergeben sich aus dem zwischen den Anwälten und dem Mandanten geschlossenen Vertrag.

a) Grundsatz eines Gesamtmandats nach Ansicht im Schrifttum

Soweit die Vertreter des juristischen Schrifttums zu dieser Problematik Stellung beziehen, sind sie übereinstimmend der Ansicht, daß bei einer internationalen Sozietät dieselben Grundsätze gelten wie bei einer inländischen. Alle in- und ausländischen Sozien und Scheinsozien hafteten dem Mandanten daher als Gesamtschuldner, wenn der Mandant ihnen ein Gesamtmandat erteilt habe. Ein solches liege im Zweifel vor.[593] Zur Begründung verweisen die Autoren auf die Rechtsprechung des Bundesgerichtshofs zur überörtlichen Sozietät.[594] Danach ist eine solche nur zulässig, wenn jedes Mitglied durch die Sozietätsvereinbarung ermächtigt und grundsätzlich auch verpflichtet ist, den Anwaltsvertrag mit Wirkung für und gegen alle Sozien abzuschließen und deren gesamtschuldnerische

590 Allgemein zur internationalen Sozietät: oben, § 1 II 2a) bb).
591 Hierzu: oben, 1.
592 Zu den strengeren Sorgfaltsstandards: oben, § 7 III 3b) bb) sowie oben 2.
593 *Raiser*, NJW 1991, 2049 (2056); *Rinsche*, Rdn. I 207, S. 91 f.; *Rinsche/M. Schlüter*, ZAP 1992, Fach 23, S. 115 (122).
594 Vor der Novellierung der Bundesrechtsanwaltsordnung 1994.

Haftung mit dem Mandanten zu vereinbaren.[595] Zum Teil betonen die Vertreter dieser Ansicht, daß jedenfalls dann vom Grundsatz des alle Sozien verpflichtenden Gesamtmandats auszugehen sei, wenn das Mandat gerade die Zusammenarbeit mit einem ausländischen Sozius derselben transnationalen Sozietät erfordere.[596] Auch im neueren Schrifttum, und zwar nach Schaffung des § 59a Abs. 3 Nr. 1 BRAO, vertreten einzelne Autoren diese Ansicht. Aufgrund der Außenwirkung (Gestaltung des Briefbogens etc.) sei bei einer internationalen Sozietät von der Beauftragung aller Sozien und deren gesamtschuldnerischer Haftung auszugehen. Berate zum Beispiel ein ausländischer Sozius über das Recht seines Landes falsch, so könne dies die Mithaftung der deutschen Sozien grundsätzlich nicht ausschließen.[597]

b) Einzelmandat als Regelfall bei internationalen Sozietäten

Die Ansicht, bei der Beauftragung einer internationalen Anwaltssozietät liege grundsätzlich ein alle Sozien verpflichtendes Gesamtmandat vor, trägt den Besonderheiten solcher Zusammenschlüsse nicht hinreichend Rechnung. Sie ist auch nicht zum Schutz der Mandanten zwingend erforderlich. Die vorgenannte Ansicht eignet sich nur als Ausgangspunkt für eine differenzierte Betrachtung.

Die gesamtschuldnerische Haftung aller Sozietätsmitglieder als Rechtsfolge eines Zusammenschlusses in einer Sozietät folgt seit der Neuregelung des anwaltlichen Berufsrechts aus § 51a Abs. 2 S. 1 BRAO. Diese Vorschrift gilt auch für internationale Sozietäten. Allerdings setzt § 59a Abs. 3 Nr. 1 BRAO für die Zulässigkeit einer internationalen Sozietät nicht voraus, daß ihre Mitglieder kraft des Sozietätsvertrages gehalten sind, alle anderen Sozien mitzuverpflichten, wenn sie einen Auftrag übernehmen. Vielmehr sieht § 51a Abs. 2 S. 2, 3 BRAO nunmehr ausdrücklich die Möglichkeit vor, daß die Sozietätsmitglieder ihre Haftung im Einzelfall auf diejenigen beschränken können, die das Mandat bearbeiten.

Fraglich ist, ob dann, wenn der Mandant eine internationale Sozietät beauftragt, auch ohne eine derartige Vereinbarung von vornherein nur ein Einzelmandat vorliegt. Dies bedeutete, daß nur diejenigen Sozien vertraglich verpflichtet wären, die bei den Gerichten desjenigen Staates zugelassen sind, um dessen Rechtsordnung es bei dem zu bearbeitenden Mandat geht. Insbesondere bei reinen Inlandsmandaten, die ausschließlich Bezug zu einer bestimmten nationalen Rechtsordnung haben und keinen Auslandsbezug aufweisen, erwartet der Mandant nicht, daß alle ausländischen Sozien in den Büros im Ausland mitverpflichtet werden. Der Mandant vertraut in diesen Fällen von vornherein darauf, daß nur diejenigen Anwälte den Auftrag bearbeiten, die in der entsprechenden Rechtsordnung Kenntnisse haben. Dies ist bei den ausländischen Sozietätsmitgliedern grundsätzlich nicht der Fall. Den Interessen des Mandanten, den Anwalt

595 Oben, § 1 II 2a) bb, Fn. 11.

596 *Raiser*, NJW 1991, 2049 (2056).

597 *Borgmann/Haug*, § 36 Rdn. 4f., S. 235f.

oder die Anwälte für ein berufliches Fehlverhalten in Anspruch nehmen zu können, ist dadurch hinreichend Rechnung getragen, daß die deutschen Rechtsanwälte, um die es bei den hier erörterten Konstellationen stets geht, nach § 51 BRAO verpflichtet sind, eine Haftpflichtversicherung abzuschließen. Dadurch ist deren Leistungsfähigkeit hinreichend gesichert.

Übertragen auf Mandate, die einen Bezug zu mehreren Rechtsordnungen aufweisen, werden bei der Beauftragung einer internationalen Sozietät all diejenigen Anwälte verpflichtet, von denen der Mandant erwartet, daß sie Kenntnisse in den fraglichen Rechtsordnungen haben und bei der Mandatsbearbeitung ihr jeweiliges Spezialwissen einbringen. Alle übrigen Sozietätsmitglieder haften dann nicht aus dem Anwaltsvertrag. Einer Haftungsbegrenzung auf einzelne Anwälte bedarf es nicht. Gleichwohl ist es den Anwälten zu raten, ihre Haftung ausdrücklich gemäß § 51a Abs. 2 S. 2, 3 BRAO zu begrenzen. Im Regelfall dürfte eine Haftungsbegrenzung auf die Sozien in dem Büro sachgerecht sein, welches den Auftrag „federführend“ bearbeitet.

Diese Lösung steht nicht im Gegensatz zu den zuvor entwickelten Grundsätzen, wenn ein deutscher Rechtsanwalt, der Mitglied einer Sozietät ist, nach außen erkennbar als Spezialist in einer bestimmmten ausländischen Rechtsordnung auftritt.[598] Ein deutscher Rechtsanwalt hat stets für die Anwendung deutschen Rechts einzustehen.[599] Wenn er als Spezialist in einer ausländischen Rechtsordnung auftritt, erweitert dies seinen Pflichtenkreis. Ein ausländischer Anwalt hat demgegenüber von vornherein nur für die Anwendung derjenigen Rechtsordnung einzustehen, vor dessen Gerichten er zugelassen ist und deren Kenntnis der Mandant aufgrund seines Auftretens erwarten darf. Es ist auch ohne weiteres möglich, einzelne staatliche Rechtsordnungen in ihrer Gesamtheit voneinander abzugrenzen. Dies ist für einzelne Teilgebiete des deutschen Rechts, in denen ein Anwalt als Spezialist auftritt und insoweit in Anspruch genommen werden könnte, nicht ohne weiteres möglich. Diesbezüglich fehlen klare Abgrenzungskriterien. Die einzelnen Teilgebiete überschneiden sich und gehen ineinander über.

c) Zwischenergebnis zur internationalen Sozietät

Folglich ist als Grundsatz festzuhalten, daß der Mandant, der einer internationalen Sozietät einen Auftrag erteilt, von vornherein nur einen Teil der Sozietätsmitglieder verpflichten will. Es liegt dann ein sog. Einzelmandat in dem Sinne vor, daß nur diejenigen Anwälte verpflichtet werden, von denen der Mandant aufgrund ihres Auftretens erwarten darf, daß sie in einer der bei der Auftragsbearbeitung relevanten Rechtsordnungen die erforderlichen Kenntnisse haben. Dieser Kreis ist allerdings im Interesse des Mandanten weit zu ziehen. Diejenigen Sozietätsmitglieder, die in anderen Rechtsordnungen als Anwalt zugelassen und ihre Niederlassung in Büros unterhalten, die zu den fraglichen Rechtsordnungen

598 Oben, 2.

599 Oben, § 6 III 3a) und b) aa).

keinen Bezug aufweisen, werden hingegen vertraglich nicht verpflichtet und können in einem Haftungsfall nicht in Anspruch genommen werden.

Die Anwälte können sich absichern, indem sie ihre Haftung vertraglich gemäß § 51 a Abs. 2 S. 2, 3 BRAO ausdrücklich auf diejenigen Sozien begrenzen, die in dem federführenden Büro niedergelassen sind.

Auch bei Sozietäten zwischen deutschen und ausländischen Anwälten besteht die Möglichkeit, daß diese im Innenverhältnis gar nicht zu einer Sozietät zusammengeschlossen sind und nur nach außen den Anschein hervorrufen, zu einer internationalen Sozietät zusammengeschlossen zu sein. Dann gelten die oben dargelegten Rechtsscheingrundsätze.[600]

4. Zusammenfassung zur Haftung von Mitgliedern einer Sozietät

Aus dem zwischen einer Anwaltssozietät und einem Mandanten geschlossenen Anwaltsvertrag haften grundsätzlich, neben dem gesamthänderisch gebundenen Gesellschaftsvermögen, alle Mitglieder der Sozietät als Gesamtschuldner. Dies gilt unabhängig davon, ob die Sozietät nur aus deutschen Rechtsanwälten besteht oder ob diese mit ausländischen Anwälten verbunden sind. Allerdings kann sich aus den Besonderheiten des konkreten Mandats ergeben, daß nur einzelne Sozien die vertraglich geschuldete Leistung erbringen müssen und dem Mandanten für eine fehlerhafte Leistung haften. Die Anwälte können auch ihre Haftung auf einzelne Mitglieder beschränken, die das Mandat bearbeiten und namentlich bezeichnet sind. Eine verschärfte Haftung gilt, wenn der Mandant von besonderen Kenntnissen in einer ausländischen Rechtsordnung ausgehen darf, weil die Sozien Büros in dem jeweiligen Staat unterhalten oder einzelne Sozien nach außen als Spezialisten in einer bestimmten ausländischen Rechtsordnung auftreten. Auch kann sich eine verschärfte Haftung aus Rechtsscheingrundsätzen ergeben.

II. Partnerschaftsgesellschaft

Seit dem 1.7.1995 können sich Rechtsanwälte in der Rechtsform einer Partnerschaft zusammenschließen.[601] Die Haftung für Verbindlichkeiten der Partnerschaft ist in § 8 PartGG geregelt.[602] Vertragspartner des Mandanten ist gemäß § 7 Abs. 2 PartGG in Verbindung mit § 124 HGB die Partnerschaft und nicht die einzelnen Partner. Deshalb finden diejenigen Grundsätze über das Einzel- und Gesamtmandat, welche für die BGB-Gesellschaft gelten,[603] bei

600 Zur Beurteilung dieses Falls aus standesrechtlicher Sicht: oben, § 1 II 2a) bb).

601 Allgemein zur Partnerschaftsgesellschaft: oben, § 1 II 2c).

602 Zu § 8 PartGG und zur Haftung der Partner: *Borgmann/Haug*, § 36 Rdn. 17, S. 239f.; *Lenz*, MDR 1994, 741 (744f.); *K. Schmidt*, NJW 1995, 1 (5f.); *Seibert*, DB 1994, 2381 (2384) und *Stuber*, WiB 1994, 705 (708f.). Auch: BT-Dr. 12/6152 vom 11.11.1993, S. 17f.

603 Hierzu: oben, I 1b) und I 2.

einer Partnerschaft keine Anwendung. Beteiligen sich an der Gesellschaft ausländische Anwälte als Partner, ergeben sich haftungsrechtlich keine Besonderheiten.

1. Grundsatz: Gesamtschuldnerische Haftung

Nach § 8 Abs. 1 S. 1 haften für Verbindlichkeiten der Partnerschaft sowohl deren Vermögen als auch die Partner als Gesamtschuldner. Die §§ 129 und 130 HGB sind entsprechend anzuwenden.

Auch im Recht der Partnerschaft gelten die Grundsätze der Rechtsscheinhaftung. Danach haften Rechtsanwälte wie Mitglieder einer Partnerschaft, wenn sie im Rechtsverkehr unter dem Namen mindestens eines Partners und dem Zusatz „und Partner" oder „Partnerschaft" sowie der Berufsbezeichnung „Rechtsanwälte" auftreten, vgl. § 2 Abs. 1 PartGG.

2. Möglichkeit der Haftungsbegrenzung auf einzelne Partner

§ 8 Abs. 2 PartGG räumt den Partnern die Möglichkeit ein, ihre Haftung vertraglich auf denjenigen (oder diejenigen) Partner zu beschränken, der innerhalb der Partnerschaft die berufliche Leistung zu erbringen oder verantwortlich zu leiten oder zu überwachen hat.[604] Bei überörtlichen Anwaltszusammenschlüssen in der Rechtsform der Partnerschaft ist es demnach zum Beispiel möglich, die Haftung auf die Partner des „federführenden" Büros zu begrenzen. Dies gilt allerdings nur für Ansprüche wegen fehlerhafter Berufsausübung. Die Haftungsbegrenzung ist bei der Haftung gegenüber Dritten, mit denen keine vertragliche Beziehungen bestehen, ausgeschlossen.[605] Eine gesetzliche Haftungsbegrenzung oder die Möglichkeit, die Haftung im Gesellschaftsvertrag auf einzelne Partner zu begrenzen, hat der Gesetzgeber nicht vorgesehen.

Insoweit entspricht die Haftung der Rechtsanwälte, die sich in einer Partnerschaft zusammengeschlossenen haben, weitgehend derjenigen bei einer Sozietät in der Rechtsform einer Gesellschaft bürgerlichen Rechts. § 51a Abs. 2 BRAO unterscheidet sich von § 8 Abs. 2 PartGG allein insoweit, als jener in S. 3 zusätzliche Anforderungen an eine Haftungsbegrenzung auf einzelne Anwälte stellt. Das gilt auch, wenn sich deutsche Partner mit ausländischen Partnern zusammengeschlossen haben. Hervorzuheben ist, daß § 8 Abs. 2 PartGG als Spezialregelung Vorrang vor § 51a Abs. 2 BRAO gebührt.[606]

Ausweislich des Gesetzeswortlauts setzt § 8 Abs. 2 PartGG nicht voraus, daß die einzelnen Partner, auf welche die Haftung begrenzt ist, namentlich bezeichnet

604 Zu Problemen, die dabei entstehen können, wenn es darum geht, diese gesetzlich normierte Voraussetzung auszulegen: *Michalski*, 1993, 1210 (1213).

605 Hierzu: *Stuber*, WiB 1994, 705 (709). Zur sog. Dritthaftung: oben, § 5 III.

606 BT-Dr. 12/6152 vom 11.11.1993, S. 18 und BT-Dr. 12/7642 vom 20.5.1994, S. 12 sowie *Bösert*, ZAP 1994, Fach 15, S. 137 (148); *Seibert*, DB 1994, 2381 (2384).

sind.[607] Dies steht im Gegensatz zum Wortlaut und zur Auslegung des § 51a Abs. 2 S. 2 BRAO.[608] Der Gesetzgeber hat insoweit in Kenntnis des anderen Wortlauts dieser Vorschrift in § 8 Abs. 2 PartGG eine abweichende Regelung getroffen.[609] Hätte der Gesetzgeber etwas anderes gewollt, so hätte er die beiden Vorschriften vom Wortlaut her einander angepaßt. Nur so ist es möglich, zu vermeiden, daß es bei interprofessionellen Partnerschaften zu unterschiedlichen Anforderungen kommt, unter denen die Partner eine Haftungsbegrenzung vereinbaren können. Die Partnerschaft kann also eine abstrakte Formulierung wählen, ohne einen bestimmten Partner oder eine bestimmte Gruppe von Partnern zu benennen oder zu umschreiben.[610] Entschließt sich die Partnerschaft, die haftenden Partner namensmäßig zu bezeichnen, kommt der Bezeichnung nur eine Indizwirkung zu. Nach dem Gesetzeswortlaut haften diejenigen Partner, die tatsächlich tätig geworden sind bzw. die Leistung tatsächlich verantwortlich geleitet oder überwacht haben.

Auch die besonderen Formerfordernisse des § 51 Abs. 2 S. 3 BRAO gelten im Bereich des § 8 Abs. 2 PartGG nicht.[611]

3. Möglichkeit der Haftungsbegrenzung auf einen Höchstbetrag

Über § 8 Abs. 2 PartGG hinausgehend können die Partnerschaftsgesellschaft und die einzelnen Partner gemäß § 8 Abs. 3 PartGG in Verbindung mit § 51a Abs. 1 BRAO ihre Haftung auf einen Höchstbetrag begrenzen, wenn sie zugleich eine den gesetzlichen Anforderungen entsprechende Haftpflichtversicherung abgeschlossen haben.[612]

III. Gesellschaft mit beschränkter Haftung

Im November 1994 wurde der erste Zusammenschluß von Rechtsanwälten in der Rechtsform einer GmbH, deren Gegenstand die Besorgung fremder Rechtsangelegenheiten ist, gerichtlich anerkannt und später ins Handelsregister eingetragen.[613] Ist einer der für die GmbH handelnden Rechtsanwälte gegenüber einem Mandanten aus seiner anwaltlichen Tätigkeit zum Schadensersatz verpflichtet, ist Haftungsschuldner gemäß § 13 Abs. 2 GmbHG die Gesellschaft. Eine persönliche Haftung des einzelnen Rechtsanwalts, der gegenüber dem Mandanten für

607 Ebenso: *Stuber*, WiB 1994, 705 (709); ähnlich: *Michalski*, ZIP 1993, 1210 (1213). Anderer Ansicht ist *K. Schmidt*, NJW 1995, 1 (6), der jedoch nicht hinreichend berücksichtigt, daß § 8 Abs. 2 PartGG lex specialis zu § 51a Abs. 2 BRAO ist.

608 Zur Rechtslage, wenn eine Sozietät in der Rechtsform einer Gesellschaft bürgerlichen Rechts besteht: oben, 1c).

609 BT-Dr. 12/7642 vom 20.5.1994, S. 12.

610 Hierzu auch: BT-Dr. 12/7642 vom 20.5.1995, S. 12.

611 Vgl. auch: *Bösert*, ZAP 1994, Fach 15, S. 137 (148).

612 Zur Haftpflichtversicherung gemäß § 51 BRAO: unten, § 11 I.

613 Allgemein zur Rechtsanwalts-GmbH: oben, § 1 I 2d) bb).

die GmbH aufgetreten ist, oder der anderen Gesellschafter kommt dagegen nach allgemeinen gesellschaftsrechtlichen Grundsätzen nicht in Betracht.[614] Zwischen dem Mandanten der GmbH und den einzelnen Rechtsanwälten besteht kein Vertragsverhältnis.[615] Eine persönliche Haftung des handelnden Rechtsanwalts kommt nur nach den Grundsätzen der Sachwalterhaftung in Betracht.[616] Bei der Zusammenarbeit mit ausländischen Anwälten ergeben sich keine Besonderheiten.

IV. Europäische wirtschaftliche Interessenvereinigung

Eine Europäische wirtschaftliche Interessenvereinigung[617] ist gemäß Art. 1 Abs. 2 EWIV-VO selbständiges Haftungssubjekt. Deren Mitglieder haften nach Art. 24 Abs. 1 S. 1 EWIV-VO unbeschränkt und gesamtschuldnerisch für deren Verbindlichkeiten jeder Art.[618] Die Folgen der Haftung bestimmen sich nach dem einzelstaatlichen Recht, Art. 24 Abs. 1 S. 2 EWIV-VO. Ist auf die Vereinigung deutsches Recht anwendbar, verweist § 1 des deutschen EWIV-Ausführungsgesetzes auf §§ 128, 129 HGB. Die Mitglieder der Vereinigung haften ihr gegenüber allerdings nur subsidiär, wie Art. 24 Abs. 2 EWIV-VO klarstellt. Eine Haftungsbegrenzung ist nach Art. 26 Abs. 2 S. 2 EWIV-VO nur für neueintretende Mitglieder unter den dort im einzelnen genannten Voraussetzungen möglich, nicht dagegen für die aktiven EWIV-Mitglieder wegen Verbindlichkeiten aus der laufenden Geschäftstätigkeit.

Die Haftung der Vereinigung und der Mitglieder für Fehler bei der anwaltlichen Berufsausübung setzt voraus, daß die Vereinigung eine entsprechende Verbindlichkeit gegenüber einem Mandanten eines Mitglieds übernommen hat. Hierzu ist die Vereinigung nicht befugt. Die anwaltliche Tätigkeit gegenüber dem Mandanten übt nur der konkret von diesem beauftragte (deutsche) Rechtsanwalt aus. Eine Anwalts-EWIV darf gegenüber dem Mandanten keine anwaltlichen Tätigkeiten durchführen. Dies folgt aus Art. 3 EWIV-VO in Verbindung mit Abs. 5 der Erwägungsgründe. Gegenstand einer EWIV[619] können nur Hilfstätigkeiten der beteiligten Anwälte sein, nicht jedoch die eigentliche Anwaltstätigkeit. Als solche Hilfstätigkeiten kommt für europäische Anwälte etwa in Betracht, daß sie sich gegenseitig Mandate vermitteln, gemeinsam ein Büro im Ausland führen,

---

614 *Borgmann/Haug*, § 36 Rdn. 18, S. 241. *Henssler* schlägt de lege ferenda vor, daß der verantwortliche Rechtsanwalt auch persönlich für eigene Beratungsfehler hafte, NJW 1993, 2137 (2141).

615 *P. Heinemann*, AnwBl 1991, 233 f.; allgemein zur Eigenhaftung des GmbH-Geschäftsführers: *K. Schmidt*, Gesellschaftsrecht, § 36 II 5, S. 903 ff. m. w. N.

616 Allgemein zur Anwendung der Grundsätze der Sachwalterhaftung auf Rechtsanwälte: oben, § 5 III, Fn. 369.

617 Allgemein zur EWIV: Oben, § 1 II 2e).

618 Zur Haftung der Mitglieder einer EWIV: *Lentner*, S. 158 ff.; *Meyer-Landrut*, S. 79 f.; *v. Rechenberg* in: v. d. Heydt/v. Rechenberg, S. 3, 75 ff.; *Scriba*, S. 158 ff.

619 Hierzu: *Scriba*, S. 55 ff.; *Zuck*, NJW 1990, 954 (955 und 957).

Anwälte anderer Mitglieder fortbilden oder (interne) Gutachten zu einer für den anfragenden Anwalt ausländischen Rechtsordnung erteilen. Die EWIV selbst tritt nicht in vertragliche Beziehungen zu dem Mandanten. Gegenüber dem Mandanten eines EWIV-Mitglieds haften daher weder die Vereinigung noch die anderen EWIV-Mitglieder als Gesamtschuldner, wenn das von ihm beauftragte Mitglied bei der anwaltlichen Berufsausübung einen Fehler begangen hat. Eine Haftung kommt nur für Fehler im Zusammenhang mit der Hilfstätigkeit in Betracht. Diese erfolgt nicht unmittelbar gegenüber dem Mandanten, sondern ergibt sich gegenüber den anderen EWIV-Mitgliedern im Innenverhältnis.[620]

Verwertet allerdings ein deutscher Rechtsanwalt konkret eine Auskunft eines ausländischen EWIV-Partners bzw. der Geschäftsführung der EWIV und macht er diese zur Grundlage seiner Tätigkeit gegenüber dem Mandanten, so hat er für das Verschulden seines EWIV-Partners bzw. der EWIV nach den allgemeinen Regeln einzustehen.[621] Nimmt der ausländische EWIV-Partner, den der deutsche Rechtsanwalt in die Vertragsdurchführung eingeschaltet hat, gegenüber dem Mandanten selbst besonderes Vertrauen in Anspruch, kann jener dem Mandanten des deutschen EWIV-Mitglieds ausnahmsweise nach den Grundsätzen über die Sachwalterhaftung zum Schadensersatz verpflichtet sein.[622]

Rufen Anwälte, die im Innenverhältnis Mitglieder einer EWIV sind, nach außen im Rechtsverkehr den Anschein hervor, sie seien gesellschaftsrechtlich zu einer Sozietät zusammengeschlossen, kommt eine Haftung nach Rechtsscheingrundsätzen in Betracht. Fraglich ist, ob diese Voraussetzungen erfüllt sind, wenn deutsche Rechtsanwälte, die sich mit Anwälten aus europäischen Staaten im Innenverhältnis zu einer EWIV verbunden haben, auf ihrem Briefbogen die Anschriften von deren Büros im Ausland angeben, jedoch nicht eindeutig darauf hinweisen, daß diese Anschriften diejenigen von Kooperationspartnern im Rahmen einer EWIV sind.[623] Grundlage der gesamtschuldnerischen Haftung der Mitglieder einer Anwaltssozietät sind stets die einzelnen Sozietätsmitglieder in ihrer Eigenschaft als Rechtsanwälte, nicht aber die verschiedenen Büros. Der Hinweis auf Büros im Ausland kann allenfalls zu einem verschärften Haftungsmaßstab der deutschen Anwälte führen.[624] Eine gesamtschuldnerische Haftung der ausländischen Anwälte, die Mitglieder der EWIV sind, nach Rechtsscheingrundsätzen kommt daher nur in Betracht, wenn der Mandant davon ausgehen darf, daß die namentlich bezeichneten ausländischen Anwälte Mitglied einer internationalen Sozietät sind. Das ist jedoch nicht der Fall, wenn die deutschen

620 Hierzu etwa: *Raiser*, NJW 1991, 2049 (2056).

621 Zur Haftung des Rechtsanwalts, der einen ausländischen Anwalt im Einzelfall hinzuzieht: unten, § 9.

622 *Henssler*, NJW 1993, 2137 (2143) sowie allgemein zur Sachwalterhaftung des Rechtsanwalts oben: § 5 III, Fn. 369.

623 Dies gilt unabhängig von der standes- und wettbewerbsrechtlichen Zulässigkeit einer solchen Gestaltung.

624 Zum Haftungsmaßstab: oben § 7 III 3b) aa) und oben, I 2.

Rechtsanwälte nur die Anschriften ausländischer Büros anderer EWIV-Mitglieder verwenden.

V. Schlichte Kooperation – Verbund mit ausländischen Anwälten

Wenn die deutschen und ausländischen Anwälte nicht auf einer gesellschaftsrechtlichen Basis zusammenarbeiten wollen, können sie sich mit einer schlichtvertraglichen Kooperation begnügen (sog. Verbund oder auf neudeutsch „network“, „alliance“, „group“ oder „club“).[625]

Vielfach sind deutsche Rechtsanwälte oder Rechtsanwaltssozietäten Mitglieder eines Verbundes mit Anwälten oder Anwaltssozietäten aus anderen Staaten. Weisen sie auf diese Zusammenarbeit auch nach außen erkennbar hin, liegt rechtlich keine internationale Anwaltssozietät im oben dargestellten Sinne[626] vor. Zwischen den ausländischen Mitgliedern eines solchen Verbundes und den Mandanten des deutschen Mitglieds des Verbundes besteht kein Vertragsverhältnis. Die ausländischen Verbundmitglieder haften gegenüber dem Mandanten des deutschen Verbundmitglieds mithin nicht als Gesamtschuldner. Wie bereits zur EWIV festgestellt, haften die Anwälte eines solchen Verbundes nur dann als Gesamtschuldner, wenn sie aufgrund ihres Auftretens nach außen den Anschein einer Sozietät hervorrufen. Dies ist aber nicht bereits der Fall, wenn die deutsche Sozietät auf einen Verbund mit ausländischen Anwälten oder die Anschrift von Büros der Kooperationspartner im Ausland hinweist, soweit der eigene Sozietätsname sich von dem der ausländischen Kooperationspartner unterscheidet. Für den Mandanten ist dann klar erkennbar, daß es sich bei den ausländischen Büros nicht um solche der Sozietät, sondern um Niederlassungen von unabhängigen Verbundpartnern handelt.[627]

Im übrigen gelten haftungsrechtlich die allgemeinen Grundsätze, die im folgenden für die Zusammenarbeit im Einzelfall zwischen deutschen und ausländischen Anwälten herausgearbeitet werden.[628] Für den Mandanten macht es keinen Unterschied, in welchem Innenverhältnis die Zusammenarbeit mit dem ausländischen Anwalt organisiert ist, wenn nach außen nur der von ihm beauftragte deutsche Rechtsanwalt auftritt.

VI. Deliktsrechtliche Haftung für andere Anwälte

Die vorangegangenen Ausführungen betrafen ausschließlich die vertragliche Haftung des Rechtsanwalts. Für unerlaubte Handlungen[629] haftet ein Rechts-

---

625 Zu den Gestaltungsmöglichkeiten, mit ausländischen Anwälten auf schlicht-vertraglicher Ebene zusammenzuarbeiten: oben, § 1 II 2f.).

626 Zur Haftung bei einer internationalen Sozietät: oben, I 3.

627 Zum Vorstehenden nunmehr auch: *Borgmann/Haug*, § 36 Rdn. 6, S. 236.

628 Hierzu: unten § 9.

629 Allgemein zur Haftung des Rechtsanwalts für unerlaubte Handlungen: oben, § 5 II.

anwalt grundsätzlich allein.[630] Die deliktsrechtliche Haftung für andere – deutsche oder ausländische – Anwälte richtet sich nach § 831 BGB oder, wenn die besonderen Voraussetzungen vorliegen, analog der Zurechnungsnorm des § 31 BGB. Verrichtungsgehilfe im Sinne von § 831 BGB ist nur derjenige, der zum Geschäftsherrn in einem Abhängigkeitsverhältnis steht. Dies ist bei den Sozien einer Rechtsanwaltssozietät nicht der Fall. Wenn mehrere Anwälte in einer Sozietät zusammenarbeiten, ist die höchstrichterliche Rechtsprechung der Ansicht, daß § 31 BGB auf eine Gesellschaft bürgerlichen Rechts nicht anwendbar sei.[631] Nach einer anderen Ansicht im Schrifttum ist § 31 BGB jedenfalls auf solche Gesellschaften bürgerlichen Rechts anwendbar, die wie Personenhandelsgesellschaften organschaftlich strukturiert sind.[632] Dies ist bei Rechtsanwaltssozietäten regelmäßig der Fall. Bei den anderen Kooperationsformen ist auf die Umstände des Einzelfalls abzustellen. Eine Ausnahme gilt für Partnerschaftsgesellschaften, die wie Personenhandelsgesellschaften einzuordnen sind.[633] Für diese gilt daher § 31 BGB analog.[634] Können mehrere Anwälte für dieselbe unerlaubte Handlung in Anspruch genommen werden, haften diese gemäß § 840 Abs. 1 und 2 BGB als Gesamtschuldner.

---

630 So, allerdings ohne weiter zu differenzieren: *Rinsche*, Rdn. I 70, S. 27; *Vollkommer*, Rdn. 261, S. 146.

631 BGHZ 45, 311 ff. = NJW 1966, 1807 (1808) sowie *Baumbach/Hopt*, HGB, § 124 Rdn. 25; Palandt-*Thomas*, BGB, § 714 Rdn. 5 (jeweils im Gegensatz zu den Personenhandelsgesellschaften, für die § 31 BGB analog gelte).

632 *K. Schmidt*, Gesellschaftsrecht, § 60 II 4, S. 1492 ff.; Münchener Kommentar-*Ulmer*, BGB, § 705 Rdn. 215 ff. jeweils m. w. N.

633 Zu Partnerschaftsgesellschaften allgemein: oben, § 1 II 2c).

634 Vgl. etwa: *Stuber*, WiB 1994, 705 (709).

§ 9 Zusammenarbeit im Einzelfall

Beauftragt der Mandant einen deutschen Rechtsanwalt und muß dieser ausländisches Recht anwenden, so wird der Rechtsanwalt in aller Regel einen ausländischen Anwalt einbeziehen, um das Mandat zu bearbeiten.[635] Dies kann der Rechtsanwalt in zweierlei Weise tun. Er kann einerseits intern mit einem ausländischen Kollegen zusammenarbeiten. Praktische Beispiele hierfür sind, daß der deutsche Rechtsanwalt dem ausländischen Anwalt eine konkrete Rechtsfrage oder auch einen kompletten Vertragsentwurf zum Zweck der Begutachtung nach einer ausländischen Rechtsordnung vorlegt. Er kann andererseits den Mandanten veranlassen, mit einem ausländischen Anwalt einen gesonderten Vertrag abzuschließen. Dabei kann der deutsche Rechtsanwalt als Vertreter des Mandanten auftreten und auch weiterhin allein die Korrespondenz mit dem Mandanten führen. Dies ist etwa möglich, wenn der Mandant im Ausland einen Rechtsstreit führen muß. Dem gleichzustellen sind Aufträge, die einen Antrag und ein Verfahren bei einer ausländischen Behörde zum Gegenstand haben. In allen Fällen stellt sich die Frage, ob der deutsche Anwalt dem Mandanten nur für eine fehlerhafte Auswahl des ausländischen Anwalts entsprechend § 664 Abs. 1 S. 2 BGB einzustehen hat oder ob er gemäß § 278 BGB für jegliches Verschulden des ausländischen Anwalts haftet. Die höchstrichterliche Rechtsprechung (im folgenden unter I) und das juristische Schrifttum (im folgenden unter II) zu diesem Fragenkreis sind nicht einheitlich. Bei der Lösung ist zu beachten, daß kein Wertungswiderspruch zu der Konstellation auftreten darf, wenn ein deutscher Rechtsanwalt selbst ausländische Rechtsnormen anwendet[636] (im folgenden unter III).

I. Höchstrichterliche Rechtsprechung

Die höchstrichterliche Rechtsprechung hatte bislang selten Gelegenheit zu entscheiden, wie ein deutscher Rechtsanwalt haftet, der im Einzelfall mit einem ausländischen Anwalt zusammenarbeitet (im folgenden unter 1 und 5). Es ist hierzu auch auf andere, mit diesen Entscheidungen im Zusammenhang stehende Urteile abzustellen (im folgenden unter 2, 3, 4 und 6), um die Entwicklung der Rechtsprechung nachvollziehen zu können.

1. Urteil des Reichsgerichts vom 2.10.1925

Bereits im Jahr 1925 hatte sich der III. Zivilsenat des Reichsgerichts[637] mit einem Sachverhalt auseinanderzusetzen, in dem es darum ging, daß ein deutscher Patentanwalt von seinem deutschen Mandanten den Auftrag erhalten hatte,

---

635 Andernfalls haftet er nach den oben genannten Voraussetzungen: vgl. § 7 III 3b) aa).
636 Hierzu: oben, § 7 III 3.
637 RG, JW 1926, 246 mit zustimmender Anmerkung von *Friedlaender*, der betont, daß die tragenden Gründe der Entscheidung auch auf Rechtsanwälte anwendbar sind.

ein argentinisches Warenzeichen verlängern zu lassen, weil dessen Schutzfrist ablief. Der Patentanwalt übertrug die Ausführung des Auftrags einem Patentanwaltsbüro in Buenos Aires. Infolge verspäteter Neuanmeldung durch den argentinischen Patentanwalt lief der Warenzeichenschutz ab.

Der Senat hat entschieden, im Zweifel sei davon auszugehen, daß der Patentanwalt das ihm übertragene Geschäft persönlich zu erledigen habe und sich nur der Mitwirkung von Gehilfen habe bedienen dürfen, für deren Versehen er gemäß § 278 BGB einzustehen habe. Zulässig und rechtlich möglich sei es aber auch gewesen, den Auftrag im ganzen nach § 664 BGB zu übertragen.[638] Für die Annahme einer sog. Substitution sei es nicht wesentlich, daß zwischen dem Auftraggeber und dem argentinischen Patentanwalt unmittelbare Vertragsbeziehungen zustande gekommen seien. Entscheidend sei vielmehr, daß die Übertragung sachgemäß gewesen sei. Dies hat der Senat für den Fall, daß ein deutscher Patentanwalt einen Auftrag im Ausland auszuführen hat, bejaht. Der deutsche Patentanwalt haftete daher gegenüber seinem Mandanten nur, wenn er den argentinischen Patentanwalt fehlerhaft ausgewählt und unterwiesen hätte. Im Ergebnis hat der Senat diese Voraussetzungen verneint und eine Haftung des deutschen Patentanwalts abgelehnt.

Wie im folgenden noch zu zeigen ist, haben sich die tragenden Gründe, die diesem Urteil zugrunde liegen, nicht zu einer ständigen Rechtsprechung fortentwickelt. Es ist daher nur eingeschränkt möglich, diese Entscheidung als Präzedenzfall heranzuziehen.

2. Urteil des Reichsgerichts vom 4.7.1939

Dieser Rechtsprechung ist später der VII. Zivilsenat des Reichsgerichts mit Urteil vom 4.7.1939 entgegengetreten.[639] Der Senat hat ausgeführt, daß § 664 BGB auf Dienstverträge, die eine Geschäftsbesorgung im Sinne von § 675 BGB zum Inhalt haben, gerade keine Anwendung finde. Er hat seine Ansicht eingehend begründet und die gegenteilige Ansicht des I. Zivilsenats in dem Urteil vom 2.3.1912[640], auf die sich die vorzitierte Entscheidung des III. Zivilsenats[641] bezieht, ausdrücklich zurückgewiesen. Inhaltlich entspräche den Vorschriften des § 664 Abs. 1 S. 1 und Abs. 2 BGB für den Dienstvertrag die Norm des § 613 BGB. Dort sei davon abgesehen worden, die Bestimmung des § 664 Abs. 1 S. 2 BGB zu wiederholen.[642] Ob eine Dienstleistungspflicht aus einem Geschäftsbesorgungsvertrag auf einen Dritten zulässigerweise übertragen werden kann, richte sich ausschließlich nach dem jeweiligen Vertragsinhalt gemäß §§ 613, 414, 415 bzw. 267 BGB. Bei der Vertragsauslegung seien gemäß §§ 157, 242 BGB Treu und Glauben und insbesondere die Verkehrssitte heranzuziehen.[643] Dies hat der

638 Unter Verweis auf RGZ 78, 310ff.
639 RGZ 161, 68ff.
640 RGZ 78, 310 (312f.).
641 RG, JW 1926, 246. Hierzu: oben, 1.
642 RGZ 161, 68 (70).
643 RGZ 161, 68 (71 und 73ff.).

Senat im entschiedenen Fall verneint und auf die Vorschrift des § 278 BGB abgestellt.

3. Urteil des Reichsgerichts vom 19.4.1940

Speziell für den Fall, wie ein Rechtsanwalt für einen amtlich bestellten Gesamtvertreter (nunmehr: § 53 BRAO) haftet, hat wiederum der III. Zivilsenat des Reichsgerichts am 19.4.1940 entschieden, daß sich diese Frage nach § 278 BGB bestimme.[644] Die Entscheidung vom 4.7.1939[645] hat der Senat erwähnt, ist aber inhaltlich nicht auf sie eingegangen. Zur Begründung hat der Senat ausgeführt, in der Regel wähle sich eine Partei ihren Anwalt als den Mann ihres Vertrauens, bei dem sie die Sache in guten Händen wisse. Auch wenn sich der Anwalt im Fall zeitweiliger Verhinderung in der Berufsausübung vertreten lasse, baue die Partei darauf, daß ihr gegenüber der von ihr gewählte Anwalt selbst die Verantwortung für eine ordnungsgemäße Behandlung der Rechtssache weiter trage. Auf eine Kenntnis des Mandanten von der Vertretung komme es nicht an. In solchen Fällen finde keine Übertragung der Geschäftsführung in ihrer Gesamtheit statt. Vielmehr verbleibe der Geschäftsauftrag als solcher in aller Regel bei dem vertretenen Anwalt.[646]

4. Urteil des Bundesgerichtshofs vom 14.11.1951

Der II. Zivilsenat des Bundesgerichtshofs hat im Urteil vom 14.11.1951 entschieden, daß § 664 BGB auf Dienstverträge, die eine Geschäftsbesorgung betreffen, anwendbar sei.[647] Eine eigenständige Begründung enthält das Urteil nicht. Der Senat hat zur Begründung lediglich auf die Rechtsprechung des VII. Zivilsenats des Reichsgerichts in dem Urteil vom 4.7.1939[648] verwiesen.[649] Bei dieser Bezugnahme muß es sich jedoch angesichts der zuvor getroffenen Feststellungen um ein Mißverständnis handeln. Das Urteil des II. Zivilsenats des Bundesgerichtshofs eignet sich wegen der widersprüchlichen Begründung somit nicht als Präzedenzfall.

5. Urteil des Oberlandesgerichts Bamberg vom 7.11.1988

Der 4. Zivilsenat des Oberlandesgerichts Bamberg hatte in dem bereits an anderer Stelle ausgewerteten Urteil vom 7.11.1988[650] zu dem Fall Stellung zu neh-

---

644 RGZ 163, 377ff.
645 RGZ 161, 68ff.; hierzu: oben, 2.
646 RGZ 163, 377 (378f.).
647 BGH, NJW 1952, 257 (Leitsatz) = LM Nr. 1 zu § 664.
648 RGZ 161, 68ff.; hierzu: oben, 2.
649 BGH, NJW 1952, 257 (Leitsatz); in einer berichtigten Fassung in LM Nr. 1 zu § 664 ist dieses Zitat durch RGZ 78, 310ff. ersetzt worden. Allerdings ist der Senat in dem dort wiedergegebenen Urteilsabdruck auf die entgegenstehende Entscheidung in RGZ 161, 68ff. nicht eingegangen.
650 OLG Bamberg, MDR 1989, 542f.; oben zu der Frage, inwieweit ein deutscher Rechtsanwalt haftet, wenn er ausländisches Recht anwendet: § 7 III 1b).

men, daß für den Mandanten neben einem deutschen Verkehrsanwalt ein ausländischer Prozeßanwalt handelt. Dabei hatte der Mandant mit beiden Anwälten einen gesonderten Vertrag geschlossen.

Das Gericht hat entschieden, daß die für Prozeß- und Verkehrsanwälte herausgearbeiteten allgemeinen Grundsätze auch dann gelten, wenn der Prozeßanwalt vor den Gerichten eines ausländischen Staates zugelassen ist. Der Senat hat auf die Rechtsprechung des Bundesgerichtshofs verwiesen, nach der ein Verkehrs-und ein Prozeßanwalt jeweils einen eigenen, selbständigen Aufgabenbereich haben.[651] Der Verkehrsanwalt übe eine abgezweigte Funktion des Prozeßbevollmächtigten aus. Er sei überwiegend für die Übermittlung der notwendigen Informationen und Weisungen zuständig. Der Prozeßanwalt sei dagegen für die eigentliche Prozeßführung verantwortlich, wozu neben dem Vortrag des Sachverhalts auch die rechtliche Bearbeitung des Falles gehöre.[652] Keiner der beiden Anwälte sei in seinem Pflichtenkreis als Erfüllungsgehilfe des anderen im Sinne des § 278 BGB tätig.[653] In der zitierten Entscheidung des Oberlandesgerichts Bamberg hat der Senat eine Haftung des deutschen Verkehrsanwalts für eine fehlerhafte Anwendung ausländischer Verjährungsvorschriften durch den ausländischen Prozeßanwalt verneint. Auf § 664 Abs. 1 S. 2 BGB ist der Senat nicht eingegangen.

6. Urteil des Bundesgerichtshofs vom 1.2.1990

Erwähnenswert ist noch ein Urteil des IX. Zivilsenats des Bundesgerichtshofs vom 1.2.1990. Der Senat hat ausgeführt, aus der Natur des Anwaltsvertrages folge, daß in erster Linie der Vertragspartner des Mandanten, also der Rechtsanwalt persönlich, zur Erfüllung der übertragenen Aufgaben verpflichtet sei. Für ein Verschulden der vom Rechtsanwalt eingeschalteten Hilfskräfte, hier eines freien Mitarbeiters, hafte er gemäß § 278 BGB auch dann, wenn diese mit Zustimmung des Mandanten herangezogen würden. Die Voraussetzungen des § 664

---

651 Hierzu: BGH, NJW 1988, 1079 (1080 und 1082); 1988, 3013 (3014) sowie: BGH, NJW-RR 1990, 1241, (1243f. und 1245); NJW 1994, 1779 (1781); OLG Köln, VersR 1994, 1300 (1301); Brandenburgisches OLG, AnwBl 1995, 262 (263); Auch: *Hartstang*, S. 595ff.; *Meik/Faecks*, AnwBl 1989, 83ff.; *Raiser*, NJW 1991, 2049 (2055); *Rinsche*, Rdn. I 168ff., S. 75ff.; *Seltmann*, VersR 1974, 97 (99ff.); *Vollkommer*, Rdn. 319ff., S. 185ff.

652 OLG Bamberg, MDR 1989, 542. Auch: BGH, NJW 1988, 1079 (1082). Danach trifft den Verkehrsanwalt nach der Übernahme des Prozeßmandats durch den Prozeßbevollmächtigten grundsätzlich keine Verpflichtung, diesen bei seiner Tätigkeit zu überwachen. Nur dann, wenn sich dem Verkehrsanwalt aufgrund besonderer Umstände aufdrängen muß, daß der Prozeßanwalt ihm obliegende Pflichten nicht erfüllt, hat der Verkehrsanwalt im Rahmen seiner dem Mandanten gegenüber bestehenden Beratungspflicht diesen darauf hinzuweisen und auf Abhilfe zu dringen.

653 So auch: BGH, NJW-RR 1990, 1241 (1245) sowie OLG München, NJW-RR 1991, 1460 (1462); OLG Frankfurt, MDR 1994, 99 (Leitsatz). Ebenso: *Borgmann/Haug*, § 37 Rdn. 36, S. 248.

Abs. 1 S. 2 BGB hat der Senat verneint, ohne darauf einzugehen, ob diese Vorschrift auf Anwaltsdienstverträge anzuwenden ist.[654]

Zu der Frage, ob dann, wenn ein deutscher Rechtsanwalt einen ausländischen Kollegen bei einem Mandat mit Auslandsbezug in die Auftragsbearbeitung einbezieht, besondere Umstände vorliegen, die eine von dem entschiedenen Regelfall abweichende Bewertung rechtfertigen, hat der Bundesgerichtshof noch nicht Stellung bezogen.

7. Zusammenfassung

Die Rechtsprechung des Reichsgerichts und des Bundesgerichtshofs, ob § 664 Abs. 1 S. 2 BGB entsprechend auf Anwaltsdienstverträge anzuwenden ist, ist in sich nicht konsistent. Klare Vorgaben enthalten nur die beiden zuletzt zitierten Urteile. Für Fehler eines freien Mitarbeiters soll ein Rechtsanwalt nach § 278 BGB haften. Für den Fall, daß ein deutscher Rechtsanwalt einen ausländischen Kollegen einschaltet, ist diese Entscheidung jedoch nicht ergiebig.

Demgegenüber steht das Urteil des Oberlandesgerichts Bamberg in Einklang mit der ständigen Rechtsprechung des Bundesgerichtshofs und der allgemeinen Meinung im Schrifttum zu der haftungsrechtlichen Bewertung, wenn der Mandant mit zwei Anwälten unabhängig voneinander vertraglich verbunden ist. Für die Zusammenarbeit von einem deutschen und einem ausländischen Anwalt, mit denen der Mandant jeweils einen gesonderten Vertrag geschlossen hat, bedeutet dies, daß jeder der Anwälte dafür einzustehen hat, daß er die Vorschriften der Rechtsordnung, in der er als Anwalt zugelassen ist, ordnungsgemäß bearbeiten muß. § 278 BGB gilt nicht.

II. Streitstand im Schrifttum

Im rechtswissenschaftlichen Schrifttum ist umstritten, ob § 664 Abs. 1 S. 2 BGB allgemein auf entgeltliche Geschäftsbesorgungsverträge und speziell auf Anwaltsdienstverträge entsprechend anzuwenden ist.

Zahlreiche Autoren vertreten die Ansicht, § 664 Abs. 1 S. 2 BGB sei allgemein auch auf Dienstverträge, die eine Geschäftsbesorgung zum Inhalt haben, entsprechend anwendbar.[655] Dies setze allerdings voraus, daß die Art der übertragenen Tätigkeit ein enges persönliches Vertrauensverhältnis prägt.[656] Bei Anwaltsverträgen sei diese Voraussetzung in aller Regel zu bejahen.

---

654 BGH, NJW-RR 1990, 459 (460). Zur Haftung für freie Mitarbeiter bereits: oben, § 8 I 1 d).

655 *v. Gablenz*, insb. S. 77 ff., S. 92 ff.; Erman-*Hauß*, BGB, § 664 Rdn. 7 und *Koller*, ZIP 1985, 1243 (1246 ff.); Soergel-*Mühl*, BGB, § 664 Rdn. 4; Palandt-*Thomas*, BGB, § 664 Rdn. 3 und 6.

656 Anderer Ansicht: *v. Bernstorff*, NJW 1952, 731 f.; Münchener Kommentar-*Hanau*, BGB, § 278 Rdn. 16; Palandt-*Heinrichs*, BGB, § 278 Rdn. 10; Staudinger-*Löwisch*, BGB, § 278 Rdn. 15; RGRK-*Steffen*, BGB, § 664, Rdn. 12; Soergel-*Wolf*, BGB, § 278 Rdn. 35.

Zum Teil wird diese Meinung eingeschränkt und nur für diejenigen Fälle vertreten, in denen die Geschäftsbesorgung auf den Dritten nicht übertragen werden kann, ohne daß ein neues Vertrauensverhältnis des Geschäftsherrn zu dem Dritten begründet und der bisherige Geschäftsbesorger aus der Verantwortung für die Ausführung des Geschäfts entlassen wird. Wenn das Vertrauensverhältnis zu der mit der Geschäftsbesorgung zunächst betrauten Person und damit deren Verantwortung erhalten bleibe, hafte diese für den Dritten nach § 278 BGB.[657] Dies soll dann der Fall sein, wenn ein deutscher Rechtsanwalt mit einem ausländischen Kollegen intern zusammenarbeitet, ohne daß es zu einer gesonderten Beauftragung des ausländischen Anwalts kommt.

Andere Autoren sind der Ansicht, der Umstand, daß § 664 in § 675 BGB nicht erwähnt ist, schließe die entsprechende Anwendbarkeit jener Vorschrift nicht schlechthin aus. § 664 Abs. 1 S. 1 BGB sei bei einem Dienstvertrag wegen § 613 BGB nicht anwendbar. Sei die Übertragung ausnahmsweise gestattet, so ergebe sich die Anwendung des zweiten Satzes bereits aus der Natur der Gestattung.[658] Die entscheidende Frage, unter welchen Voraussetzungen die Übertragung bei einem Dienstvertrag gestattet ist, beantworten diese Autoren jedoch nicht.

Soweit Vertreter des Schrifttums diese Frage speziell für den Aspekt, daß ein Rechtsanwalt einen Teil des ihm übertragenen Auftrags auf einen anderen Anwalt überträgt, untersucht haben, sind sie vielfach der Ansicht, § 664 Abs. 1 S. 2 BGB sei auf diese Fälle entsprechend anwendbar.[659] Sie fordern aber, daß die Übertragung des Auftrags auf einen anderen Anwalt nur gestattet sei, wenn der Mandant hierzu seine Zustimmung erteilt habe. Andernfalls hafte der Anwalt für Fehler von ihm eingeschalteter Dritter nach § 278 BGB.[660] Zusätzlich müsse die Übertragung der Aufgabe im Interesse des Mandanten objektiv sachgerecht sein. Sachliche Gründe lägen stets vor, wenn der deutsche Rechtsanwalt einen ausländischen Anwalt hinzuziehe, um ausländisches Recht anzuwenden oder um den Mandanten vor einem ausländischen Gericht zu vertreten.[661]

Ohne auf die Abgrenzung zu § 664 Abs. 1 S. 2 BGB einzugehen, vertreten andere Autoren demgegenüber konsequent die Ansicht, daß ein deutscher Rechtsanwalt, der intern einen ausländischen Anwalt einschalte, für dessen Fehler unter den Voraussetzungen des § 278 BGB hafte.[662] Hiervon differenziert er den Fall, daß zwei selbständige Mandatsverhältnisse bestehen.[663]

---

657 Staudinger-*Wittmann*, BGB, § 664 Rdn. 13.

658 *Larenz*, Schuldrecht II/1, § 56 V, S. 423 unter Verweis auf RGZ 78, 310 (313).

659 *Borgmann/Haug*, § 37 Rdn. 29, S. 244 f., die hierzu allerdings auch auf die Natur des Anwaltsdienstvertrages abstellen; *Meik/Faecks*, AnwBl 1989, 83 (85); *Raiser*, NJW 1991, 2049 (2055); *Seltmann*, VersR 1974, 97 (103 f.); *Vollkommer*, Rdn. 310, S. 180.

660 *Borgmann/Haug*, § 37 Rdn. 29, S. 244 f.; *Raiser*, NJW 1991, 2049 (2055); *Vollkommer*, Rdn. 310, S. 180.

661 *Borgmann/Haug*, § 37 Rdn. 31 f., S. 246 f.; *Raiser*, NJW 1991, 2049 (2055).

662 *Rinsche*, Rdn. I 207, S. 91 und Rdn. I 351, S. 166. Ebenso wohl auch: *Henssler*, JZ 1994, 178 (185 f.).

663 *Rinsche*, Rdn. I 207, S. 91 f., Rdn. I 178, S. 80 und Rdn. I 351, S. 166.

III. Stellungnahme und eigene Bewertung

Ob § 664 Abs. 1 S. 2 BGB allgemein auf Dienstverträge, die eine Geschäftsbesorgung zum Inhalt haben, entgegen dem ausdrücklichen Wortlaut des § 675 BGB entsprechend anzuwenden ist, kann offen bleiben. Für den Anwaltsvertrag, insbesondere in den hier diskutierten Fällen, daß ein deutscher Rechtsanwalt einen ausländischen Anwalt in die Mandatsbearbeitung einbezieht, begegnet diese Ansicht durchgreifenden Bedenken.

1. Stellungnahme zum Streitstand in Rechtsprechung und Schrifttum

Die Autoren, die auf den Fall, daß ein Rechtsanwalt einen bestimmten Teilbereich des Mandats auf einen anderen Anwalt überträgt, § 664 Abs. 1 S. 2 BGB entsprechend anwenden, vertreten ihre Ansicht nicht mit der nötigen Konsequenz. Sie widersprechen zum Teil dem allgemeinen Verständnis der Grundlagen des § 664 Abs. 1 S. 2 BGB. So setzen sich die genannten Autoren nicht mit der zu § 664 Abs. 1 S. 2 BGB weithin vertretenen Ansicht hinsichtlich der Voraussetzungen einer „gestatteten" Übertragung auseinander. Danach ist nicht kumulativ erforderlich, daß der Auftraggeber mit der Übertragung einverstanden ist und daß hierfür ein sachlicher Grund vorliegt. Vielmehr reicht es danach aus, daß die Gestattung sich aus der Auslegung des jeweiligen Vertrages nach den allgemeinen Grundsätzen der §§ 157, 242 BGB ergibt.[664] Die Vertreter der Gegenansicht machen geltend, daß es darauf, ob der Mandant einer Maßnahme des Anwalts zugestimmt hat, allein nicht ankommen könne. Der Mandant könne nicht abschätzen, wann es für ihn interessengerecht sei, einen ausländischen Anwalt in die Mandatsbearbeitung einzubeziehen.[665] Hiergegen ist jedoch einzuwenden, daß dieser Gesichtspunkt generell gilt, wenn sich eine Person an einen Rechtsanwalt wendet. Diesem Umstand ist dadurch Rechnung zu tragen, daß der Rechtsanwalt verpflichtet ist, den Mandanten ordnungsgemäß aufzuklären.

Fraglich ist zudem, ob in den hier diskutierten Fällen eine „Übertragung" im Sinne von § 664 Abs. 1 S. 2 BGB vorliegt. So setzt eine Übertragung der Ausführung nach nahezu allgemeiner Ansicht voraus, daß der Beauftragte die ihm obliegende Geschäftsbesorgung für den Auftraggeber einem Dritten überläßt und insoweit aus jeder Tätigkeit ausscheidet.[666] Der Dritte muß praktisch an die Stelle des Beauftragten treten und die Geschäftsbesorgung weitgehend selbständig ausführen.[667] Gerade dies dürfte jedoch nicht der Fall sein, wenn der deutsche Rechtsanwalt einen ausländischen Anwalt etwa nur intern ein-

664 RGZ 161, 68 (73); Erman-*Hauß*, BGB, § 664 Rdn. 1; Münchener Kommentar-*Seiler*, BGB, § 664 Rdn. 5. Der III. Zivilsenat des Reichsgerichts stellt in der oben, I 1, ausgewerteten Entscheidung allein darauf ab, ob ein sachlicher Grund für die Übertragung vorliegt.

665 *Raiser*, NJW 1991, 2049 (2055).

666 RG, JW 1926, 246 (hierzu bereits: oben, I 1); Palandt-*Thomas*, BGB, § 664 Rdn. 1.

667 Erman-*Hauß*, BGB, § 664 Rdn. 1; Münchener Kommentar-*Seiler*, BGB, § 664 Rdn. 4. Hierzu auch: BGH, NJW 1993, 1704ff.

schaltet, um einen Teil des Auftrags nach ausländischem Recht zu bearbeiten oder zu überprüfen.

Vor allem haftet der Beauftragte, der einen Auftrag ohne Gestattung des Auftraggebers auf einen Dritten übertragen hat, nicht nach § 278 BGB,[668] sondern für jeden infolge der nicht gestatteten Übertragung verursachten Schaden, und zwar unabhängig von einem Verschulden des Substituten.[669] Denkt man diese Ansicht also konsequent weiter, haftet ein deutscher Rechtsanwalt, der ohne Zustimmung des Mandanten einen ausländischen Kollegen einschaltet, für jeden dadurch verursachten Schaden, ohne daß es auf ein Verschulden des ausländischen Anwalts ankäme.

Als Zwischenergebnis ist somit festzuhalten, daß § 664 Abs. 1 S. 2 BGB weder unmittelbar noch analog auf den Fall anzuwenden ist, daß der vom Mandanten eingeschaltete Rechtsanwalt zur Bearbeitung des Auftrags einen ausländischen Anwalt hinzuzieht.

Bedenken bestehen auch gegen eine Anwendung des § 278 BGB. Diese Norm setzt nämlich voraus, daß der ausländische Anwalt „in Erfüllung einer Verbindlichkeit" des deutschen Rechtsanwalts handelt. Inwieweit dem Schuldner fremdes Verschulden zuzurechnen ist, richtet sich nach seinem konkreten Pflichtenkreis, wie er durch Art und Inhalt des jeweiligen Schuldverhältnisses festgelegt ist.[670] Bereits an anderer Stelle ist ausgeführt worden, daß ein deutscher Anwalt grundsätzlich nicht verpflichtet ist, ausländisches Recht anzuwenden.[671] § 278 BGB ist auch nicht bei Verbindlichkeiten anwendbar, die wegen ihres höchstpersönlichen Charakters nicht durch einen Dritten erfüllt werden dürfen.[672] Dies ist jedoch bei Dienstverträgen gemäß § 613 S. 1 BGB im Zweifel der Fall.

Unumstritten dürfte zudem sein, daß § 278 BGB von vornherein ausscheidet, wenn der Mandant mit dem deutschen Rechtsanwalt und dem ausländischen Anwalt zwei selbständige Verträge geschlossen hat. Dies ist höchstrichterlich für den Fall geklärt, daß der Mandant einen deutschen Verkehrs- und einen ausländischen Prozeßanwalt beauftragt hat, um einen Rechtsstreit im Ausland zu führen.[673]

2. Lösung über Auslegung des Anwaltsvertrages

Bei einer extensiven entsprechenden Anwendung des § 664 Abs. 1 S. 2 BGB ist Vorsicht geboten. Dagegen spricht, daß es sich bei dieser Vorschrift um einen

668 So aber: *Borgmann/Haug*, § 37 Rdn. 29, S. 245f.; *Raiser*, NJW 1991, 2049 (2055); *Vollkommer*, Rdn. 312, S. 181.

669 Erman-*Hauß*, BGB, § 664 Rdn. 4; Palandt-*Thomas*, BGB, § 664 Rdn. 2; Staudinger-*Wittmann*, BGB, § 664 Rdn. 11.

670 Palandt-*Heinrichs*, BGB, § 278 Rdn. 13; Soergel-*Wolf*, BGB, § 278 Rdn. 32ff.

671 Oben, § 7 III 3a).

672 Soergel-*Wolf*, BGB, § 278 Rdn. 31.

673 Hierzu: oben, I 5.

Ausnahmetatbestand zu § 278 BGB handelt. § 664 Abs. 1 S. 2 BGB kann nur dann entgegen dem ausdrücklichen Gesetzeswortlaut des § 675 BGB entsprechend auf Anwaltsdienstverträge angewandt werden, wenn eine planwidrige Gesetzeslücke vorliegt.[674] Gerade dies ist jedoch fraglich.

§ 613 S. 1 BGB bestimmt, daß der zur Dienstleistung Verpflichtete die Dienste im Zweifel in Person zu leisten hat. Übertragen auf einen Anwaltsdienstvertrag bedeutet dies, daß im Wege der Vertragsauslegung zu ermitteln ist, ob ein deutscher Rechtsanwalt einen ausländischen Anwalt in die Mandatsbearbeitung einbeziehen darf. Bei der vorzunehmenden Vertragsauslegung sind gemäß §§ 157, 242 BGB die Prinzipien von Treu und Glauben und die Verkehrssitte zu berücksichtigen. Einer entsprechenden Anwendung des § 664 Abs. 1 S. 2 BGB bedarf es dann nicht.

Bereits an anderer Stelle ist herausgearbeitet worden, daß deutsche Rechtsanwälte nicht dazu ausgebildet sind, ausländische Rechtsnormen anzuwenden.[675] Der Mandant kann grundsätzlich nicht erwarten, daß der von ihm beauftragte Rechtsanwalt ausländisches Recht kennt und anwenden kann.[676] Es entspricht dem üblichen Verhalten eines Rechtsanwalts, bei grenzüberschreitenden Mandaten mit einem ausländischen Kollegen aus der jeweiligen Rechtsordnung zusammenzuarbeiten. So sieht Ziff. 3. 1. 3. der CCBE-Standesrichtlinien[677] vor, daß ein Anwalt ein Mandat abzulehnen hat, wenn er weiß oder wissen muß, daß es ihm an den erforderlichen Kenntnissen fehlt, es sei denn, er arbeitet mit einem Anwalt zusammen, der diese Kenntnisse besitzt. Es ist also denkbar, daß sich aus Grundsätzen der Auslegung des zwischen dem deutschen Rechtsanwalt und seinem Mandanten geschlossenen Vertrags ergibt, daß jener einen ausländischen Anwalt einschalten kann oder sogar muß, wenn er die zur Bearbeitung des Mandats erforderlichen Kenntnisse in einer ausländischen Rechtsordnung nicht besitzt. Dann kann der Mandant auch nicht erwarten, daß der Rechtsanwalt sich des ausländischen Kollegen zur Erfüllung einer eigenen Verbindlichkeit bedient. Denn der deutsche Rechtsanwalt ist nicht verpflichtet, ausländisches Recht anzuwenden. Vielmehr kann er einen ausländischen Anwalt bei der Bearbeitung des Mandats hinzuziehen. Daher darf der Mandant nur davon ausgehen, daß allein der ausländische Anwalt für Fehler bei der Anwendung ausländischen Rechts einzustehen hat.

Dadurch verursachte Schäden des Mandanten kann der deutsche Anwalt im Wege der sog. Drittschadensliquidation geltend machen. Dies gilt jedenfalls dann, wenn der Geschädigte mit dem ausländischen Anwalt keinen Vertrag geschlossen hat. Der Rechtsanwalt ist seinerseits aus dem Anwaltsvertrag verpflich-

674 Zu den Voraussetzungen einer Gesetzesanalogie: *Larenz*, Methodenlehre, S. 381 ff.

675 Zur Juristenausbildung: oben, § 1 III.

676 Zu den Sorgfaltsstandards bei der Anwendung ausländischen Rechts: oben, § 7 III 3 a).

677 Hierzu: oben, § 1 I 2 c) gg).

tet, diesen Anspruch gegen den ausländischen Anwalt an den Mandanten abzutreten.[678]

Eine Auslegung des Anwaltsvertrages in dem Sinne, daß der deutsche Rechtsanwalt nicht für Fehler des eingeschalteten ausländischen Anwalts einzustehen hat, setzt des weiteren voraus, daß der Rechtsanwalt den Mandanten über die Anwendbarkeit ausländischen Rechts und die sich daraus ergebende Notwendigkeit, einen ausländischen Anwalt in die Mandatsbearbeitung einzubeziehen, ordnungsgemäß aufgeklärt und mit ihm das weitere Vorgehen abgesprochen hat. Dies ist schon deshalb erforderlich, um die Frage zu klären, wer das gesondert anfallende Honorar des ausländischen Anwalts zu tragen hat.

Unterläßt der deutsche Rechtsanwalt eine Rücksprache mit dem Mandanten, ist es sach- und interessengerecht, diesen für Fehler des ausländischen Anwalts nach § 278 BGB haften zu lassen. Dogmatisch läßt sich dieses Ergebnis damit begründen, daß die Anwendbarkeit ausländischen Rechts dann Gegenstand des Vertrages zwischen dem deutschen Rechtsanwalt und seinem Mandanten geworden ist, wenn der Rechtsanwalt sich ohne Einschränkung darauf einläßt, auch ausländisches Recht zu berücksichtigen. Ob er dies intern selbst oder durch Zusammenarbeit mit einem ausländischen Kollegen tut, ist nach außen gegenüber dem Mandanten unerheblich.

Aus denselben Gründen haftet der deutsche Rechtsanwalt für ein Verschulden des ausländischen Anwalts nach § 278 BGB, wenn er selbst infolge einer nach außen hervorgehobenen Spezialisierung im Rechtsverkehr einen besonderen Vertrauenstatbestand gesetzt hat, der auf Kenntnisse in derjenigen ausländischen Rechtsordnung schließen läßt, für deren Anwendung der ausländische Anwalt eingeschaltet ist. Für ihn gelten daher auch verschärfte Sorgfaltsanforderungen, wenn er dieses ausländische Recht anwendet.[679] Auch in diesem Fall ist die Anwendung der ausländischen Rechtsnormen Gegenstand des Anwaltsvertrages. Der ausländische Anwalt handelt dann in Erfüllung einer Verbindlichkeit des deutschen Rechtsanwalts.

Dieses Ergebnis ist im Vergleich zu der Haftung des Anwalts, der mit ausländischen Anwälten in einer internationalen Sozietät zusammenarbeitet, interessengerecht.[680] Wie im folgenden noch zu zeigen sein wird, besteht auch in der Konstellation, daß die Anwälte im Einzelfall zusammenarbeiten, die Möglichkeit, die Haftung auf die Anwendung deutschen Rechts einzelvertraglich gegenüber dem Mandanten zu begrenzen.

Wenn der deutsche Rechtsanwalt mit dem Mandanten geklärt hat, einen ausländischen Anwalt einzuschalten, kann dies in der Weise geschehen, daß der Man-

---

678 Zur Drittschadensliquidation: Palandt-*Heinrichs*, BGB, Vorbem. v. § 249 Rdn. 115; *Larenz*, Schuldrecht I, § 27 IV b, S. 460ff. jeweils m. w. N. auch aus der höchstrichterlichen Rechtsprechung; hierzu ebenfalls: *Borgmann/Haug*, § 37 Rdn. 33, S. 247.

679 Hierzu: oben, § 7 III 3b) bb).

680 Hierzu: oben, § 8 I 3.

dant es allein seinem Rechtsanwalt überläßt, den ausländischen Anwalt auszuwählen und später mit diesem die Korrespondenz zu führen. Dies dürfte in der Praxis sogar die Regel sein. Da der deutsche Rechtsanwalt, vorbehaltlich einer abweichenden vertraglichen Vereinbarung, verpflichtet ist, die Interessen des Mandanten umfassend wahrzunehmen, ergibt sich aus dem Anwaltsvertrag im Wege der Auslegung, daß der deutsche Anwalt gegenüber dem Mandanten insbesondere verpflichtet ist,

- den ausländischen Anwalt sorgfältig auszuwählen,
- ihn sorgfältig zu unterweisen und
- zu überwachen, ob er den ihm übertragenen Aufgaben nachkommt.

Hinsichtlich dieser Pflichten macht es keinen Unterschied, ob der Mandant mit dem ausländischen Anwalt einen selbständigen Vertrag geschlossen hat oder ob der deutsche Rechtsanwalt absprachegemäß nur intern mit dem ausländischen Anwalt zusammenarbeitet. Soweit der ausländische Anwalt als Prozeßanwalt eingeschaltet ist, um einen Rechtsstreit vor einem Gericht, bei dem er zugelassen ist, zu führen, gelten die vom 4. Zivilsenat des Oberlandesgerichts Bamberg hierzu herausgearbeiteten Grundsätze.[681] Unterschiede ergeben sich jedoch in Bezug darauf, wie der Mandant seine Rechte gegen die Anwälte durchsetzen kann.

a) Sorgfältige Auswahl des ausländischen Anwalts

Wählt ein deutscher Rechtsanwalt einen ausländischen Anwalt aus, muß er sicherstellen, daß jener fachlich und personell in der Lage ist, das jeweilige Mandat zu bearbeiten.[682] Wenn der Auftrag Spezialkenntnisse auch in einer bestimmten ausländischen Rechtsordnung voraussetzt, reicht es nicht aus, daß der deutsche Rechtsanwalt sich allein anhand von bloßen Adressenlisten orientiert. Das gleiche gilt, wenn die beteiligten Anwälte ihre Maßnahmen miteinander koordinieren müssen. Soweit auf dem Markt spezielle Anwaltsverzeichnisse erhältlich sind,[683] muß der deutsche Rechtsanwalt danach eine Vorauswahl treffen. Er darf sich grundsätzlich auf eine Selbstdarstellung der ausländischen Anwälte verlassen. Gerade bei grenzüberschreitenden Mandaten sollte er darauf achten, daß der ausländische Anwalt bzw. die ausländische Sozietät personell qualifiziert erscheint, derartige Fälle zu bearbeiten. Der deutsche Rechtsanwalt muß dem ausländischen Anwalt aus seiner Sicht mitteilen, um welches Spezialgebiet es im konkreten Fall geht, und diesen auffordern, schriftlich zu bestätigen, daß er sich für geeignet hält, den Fall zu übernehmen. Hiermit wird der Mandatsinhalt festgelegt. Diese Eingrenzung ist für einen später möglichen Regreß gegen den ausländischen Anwalt sogar unerläßlich.[684] Auch eine erfolgreiche Zusammen-

681 Hierzu: oben, I 5 mit weiteren Angaben.

682 Hierzu auch: *Raiser*, NJW 1991, 2049 (2055); *Rinsche/M. Schlüter*, ZAP 1992, Fach 23, S. 115 (122) sowie allgemein: *Seltmann*, VersR 1974, 97 (99).

683 Etwa: *Martindale-Hubbell's*; hierzu: oben, § 1 II 3, Fn. 161.

684 Zum deutschen Recht hierzu: oben, § 7 III 3b) aa).

arbeit in anderen Fällen oder die Empfehlung aus zuverlässiger Quelle können sachgerechte Kriterien bei der Auswahl des ausländischen Anwalts sein. In besonders umfassenden Fällen sollte der deutsche Rechtsanwalt bei mehreren ausländischen Anwälten vorfragen. Dies kann erforderlich sein, wenn der ausländische Anwalt im Laufe der Mandatsbearbeitung feststellt, daß eine Interessenkollision mit einem früheren Mandatsverhältnis vorliegt und er sich deshalb gezwungen sieht, das Mandat niederzulegen. Gerade in Fällen, die ein rasches Tätigwerden erfordern, muß der deutsche Rechtsanwalt dagegen Vorsorge leisten. Wichtig ist festzuhalten, daß dem deutschen Rechtsanwalt, wenn er die oben genannten Richtlinien beachtet hat, ein pflichtgemäßes Ermessen bei der Auswahl einzuräumen ist.[685]

b) Sorgfältige Unterweisung des ausländischen Anwalts

Die Pflicht, den ausländischen Anwalt bei der Beauftragung sorgfältig zu unterweisen,[686] setzt voraus, daß der deutsche Rechtsanwalt vor allem die relevanten Tatsachen sorgfältig und vollständig übermittelt. Soweit erforderlich, muß er dafür sorgen, daß Dokumente ordnungsgemäß und juristisch präzise übersetzt sind. Besteht die Möglichkeit, daß eine materielle oder prozessuale Frist abläuft, muß er dem ausländischen Kollegen diesen Umstand mitteilen und eine Prüfung veranlassen. Gegebenenfalls hat der deutsche Rechtsanwalt darauf hinzuweisen, daß der Auftrag besonders eilbedürftig ist.

c) Überwachung des ausländischen Anwalts

Die Pflicht, die Tätigkeit, des ausländischen Anwalts zu überwachen, ergibt sich daraus, wie das konkrete Vertragsverhältnis ausgestaltet ist. Dabei sind im Regelfall nicht zu strenge Anforderungen zu stellen. Wie bereits an anderer Stelle ausgeführt, kann sich ein deutscher Rechtsanwalt darauf verlassen, daß der ausländische Anwalt die seinem Rechtskreis entstammenden Rechtsnormen ordnungsgemäß anwendet.[687] Der deutsche Rechtsanwalt ist aber gehalten, den ausländischen Anwalt aufzufordern zu bestätigen, daß er das Mandat übernimmt. Liegen besondere Anhaltspunkte vor, kann er auch verpflichtet sein zu überprüfen, daß der ausländische Kollege tatsächlich tätig geworden ist. Bei länger dauernden oder komplexen Verfahren muß er Zwischenberichte anfordern. Des weiteren ist der deutsche Rechtsanwalt verpflichtet, das Ergebnis des ausländischen Anwalts auf seine Plausibilität zu überprüfen. Abschließend muß der Rechtsanwalt das Ergebnis zutreffend an den Mandanten übermitteln.

---

685 Zu diesem Gedanken auch: oben, § 7 IV 1 a).

686 Hierzu bereits: RG, JW 1926, 246; hierzu: oben, I 1.

687 Oben, § 7 III 3 a) und IV sowie BGH, NJW 1972, 1044 f. (hierzu: oben, § 7 I 1 a) und OLG Bamberg, MDR 1989, 542 f. (hierzu: oben, § 7 I 1 b) und oben, I 5).

d) *Anwendung ausländischen Rechts*

Der deutsche Rechtsanwalt ist grundsätzlich nicht verpflichtet, ausländische Rechtsnormen anzuwenden und den Mandanten über damit zusammenhängende Umstände zu beraten und aufzuklären.[688] Diese Aufgaben fallen in den alleinigen Verantwortungsbereich des ausländischen Anwalts. Etwas anderes gilt nur dann, wenn der deutsche Rechtsanwalt sich das Ergebnis des eingeschalteten ausländischen Anwalts gegenüber dem Mandanten zu eigen macht und nicht auf die Zusammenarbeit mit dem ausländischen Kollegen hinweist.

3. Zusammenfassung

Zieht ein deutscher Rechtsanwalt einen ausländischen Anwalt im Einzelfall hinzu, um ein Mandat zu bearbeiten, muß eine systemgerechte Lösung über § 613 BGB und eine Auslegung des Anwaltsdienstvertrages erfolgen. Der Gesetzeswortlaut des § 675 BGB ist eindeutig. Eines dogmatisch fragwürdigen Rückgriffs auf eine entsprechende Anwendung des § 664 Abs. 1 S. 2 BGB bedarf es nicht.

Die Voraussetzungen des § 278 BGB liegen nicht vor, wenn der Rechtsanwalt den Mandanten über das Bedürfnis, einen ausländischen Anwalt hinzuziehen, aufgeklärt hat. Ein deutscher Rechtsanwalt ist grundsätzlich nicht verpflichtet, ausländisches Recht zu berücksichtigen. Der ausländische Anwalt handelt dann nicht in Erfüllung einer Verbindlichkeit des deutschen Rechtsanwalts. Aus der Auslegung des Anwaltsvertrages ergibt sich in den geschilderten Fällen, vorbehaltlich abweichender Regelungen im Einzelfall, daß der deutsche Rechtsanwalt gegenüber dem Mandanten insbesondere verpflichtet ist,

- den ausländischen Anwalt sorgfältig auszuwählen,
- ihn sorgfältig zu unterweisen und
  zu überwachen, ob er den ihm übertragenen Aufgaben nachkommt.

Die Pflicht, ausländische Rechtsnormen sachgerecht anzuwenden und den Mandanten über damit zusammenhängende Umstände zu beraten und aufzuklären, trifft grundsätzlich nur den ausländischen Anwalt. Hinsichtlich dieser Pflichten macht es keinen Unterschied, ob der Mandant mit dem ausländischen Anwalt einen selbständigen Vertrag geschlossen hat oder ob der deutsche Rechtsanwalt absprachegemäß nur intern mit dem ausländischen Anwalt zusammenarbeitet.

Ein deutscher Rechtsanwalt hat nur dann für ein Verschulden eines ausländischen Anwalts nach § 278 BGB einzustehen, wenn er selbst infolge einer nach außen hervorgehobenen Spezialisierung im Rechtsverkehr einen besonderen Vertrauenstatbestand gesetzt hat, der auf Kenntnisse gerade in der ausländischen Rechtsordnung schließen läßt, für deren Anwendung der ausländische Anwalt eingeschaltet ist.

---

688 Hierzu: oben, § 7 III 3a).

§ 10 Zusammenarbeit mit ausländischem Anwalt nach dem Rechtsanwaltsdienstleistungsgesetz

Ein deutscher Rechtsanwalt kann mit einem ausländischen Anwalt zusammenarbeiten, um für dessen Betätigung in Deutschland das nach § 4 Abs. 1 S. 2 RADG erforderliche Einvernehmen herzustellen.[689] Zu den haftungsrechtlichen Auswirkungen liegen noch keine eingehenden Untersuchungen vor. Es ist zwischen der Rechtsstellung des ausländischen Anwalts (im folgenden unter I) und derjenigen des deutschen Einvernehmensanwalts (im folgenden unter II) zu differenzieren.

I. Rechtsstellung des ausländischen Anwalts

Beauftragt ein Mandant einen in Deutschland nicht zugelassenen ausländischen Anwalt, um seine rechtlichen Interessen in Deutschland wahrzunehmen, so hat dieser bei der Ausübung von anwaltlichen Tätigkeiten, die mit der Vertretung eines Mandanten im Bereich der Rechtspflege oder vor den Behörden in Deutschland zusammenhängen, grundsätzlich die Stellung eines Rechtsanwalts, insbesondere dessen Rechte und Pflichten, § 3 Abs. 1 RADG. Auch bei der Ausübung sonstiger Tätigkeiten muß der ausländische Anwalt grundsätzlich die für einen deutschen Rechtsanwalt geltenden Regeln einhalten und insbesondere die sich aus §§ 43, 45 Nr. 1–3 BRAO ergebenden beruflichen Pflichten befolgen, § 3 Abs. 2 RADG.

Aufgrund der gesetzlichen Vorgaben für einen ausländischen Anwalt, der in Deutschland nach dem Rechtsanwaltsdienstleistungsgesetz tätig wird, ergeben sich haftungsrechtlich somit keine Besonderheiten gegenüber dem in Deutschland zugelassenen Rechtsanwalt.[690] Die Anwendung deutschen Rechts ist dann, wenn sich der ausländische Anwalt darauf einläßt, einen Mandanten vor einem deutschen Gericht oder einer deutschen Behörde zu vertreten, Gegenstand des konkreten Auftrags. Läßt sich der ausländische Anwalt darauf ein, deutsches Recht anzuwenden, ist der Mandant in gleicher Weise schutzwürdig wie in dem Fall, wenn er sich an einen deutschen Rechtsanwalt wendet. Eine Privilegierung ausländischer Anwälte gegenüber den deutschen Kollegen ist nicht geboten und würde zudem wettbewerbsverzerrend wirken.

Hiervon gehen auch der Gerichtshof der Europäischen Gemeinschaften und der Bundesgesetzgeber aus. Mit Urteil vom 25. 2. 1988 hat der Gerichtshof der Europäischen Gemeinschaften entschieden, daß wesentliche Inhalte des damaligen § 4 RADG in der Fassung vom 16. 8. 1980 gegen die Verpflichtungen der Bundesrepublik Deutschland aus den Art. 59 und 60 EGV und der Richtlinie 77/249 des Rates verstoßen.[691] Der Gerichtshof hat ausgeführt, daß das Problem eines

689 Allgemein hierzu: oben, § 1 I 2c) aa).

690 Hierzu ausführlich: oben, § 6.

691 EuGH, NJW 1988, 887 ff.

möglichen Mangels an Kenntnissen des deutschen Rechts in den Verantwortungsbereich des dienstleistenden (ausländischen) Anwalts gegenüber seinem Mandanten falle, dem es freistehe, seine Belange einem Rechtsanwalt seiner Wahl anzuvertrauen.[692] In der Begründung zu der notwendig gewordenen Neufassung des § 4 RADG hat der Bundesgesetzgeber ausgeführt, daß der Dienstleistungserbringer auch wegen der zivilrechtlichen Haftung für fehlerhaftes berufliches Verhalten sorgfältig prüfen müsse, ob er in einer mündlichen Verhandlung allein oder mit Unterstützung eines deutschen Rechtsanwalts auftrete.[693]

Etwas anderes ergibt sich nicht daraus, daß der ausländische Anwalt gemäß § 4 Abs. 1 S. 2 RADG verpflichtet ist, im Einvernehmen mit einem Rechtsanwalt zu handeln. Diese Vorschrift regelt die Rechtsstellung des deutschen Einvernehmensanwalts. Auf die Rechtsstellung des ausländischen Anwalts hat sie keinen Einfluß.

Wenn der deutsche Rechtsanwalt nicht in einem eigenen vertraglichen Verhältnis zu dem Mandanten des ausländischen Anwalts steht, bedient dieser sich des Einvernehmensanwalts zur Erfüllung seiner gegenüber dem Mandanten bestehenden Verbindlichkeit aus dem Anwaltsvertrag.[694] Für dessen schuldhafte Fehler hat der ausländische Anwalt gemäß § 278 BGB einzustehen.[695]

II. Rechtsstellung des deutschen Einvernehmensanwalts

Die Rechtsstellung des deutschen Einvernehmensanwalts ist in § 4 Abs. 1 S. 2 und 3 RADG geregelt.

1. Gegenüber dem ausländischen Anwalt

Der Einvernehmensanwalt haftet gegenüber dem ausländischen Anwalt aus dem mit diesem geschlossenen Vertrag. Fraglich ist, ob sich aus § 4 Abs. 1 S. 2 RADG modifizierte Sorgfaltsanforderungen ergeben. Nach dieser Vorschrift obliegt es dem Einvernehmensanwalt, gegenüber den ausländischen Anwälten „darauf hinzuwirken, daß sie bei der Vertretung oder Verteidigung die Erfordernisse einer geordneten Rechtspflege beachten". Wie diese Vorschrift auszulegen ist, ist nicht eindeutig.

Raiser bezeichnet den Gesetzeswortlaut in einer Stellungnahme als „vage". Präzisierend führt er aus, daß der Umfang der Überwachungspflicht sehr weit gespannt sein könne. Sie könne etwa im Zivilprozeß die Prüfung umfassen, ob die Formalien einer ordnungsgemäßen Klageerhebung beachtet, Kostenvorschüsse

---

692 EuGH, NJW 1988, 887 (888).

693 BT-Dr. 11/4793 vom 15.6.1989, S. 7.

694 Im Gegensatz zu den oben, § 9 III 2, erörterten Fällen, ist dies unproblematisch, wenn ein deutscher Rechtsanwalt einen ausländischen Anwalt bei einem grenzüberschreitenden Mandat einschaltet.

695 So bereits: *Raiser*, NJW 1991, 2049 (2055).

eingezahlt, Termine wahrgenommen, Schriftsatz- und Rechtsmittelfristen eingehalten, ordnungsgemäße Anträge gestellt sind, der Sachvortrag geordnet ist und ausreichende Beweisantritte vorliegen.[696] Welche Rechtsfolgen sich hieraus für die Haftung des deutschen Rechtsanwalts ergeben, ist bislang nicht erörtert.

Dem Wortlaut des § 4 Abs. 1 S. 2 RADG ist nicht eindeutig zu entnehmen, wie der ausländische Anwalt und der Einvernehmensanwalt nach den Vorstellungen des Gesetzgebers zusammenarbeiten sollen. Dies ist jedoch erforderlich, um die Sorgfaltsanforderungen ermitteln zu können, die der Einvernehmensanwalt gegenüber dem ausländischen Anwalt zu beachten hat.

Faßte man § 4 Abs. 1 S. 2 RADG als eine Vorschrift auf, welche die Sorgfaltsanforderungen an den Anwalt bei seiner Berufsausübung konkretisiert, wäre sie zu unbestimmt, als daß der Rechtsanwender aus ihr konkrete Vorgaben entnehmen könnte. Es handelt sich um eine neuartige Gesetzesformulierung, für die es keine Vorbilder gibt, auf die zur Auslegung zurückgegriffen werden könnte. § 4 Abs. 1 S. 2 RADG ist nicht zu entnehmen, was im einzelnen unter den „Erfordernissen einer geordneten Rechtspflege“ zu verstehen ist. Im Zusammenhang mit dem Merkmal „hinzuwirken“ ist fraglich, ob der Einvernehmensanwalt verpflichtet ist, von sich aus gegenüber dem ausländischen Anwalt tätig zu werden, wenn er Fehler bei der Rechtsanwendung feststellt. Dies bedeutete, daß der Einvernehmensanwalt eine Garantenstellung für den ausländischen Anwalt innehätte. Es ist jedoch auch denkbar, daß der Einvernehmensanwalt nur auf Nachfragen des ausländischen Anwalts tätig werden muß. Wegen dieser Unbestimmtheit wäre die Vorschrift als haftungskonkretisierende Rechtsnorm dann auch unter dem Gesichtspunkt des Art. 12 Abs. 1 GG als Berufsausübungsregelung bedenklich. § 4 Abs. 1 S. 2 RADG ist daher verfassungskonform als berufs- bzw. standesrechtliche Norm auszulegen.

Für diese Auslegung des § 4 Abs. 1 S. 2 RADG können der Wortlaut der Richtlinie 77/249, die Entscheidungsgründe des Europäischen Gerichtshofs in dem bereits zitierten Urteil vom 25. 2. 1988 und die Erwägungen des Bundesgesetzgebers in der Begründung zu der Neufassung der Vorschrift herangezogen werden.

Art. 5 der Richtlinie 77/249 des Rates der Europäischen Gemeinschaft bestimmt:

> „Für die Ausübung der Tätigkeiten, die mit der Vertretung und der Verteidigung von Mandanten im Bereich der Rechtspflege verbunden sind, kann ein Mitgliedstaat den unter Artikel 1 fallenden Rechtsanwälten als Bedingung auferlegen, [...] daß sie im Einvernehmen [...] mit einem bei dem angerufenen Gericht zugelassenen Rechtsanwalt, der gegebenenfalls *diesem Gericht gegenüber die Verantwortung trägt*, [...] handeln.“[697]

---

696 *Raiser*, NJW 1991, 2049 (2055 f.); ihm folgend: *Henssler*, JZ 1994, 178 (185); *Nerlich*, S. 57.

697 Hervorhebung vom Verfasser.

Hierzu hat später der Gerichtshof der Europäischen Gemeinschaften entschieden, daß mit der in Art. 5 der Richtlinie 77/249 des Rates erwähnten „Verantwortung" des am Ort zugelassenen Rechtsanwalts eine Verantwortung gegenüber dem angerufenen Gericht und nicht gegenüber dem Mandanten angesprochen sei. Dem dienstleistenden Anwalt solle die Verpflichtung, im Einvernehmen mit einem am Ort zugelassenen Rechtsanwalt zu handeln, die notwendige Unterstützung dafür geben, in einem anderen als dem ihm vertrauten Rechtssystem tätig zu werden; dem angerufenen Gericht solle sie die Gewähr dafür bieten, daß der dienstleistende Rechtsanwalt tatsächlich über diese Unterstützung verfügt und somit in der Lage ist, das geltende Verfahrensrecht und die geltenden Berufs- und Standesregeln voll und ganz einzuhalten.[698]

In der Begründung zur Neufassung des § 4 Abs. 1 S. 2 RADG hat der Bundesgesetzgeber ausgeführt, die Aufgabe des Rechtsanwalts, der sein Einvernehmen erklärt, sei es nicht, als ein weiterer Prozeßbevollmächtigter neben dem Dienstleistungserbringer die Interessen des Mandanten wahrzunehmen. Es sei auch nicht seine Pflicht, den Dienstleistungserbringer dahin zu überwachen, daß dieser seinen vertraglichen Pflichten gegenüber seinem Mandanten genüge. Demgegenüber sei es im Interesse der heimischen Rechtspflege seine Aufgabe sicherzustellen, daß die Dienstleistung in einer geordneten Weise erbracht werde.[699] Es sei nicht Sache des Gesetzgebers, in die interne Abstimmung zwischen dem Dienstleistungserbringer und dem deutschen Rechtsanwalt ohne zwingende Gründe einzugreifen.[700]

Daraus folgt für die Zusammenarbeit zwischen dem deutschen Einvernehmensanwalt und dem ausländischen Anwalt, daß dieser gegenüber dem Mandanten grundsätzlich selbständig agiert. Er ist für die Folgen seines Verhaltens allein verantwortlich. Inwieweit der Einvernehmensanwalt gegenüber dem ausländischen Anwalt haftet, ergibt sich aufgrund der vertraglichen Absprachen zwischen diesen. Allein diese sind haftungsrechtlich relevant.[701] Rechtstechnisch ist der ausländische Anwalt ein Mandant des Einvernehmensanwalts. Soweit das Gesetz auf die Beachtung der Erfordernisse einer ordnungsgemäßen Rechtspflege abstellt, dient das nicht dem Anliegen des ausländischen Anwalts, sondern ausschließlich staatlichen Interessen. § 4 Abs. 1 S. 2 RADG ist daher als berufs- und standesrechtliche Vorschrift einzuordnen. Sie begründet keine rechtlichen Verpflichtungen des Einvernehmensanwalts gegenüber dem ausländischen Anwalt, welche die allgemeinen Pflichten modifizieren.

2. Gegenüber dem Mandanten des ausländischen Anwalts

§ 4 Abs. 1 S. 3 RADG bestimmt, daß „zwischen dem Rechtsanwalt und dem Mandanten [des ausländischen Anwalts] kein Vertragsverhältnis zustande

698 EuGH, NJW 1988, 887 (888).

699 BT-Dr. 11/4793 vom 15.6.1989, S. 7.

700 BT-Dr. 11/4793 vom 15.6.1989, S. 8.

701 Zu den Vorgaben des konkreten Mandats als Grundlage der Haftung des Anwalts: oben, § 6 III 3b) aa).

[kommt], sofern die Beteiligten nicht ein anderes bestimmt haben." Diese Vorschrift schließt nicht von vornherein aus, daß zwischen dem Mandanten des ausländischen Anwalts und dem Einvernehmensanwalt ein eigenständiges Vertragsverhältnis zustande kommt. Ist dies der Fall, haftet der Einvernehmensanwalt gegenüber dem Mandanten nach den allgemeinen Regeln aus positiver Vertragsverletzung.[702] Angesichts des Vertrages auch mit dem ausländischen Anwalt sind die jeweiligen Pflichtenkreise im Einzelfall klar herauszuarbeiten.

Hat der Einvernehmensanwalt mit dem Mandanten keinen Vertrag geschlossen, was dem gesetzlichen Regelfall entspricht, kann er diesem nicht wegen positiver Vertragsverletzung haften.[703] In Betracht kommt ausnahmsweise eine Haftung als Sachwalter (im folgenden unter a). In Rechtsprechung und Schrifftum ist noch nicht geprüft, ob der Einvernehmensanwalt dem Mandanten nach den Grundsätzen des Vertrages mit Schutzwirkung zugunsten Dritter (im folgenden unter b) haften kann.

a) Haftung als Sachwalter

Ausnahmsweise bejaht die höchstrichterliche Rechtsprechung eine vertragliche Ersatzpflicht des Erfüllungsgehilfen als „Sachwalter". Als Sachwalter bezeichnet die Rechtsprechung denjenigen, der weder Vertragspartner noch dessen Vertreter ist.[704] Das setzt voraus, daß der Einvernehmensanwalt gleichsam in eigener Sache tätig wird, er also in besonderem Maße persönliches Vertrauen in Anspruch genommen hat oder dem Verhandlungsgegenstand besonders nahesteht, weil er wirtschaftlich selbst stark daran interessiert ist, den Vertrag abzuschließen und durchzuführen sowie aus dem Geschäft eigenen Nutzen anstrebt.[705]

Ob der Einvernehmensanwalt selbst in besonderem Maße persönliches Vertrauen in Anspruch genommen hat, ist im jeweiligen Einzelfall festzustellen. Bedeutung dürfte dem Umstand zukommen, in welcher Weise der deutsche Einvernehmensanwalt gegenüber dem Mandanten des ausländischen Anwalts aufgetreten ist. Nach der Rechtsprechung des Bundesgerichtshofs muß dieses Vertrauen wesentlich über das gewöhnliche Maß dessen hinausgehen, was jeder Anwaltsvertrag zu seiner sinnvollen Durchführung voraussetzt. Eine eigene Haftung des Vertreters ist nur dann gerechtfertigt, wenn er über das normale Verhandlungsvertrauen hinausgegangen ist, das bei Anbahnung von Geschäftsbeziehungen immer gegeben ist oder vorhanden sein sollte. Der Vertreter muß dem Verhandlungspartner eine zusätzliche, von ihm persönlich ausgehende Gewähr für den Bestand und die Erfüllung des in Aussicht genommenen Rechtsgeschäfts geboten haben, die für den Willensentschluß des anderen Teils bedeutsam war. Das kann etwa bei

---

702 Hierzu: oben, § 5 I.

703 Ebenso: *Henssler*, JZ 1994, 178 (185); *Raiser*, NJW 1991, 2049 (2055).

704 BGH, NJW-RR 1990, 459 (460).

705 BGH, NJW 1989, 293 (294); NJW-RR 1990, 459 (461); NJW 1991, 32 (33). Hierzu auch: oben, § 5 III, Fn. 369.

einer außergewöhnlichen Sachkunde oder bei großer persönlicher Zuverlässigkeit des Vertreters der Fall sein.[706]

Die Voraussetzung eines eigenen wirtschaftlichen Interesses des Einvernehmensanwalts liegt vor, wenn dieser der eigentliche Interessenträger anstelle des ausländischen Anwalts ist. Das Bestehen eines bloß mittelbaren wirtschaftlichen Interesses des Erfüllungsgehilfen genügt nicht.[707] Es kann auch nicht entscheidend darauf ankommen, daß der Einvernehmensanwalt gemäß § 24a BRAGO eine Gebühr erhält.[708] Diese geht nämlich nicht zu Lasten des Mandanten, sondern zu Lasten des ausländischen Anwalts. Ein eigenes wirtschaftliches Interesse des Einvernehmensanwalts an der vom ausländischen Anwalt geschuldeten anwaltlichen Dienstleistung, das eine Eigenhaftung begründen kann, ist somit im Regelfall nicht gegeben.

b) Vertrag mit Schutzwirkung zugunsten Dritter

Der Mandant des ausländischen Anwalts könnte in den Schutzbercich des zwischen diesem und dem Einvernehmensanwalt geschlossenen Vertrags miteinbezogen sein.[709] Ein eigener vertraglicher Anspruch gegen den deutschen Rechtsanwalt nach den Grundsätzen des Vertrags mit Schutzwirkung zugunsten Dritter setzt voraus,[710] daß der Mandant des ausländischen Anwalts bestimmungsgemäß mit der Leistung des Einvernehmensanwalts in Berührung kommt und den Gefahren von Schutzpflichtverletzungen ebenso ausgesetzt ist wie der ausländische Anwalt selbst. Des weiteren muß der ausländische Anwalt gegenüber seinem Mandanten eine besondere Schutzpflicht haben. Diese beiden Voraussetzungen müssen für den Einvernehmensanwalt erkennbar sein. Schließlich ist erforderlich, daß der Mandant besonders schutzbedürftig ist. Letzteres ist jedoch nicht der Fall, wenn der Geschädigte seinerseits eigene vertragliche Ansprüche desselben Inhalts, wenn auch gegen einen anderen Schuldner hat als diejenigen, die er auf dem Weg über die Einbeziehung in den Schutzbereich eines zwischen anderen geschlossenen Vertrages durchsetzen will.[711]

Der Mandant kann stets auf seinen Auftraggeber, den ausländischen Anwalt, zurückgreifen.[712] Ein eigener vertraglicher Anspruch des Mandanten des ausländischen Anwalts gegen den Einvernehmensanwalt bedeutete zudem, daß die gesetzliche Gestaltung der Rechtsverhältnisse von Mandant, ausländischem Anwalt

---

706 BGH, NJW-RR 1990, 459 (461).

707 Hierzu allgemein: BGH, NJW-RR 1990, 459 (461).

708 Allgemein zur Unerheblichkeit des Anwaltshonorars in diesem Zusammenhang: BGH, NJW 1991, 32 (33).

709 Allgemein zum Vertrag mit Schutzwirkung zugunsten Dritter bereits oben, § 5 III, Fn. 366.

710 Allgemein hierzu: Palandt-*Heinrichs*, BGB, § 328 Rdn. 16ff. m.w.N. aus der Rechtsprechung.

711 BGHZ 70, 327 (330).

712 Hierzu: oben, 1.

und deutschem Einvernehmensanwalt umgangen wird. Danach soll der Mandant sich, vorbehaltlich einer anderen Bestimmung der Beteiligten, nur an den ausländischen Anwalt halten können.[713] Die vertragliche Tätigkeit des Einvernehmensanwalts soll nur dem ausländischen Anwalt zugute kommen. Folglich ist es nicht möglich, den Mandanten des ausländischen Anwalts in den Schutzbereich des zwischen diesem und dem Einvernehmensanwalt geschlossenen Vertrages miteinzubeziehen.

c) Zwischenergebnis

Der deutsche Rechtsanwalt, den ein ausländischer Anwalt eingeschaltet hat, um das nach § 4 Abs. 2 S. 1 RADG erforderliche Einvernehmen herzustellen, haftet nach alledem gegenüber dem Mandanten des ausländischen Anwalts grundsätzlich nur, wenn er mit dem Mandanten einen eigenständigen Vertrag geschlossen hat.

III. Zusammenarbeit mit einem ausländischen Einvernehmensanwalt

Arbeitet ein deutscher Rechtsanwalt mit einem ausländischen Einvernehmensanwalt zusammen, um in einem anderen Mitgliedstaat der Europäischen Union anwaltlich tätig zu werden, ergeben sich haftungsrechtlich keine Besonderheiten im Verhältnis zu den allgemeinen Grundsätzen für die Zusammenarbeit mit ausländischen Anwälten.[714]

IV. Zusammenfassung

Der ausländische Anwalt, der auf der Grundlage des RADG in Deutschland eine anwaltliche Dienstleistung erbringt, haftet gegenüber seinem Mandanten nach den allgemeinen Grundsätzen wie ein deutscher Rechtsanwalt. Aufgrund der besonderen Ausgestaltung seines Rechtsverhältnisses ergeben sich keine Einschränkungen für diejenigen Pflichten, die von ihm bei seiner anwaltlichen Tätigkeit zu beachten sind. Für Fehler des von ihm eingeschalteten deutschen Einvernehmensanwalts haftet er gegenüber seinem Mandanten nach § 278 BGB.

Der deutsche Rechtsanwalt, mit dem der ausländische Anwalt das Einvernehmen herstellen muß, haftet gegenüber diesem nach den allgemeinen Grundsätzen. Dies ergibt sich aus dem zwischen den beteiligten Anwälten geschlossenen Vertrag. Der ausländische Anwalt ist insoweit ein Mandant des deutschen Rechtsanwalts. Aus § 4 Abs. 1 S. 2 RADG ergeben sich keine besonderen Sorgfaltsstandards. Diese Vorschrift ist standes- und berufsrechtlicher Natur.

---

713 Zur Rechtsstellung des ausländischen Anwalts, der in Deutschland seine Dienstleistung erbringt: oben, I.

714 Hierzu: oben, § 9.

Gegenüber dem Mandanten des ausländischen Anwalts steht der deutsche Einvernehmensanwalt grundsätzlich nicht in vertraglichen Beziehungen. Dann haftet er gegenüber dem Mandanten nur ausnahmsweise, wenn die besonderen Voraussetzungen der Sachwalterhaftung vorliegen. Eine vertragliche Haftung des deutschen Rechtsanwalts gegenüber dem Mandanten des ausländischen Anwalts nach den Grundsätzen des Vertrags mit Schutzwirkung zugunsten Dritter kommt nicht in Frage.

4. Teil: Gestaltungsmöglichkeiten bei Mandaten mit Auslandsbezug

Wenn ein Rechtsanwalt einen Auftrag übernimmt, muß er sich bewußt sein, welche Maßnahmen er ergreifen kann, um das Haftungsrisiko zu begrenzen. Es macht dabei grundsätzlich keinen Unterschied, ob das Mandat einen Auslandsbezug aufweist oder nicht. Ist dies der Fall, hat der Rechtsanwalt unterschiedliche Gestaltungsmöglichkeiten. Auf diese soll im folgenden eingegangen werden.

Gemäß § 51 BRAO ist ein Rechtsanwalt verpflichtet, eine Haftpflichtversicherung abzuschließen. Ihm obliegt es zu prüfen, inwieweit der Versicherungsschutz die Risiken eines auslandsbezogenen Mandats abdeckt. Ist dies nicht umfassend der Fall, muß der Rechtsanwalt erwägen, den Umfang der Haftpflichtversicherung gegenüber dem gesetzlich vorschriebenen Mindestschutz zu erweitern (im folgenden unter § 11). Darüber hinaus kann ein Rechtsanwalt seine Haftung gegenüber dem Auftraggeber vertraglich begrenzen. Hierzu ist auf § 51a BRAO einzugehen (im folgenden unter § 12). Gerade wenn das Mandat einen Auslandsbezug aufweist, kann es fraglich sein, nach welcher Rechtsordnung sich das Rechtsverhältnis des Anwalts zu seinem Mandanten richtet (im folgenden unter § 13).

§ 11 Haftpflichtversicherung

Bereits bevor der Gesetzgeber § 51 BRAO geschaffen hatte,[715] war vom Bundesgerichtshof entschieden worden, daß jeder Rechtsanwalt verpflichtet ist, eine Berufshaftpflichtversicherung[716] abzuschließen.[717]

I. Gesetzliche Regelung

§ 51 Abs. 1 BRAO enthält den Grundsatz, daß jeder Rechtsanwalt verpflichtet ist, zur Deckung der sich aus seiner Berufstätigkeit ergebenden Haftpflichtgefahren eine Berufshaftpflichtversicherung für Vermögensschäden abzuschließen und die Versicherung während der Dauer seiner Zulassung aufrechtzuerhalten.[718] Die Versicherung muß sich auch auf solche Vermögensschäden erstrecken, für die der Rechtsanwalt nach § 278 BGB oder § 831 BGB einzustehen

715 Zur Novellierung der Bundesrechtsanwaltsordnung 1994: oben, § 1 I 1c).

716 Allgemein zur Haftpflichtversicherung: oben, § 2 IV.

717 BGH, NJW 1994, 532f. Zum alten Rechtszustand auch: Lingenberg/Hummel/Zuck/Eich-*Zuck*, Kommentierung zu § 48 der Standesrichtlinien.

718 Übersicht über die Prämiengestaltung der einzelnen Versicherungsgesellschaften in: MDR, November 1994, R 13 sowie ausführlich: *Braun*, BRAK-Mitt. 1994, 202ff.

hat. Inhaltlich präzisiert § 51 Abs. 2 BRAO diesen Grundsatz dahingehend, daß der Versicherungsvertrag Versicherungsschutz für jede einzelne Pflichtverletzung zu gewähren hat, die gesetzliche Haftpflichtansprüche privatrechtlichen Inhalts gegen den Rechtsanwalt zur Folge haben können. Wichtig im untersuchten Gesamtzusammenhang ist § 51 Abs. 3 Nr. 2–4 BRAO. Danach kann der Versicherer von der Versicherung die Haftung ausschließen

– für Ersatzansprüche aus Tätigkeiten über in anderen Staaten eingerichtete oder unterhaltene Kanzleien oder Büros (Nr. 2);
– für Ersatzansprüche aus Tätigkeiten im Zusammenhang mit der Beratung und Beschäftigung mit außereuropäischem Recht (Nr. 3);
– für Ersatzansprüche aus Tätigkeiten des Rechtsanwalts vor außereuropäischen Gerichten (Nr. 4).

Gemäß Abs. 4 beträgt die Mindestversicherungssumme 500000,– DM. Der Versicherer kann seine Leistungen für alle innerhalb eines Versicherungsjahres verursachten Schäden auf den vierfachen Betrag der Mindestversicherungssumme begrenzen. Die übrigen Absätze des § 51 BRAO enthalten im wesentlichen verfahrensrechtliche Regelungen.

Für die Haftpflichtversicherung sind neben § 51 BRAO die §§ 149–158k VVG zu beachten. Hierzu gelten die Allgemeinen Versicherungsbedingungen für die Vermögensschaden-Haftpflichtversicherung von Rechtsanwälten und Patentanwälten.[719]

II. Haftpflichtversicherung für die Anwendung ausländischen Rechts

Fraglich ist, wie sich diese gesetzlichen Vorgaben in der Rechtspraxis umsetzen lassen. Dies gilt vor allem für die Haftung des Rechtsanwalts, der ausländisches Recht anwendet. Aus § 51 Abs. 3 Nr. 2–4 BRAO ist im Umkehrschluß zu entnehmen, daß die Haftpflichtversicherung alle Ersatzansprüche umfaßt, die sich aus Tätigkeiten über das Büro des Rechtsanwalts in Deutschland ergeben und im Zusammenhang mit der Beratung und Beschäftigung mit nicht-außereuropäischem Recht oder der Tätigkeit vor nicht-außereuropäischen Gerichten stehen.

In diesem Zusammenhang ist unklar, wie der vom Gesetzgeber verwandte Begriff „außereuropäisches Recht" auszulegen ist. Die Materialien des Gesetzgebungsverfahren geben hierzu keine Auskunft. Auch in anderen Gesetzen existiert diese Formulierung nicht. Keinen Sinn machte es, hierunter das Gegenteil von „europäischem Recht" im Sinne von „Europarecht" zu verstehen, was angesichts des Gesetzeswortlauts nahe läge.[720] Es können nur die nationalen Rechtsordnungen

719 Sog. AVB-A vom 9.9.1994; hierzu: *Brieske*, AnwBl 1995, 225ff. und *Stöhr*, AnwBl 1995, 234ff.; die alte Fassung ist abgedruckt und erläutert bei Prölss/Martin-*Voit* („AHB Vermögen"), vgl. insb. Kommentierung zu § 4 Abs. 1. Zur Versicherung der anwaltlichen Tätigkeit mit Auslandsbezug: *Riederer v. Paar*, IPRax 1991, 496 (498f.).

720 Zum Begriff des Europarechts allgemein: oben, § 4 III.

derjenigen Staaten gemeint sein, die nicht zu Europa zu rechnen sind. Aufgrund des eindeutigen Gesetzeswortlauts kommt eine Beschränkung der „europäischen" Rechtsordnungen auf diejenigen der Mitgliedstaaten der Europäischen Union und des Europäischen Wirtschaftsraums nicht in Betracht.

Die gesetzliche Regelung unterliegt rechtspolitischen Bedenken. Sachlich begründen ließe sich eine Differenzierung nach ausländischen Staaten, die deutschen Rechtsanwälten das Recht zugestehen, sich beruflich zu betätigen bzw. sich niederzulassen. Dieses Recht gewähren insbesondere die Vorschriften des EG-Vertrages bzw. des EWR-Vertrages.[721] Nachdem das GATS-Abkommen in Kraft getreten ist, gilt dies in ähnlicher Weise auch für alle Vertragsstaaten, insbesondere für eine Vielzahl außereuropäischer Staaten.[722] Eine derartige Differenzierung entspräche der Systemgerechtigkeit des Normengefüges in Deutschland. So unterscheiden etwa § 206 BRAO, § 1 Abs. 1 RADG oder Art. 1 § 1 Abs. 1 Nr. 6 RBerG zwischen EU-, EWR- oder GATS-Mitgliedstaaten einerseits und sonstigen Drittstaaten andererseits. Vor diesem Hintergrund ist es unverständlich und sachlich nicht zu rechtfertigen, daß die Anwendung englischen Rechts versichert ist, nicht aber diejenige U.S.-amerikanischen Rechts. Trotz in aller Regel wesentlich größerer Sprachschwierigkeiten und Fremdartigkeit sind dagegen die Anwendung albanischen, finnischen, griechischen oder russischen Rechts als europäische Rechtsordnungen von der Standarddeckung umfaßt. Eine Differenzierung zwischen „außereuropäischen" und „europäischen" Rechtsordnungen stellt mithin kein geeignetes Abgrenzungskriterium dar. Es ist jedoch de lege lata hinzunehmen.

III. Sondervereinbarung bzw. Anschlußversicherung

Über den gesetzlich definierten Mindestversicherungsschutz kann ein Rechtsanwalt im eigenen Interesse seinen Versicherungsschutz über die gesetzliche Haftpflichtversicherung hinaus vertraglich erweitern, indem er mit seinem Versicherer eine Sondervereinbarung trifft bzw. eine Anschlußversicherung vereinbart. Die Versicherung kann beispielsweise allgemein oder im Einzelfall eine höhere Versicherungssumme vorsehen. Der Rechtsanwalt kann auch besondere Risiken versichern, die von der Haftpflichtversicherung nicht umfaßt sind. Dies ist insbesondere zu raten, wenn der Rechtsanwalt auslandsbezogene Mandate bearbeitet. So kann er zum Beispiel mit dem Versicherer vereinbaren, daß die Deckung auch gemäß § 51a Abs. 3 Nr. 2–4 BRAO ausgeschlossene Ersatzansprüche umfaßt.

---

721 Hierzu: oben, § 1 I 2.

722 Hierzu: oben, § 1 I 3.

§ 12 Vertragliche Haftungsbegrenzung

Grundlage dafür, daß der Rechtsanwalt seine Haftung vertraglich gegenüber einem Mandanten begrenzen kann, ist nunmehr § 51 a BRAO.[723] Dessen Abs. 1 betrifft vertragliche Haftungsbegrenzungen auf einen bestimmten Höchstbetrag. Demgegenüber regelt Abs. 2 den Sonderfall, daß die Mitglieder einer Rechtsanwaltssozietät die Haftung vertraglich auf einzelne Sozien begrenzen.[724] Der Gesetzgeber geht mit der Schaffung des § 51 a Abs. 1 BRAO über diejenigen Grundsätze hinaus, die Vertreter des juristischen Schrifttums bislang unter Anwendung der Vorschriften des AGB-Gesetzes und der §§ 134, 138, 242, 276 Abs. 2 BGB hierzu aufgestellt hatten.[725]

I. Gesetzliche Regelung

Gemäß § 51 a Abs. 1 BRAO kann ein Rechtsanwalt den Anspruch des Auftraggebers aus dem zwischen ihnen bestehenden Vertragsverhältnis auf Ersatz eines fahrlässig verursachten Schadens beschränken, und zwar:

1. durch schriftliche Vereinbarung im Einzelfall bis zur Höhe der Mindestversicherungssumme;

2. durch vorformulierte Vertragsbedingungen für Fälle einfacher Fahrlässigkeit auf den vierfachen Betrag der Mindestversicherungssumme, wenn insoweit Versicherungsschutz besteht.

§ 51 a BRAO differenziert grundsätzlich nicht zwischen der Begrenzung der Haftung für einfach und grob fahrlässig verursachte Schäden.[726] Der Gesetzgeber hat wegen erheblicher Schwierigkeiten für die Rechtsanwendung davon abgesehen, wie vom Vermittlungsausschuß vorgeschlagen, die Möglichkeit dieser Haftungsbegrenzung allgemein auf „Fälle einfacher Fahrlässigkeit" einzuengen. Gerade bei den in der Praxis immer wieder vorkommenden Fällen, daß bei der Notierung und Beachtung von Verjährungs- und Rechtsmittelfristen Fehler unter-

---

723 Hierzu allgemein auch: *Borgmann/Haug*, §§ 40 und 41, S. 259 ff.; *Feuerich/Braun*, BRAO, § 51 a Rdn. 4 ff. *Rinsche*, Rdn. I 323 ff., S. 154 ff.;

724 Speziell zu § 51 a Abs. 2 BRAO bereits: oben, § 8 I 1 c). Auf die Möglichkeiten, das Haftungsrisiko durch die Wahl der Rechtsform einer Anwaltskooperation zu beeinflussen, soll an dieser Stelle nicht weiter eingegangen werden; hierzu ausführlich: oben, § 8.

725 Zu den Möglichkeiten des Rechtsanwalts, seine Haftung zu begrenzen, bevor § 51 a BRAO in Kraft getreten ist: *Henssler*, JZ 1994, 178 (186); *Poll*, S. 163 ff.; *Raiser*, NJW 1991, 2049 (2054 f.); *Vollkommer*, Rdn. 426 ff., S. 245 ff., jeweils m. w. N. Höchstrichterliche Rechtsprechung speziell hierzu existiert nicht. Vgl. zu § 49 der ehemaligen Standesrichtlinien auch die Kommentierung bei: Lingenberg/Hummel/Zuck/Eich-*Zuck*.

726 Falsch sind daher die Beschreibungen bei *Hartung*, WiB 1994, 585 (586) und *Kleine-Cosack*, NJW 1994, 2249 (2255).

laufen, würden erhebliche Abgrenzungsschwierigkeiten zwischen einfacher und grober Fahrlässigkeit entstehen.[727] Gleichwohl bildet § 51a Abs. 1 Nr. 2 BRAO eine Ausnahme, wenn die Haftungsbegrenzung in vorformulierten Vertragsbedingungen enthalten ist.[728]

Ein wesentliches Anliegen des Gesetzgebers, Rechtsanwälten zu ermöglichen, ihre Haftung gegenüber Mandanten vertraglich zu begrenzen, war es, das hohe, möglicherweise existenzgefährdende Haftungsrisiko in vertretbaren Grenzen zu halten. Auf der anderen Seite mußte der Gesetzgeber sicherstellen, daß die Interessen der Rechtsuchenden, den Rechtsanwalt für ein berufliches Fehlverhalten in Anspruch nehmen zu können, durch eine vertraglich vereinbarte Haftungsbeschränkung nicht beeinträchtigt werden. Der notwendige Schutz des Mandanten soll dadurch gewährleistet werden, daß jeder Rechtsanwalt flankierend eine Berufshaftpflichtversicherung abschließen muß. Nach Ansicht des Gesetzgebers ist der Ausgleich wirtschaftlicher Schäden, die der Mandant durch fehlerhafte Berufshandlungen des Rechtsanwalts erleidet, durch eine leistungsfähige Haftpflichtversicherung zuverlässiger gewährleistet als durch die Anordnung einer unbeschränkten persönlichen Haftung des Rechtsanwalts.[729]

II. Haftungsbegrenzung bei der Anwendung ausländischen Rechts

§ 51a BRAO differenziert bei den Möglichkeiten des Rechtsanwalts, seine Haftung gegenüber dem Mandanten vertraglich zu begrenzen, nicht danach, ob der Rechtsanwalt nationales (deutsches) oder ausländisches Recht angewandt hat. Fraglich ist, ob der Gesetzgeber dies bewußt unterlassen hat und es sich bei § 51a BRAO mithin um eine insoweit abschließende Regelung handelt. Dafür läßt sich anführen, daß in § 51 Abs. 3 Nr. 3 BRAO[730] sowie in § 59b Abs. 2 Nr. 9 BRAO besondere Regelungen für die „Beratung und Beschäftigung mit außereuropäischem Recht" bzw. den „grenzüberschreitenden Rechtsverkehr" enthalten sind. Dem Gesetzgeber war daher ein Bedürfnis sehr wohl bewußt, zwischen rein nationalen und grenzüberschreitenden Sachverhalten zu unterscheiden.

Dafür, daß § 51a Abs. 1 BRAO sowohl den Haftungsausschluß für die Anwendung deutschen wie auch ausländischen Rechts erfaßt, spricht auch folgende zusätzliche Erwägung, die sich aus den zuvor entwickelten Grundsätzen zur Haftung des Rechtsanwalts ergibt. Entweder ist die Anwendung ausländischen

---

727 BT-Dr. 12/7656 vom 24.5.1994, S. 50.

728 BT-Dr. 12/7868 vom 14.6.1994, S. 1. Darin heißt es, grob fahrlässiges Fehlverhalten sei grundsätzlich nicht schutzwürdig. Probleme bei der Rechtsanwendung seien nicht zu befürchten. Der Begriff „grobe Fahrlässigkeit" habe bereits in vielen gesetzlichen Regelungen Verwendung gefunden. Kritisch zur gesetzlichen Regelung und zu den Widersprüchlichkeiten bei der Gesetzesbegründung: *Borgmann/Haug*, § 41 Rdn. 43f., S. 264.

729 BT-Dr. 12/4993 vom 19.5.1993, S. 32.

730 Vgl auch: § 51a Abs. 3 Nr. 2 und Nr. 4 BRAO.

Rechts gar nicht Gegenstand des Anwaltsvertrages, so daß der Rechtsanwalt, der diese Vorschriften fehlerhaft anwendet, nicht haftet. Andererseits kann die Anwendung ausländischen Rechts Gegenstand des Anwaltsvertrages sein. Dann gelten dieselben Anforderungen, wie wenn der Rechtsanwalt deutsches Recht anwendet.[731] Ist die Berücksichtigung ausländischen Rechts Gegenstand des Anwaltsvertrages, ist es nicht gerechtfertigt, diesen Fall hinsichtlich der Möglichkeit, die Haftung vertraglich zu begrenzen, anders zu behandeln als bei einem Mandat, bei dem es ausschließlich um die Anwendung nationalen Rechts geht.

§ 51 a Abs. 1 BRAO beantwortet somit abschließend auch die Frage, unter welchen Voraussetzungen ein Rechtsanwalt seine Haftung für die fehlerhafte Berücksichtigung ausländischen Rechts vertraglich begrenzen kann. Daher müssen die in der Literatur zum Teil vertretenen Ansichten, ein Rechtsanwalt könne seine Haftung bei der Anwendung ausländischen Rechts in einer über die allgemeinen Regeln hinausgehenden Weise begrenzen,[732] als überholt angesehen werden.[733]

Bei einem Haftungsausschluß in vorformulierten Vertragsbedingungen ist darauf zu achten, daß dieser ausweislich § 51 a Abs. 1 Nr. 2 BRAO nur eingreift, „wenn insoweit Versicherungsschutz besteht". Wie zuvor dargelegt, umfaßt die Haftpflichtversicherung aber nicht jegliche Beratung und Beschäftigung mit ausländischem Recht. Dies gilt insbesondere, wenn sie über in anderen Staaten eingerichtete oder unterhaltene Kanzleien oder Büros ausgeübt wird oder im Zusammenhang mit Rechtsstreitigkeiten vor außereuropäischen Gerichten steht. Vielmehr können die Versicherungen diesbezüglich den Versicherungsschutz ausschließen.[734] Da § 51 a Abs. 1 Nr. 2 BRAO auch den Versicherungsschutz dem Gegenstand nach umfaßt,[735] muß der Rechtsanwalt, der seine Haftung durch vorformulierte Vertragsbedingungen beschränkt, darauf achten, daß er über adäquaten Versicherungsschutz verfügt. Der Rechtsanwalt muß deshalb überprüfen, ob er mit dem Versicherer eine Sondervereinbarung hinsichtlich des konkreten Risikos abschließt. Andernfalls kann eine vorformulierte Haftungsbegrenzung unwirksam sein bzw. vom Mandanten erhobene Haftungsansprüche nicht umfassen. Dies gilt dann auch für einfach fahrlässige Pflichtverletzungen.

Zu beachten ist dabei, daß im Recht der Allgemeinen Geschäftsbedingungen die sog. geltungserhaltenden Reduktion einer Klausel grundsätzlich nicht möglich

---

731 Hierzu: oben, § 7 III 3 b) aa).

732 *Raiser* hat vor der Novellierung der BRAO 1994 die Ansicht vertreten, daß ein – auch formularmäßiger – Haftungsausschluß für leichte Fahrlässigkeit möglich sein müsse, wenn für die Beratung nach dem Recht bestimmter exotischer Länder Versicherungsschutz nicht angeboten werde, *Raiser*, NJW 1991, 2049 (2054).

733 Im Ergebnis ebenso, allerdings ohne Begründung: *Borgmann/Haug*, § 40 Rdn. 40, S. 262. Diese betonen an anderer Stelle, daß über § 51 a Abs. 1 Nr. 1 BRAO hinausgehende Haftungsbegrenzungen, etwa bezüglich der Prüfung ausländischen Rechts, unwirksam seien, § 41 Rdn. 56, S. 268.

734 Oben: § 11 II.

735 *Borgmann/Haug*, § 41 Rdn. 41, S. 263.

ist. Danach darf eine in einer Allgemeinen Geschäftsbedingung enthaltene Klausel, die teilweise unwirksam ist, nicht in dem Umfang aufrechterhalten werden, in dem sie zulässigerweise hätte vereinbart werden dürfen. Es gilt dann vielmehr der gesetzliche Regelfall.[736]

Im Zweifel ist dem Rechtsanwalt zu raten, seine Haftung durch eine Individualvereinbarung gemäß § 51a Abs. 1 Nr. 1 BRAO zu begrenzen. Dies gilt auch wegen der Schwierigkeit, im Einzelfall zwischen einfacher und grober Fahrlässigkeit abzugrenzen. Allerdings sind die strengen Anforderungen zu beachten, welche die höchstrichterliche Rechtsprechung an das Vorliegen einer zwischen den Vertragsparteien im einzelen ausgehandelten Vertragsbedingung im Sinne von § 1 Abs. 2 AGB-Gesetz stellt.[737]

III. Haftungsbegrenzung bei Zusammenarbeit mit ausländischem Anwalt

§ 51a Abs. 1 BRAO regelt nicht die Frage, inwieweit ein Rechtsanwalt die Haftung begrenzen kann, wenn er ausländische Anwälte im Einzelfall hinzuzieht, um ein Mandat zu bearbeiten. Für Rechtsanwaltssozietäten ist auf die bereits erwähnte Vorschrift des § 51a Abs. 2 BRAO hinzuweisen, die auch für internationale Sozietäten gilt.[738] Für Partnerschaftsgesellschaften ist die spezielle Regelung des § 8 Abs. 2 PartGG zu beachten.[739] Im übrigen gelten die allgemeinen Vorschriften. Nach § 11 Nr. 7 AGB-Gesetz ist unter anderem ein Ausschluß oder eine Beschränkung der Haftung für einen Schaden, der auf einer vorsätzlichen oder grob fahrlässigen Vertragsverletzung eines Erfüllungsgehilfen des Verwenders beruht, in Allgemeinen Geschäftsbedingungen unwirksam. Individualvertraglich besteht eine weitergehende Möglichkeit, die Haftung für Erfüllungsgehilfen zu begrenzen. § 276 Abs. 2 BGB, wonach eine Haftung wegen Vorsatzes dem Schuldner nicht erlassen werden kann, gilt wegen § 278 S. 2 BGB nicht. Allerdings ist ein ausländischer Anwalt, den ein deutscher Rechtsanwalt bei der Auftragsbearbeitung einschaltet, grundsätzlich nicht dessen Erfüllungsgehilfe.[740] Auf Vereinbarungen, mit denen ein deutscher Rechtsanwalt seine Haftung für Fehler eines ausländischen Anwalts, den er im Einzelfall hinzuzieht, begrenzt, sind die Rechtsgedanken des § 51a Abs. 1 und 2 BRAO entsprechend anzuwenden.

---

736 Grundlegend hierzu: BGH, NJW 1982, 2309 (2310); BGHZ 84, 109 (114) sowie BGH, ZIP 1986, 32ff.

737 Hierzu: *Borgmann/Haug*, § 41 Rdn. 57, S. 268f.; *Graf v. Westphalen*, NJW 1994, 2113 (2114f.), jeweils m.w.N.

738 Hierzu: oben, § 8 I 1c) und § 8 I 3.

739 Hierzu: oben, § 8 II 2.

740 Hierzu: oben, § 9 III 2.

§ 13 Anwendbares Recht und Rechtswahl

Wenn ein Anwalt ein Mandat übernimmt, das einen Auslandsbezug aufweist, stellt sich die Frage, welche nationalen Rechtsvorschriften zu beachten sind. Speziell bei Haftungssachverhalten muß ermittelt werden, nach welcher Rechtsordnung sich die Voraussetzungen und Rechtsfolgen eines Schadensersatzanspruchs richten. Gegenstand der folgenden Untersuchung ist das deutsche Kollisionsrecht, das deutsche Gerichte als lex fori anwenden. Zu Beginn soll dargestellt werden, welche berufs- und standesrechtlichen Normen ein Anwalt zu beachten hat (im folgenden unter I). Schwerpunkt der kollisionsrechtlichen Prüfung ist die Frage, welches Recht auf die vertragliche Haftung des Anwalts anwendbar ist (im folgenden unter II). Sodann ist auf die Behandlung von Ansprüchen gegen den Anwalt aus unerlaubter Handlung einzugehen (im folgenden unter III).

I. Berufs- und Standesrecht

Im Schrifttum allgemein vertretene Ansicht ist, daß sich die berufs- und standesrechtlichen Vorschriften, die ein Anwalt zu beachten hat, zwingend nach dem Recht des Staates richten, in dem der Anwalt seine Niederlassung hat.[741] Wenn der Anwalt in einem anderen Staat eine Zweitniederlassung unterhält oder wenn er im Ausland seine Dienstleistung erbringt,[742] gelten auch die Vorschriften des Betätigungsstaates.[743]

Muß ein Rechtsanwalt das Berufs- und Standesrechts sowohl des Niederlassungs- als auch des Betätigungsstaates beachten, ergeben sich Schwierigkeiten, wenn die Rechtsordnungen graduell unterschiedliche oder gar einander widersprechende Regelungen vorsehen. Dann ist zu überprüfen, zu welcher Rechtsordnung die konkrete berufs- oder standesrechtliche Frage den engeren Bezug aufweist.[744] Hierzu ist ähnlich wie bei Art. 28 Abs. 1 EGBGB eine Gesamtbewertung aller Umstände des Einzelfalls vorzunehmen.[745]

Der Anwalt kann mit dem Mandanten über die berufs- und standesrechtlichen Vorgaben keine Vereinbarung treffen. In Deutschland sind sie als zwingendes deutsches Recht gemäß Art. 34 EGBGB im Rahmen einer Sonderanknüpfung

741 Grundlegend: *Neumeyer*, GA 64 (1917), 1 (2f. und 10); ferner: *Friedlaender*, AnwBl 1954, 1 (2ff. und 6f.). Aus dem neueren Schrifttum *Joch*, in: Reithmann/Martiny, Rdn. Z 836 (am Beispiel des Erfolgshonorars); *Pera*, Anwaltshonorare in Deutschland und den U.S.A., § 3 IV und § 4; *Raiser*, NJW 1991, 2049 (2057); Lingenberg/Hummel/Zuck/Eich-*Zuck*, Vorspruch Rdn. 35f.

742 Zur Niederlassung oder Erbringung von Dienstleistungen durch Rechtsanwälte im Ausland: oben, § 1 I 2 und 3.

743 Vgl. etwa: *Raiser*, NJW 1991, 2049 (2057); Lingenberg/Hummel/Zuck/Eich-*Zuck*, Vorspruch Rdn. 35f.

744 Vgl. bereits *Friedlaender*, AnwBl 1954, 1 (9).

745 Zu Art. 28 Abs. 1 EGBGB: unten, II 2.

ohne Rücksicht darauf zu beachten, welche Rechtsordnung auf den Anwaltsvertrag anzuwenden ist.

Der Diskussionsvorschlag der Bundesrechtsanwaltskammer für eine Berufsordnung gemäß § 59b BRAO vom 15.2.1995[746] enthält in § 34 eine Regelung über die besonderen Pflichten, die deutsche Rechtsanwälte im grenzüberschreitenden Rechtsverkehr zu beachten haben. § 34 des Vorschlags lautet:

„(1) Der in Deutschland zugelassene Rechtsanwalt bleibt im Ausland an das deutsche anwaltliche Berufsrecht gebunden.

(2) Bei einer grenzüberschreitenden Tätigkeit hat er die als Anlage dieser Berufsordnung beigefügten, von dem Rat der Anwaltschaften der Europäischen Gemeinschaft am 28.10.1988 angenommenen Standesregeln der Rechtsanwälte in der Europäischen Gemeinschaft[747] zu beachten.

(3) Läßt er sich im Ausland nieder, hat er sich auch an das dort geltende anwaltliche Berufsrecht zu halten."

Bei der Durchsicht dieses Entwurfs fällt auf, daß § 34 Abs. 1 auf die Zulassung des Rechtsanwalts abstellt, während § 34 Abs. 3 an die Niederlassung anknüpft. Konsequenter wäre es, auch in § 34 Abs. 1 entsprechend der geltenden Rechtslage auf die Niederlassung des Rechtsanwalts abzustellen. Wie noch zu zeigen sein wird, entspricht dies auch dem für das Vertragsstatut geltenden kollisionsrechtlichen Grundsatz des Art. 28 Abs. 2 EGBGB.[748] Es ist auf eine einheitliche Regelung der Rechtsverhältnisse zu achten.

II. Vertragsstatut

Das auf einen Vertrag anwendbare Recht ist nach den kollisionsrechtlichen Regeln des Forums, in Deutschland nach Art. 27ff. EGBGB, zu bestimmen.[749] Nach dem Vertragsstatut richten sich auch Haftungsansprüche, wenn sie sich aus

746 BRAK-Mitt. 1995, 12 (16).

747 Anmerkung des Verfassers: zu den CCBE-Standesregeln, oben, § 1 I 2c) gg).

748 Hierzu: unten, II 1.

749 Zur Rechtslage vor Umsetzung der Vorschriften des Römischen EWG-Schuldrechtsübereinkommens vom 19.6.1980 in den Art. 3 bis 37 EGBGB durch das Gesetz vom 25.7.1986 grundlegend: *Neumeyer*, GA 64 (1917), 1 (10f.); *Friedlaender*, AnwBl 1954, 1 (2ff. und 7). Danach ist für das zwischen dem Rechtsanwalt und dem Mandanten bestehende Vertragsverhältnis auf das Recht des Ortes der Niederlassung des Rechtsanwalts abzustellen, und zwar unabhängig vom Ort der Betätigung. *Friedlaender* räumt allerdings ein, daß sich etwas anderes ergeben kann, wenn ein deutscher Rechtsanwalt eine Niederlassung im Ausland unterhält. Dann sei darauf abzustellen, welchem Rechtskreis die dem Anwalt übertragene Sache zugehöre oder näher stehe, AnwBl 1954, 1 (8f.). Das Landgericht München I hat in einem Urteil vom 22.12.1980 entschieden, daß für den Anwaltsvertrag kraft hypothetischen Parteiwillens das Recht des Staates gilt, in dem der Anwalt zur Ausübung seines Berufs zugelassen ist, und zwar auch dann, wenn der Anwalt an einem anderen Ort tätig geworden ist: LG München I, IPRax 1982, 117 (Leitsatz).

dem Vertrag ergeben.[750] Gemäß Art. 27 EGBGB ist vorrangig zu prüfen, ob die Parteien eine bestimmte Rechtsordnung gewählt haben. Haben sie keine Rechtswahlvereinbarung getroffen, bestimmt Art. 28 Abs. 1 EGBGB, daß der Vertrag dem Recht desjenigen Staates unterliegt, zu dem er die engsten Verbindungen aufweist. Nach Art. 28 Abs. 2 EGBGB wird vermutet, daß der Vertrag mit demjenigen Staat die engsten Verbindungen aufweist, in dem die Partei, welche die vertragscharakteristische Leistung zu erbringen hat, im Zeitpunkt des Vertragsschlusses ihren gewöhnlichen Aufenthalt hat. Art. 29 EGBGB enthält Ausnahmen zum Schutz des Verbrauchers.

Dabei macht es grundsätzlich keinen Unterschied, ob ein Anwalt allein oder gemeinschaftlich mit anderen Anwälten tätig wird. Wie bereits festgestellt, haften Rechtsanwälte, die sich zu einer Sozietät in der Rechtsform einer Gesellschaft bürgerlichen Rechts verbunden haben, nach vertragsrechtlichen Grundsätzen.[751] Auch in diesem Fall ist daher das Vertragsstatut zu ermitteln. Art. 37 Nr. 2 EGBGB nimmt allerdings Fragen, die das Gesellschaftsrecht und das Recht der juristischen Personen betreffen, insbesondere die persönliche Haftung der Gesellschafter und der Organe für die Schulden der Gesellschaft oder juristischen Person, von den Regeln der Art. 27 ff. EGBGB aus. Das ist insbesondere für Anwaltszusammenschlüsse in der Rechtsform einer Partnerschaftsgesellschaft oder einer GmbH von Bedeutung. Dann ist die anwendbare Rechtsordnung anhand des Gesellschaftsstatuts zu ermitteln.[752]

Ausgangspunkt der folgenden Prüfung ist der praktische Regelfall, daß der Anwaltsvertrag keine Bestimmung des anwendbaren Rechts enthält.

1. Grundsatz: Recht des Ortes der Niederlassung des Anwalts

Bei einem Anwaltsvertrag erbringt der Rechtsanwalt die vertragstypische Leistung. Er schließt den Vertrag in Ausübung seiner beruflichen Tätigkeit. Deshalb wird gemäß Art. 28 Abs. 2 S. 2 EGBGB vermutet, daß der Vertrag die engsten Verbindungen zu demjenigen Staat aufweist, in dem sich die Hauptniederlassung des Anwalts befindet. Wenn die Leistung nach dem Vertrag von einer anderen als der Hauptniederlassung zu erbringen ist, wird die engste Verbindung mit demjenigen Staat vermutet, in dem sich die andere Niederlassung befindet.

a) Strikte Geltung des Art. 28 Abs. 2 EGBGB

In den bislang im juristischen Schrifttum veröffentlichten Beiträgen wird allgemein die Ansicht vertreten, daß für den Anwaltsvertrag stets nach Art. 28 Abs. 2

750 *Friedlaender*, AnwBl 1954, 1 (4).

751 Oben, § 8 I 1.

752 Zum Gesellschaftsstatut: Münchener Kommentar-*Ebenroth*, EGBGB, Anh. zu Art. 10, Rdn. 139 ff.; Staudinger-*Großfeld*, Internationales Gesellschaftsrecht, Rdn. 13 ff.; *ders.*, Internationales und Europäisches Unternehmensrecht, D, § 1, S. 38 ff.; *Kegel*, § 17 II, S. 408 ff.; *Kropholler*, IPR, § 55, S. 470 ff.; *Sandrock*, RabelsZ 42 (1978), 227 ff.; ders., in: FS-Beitzke (1979), S. 669 ff.; jeweils m. w. N.

EGBGB das Recht desjenigen Staates maßgeblich sei, in dem der Anwalt seine Niederlassung unterhält. Demnach sei es unerheblich, an welchem Ort der Anwalt sich im Einzelfall betätige oder vor welchem Gericht oder welcher Behörde er auftrete. Auf Art. 28 Abs. 1, 5 EGBGB gehen die Autoren in diesem Zusammenhang nicht ein.[753]

Dieses Ergebnis ist in den meisten Fällen sachgerecht, da es zu einer klaren und eindeutigen Ermittlung des anwendbaren Rechts führt. Das Prinzip der Rechtssicherheit hat bei der Berücksichtigung der Vermutungen des Art. 28 Abs. 2 EGBGB eine erhebliche Bedeutung.[754] Zu dem Staat, in dem ein Anwalt niedergelassen ist, hat dieser im Zweifel eine enge Verbindung. Der Anwalt erbringt eine berufstypische Leistung; er würde härter getroffen als der Mandant, wenn seine Berufstätigkeit verschiedenem Recht unterläge. Der Mandant ist es, der den Anwalt aufsucht; er unterwift sich dessen Recht.[755] Zudem werden die Erwartungen des Mandanten nicht unangemessen beeinträchtigt. Der Auftraggeber hat stets Kenntnis von der Niederlassung des Anwalts bzw. müßte hiervon Kenntnis haben. Vor Schaffung des Art. 28 EGBGB wurde die Maßgeblichkeit des Rechts des Niederlassungsstaates mit dem „mutmaßlichen Parteiwillen" begründet.[756]

Die dargestellte Ansicht kann aber nur einen Grundsatz bilden. Die Beiträge im Schrifttum, in denen die Frage erörtert wird, welches Recht auf Anwaltsverträge anwendbar ist,[757] sind auf mögliche Ausnahmen noch nicht eingegangen, in denen die vorgenommene Abgrenzung nicht möglich oder nicht sachgerecht ist.[758]

---

753 Grundlegend: *Joch*, in: Reithmann/Martiny, Rdn. Z 834f. und *Raiser*, NJW 1991, 2049 (2057); ebenso: *Henssler*, JZ 1994, 178 (185); *Kegel*, § 18 I 1 d), S. 490; Münchener Kommentar-*Martiny*, EGBGB, Art. 28 Rdn. 149; *Pera*, § 3 III sowie, allerdings ohne weitere Begründung oder Differenzierung: *v. Bar* II, Rdn. 496, S. 366; *Hök*, JurBüro 1990, 155 (156); *Zuck*, NJW 1987, 3033. Ohne Kommentar und nur der Vollständigkeit wegen sei die Ansicht von *Nerlich*, Internationale Kooperationsmöglichkeiten für europäische Rechtsanwälte (1994), S. 160, erwähnt: „Fragen im Zusammenhang mit der Entstehung eines Vertragsverhältnisses oder der Liquidierbarkeit von Vermögensschäden [richten sich] grundsätzlich nach Internationalem Privatrecht [...] Solange das Gemeinschaftsrecht keine Regelungen trifft, gilt der kollisionsrechtliche Grundsatz, daß ein Vertragsverhältnis dem Recht desjenigen Staates unterliegt, in dem es begründet wurde. Ferner sind die Haftungsregeln desjenigen Staates maßgeblich, in dem die schädigende Handlung erfolgte."; ebenso: *ders.*, AnwBl 1994, 529 (539).

754 Hierzu: *Kropholler*, IPR, § 52 III 4, S. 47.

755 Zu dieser Erwägung: *Kegel*, § 18 I 1 d), S. 490.

756 BGHZ 44, 183 (186), zur Zulässigkeit des von einem U.S.-amerikanischen Anwalt vereinbarten Erfolgshonorars; LG München I, IPRax 1982, 117 (Leitsatz); *Friedlaender*, AnwBl 1954, 1 (2).

757 Vgl. die oben in Fn. 753 genannten Autoren.

758 Dies erwähnt allein *Joch*, in: Reithmann/Martiny, Rdn. Z 835, S. 810f.

b) Ausnahmen von der strikten Geltung des Art. 28 Abs. 2 EGBGB

Von der strikten Vermutung, daß für Verträge, die ein Anwalt im Zusammenhang mit seiner beruflichen Tätigkeit abschließt, stets das am Ort seiner Niederlassung geltende Recht anzuwenden ist, sind Ausnahmen denkbar. Dies soll im folgenden anhand von drei Beispielen verdeutlicht werden.

aa) Von mehreren Niederlassungen aus erbrachte Leistung

Gemäß § 29a BRAO ist es einem deutschen Rechtsanwalt gestattet, in einem anderen Staat eine Zweitniederlassung zu unterhalten.[759] Die Vermutungen des Art. 28 Abs. 2 EGBGB helfen nicht weiter, wenn der Anwalt ein Mandat bearbeitet, das einen Bezug zu beiden Rechtsordnungen aufweist, in denen er eine Niederlassung besitzt. Die gleiche Schwierigkeit tritt auf, wenn für eine internationale Sozietät[760] mehrere Sozien tätig werden, die in unterschiedlichen Büros niedergelassen und für die Tätigkeit in unterschiedlichen Rechtsordnungen zugelassen sind. Hierzu sei folgender Fall I gebildet:

> Ein deutscher Rechtsanwalt ist am Landgericht Düsseldorf zugelassen. Zugleich ist er als „avocat" am „Tribunal de grande instance" in Paris zugelassen. In beiden Städten unterhält er ein Büro. Wenn er einen deutschen Mandanten bei der Gründung einer Tochtergesellschaft in Frankreich berät, ist nicht ohne weiteres zu ermitteln, von welcher Niederlassung aus der Anwalt seine Leistung erbringt.

Will der Anwalt sicherstellen, daß der mit seinem Mandanten geschlossene Vertrag deutschem bzw. französischem Recht unterliegt, ist ihm zu raten, dem Mandanten mitzuteilen, welches Büro den Auftrag „federführend" bearbeitet. Es bedarf dann keiner Rechtswahlvereinbarung gemäß Art. 27 EGBGB. Zu dieser müßte der Mandant seine Zustimmung erteilen. Demgegenüber kann der Anwalt das „federführende" Büro einseitig bestimmen. Wenn die Anwälte in einer Sozietät oder Partnerschaft zusammenarbeiten, kann dies auch im Zusammenhang mit einer Haftungsbegrenzung gemäß § 51a Abs. 2 BRAO oder § 8 Abs. 2 PartGG erfolgen.[761] Es ist zu beachten, daß der Anwalt von dem bezeichneten Büro aus tatsächlich die vertraglich geschuldete Leistung erbringen muß. Hierzu reicht es aus, daß das Büro in personeller und sachlicher Hinsicht die Auftragsbearbeitung des Anwalts unterstützt hat. Die Beiträge einzelner Kanzleien zu quantifizieren, ist nicht möglich, da die Tätigkeit des Anwalts dadurch geprägt ist, daß er eine persönliche Dienstleistung zu erbringen hat. Entspricht die Angabe des „federführenden" Büros nicht den tatsächlichen Umständen, entfaltet die Bezeichnung keine Rechtswirkungen. Dies in einem späteren Rechtsstreit zu beweisen, wäre allerdings Sache des Mandanten. Teilt der Anwalt dem Mandanten in Fall I nicht mit, von welchem Büro aus er seine Leistung schwerpunktmäßig erfüllt, ist eine

---

759 Zu § 29a BRAO: oben, § 1 I 2c) cc).

760 Allgemein zur internationalen Sozietät: oben, § 1 II 2a) bb).

761 Hierzu: oben, § 8 I 1c) (zu § 51a Abs. 2 BRAO) bzw. § 8 II 2 (zu § 8 Abs. 2 PartGG).

Anknüpfung an die Vermutung des Art. 28 Abs. 2 EGBGB nicht möglich. Dann ist auf Art. 28 Abs. 1 EGBGB abzustellen.

bb) Vertrag zwischen zwei Anwälten

Fraglich ist, welche Folgerungen aus Art. 28 Abs. 2 EGBGB zu ziehen sind, wenn ein deutscher Rechtsanwalt einen ausländischen Anwalt bei der Mandatsbearbeitung im Einzelfall hinzuzieht. Hierzu sei folgender Fall II gebildet:

> Ein beim Landgericht Düsseldorf zugelassener Rechtsanwalt, der dort auch seine Kanzlei unterhält, beauftragt einen „attorney at law" aus New York. Anläßlich eines für einen deutschen Mandanten zu bearbeitenden Auftrags soll der U.S.-amerikanische Anwalt ein Rechtsgutachten zu den an der „New York Stock Exchange" geltenden „Insider"-Regeln anfertigen.

In diesem Fall ist der deutsche Rechtsanwalt Mandant des U.S.-amerikanischen Anwalts. Dieser erbringt die für den Vertrag charakteristische Leistung. Daran ändert sich nichts, wenn das Gutachten des U.S.-amerikanischen Anwalts eine umfangreiche Zusammenarbeit mit dem deutschen Rechtsanwalt erfordert, um die dem Auftrag zugrunde zu legenden Tatsachen zu klären.[762] Die Voraussetzungen des Art. 28 Abs. 2 S. 3 EGBGB liegen nicht vor. Dieses Beispiel verdeutlicht, daß auch in Fällen, in denen sich ein deutscher Rechtsanwalt in Ausübung seiner beruflichen Tätigkeit zu einer bestimmten Leistung verpflichtet, auf ein anderes Recht als das seiner Niederlassung abgestellt werden kann.[763] Die vertraglichen Beziehungen zwischen dem deutschen Rechtsanwalt und seinem Auftraggeber richten sich nach deutschem Recht. Demgegenüber findet auf den Vertrag, den der Rechtsanwalt mit dem U.S.-amerikanischen Anwalt geschlossen hat, das Recht des U.S.-Bundesstaates New York Anwendung.

cc) Abstellen auf Niederlassung des Anwalts nicht sachgerecht

In anderen Konstellationen ist es denkbar, daß die Vermutung des Art. 28 Abs. 2 EGBGB nicht sachgerecht ist. Dies soll anhand eines weiteren Beispiels verdeutlicht werden. Hierzu sei folgender Fall III gebildet:

> Ein deutscher Rechtsanwalt ist am Landgericht Düsseldorf zugelassen, wo er auch eine Kanzlei unterhält. Zugleich betreibt er ein weiteres Büro in Brüssel. Von diesem Büro aus berät er einen Mandanten aus Chicago im deutschen und europäischen Kartellrecht.

---

762 Vgl. in diesem Zusammenhang die für die Zusammenarbeit mit einem ausländischen Anwalt zu beachtenden Sorgfaltskriterien: oben, § 9 III 2.

763 Ebenso: LG Hamburg, JurBüro 1990, 127 für den Fall, daß ein deutscher Rechtsanwalt einem ausländischen Anwalt ein Mandat nicht lediglich vermittelt, sondern in die Mandatsbearbeitung weiterhin eingeschaltet ist. Auf Ansprüche des ausländischen Anwalts gegen den deutschen Rechtsanwalt wegen der Honorarforderung sei ausländisches Recht anwendbar.

Im vorgenannten Fall III wird gemäß Art. 28 Abs. 2 EGBGB vermutet, daß auf den Vertrag des deutschen Rechtsanwalts mit dem U.S.-amerikanischen Mandanten belgisches Recht anzuwenden ist. Keine der Parteien hat die belgische Staatsangehörigkeit oder eine andere persönliche Verbindung zu Belgien. Der Bezug zu Belgien ist vielmehr rein zufällig und durch den Sitz der Behörden der Europäischen Union bedingt. Vertragsgegenstand ist nicht die Anwendung belgischen Rechts. Für keine der Parteien ist ein Interesse erkennbar, auf den Vertrag und etwaige Haftungsansprüche belgisches Recht anzuwenden.

Im beschriebenen Fall III ist es allein sach- und interessengerecht, gemäß Art. 28 Abs. 1 EGBGB diejenige Rechtsordnung zu ermitteln, die zu dem Vertrag die engste Verbindung aufweist.

2. Ausnahme aufgrund engerer Bindung zum Recht eines anderen Staates

Ergibt sich „aus der Gesamtheit der Umstände", daß die Vermutung des Art. 28 Abs. 2 EGBGB nicht gilt, muß gemäß Art. 28 Abs. 5 EGBGB in Verbindung mit Art. 28 Abs. 1 EGBGB festgestellt werden, mit welchem Staat der Vertrag die engsten Verbindungen aufweist. Unter welchen Voraussetzungen die von Art. 28 Abs. 1 EGBGB umschriebene engste Verbindung vorliegt, ist für das Verhältnis eines Anwalts zu seinem Mandanten noch nicht untersucht worden.[764] Hierbei verbietet sich jede schematische Lösung. Vielmehr muß eine Bewertung anhand aller Umstände des Einzelfalls erfolgen.[765] Dabei kommt folgenden Tatsachen eine indizielle Bedeutung zu:

- Staaten, in denen der Anwalt eine Kanzlei unterhält;
- Büros, von denen aus er den Auftrag bearbeitet;
- Staaten, vor deren Gerichten der Anwalt zugelassen ist;
- Staatsangehörigkeit des Anwalts;
- Staatsangehörigkeit des Mandanten;
- Rechtsordnungen bzw. Staaten, zu denen der zugrundeliegende Auftrag einen Bezug aufweist, etwa wenn der Auftrag die Vertretung vor einem Gericht oder einer Behörde zum Gegenstand hat;
- in dem Anwaltsvertrag vereinbarte Gerichtsstands- oder Schiedsvereinbarung;
- Staat, in dem die Parteien Besprechungen abhalten;
- Währung, welche die Parteien für das Anwaltshonorar vereinbart haben.

Im Vordergrund stehen bei der Ermittlung der „engsten Verbindungen" die Interessen des Anwalts. Insoweit ist auf die bereits an anderer Stelle dargelegten Gründe zu verweisen.[766]

---

764 Ansatzweise Erörterung bei *Joch* in: Reithmann/Martiny, Rdn. Z 835, S. 810f.

765 Zu Kriterien, die allgemein bei Art. 28 Abs. 1 EGBGB zu beachten sind: Palandt-*Heldrich*, EGBGB, Art. 28 Rdn. 2; *Kropholler*, IPR, § 52 III 5, S. 48.

766 Hierzu: *Kegel*, § 18 I 1 d), S. 490.

In Fall I ist bezüglich des Anwalts nicht zu beantworten, zu welcher Rechtsordnung er einen engeren Bezug aufweist, da er sowohl in Deutschland als auch in Frankreich als Anwalt zugelassen ist und eine Kanzlei unterhält. Für die Anwendung deutschen Rechts spricht, daß es sich bei dem Auftraggeber um ein deutsches Unternehmen handelt. Dieser Umstand muß aber hinter der Tatsache zurücktreten, daß der konkrete Auftrag die Prüfung französischen Rechts beinhaltet. Die übernommene Tätigkeit ist eher die eines französischen „avocat" als die eines deutschen Rechtsanwalts. Nach deutschem Kollisionsrecht ist daher auf den Anwaltsvertrag französisches Sachrecht anwendbar.

Für Fall II ist gemäß Art. 28 Abs. 2 EGBGB auf U.S.-amerikanisches Recht abzustellen. Eines Rückgriffs auf Art. 28 Abs. 1 EGBGB bedarf es nicht.

Wendet man die zu Art. 28 Abs. 1 EGBGB entwickelten Kriterien auf Fall III an, richtet sich eine etwaige Haftung des Rechtsanwalts nach deutschem Recht. Dies folgt daraus, daß der Inhalt des Auftrags nur zur deutschen, aber keiner anderen staatlichen Rechtsordnung einen Bezug aufweist. Der beauftragte Rechtsanwalt ist in Deutschland zugelassen und unterhält dort eine Kanzlei. Dem Umstand, daß der Rechtsanwalt von seinem Büro in Brüssel aus tätig geworden ist, kommt im Verhältnis dazu eine untergeordnete Bedeutung zu. Zum belgischen Recht weist der Sachverhalt keinen sonstigen Bezug auf.

3. Ausnahme bei Rechtswahl

Wenn ein Anwalt einen komplexen grenzüberschreitenden Sachverhalt bearbeitet, können sich Unwägbarkeiten ergeben, wenn das anwendbare Recht nach Art. 28 EGBGB zu bestimmen ist. Daher ist in diesen Fällen dem Anwalt zu raten, in dem mit dem Mandanten geschlossenen Vertrag eine Rechtswahlklausel gemäß Art. 27 EGBGB zu vereinbaren.[767] Gegebenenfalls ist zu prüfen, ob eine konkludente Rechtswahl der Parteien vorliegt.[768]

4. Besonderheiten zum Verbraucherschutz

Besondere Regelungen enthält Art. 29 EGBGB, wenn der Anwalt seine Dienstleistung zu einem Zweck erbringt, der nicht der beruflichen oder gewerblichen Tätigkeit des Mandanten zuzurechnen ist, wenn es sich bei diesem also um einen „Verbraucher" handelt.[769] Danach gelten zwingend, d.h. unabhängig von

---

767 Wegen der Einzelheiten sei auf die Spezialliteratur zu Art. 27 EGBGB verwiesen, statt aller: *v. Bar* II, Rdn. 412ff., S. 303ff.; *Kegel*, § 18 I 1c), S. 483ff.; Münchener Kommentar-*Martiny*, EGBGB, Art. 27; *Sandrock/Steinschulte*, in: Sandrock, Handbuch Band I, Abschnitt A, S. 1ff. Insbesondere zur Rechtswahl im Anwaltsvertrag: *Pera*, § 3 II.

768 Zur konkludenten Rechtswahl während eines Rechtsstreits: oben, § 7 IV 3b).

769 Vgl. auch: *Ferid*, Rdn. 6-32, S. 221; *Henssler*, JZ 1994, 178 (185); Münchener Kommentar-*Martiny*, EGBGB, Art. 29 Rdn. 9; *Raiser*, NJW 1991, 2049 (2057). Allgemein zu Art. 29 EGBGB, statt aller: Palandt-*Heldrich*, EGBGB, Kommentierung zu Art. 29; *Kegel*, § 18 I 1f.) aa), S. 495ff.

Art. 27, 28 EGBGB, die Vorschriften desjenigen Staates, in dem der Verbraucher seinen gewöhnlichen Aufenthalt hat, wenn der Vertrag dort zustande gekommen und – zumindest teilweise – zu erfüllen ist. Dieser Vorschrift kommt Bedeutung zu, wenn ein Rechtsanwalt einen Auftrag während eines vorübergehenden Aufenthalts im Ausland übernommen hat.[770] Art. 29 EGBGB gilt daher nicht, wenn ein ausländischer Verbraucher einen Rechtsanwalt mit der Wahrnehmung seiner Rechte, etwa der Vertretung vor einem Gericht oder einer Behörde in Deutschland, beauftragt. Dies ergibt sich aus Art. 29 Abs. 4 S. 1 Nr. 2 EGBGB.[771]

III. Deliktsstatut

Für die deliktsrechtliche Haftung des Rechtsanwalts gelten die allgemeinen kollisionsrechtlichen Regeln. Diese sollen im folgenden kurz skizziert werden. Art. 38 EGBGB enthält zum Deliktsstatut nur eine unvollständige Regelung. Wegen der Einzelheiten ist auf die höchstrichterliche Rechtsprechung und die Vorschläge im Schrifttum abzustellen.

1. Grundsatz: Recht des Tatortes

Aus Art. 38 EGBGB leitet die höchstrichterliche Rechtsprechung ab, daß kollisionsrechtlich beim Vorliegen einer unerlaubten Handlung in erster Linie an das Recht des Tatortes anzuknüpfen ist.[772] Dabei ist zwischen dem sog. Handlungs- und dem sog. Erfolgsort zu unterscheiden. Fallen das Recht des Handlungs- und das des Erfolgsortes auseinander, ist auf das für den Geschädigten günstigere Recht abzustellen.[773] Welches Recht günstiger ist, muß der Richter von Amts wegen ermitteln, sofern der Geschädigte nicht selbst eine Wahl vorgenommen hat.[774] Vom Tatortprinzip hat die Rechtsprechung Ausnahmen entwickelt.

2. Ausnahmen bei engerer Beziehung zu einer anderen Rechtsordnung

Lassen engere gemeinsame Beziehungen der Beteiligten zu einer anderen Rechtsordnung die Anknüpfung an den Tatort als eher zufällig, gezwungen oder unangemessen erscheinen, ist auf diese abzustellen.[775] Wenn sowohl der Geschädigte als auch der Schädiger die deutsche Staatsangehörigkeit haben, gilt nach der

---

770 Hierzu auch: *Ferid*, Rdn. 6-32, S. 221; *Henssler*, JZ 1994, 178 (185).

771 Hierzu auch: *Raiser*, NJW 1991, 2049 (2057).

772 BGH, NJW 1989, 3095; 1992, 3091; 1993, 1007; *v. Bar* II, Rdn. 654ff., S. 474ff.; Palandt-*Heldrich*, EGBGB, Art. 38 Rdn. 2; Münchener Kommentar-*Kreuzer*, EGBGB, Art. 38 Rdn. 35ff.; jeweils m. w. N. Speziell für Anwälte bereits: *Neumeyer*, GA 64 (1917), 1 (11).

773 In prozessualer Hinsicht hierzu: oben, § 7 IV 3a) aa).

774 BGH, NJW 1981, 1606f.; 1987, 1323 (1325); Palandt-*Heldrich*, EGBGB, Art. 38 Rdn. 3; Münchener Kommentar-*Kreuzer*, EGBGB, Art. 38, Rdn. 50ff.; *Kropholler*, IPR, § 53 IV 1d), S. 443f.

775 BGH, NJW 1992, 3091.

höchstrichterlichen Rechtsprechung die Rechtsanwendungsverordnung vom 7. 12. 1942[776], und zwar unter der besonderen Voraussetzung, daß beide ihren gewöhnlichen Aufenthalt in Deutschland haben. Dann ist zwingend deutsches Recht anwendbar. Auch der gemeinsame dauernde Aufenthalt von Schädiger und Geschädigtem kann eine Abweichung vom Tatortprinzip rechtfertigen.[777]

3. Ausnahme bei Rechtswahl der Beteiligten

Auch im Bereich des Deliktsstatuts gilt das Prinzip der Rechtswahlfreiheit. Die Beteiligten können sich daher auf eine bestimmte Rechtsordnung einigen, die bei einer unerlaubten Handlung anwendbar sein soll.[778] Dabei ist insbesondere die Möglichkeit zu beachten, daß sich die Beteiligten konkludent auf eine bestimmte Rechtsordnung einigen.

4. Ausnahme bei bestehendem Vertragsverhältnis

Hat der Geschädigte den Rechtsanwalt vertraglich beauftragt und steht die unerlaubte Handlung in Bezug zu dem Anwaltsvertrag, gelten auch für die unerlaubte Handlung die Rechtsnormen des Vertragsstatuts.[779] Dies ist erforderlich, um alle Ansprüche, die auf demselben Lebenssachverhalt beruhen, einheitlich zu bewerten.

5. Besonderheiten bei Verhaltensregeln

Kommt es auf die Rechtmäßigkeit bestimmter Verhaltensregeln an, ist für diese nicht auf das allgemeine Deliktsstatut abzustellen.[780] Im Rahmen einer Vorfrage ist bei den Vorschriften des anwaltlichen Berufs- und Standesrechts auf das Recht am Ort der Niederlassung des Anwalts abzustellen.[781]

---

776 Abgedruckt bei: Palandt-*Heldrich*, EGBGB, Anh. I zu Art. 38.

777 Zu den Einzelheiten: BGH, NJW 1985, 1285f.; 1992, 3091 (3092f.), jeweils zu Unfällen im Straßenverkehr; ebenso: Palandt-*Heldrich*, EGBGB, Art. 38 Rdn. 1, 7; *Kropholler*, IPR, § 53 V 2, S. 448f.

778 BGH, NJW 1981, 1606; BGHZ 98, 263 (274); *v. Bar* II, Rdn. 676, S. 490f.; Palandt-*Heldrich*, EGBGB, Art. 38 Rdn. 13; Münchener Kommentar-*Kreuzer*, EGBGB, Art. 38 Rdn. 57ff.; *Kropholler*, IPR, § 53 V 1, S. 447. Zu Art. 27 EGBGB bereits: oben, II 3.

779 Die deutschen Gerichte haben eine akzessorische Anküpfung bislang nicht anerkannt. Allgemein hierzu: Palandt-*Heldrich*, EGBGB, Art. 38 Rdn. 14; *Kropholler*, IPR § 53 V 3, S. 449ff.; differenzierend Münchener Kommentar-*Kreuzer*, EGBGB, Art. 38 Rdn. 65ff., jeweils m.w.N.

780 BGH, NJW 1985, 1285f.; Palandt-*Heldrich*, EGBGB, Art. 38 Rdn. 12; *Kropholler*, IPR, § 53 IV 2a), S. 445.

781 Hierzu: *Friedlaender*, AnwBl 1954, 1 (3); *Neumeyer*, GA 64 (1917), 1 (12).

IV. Zusammenfassung

Bearbeitet ein Anwalt einen Auftrag mit Auslandsbezug, muß er das Berufs- und Standesrecht beachten, das an dem Ort seiner Niederlassung gilt. Dasselbe Recht ist grundsätzlich auch auf Verträge anzuwenden, die der Anwalt mit Mandanten abschließt. Aufgrund der besonderen Umstände des Einzelfalls kann ausnahmsweise ein anderes Recht gelten. Für vom Anwalt begangene unerlaubte Handlungen ist grundsätzlich das Recht des Tatortes anzuwenden. Ausnahmen gelten insbesondere, wenn die unerlaubte Handlung im Zusammenhang mit einer Vertragsverletzung steht sowie für die im Rahmen der Rechtswidrigkeit heranzuziehenden Verhaltenspflichten. Hierfür ist das Vertragsstatut maßgeblich.

Wegen der Unsicherheiten, die bei der Ermittlung des auf den Anwaltsvertrag anwendbaren Rechts auftreten können, ist einem Anwalt, der ein grenzüberschreitendes Mandat übernimmt, zu raten, sich mit dem Mandanten auf die Bestimmung des auf den Anwaltsvertrag anwendbaren Rechts zu einigen. Dies gilt insbesondere bei komplexen Sachverhalten mit Bezug zu mehreren Rechtsordnungen. Die Rechtswahl muß den Anforderungen des Art. 27 EGBGB entsprechen.

Ohne sich mit dem Mandanten einigen zu müssen, kann der Anwalt das anwendbare Recht einseitig festlegen, wenn er gegenüber dem Mandanten angibt, von wo aus er ein Mandat schwerpunktmäßig bearbeitet oder, mit anderen Worten, welches Büro „federführend" ist. Dann wird gemäß Art. 28 Abs. 2 EGBGB vermutet, daß das Recht desjenigen Staates auf den Vertrag anwendbar ist, in dem das angegebene Büro belegen ist. Allerdings muß das bezeichnete Büro auch tatsächlich „federführend" sein.

Findet auf den Anwaltsvertrag ausländisches Recht Anwendung, ist der deutsche Rechtsanwalt gleichwohl an deutsches Berufs- und Standesrecht gebunden. Dieses ist von deutschen Gerichten über Art. 34 EGBGB zwingend zu beachten. Zudem ist Art. 29 EGBGB zugunsten von „Verbrauchern" zu berücksichtigen. Ausländische Anwälte, die sich in Deutschland niederlassen, müssen das deutsche Berufs- und Standesrecht neben dem Recht des Staates, in dem sie zugelassen sind, beachten.

Schlußbetrachtung und Erkenntnisse für die anwaltliche Praxis

1. Das Berufsbild des Rechtsanwalts ist gegenwärtig in tatsächlicher und rechtlicher Hinsicht einer großen Dynamik unterworfen. Dies gilt nicht nur für die Diskussion im juristischen Schrifttum, sondern auch für die Erkenntnisse der höchstrichterlichen Rechtsprechung und die Reaktionen der Gesetzgebungsorgane. Ausgangspunkt der modernen Entwicklung sind die Beschlüsse des Bundesverfassungsgerichts vom 14. 7. 1987, die das Anwaltsrecht in Deutschland aus einem „Dornröschenschlaf" aufgeweckt haben. Ende der 80er und zu Beginn der 90er Jahre war etwa Gegenstand einer regen Debatte, ob überörtliche Anwaltssozietäten zulässig sind oder in welcher Art und Weise ein Rechtsanwalt für seine Tätigkeit werben darf. Die höchstrichterliche Rechtsprechung hat hierzu zwischenzeitlich konkrete Vorgaben entwickelt, und der Gesetzgeber hat mit der Novellierung der Bundesrechtsanwaltsordnung 1994 insoweit und auch hinsichtlich anderer berufs- und standesrechtlicher Fragen für klarere Verhältnisse gesorgt. Einzelne Probleme bleiben ungelöst oder sind durch die neuen Regelungen erst entstanden. Der Einfluß der Richtlinien der Europäischen Union auf das Recht des Anwalts, seine Dienstleistung in anderen Staaten zu erbringen bzw. sich in anderen Staaten niederzulassen, wächst ständig. Hinzu kommen die von der Bundesrepublik Deutschland zu beachtenden Vorgaben des Allgemeinen Übereinkommens über den Handel mit Dienstleistungen (GATS). Andere aktuelle „Brennpunkte" sind das am 1. 7. 1995 in Kraft getretene Gesetz zur Schaffung von Partnerschaftsgesellschaften und die Streitfrage, ob Rechtsanwälte sich zu einer Gesellschaft mit beschränkter Haftung zusammenschließen können. Abzuwarten bleibt, wie der Gesetzgeber auf den hierzu ergangenen Beschluß des Bayerischen Obersten Landesgerichts vom 24. 11. 1994 reagiert, wonach eine Rechtsanwalts-GmbH zulässig ist. Allgemein ist zu beobachten, daß Motor für die Liberalisierung des anwaltlichen Berufs- und Standesrechts die Rechtspraxis und die höchstrichterliche Rechtsprechung sind, während der Gesetzgeber wenig neue Impulse gibt und in vielen Fällen nur noch auf die tatsächliche Entwicklung reagiert.

2. Eine Vielzahl in der Praxis relevanter Fragen ist noch nicht geklärt. Dies gilt etwa für das Problem, ob an sich zulässige Werbung eines Rechtsanwalts, etwa mit ausländischen Titeln oder Berufszulassungen, zu strengeren Sorgfaltsstandards bei der Berufsausübung führen kann. Auch die standesrechtlichen Voraussetzungen an eine Sozietät zwischen deutschen und ausländischen Anwälten sowie die haftungsrechtlichen Folgen einer solchen Zusammenarbeit sind noch nicht eingehend diskutiert, geschweige denn höchstrichterlich entschieden.

3. Demgegenüber sind die dogmatischen Grundlagen im Zusammenhang mit den Begriffen „Haftung", „Recht" und „ausländisches Recht" weitgehend ge-

klärt. Neue Entwicklungen sind nur in eng begrenzten Teilbereichen erkennbar, zum Beispiel im Europarecht oder bei der sog. lex mercatoria.

4. Gegenstand dieser Arbeit sind die haftungsrechtlichen Konsequenzen, wenn ein deutscher Rechtsanwalt ausländisches Recht anwendet oder mit ausländischen Anwälten zusammenarbeitet. Hierzu liegen nur vereinzelte Stellungnahmen der höchstrichterlichen Rechtsprechung und des juristischen Schrifttums vor. Es fehlt bislang eine eingehende, systematische Untersuchung. Ausgangspunkt sind die Sorgfaltsstandards, die allgemein für deutsche Rechtsanwälte gelten. Das deutsche Recht wählt für die Haftung des Rechtsanwalts gegenüber seinem Mandanten eine vertragsrechtliche Lösung. Die Voraussetzungen von Schadensersatzansprüchen ergeben sich aus dem Rechtsinstitut der positiven Vertragsverletzung. Die allgemeinen Sorgfaltsstandards, die Rechtsanwälte bei ihrer Berufsausübung zu beachten haben, hat die höchstrichterliche Rechtsprechung in einer Vielzahl von Einzelfallentscheidungen herausgearbeitet. Grundlage ist die Verpflichtung des Rechtsanwalts, die Interessen des Auftraggebers in den Grenzen des ihm erteilten Mandats umfassend wahrzunehmen. Bei unterschiedlichen Möglichkeiten muß er den für den Mandanten sichersten Weg wählen. Der Bundesgerichtshof hebt aber hervor, daß sich jede schematische Sichtweise verbietet und stets die besonderen Umstände des Einzelfalls zu berücksichtigen sind.

5. Grundlage jeder rechtlichen Prüfung ist, daß der Rechtsanwalt im Zusammenwirken mit dem Mandanten die relevanten Tatsachen sorgfältig ermittelt. Bezüglich der vom Rechtsanwalt bei der Rechtsprüfung zu beachtenden Sorgfaltsstandards ist es wichtig, entsprechend der Eigenarten der jeweiligen Materie sachgerechte Differenzierungen zu entwickeln. Als allgemeiner Grundsatz gilt, daß ein Anwalt Recht richtig anwenden muß. Diesen Anforderungen genügt er bei einer vertretbaren Rechtsanwendung, soweit diese den Interessen des Mandanten entspricht. Der Rechtsanwalt muß nicht über ein umfassendes präsentes Wissen verfügen. Er muß aber in der Lage sein, Rechtsprobleme zu erkennen, die Rechtsgrundlagen und die relevante Rechtsprechung zu erfassen sowie im konkreten Fall auszuwerten und umzusetzen. Diese Vorgaben sind anhand der Umstände des Einzelfalls zu konkretisieren. Hierzu zählen insbesondere der Inhalt des zwischen den Beteiligten vereinbarten Auftrags, eine nach außen hervorgehobene Spezialisierung des Rechtsanwalts, Zeitdruck bei der Bearbeitung eines Auftrags oder besondere Rechtskenntnisse des Mandanten. Der Rechtsanwalt muß den Mandanten über die gewonnenen Erkenntnisse aufklären, damit dieser zu einer eigenverantwortlichen Entscheidung in der Lage ist. Dem Rechtsanwalt ist zu raten, darauf zu achten, den Umfang des Auftrags gegenüber dem Mandanten möglichst präzise zu umschreiben. Über den konkreten Mandatsinhalt hinaus ist der Rechtsanwalt verpflichtet, den Auftraggeber über diejenigen Umstände aufzuklären, welche dieser aufgrund der Stellung des Rechtsanwalts allgemein erwarten darf. Dazu ist auf das Berufsbild des Rechtsanwalts, wie es vom Gesetzgeber umschrieben ist, abzustellen.

6. Wenn die Mandatsbearbeitung es erfordert, ausländische Rechtsnormen zu prüfen, gilt der Grundsatz, daß ein deutscher Rechtsanwalt nicht verpflichtet ist, ausländisches Recht zu berücksichtigen. Dies entspricht der Ausbildung zum Rechtsanwalt, die in Deutschland ausschließlich auf die Vermittlung nationalen Rechts beschränkt ist, und dem, was der Mandant erwarten darf. Aus dem zuvor dargelegten Grundsatz ergeben sich Konsequenzen für die Sorgfaltsstandards, wenn ein Rechtsanwalt ausländische Rechtsnormen fehlerhaft anwendet oder wenn er mit einem ausländischen Anwalt zusammenarbeitet. Ein Rechtsanwalt handelt daher grundsätzlich nicht sorgfaltspflichtwidrig, wenn er ausländische Rechtsnormen fehlerhaft anwendet. Ausnahmen gelten für den Fall, daß der Rechtsanwalt es vertraglich übernommen hat, auch bestimmte ausländische Rechtsvorschriften zu berücksichtigen oder, wenn ein deutscher Rechtsanwalt in zurechenbarer Weise im Rechtsverkehr den Anschein hervorruft, daß er Kenntnisse in einer bestimmten ausländischen Rechtsordnung hat. Letzteres trifft insbesondere dann zu, wenn ein deutscher Rechtsanwalt eine ausländische Berufszulassung oder einen ausländischen Hochschulabschluß im Rechtsverkehr besonders hervorhebt. Der Rechtsanwalt muß also genau überlegen, ob er der Werbewirkung nach außen oder den haftungsrechtlichen Risiken den Vorrang einräumt, wenn er sich entscheidet, ob er Zusatzqualifikationen nach außen herausstellt.

7. Wie bei der Anwendung nationalen Rechts gelten auch bei der Prüfung ausländischen Rechts besondere Anforderungen, wenn der Rechtsanwalt unter Zeitdruck agiert oder wenn der Mandant selbst über spezielle rechtliche Kenntnisse verfügt. Die Sorgfaltsstandards, die ein Rechtsanwalt zu beachten hat, wenn er ausländisches Recht prüft, hängen ebenfalls von den Umständen des jeweiligen Einzelfalls ab. Besonderheiten können sich aufgrund der Eigenart der anwaltlichen Tätigkeit ergeben, je nachdem, ob der Rechtsanwalt im Rahmen von Vertragsgestaltungen oder -verhandlungen, rechtsberatend oder als Prozeßbevollmächtigter tätig wird. Eine isolierte, formaljuristische Betrachtung verbietet sich. So kann es dem Rechtsanwalt durchaus gestattet sein, nach pflichtgemäßem Ermessen die für den Mandanten günstigsten Maßnahmen auszuwählen. Dabei können insbesondere auch pragmatische Aspekte von Bedeutung sein. Wichtig ist, daß der Rechtsanwalt den Mandanten über alle bei der Auftragsdurchführung relevanten Kriterien, Zweifelsfragen und Ungewißheiten berät und aufklärt, so daß dieser in der Lage ist, eine eigenverantwortliche Entscheidung zu treffen.

8. Angesichts der strengen Sorgfaltsstandards, die gelten, wenn ein Rechtsanwalt sich entschließt, für seinen Mandanten ausländische Rechtsnormen zu prüfen, ist zusammenfassend einem deutschen Rechtsanwalt grundsätzlich zu raten, von der Prüfung ausländischen Rechts abzusehen und hierzu einen ausländischen Anwalt einzuschalten. Dieser arbeitet in der Regel schneller und daher auch kostengünstiger sowie im Zweifel auch präziser. Nur wenn der deutsche Rechtsanwalt Erfahrung im Umgang mit einer ausländischen Rechtsordnung hat und wenn er daher die fremden Rechtsnormen auch sicher anwenden kann sowie über

die notwendigen Materialien wie Gesetzestexte, Entscheidungssammlungen und Handbücher verfügt, sollte er sich auf die Anwendung ausländischen Rechts einlassen.

9. Wenn ein deutscher Rechtsanwalt mit einem ausländischen Anwalt zusammenarbeitet, ist danach zu unterscheiden, ob diese ständig auf einer vertraglichen Grundlage kooperieren oder ob der deutsche Rechtsanwalt den ausländischen Kollegen im Einzelfall hinzuzieht. Bei der erstgenannten Alternative besteht die Möglichkeit, sich zu einer Gesellschaft bürgerlichen Rechts (seit dem 1.7.1995), einer Partnerschaftsgesellschaft, einer Gesellschaft mit beschränkter Haftung (GmbH), einer Europäischen wirtschaftlichen Interessenvereinigung (EWIV) oder in einem sonstigen Verbund zusammenzuschließen. Regelfall in der Praxis ist (noch), daß Rechtsanwälte eine Sozietät in der Form einer Gesellschaft bürgerlichen Rechts gründen. Die Rechtsprechung löst die damit verbundenen Haftungsfragen über die Auslegung des jeweiligen Vertrages mit dem Mandanten. Ob diesem alle Gesellschafter haften, hängt davon ab, ob ein sog. Gesamtmandat oder ein sog. Einzelmandat vorliegt. Eine verschärfte Haftung greift auch in diesem Fall ein, wenn der Mandant von besonderen Kenntnissen der Sozien in einer bestimmten ausländischen Rechtsordnung ausgehen darf, weil die Sozien Büros in dem jeweiligen Staat unterhalten oder der Mandant von einzelnen Sozien aufgrund ihres Auftretens im Rechtsverkehr derartige Kenntnisse erwarten darf. Zusammenschlüsse von deutschen Rechtsanwälten mit ausländischen Anwälten in einer Sozietät sind unter den Voraussetzungen des § 59a Abs. 3 Nr. 1 BRAO zulässig. Dabei ist zu beachten, daß die Voraussetzungen dieser Vorschrift teleologisch zu reduzieren sind. Bei internationalen Sozietäten ist das Vorliegen eines Einzelmandats der Regelfall. Dies bedeutet, daß vorbehaltlich einer abweichenden Vereinbarung von vornherein nur diejenigen Anwälte der internationalen Sozietät verpflichtet werden, von denen der Mandant erwarten darf, daß sie Kenntnisse in einer derjenigen Rechtsordnungen haben, die für die Mandatsbearbeitung relevant sein können.

10. Bei Sozietäten ist darauf hinzuweisen, daß die Sozien vertraglich die Haftung gemäß § 51a Abs. 2 BRAO auf einzelne von ihnen begrenzen können. Für Partnerschaftsgesellschaften ist die speziellere Norm des § 8 Abs. 2 PartGG zu beachten, der von § 51a Abs. 2 BRAO inhaltlich abweicht. Eine Haftungsbegrenzung bei einer GmbH auf das Gesellschaftsvermögen ergibt sich aus der Rechtsform. Haftungsfälle im Zusammenhang mit einer EWIV dürften selten sein, da es einer EWIV gesetzlich untersagt ist, anwaltliche Tätigkeiten auszuüben. Gemäß Art. 3 EWIV-VO ist der Unternehmenszweck einer EWIV auf sog. Hilfsgeschäfte begrenzt. Arbeiten Anwälte in einer schlichten Kooperation ohne gesellschaftsrechtliche Verbindung zusammen, ist haftungsrechtlich auf diejenigen Grundsätze abzustellen, die gelten, wenn eine Zusammenarbeit im Einzelfall vorliegt.

11. Zieht ein deutscher Rechtsanwalt im Einzelfall einen ausländischen Anwalt hinzu, um eine Rechtsfrage nach dessen heimischer Rechtsordnung zu prüfen, ist

der ausländische Anwalt grundsätzlich nicht Erfüllungsgehilfe des deutschen Rechtsanwalts im Sinne von § 278 BGB. Dieser ist nämlich grundsätzlich nicht verpflichtet, ausländische Rechtsnormen zu berücksichtigen. Auch § 664 Abs. 1 S. 2 BGB ist auf Anwaltsverträge weder direkt noch entsprechend anzuwenden, da § 675 BGB dem für Geschäftsbesorgungsverträge mit dienst- oder werkvertraglichem Inhalt entgegensteht. Allerdings ist dem Vertrag zwischen dem deutschen Rechtsanwalt und dessen Mandanten im Wege der Auslegung zu entnehmen, daß eine ähnliche Regelung wie in § 664 Abs. 1 S. 2 BGB von den Beteiligten gewollt ist. Die rechtlichen Pflichten der beteiligten Anwälte sind unabhängig voneinander herauszuarbeiten. Danach ist der deutsche Rechtsanwalt verpflichtet, den ausländischen Anwalt sorgfältig auszuwählen, ihn sorgfältig zu unterweisen und zu überwachen, ob dieser den ihm übertragenen Aufgaben nachkommt. Demgegenüber ist der deutsche Rechtsanwalt dann nicht verpflichtet, ausländische Rechtsnormen anzuwenden und den Mandanten über damit zusammenhängende Umstände zu beraten und aufzuklären. Dies ist allein Sache des ausländischen Anwalts. Etwas anderes gilt, wenn der deutsche Rechtsanwalt das Ergebnis des ausländischen Anwalts gegenüber dem Mandanten als Produkt eigener Arbeit präsentiert und nicht auf die Zusammenarbeit mit dem ausländischen Kollegen hinweist.

12. Haftungsrechtliche Besonderheiten ergeben sich, wenn ein deutscher Rechtsanwalt mit einem ausländischen Anwalt zusammenarbeitet, um für dessen Betätigung in Deutschland das nach § 4 Abs. 1 S. 2 RADG erforderliche Einvernehmen herzustellen. Grundsätzlich gelten dann für den ausländischen Anwalt dieselben allgemeinen Sorgfaltsstandards wie für deutsche Rechtsanwälte. Soweit der deutsche Einvernehmensanwalt mit dem Mandanten des ausländischen Anwalts in keinem vertraglichen Verhältnis steht, haftet der ausländische Anwalt für Fehler des Einvernehmensanwalts nach § 278 BGB. Dieser haftet dann nicht gegenüber dem Mandanten des ausländischen Anwalts, es sei denn, daß der deutsche Rechtsanwalt gegenüber dem Mandanten einen besonderen Vertrauenstatbestand geschaffen hat. Der deutsche Rechtsanwalt haftet nur dem ausländischen Anwalt aus dem zwischen ihnen bestehenden Vertragsverhältnis. § 4 Abs. 1 S. 2 RADG, wonach der Einvernehmensanwalt gegenüber ausländischen Anwälten verpflichtet ist, „darauf hinzuwirken, daß sie bei der Vertretung oder Verteidigung die Erfordernisse einer geordneten Rechtspflege beachten“, ist haftungsrechtlich irrelevant.

13. Der Umfang der Berufshaftpflichtversicherung, die jeder Rechtsanwalt nach § 51 BRAO abschließen muß, hängt von den gesetzlichen Vorgaben des § 51 BRAO und vom Inhalt des jeweiligen Versicherungsvertrages ab. Die Versicherungsunternehmen können von der Versicherung die Haftung gemäß § 51 Abs. 3 Nrn. 2–4 BRAO für im einzelnen genannte auslandsbezogene Tätigkeiten ausschließen. Die gewählte Unterscheidung zwischen europäischen und „außereuropäischen“ Rechtsordnungen ist rechtspolitisch wenig geglückt. Bei grenzüberschreitender Tätigkeit ist den Rechtsanwälten zu empfehlen, zu prüfen, ob sie mit

dem Versicherer eine die speziellen Risiken abdeckende Sondervereinbarung treffen sollten.

14. Unter den Voraussetzungen des § 51a Abs. 1 BRAO kann ein Rechtsanwalt gegenüber dem Mandanten seine Haftung auch der Höhe nach individualvertraglich oder durch vorformulierte Vertragsbedingungen begrenzen. Für Fehler im Zusammenhang mit der Anwendung ausländischen Rechts oder bei einer Zusammenarbeit mit einem ausländischen Anwalt gelten keine besonderen Voraussetzungen. Bei Haftungsbegrenzungen durch vorformulierte Vertragsbedingungen ist allerdings genau zu prüfen, ob insoweit Versicherungsschutz besteht. Dies kann insbesondere bei auslandsbezogener Tätigkeit fraglich sein. Im Zweifel ist dem Rechtsanwalt zu raten, seine Haftung gegenüber dem Mandanten durch eine Individualvereinbarung gemäß § 51a Abs. 1 Nr. 1 BRAO zu begrenzen.

15. Auf den Anwaltsvertrag ist das von den Parteien gewählte Recht anwendbar. In Ermangelung einer Rechtswahl ist grundsätzlich auf das Recht des Staates abzustellen, in dem der Rechtsanwalt seine Kanzlei unterhält, von der aus er die vertraglich geschuldete Leistung erbringt. Dies wird gemäß Art. 28 Abs. 2 EGBGB vermutet. In Einzelfällen können sich Abgrenzungsschwierigkeiten ergeben, insbesondere, wenn das anwendbare Recht gemäß Art. 28 Abs. 1 EGBGB danach zu ermitteln ist, mit welchem Staat der konkrete Anwaltsvertrag die engste Verbindung aufweist. Ferner sind die Besonderheiten von Art. 29 und Art. 34 EGBGB zu beachten. Dem Rechtsanwalt ist zu raten, bei grenzüberschreitenden Mandaten mit dem Auftraggeber eine Rechtswahlklausel gemäß Art. 27 EGBGB in den Vertrag aufzunehmen. Alternativ ist dem Rechtsanwalt zu empfehlen, dem Mandanten mitzuteilen, von welcher Kanzlei aus er die vertraglich geschuldete Leistung erbringt bzw. welches Büro bei der Auftragsbearbeitung „federführend" ist.

16. Zusammenfassend ist festzuhalten, daß den deutschen Rechtsanwälten hinreichend viele Möglichkeiten zur Verfügung stehen, das Vertragsverhältnis mit ihren Mandanten so zu gestalten, daß ihre Tätigkeit nicht durch ein unverhältnismäßig hohes Haftungsrisiko über Gebühr beeinträchtigt wird. So ist es Angelegenheit der Rechtsanwälte, wie sie ihr Auftreten nach außen gestalten. Durch eine genaue Umschreibung des Mandatsinhalts in einer Auftragsbestätigung können sie Mißverständnisse vermeiden, aus denen später Haftungsforderungen des Mandanten entstehen können. Des weiteren haben es die Rechtsanwälte in der Hand, ihre Mandanten über etwaige Risiken des jeweiligen Auftrags aufzuklären und später auftretende Schwierigkeiten zu besprechen. Wichtig ist es, daß ein Rechtsanwalt seine eigenen Fähigkeiten richtig einschätzen kann. Sieht er sich nicht imstande, gewissenhaft ausländische Rechtsnormen zu berücksichtigen, kann er mit einem ausländischen Anwalt zusammenarbeiten oder im äußersten Fall die Übernahme des Mandats ablehnen oder das Mandat niederlegen. Schließlich kann ein Rechtsanwalt die Haftungsrisiken durch den Abschluß einer adäquaten Haftpflichtversicherung, durch vertragliche Haftungsbegrenzungen, eine Rechtswahlklausel oder im Fall der dauerhaften Zusammenarbeit mit anderen Rechtsanwälten durch eine bestimmte Rechtsform steuern.

17. Von seiten der über Haftungssachverhalte entscheidenden Gerichte sollte beachtet werden, daß die haftungsrechtlichen Sorgfaltsstandards nicht einseitig zu Lasten der Rechtsanwälte ausgedehnt werden, sondern dem Interessengegensatz zwischen Rechtsanwalt und Mandant sowie den Erfordernissen der Praxis sachgerecht Rechnung tragen. Hervorzuheben ist, daß die im juristischen Schrifttum teilweise als anwaltsfeindlich geschmähte Rechtsprechung bislang in Fällen, in denen es um die Anwendung ausländischen Rechts durch deutsche Rechtsanwälte ging, durchweg zu anwaltsfreundlichen Ergebnissen gelangt ist. Der beste Schutz des Rechtsanwalts vor Haftungsansprüchen seiner Mandanten ist aber nach wie vor, daß der Rechtsanwalt so sorgfältig und gewissenhaft wie möglich seine Arbeit erledigt.

Literaturverzeichnis

Abel, Richard C. — Transnational Law Practice, Case Western Reserve Law Rev. 44 (1994), S. 737-825.

Adams, Michael — Ökonomische Analyse der Gefährdungs- und Verschuldenshaftung, Heidelberg 1985.

Ahlers, Dieter — Die Rechtsanwalts-GmbH, AnwBl 1991, S. 10-14.

Ders. — Die Anwalts-GmbH nach geltendem Recht, AnwBl 1991, S. 226-233.

Ders. — Zur Definition der überörtlichen Rechtsanwaltssozietät, AnwBl 1992, S. 54-61.

Ders. — Die GmbH als Zusammenschluß Angehöriger freier Berufe zur gemeinsamen Berufsausübung, in: Festschrift für Heinz Rowedder, herausgegeben von Gerd Pfeiffer u.a., München 1994, zitiert: FS-Rowedder, S. 1-19.

Ders. — Die Zulässigkeit der Anwalts-GmbH, AnwBl 1995, S. 3-8.

Ders. — Rechtsanwalts-GmbH zugelassen: Ein Intermezzo?, AnwBl 1995, S. 121-125.

Arndt, Herbert — Schadensersatzpflicht verbundener Anwälte, NJW 1969, S. 1200.

Authenrieth, Karlheinz H. — Die inländische Europäische Wirtschaftliche Interessenvereinigung (EWIV) als Gestaltungsmittel, BB 1989, S. 305-310.

Bach, Albrecht — Die BGB-Gesellschaft als Mitglied einer Europäischen Wirtschaftlichen Interessenvereinigung (EWIV)?, BB 1990, S. 1432-1435.

Bakker, Rainer — Rechtsanwaltsgesellschaften in England, AnwBl 1993, S. 245-254.

v. Bar, Christian — Unentgeltliche Investitionsempfehlungen im Wandel der Wirtschaftsverfassungen Deutschlands und Englands, RabelsZ 44 (1980), S. 455-486.

Ders. — Internationales Privatrecht, Erster Band, Allgemeine Lehren, zitiert: v. Bar I, München 1987.

Ders. — Internationales Privatrecht, Zweiter Band, Besonderer Teil, zitiert: v. Bar II, München 1991.

Ders. — Neues Haftungsrecht durch Europäisches Gemeinschaftsrecht, in: Festschrift für Hermann Lange, herausgegeben von Dieter Medicus u.a., Stuttgart 1992, zitiert: FS-Lange, S. 373-395.

Barth, Dietrich — Das Allgemeine Übereinkommen über den internationalen Dienstleistungshandel, EuZW 1994, S. 455-460.

Ders. — Die Handelsregeln der neuen Welthandelsorganisation, NJW 1994, S. 2811-2812.

Basedow, Jürgen — Handelsbräuche und AGB-Gesetz, ZHR 150 (1986), S. 469-491.

Ders. — Der Transportvertrag, Tübingen 1987.

Ders. — Juristen für den Binnenmarkt – Die Ausbildungsdiskussion im Lichte einer Arbeitsmarktanalyse, NJW 1990, S. 959-963.

Baumbach/Hefermehl — Wettbewerbsrecht, bearbeitet von Wolfgang Hefermehl, 17. Auflage München 1993.

Baumbach/Hopt — Handelsgesetzbuch mit GmbH & Co., Recht der Allgemeinen Geschäftsbedingungen und Handelsklauseln, Bank- und Börsenrecht, Transportrecht (ohne Seerecht), erläutert von Klaus J. Hopt, 29. Auflage München 1995.

Baumbach/Lauterbach/Albers/Hartmann, (Bearbeiter) — Zivilprozeßordnung mit Gerichtsverfassungsgesetz und Nebengesetzen, bearbeitet von Jan Albers und Peter Hartmann, 53. Auflage München 1995.

Bayer, Hermann-Wilfried/Imberger, Frank — Die Rechtsformen freiberuflicher Tätigkeit, DWiR 1993, S. 309-319.

v. Bernstorff — Keine entsprechende Anwendung des § 664 BGB auf entgeltliche Geschäftsbesorgungsverträge, NJW 1952, S. 731-732.

Blaurock, Uwe — Übernationales Recht des Internationalen Handels, ZEuP 1993, S. 247-267.

Bleckmann, Albert — Europarecht, unter Mitwirkung von Martin Coen u.a., 5. Auflage Köln 1990.

Blumenwitz, Dieter — Einführung in das anglo-amerikanische Recht, 5. Auflage München 1994.

Böckstiegel, Karl-Heinz — Die Bestimmung des anwendbaren Rechts in der Praxis internationaler Schiedsverfahren, in: Festschrift für Günther Beitzke, herausgegeben von Otto Sandrock, Berlin 1979, zitiert: FS-Beitzke, S. 443-458.

Boele, Andreas — Die Organisation von Rechtsanwaltssozietäten Heute und Morgen, Frankfurt/M. 1992.

Boergen, Rüdiger — Die vertragliche Haftung des Rechtsanwalts, Berlin 1968.

Bösert, Bernd	Das Gesetz über Partnerschaftsgesellschaften Angehöriger Freier Berufe (Partnerschaftsgesellschaftsgesetz – PartGG), ZAP 1994, Fach 15, S. 137–152.
Boin, Kai T.	Weg frei für die Anwalts-GmbH?, NJW 1995, S. 371–373.
Bonnell, Michael Joachim	Das autonome Recht des Welthandels – rechtsdogmatische und rechtspolitische Aspekte, RabelsZ 42 (1978), S. 485–505.
Borgmann, Brigitte	Korrespondierende Pflichten aus dem Anwaltsvertrag: Die Informationspflicht des Mandanten und die Aufklärungspflicht des Anwalts, in: Festschrift für Fritz Ostler, herausgegeben vom Bayerischen Anwaltsverband e.V., Stuttgart 1983, zitiert: FS-Ostler, S. 1–17.
Dies.	Die Haftung des Rechtsanwalts, AnwBl 1995, S. 222–224.
Borgmann, Brigitte/ Haug, Karl H.	Anwaltshaftung, 3. Auflage München 1995.
Braun, Anton	Sozietäten, BRAK-Mitt. 1993, S. 185–187.
Ders.	Berufshaftpflichtversicherungen, BRAK-Mitt. 1994, S. 202–205.
Brenninger, Gottfried E.	Die BGB-Gesellschaft als Rechtssubjekt im Rechtsverkehr, Köln 1991.
Brieske, Rembert	Die Berufshaftpflichtversicherung, AnwBl 1995, S. 225–232.
Brinker, Ingo	Die Bedeutung des neuen GATT-Abkommens für private Unternehmen, WiB 1994, S. 457–460.
Brötzmann, Ulrich	Anmerkung zu BGH vom 25.11.1993, Az. I ZR 281/91, WiB 1994, S. 270–271.
Buchheit, Lee C.	How to negociate the governing law clause, IFLRev Juli 1994, S. 33–35.
Ders.	The Lawyer in negotiation, IFLRev September 1994, S. 29–30 und Oktober 1994, S. 37–40.
Budden, Robert	Will Swiss lawyers miss the European beat, IFLRev Dezember 1992, S. 9–12.
Ders.	German law firms: overworked and overpaid?, IFLRev Juli 1993, S. 9–13.
Busse, Felix	Anwaltschaft im geeinten Deutschland, NJW 1993, S. 2009–2015.
Bydlinski, Franz	Juristische Methodenlehre und Rechtsbegriff, 2. Auflage Wien 1991.

Caplan, Lincoln — Skadden – Power, Money and the Rise of a Legal Empire, New York 1993.

Carr, Josephine — Clifford Chance – the City cats which stole the cream, IFLRev März 1987, S. 5–8.

Clausnitzer, Martin — Niederlassungs- und Dienstleistungsfreiheit der Rechtsanwälte, in: Clausnitzer/Pieper/Schollmeier, EG-Recht in der Anwaltskanzlei, Herne 1993, S. 1–20.

Coing, Helmut — Europäisierung der Rechtswissenschaft, NJW 1990, S. 937–941.

Coleman, Paul — The IFLR Top 40: the world's largest law firms, IFLRev September 1993, S. 6–8.

Commichau, Gerhard — EG-Binnenmarkt '93 und grenzüberschreitender Rechtsverkehr, in: Festschrift für Horst Locher, herausgegeben von Peter Löffelmann u.a., Düsseldorf 1990, zitiert: FS-Locher, S. 441–450.

Ders. — Der Wirtschaftsanwalt, WiB 1994, S. 2–4.

Constantinesco, Léontin-Jean — Die Kulturkreise als Grundlage der Rechtskreise, ZfRV 1981, S. 161–178.

Couric, Emily — The Tangled Web, ABA-Journal April 1993, S. 64–68.

Craig, W. Laurence/ Park, William W./ Paulsson, Jan — International Chamber of Commerce arbitration, 2. Auflage New York 1990.

Crossmann, Alexander — Competing in a crowded market place, IFLRev Februar 1995, S. 26–38.

Ders. — Germany's lawyers respond to the market, IFLRev März 1995, S. 26–39.

Damm, Reinhart — Entwicklungstendenzen der Expertenhaftung, JZ 1991, S. 373–385.

David/Grassman — Einführung in die großen Rechtssysteme der Gegenwart, bearbeitet von Günther Grassmann u.a., 2. Auflage München 1988.

Deutsch, Erwin — Haftungsrecht, Erster Band: Allgemeine Lehren, Köln 1976.

Deutsch, Erwin/ Taupitz, Jochen — Haftung der Dienstleistungsberufe, Heidelberg 1993.

Dieckmann, Johann Andreas — Vorschau auf die Rückschau: Das Erasmus-Programm, ZEuP 1993, S. 615–617.

Donath, Roland — Rechtsberatungsgesellschaften, ZHR 156 (1992), S. 134–173.

Düwell, Franz-Josef — Zur Zulässigkeit der Berufsausübung in einer Kapitalgesellschaft (sog. Anwalts-GmbH), AnwBl 1990, S. 388-389.

Ebke, Werner F. — Wirtschaftsprüfer und Dritthaftung, Bielefeld 1983.

Ders. — Vereinheitlichung der Abschlußprüferhaftung in Europa durch Rechtsprechung, EWS 1993, S. 229-237.

Ehlermann, Claus-Dieter — Die Europäische Gemeinschaft, das Recht und die Juristen, NJW 1992, S. 1856-1860.

Ehlers, Dirk — Die Einwirkungen des Rechts der Europäischen Gemeinschaften auf das Verwaltungsrecht, DVBl 1991, S. 605-613.

Ehricke, Ulrich — Zur Einführung: Grundstrukturen und Probleme der lex mercatoria, JuS 1990, S. 967-969.

v. Eicken, Kurt — Änderung des Anwaltsgebührenrechts durch das Kostenrechtsänderungsgesetz 1994, NJW 1994, S. 2258-2261.

v. Eicken, Kurt/ Madert, Wolfgang — Die Entwicklung des Anwaltsgebührenrechts seit 1989, NJW 1994, S. 169-171.

Enneccerus, Ludwig/ Nipperdey, Hans Carl — Allgemeiner Teil des Bürgerlichen Rechts, Erster Halbband: Allgemeine Lehren, Personen, Rechtsobjekte, 15. Auflage Tübingen 1959.

Erichsen, Hans-Uwe — Verwaltungshandeln, in: Allgemeines Verwaltungsrecht, herausgegeben von Hans-Uwe Erichsen und Wolfgang Martens, 9. Auflage Berlin 1992, S. 179-422.

Erman-(Bearbeiter) — Handkommentar zum Bürgerlichen Gesetzbuch, herausgegeben von Harm Peter Westermann: 1. Band, §§ 1-853 und Nebengesetze, bearbeitet von Lutz Aderhold u.a., 9. Auflage Münster 1993.

Errens, Martina — Auswirkungen des GATS-Abkommens auf den Beruf des Rechtsanwalts, EuZW 1994, S. 460-464.

Dies. — Folgen des GATS-Abkommens für den Rechtsanwalt, AnwBl 1994, S. 461-463.

Dies. — Das GATS-Abkommen – Neue Perspektiven für rechtsberatende Berufe, WiB 1994, S. 453-456.

Esser, Josef — Grundsatz und Norm in der richterlichen Rechtsfortbildung, 3. Auflage Tübingen 1977.

Esser, Josef/ Schmidt, Eike — Schuldrecht Band I, Allgemeiner Teil, Teilband 1, 7. Auflage Heidelberg 1992.

Everling, Ulrich — Zur direkten staatlichen Wirkung der EG-Richtlinien: Ein Beispiel richterlicher Rechtsfortbildung auf der Basis gemeinsamer Grundsätze, in: Festschrift für Karl Carstens, herausgegeben von Bodo Börner u.a., Band I, Köln 1984, zitiert: FS-Carstens I, S. 95-113.

Ders.	Zum Vorrang des EG-Rechts vor nationalem Recht, DVBl 1985, S. 1201-1206.
Ders.	Welche gesetzlichen Regelungen empfehlen sich für das Recht der rechtsberatenden Berufe, insbesondere im Hinblick auf die Entwicklung in der Europäischen Gemeinschaft?, in: Verhandlungen des 58. Deutschen Juristentages 1990, herausgegeben von der Ständigen Deputation des DJT, München 1990, Band I, Gutachten, S. C 1-C 97.
Ewig, Eugen	Systematik und Auswirkungen des GATT-Welthandelsabkommens auf den Beruf des Rechtsanwalts, BRAK-Mitt. 1994, S. 205-207.
Ders.	Internationaler Dienstleistungshandel und neue Tätigkeitsfelder für die Anwaltschaft (GATS-Abkommen), NJW 1995, S. 434-436.
v. Falkenhausen, Joachim Freiherr	Brauchen die Rechtsanwälte ein Partnerschaftsgesetz?, AnwBl 1993, S. 479-481.
Farnsworth, Allan	An introduction to the legal system of the United States, London 1983.
Ferid, Murad	Internationales Privatrecht, 3. Auflage Frankfurt 1986.
Feuerich, Wilhelm	Die überörtliche Anwaltssozietät, AnwBl 1989, S. 360-368.
Ders.	Die Umsetzung der Diplomanerkennungsrichtlinie durch das Eignungsprüfungsgesetz für die Zulassung zum Rechtsanwalt, NJW 1991, S. 1144-1151.
Ders.	Anwaltliche Werbung mit Tätigkeitsbereichen über ein Informationssystem (Anwalt-Suchservice), NJW 1991, S. 1591-1593.
Ders.	Neuordnung des Berufsrechts der Rechtsanwälte, ZAP 1994, Fach 23, S. 183-192.
Feuerich, Wilhelm/ Braun, Anton	Bundesrechtsanwaltsordnung Kommentar, 3. Auflage München 1995.
Fikentscher, Wolfgang	Methoden des Rechts in vergleichender Darstellung, Band I, Frühe und religiöse Rechte, Romanischer Rechtskreis, Tübingen 1975, Band II, Anglo-amerikanischer Rechtskreis, Tübingen 1975, Band III, Mitteleuropäischer Rechtskreis, Tübingen 1976, Band IV, Dogmatischer Teil, Tübingen 1977.
Fischer, Frank O.	Zeitschriftenlektüre des Rechtsanwalts, AnwBl 1993, S. 597-599.

Flessner, Axel — Rechtsvereinheitlichung durch Rechtswissenschaft und Juristenausbildung, RabelsZ 56 (1992), S. 243-260.

Frank, Henning — Plädoyer für den „Wald- und Wiesenanwalt", AnwBl 1986, S. 331-332.

Friedlaender, Max — Anmerkung zu RG vom 2.10.1925, Az.: 497/24 III, JW 1926, S. 246.

Ders. — Grundzüge des in Deutschland geltenden internationalen Anwaltsrechts, AnwBl 1954, S. 1-9.

Frietsch, Edwin A. — Der europäische Vorschlag einer Haftung für Dienstleistungen, DB 1992, S. 929-936.

Fuhrmann, Markus — Die Rechtsstellung des angestellten Rechtsanwalts, Baden-Baden 1989.

v. Gabelenz, Carl-Heinrich Frhr. — Die Haftung der Banken bei der Einschaltung Dritter, München 1983.

Ganske, Joachim — Das Recht der Europäischen Wirtschaftlichen Interessenvereinigung, München 1988.

Gatto, John D. — Die Anwaltshaftung im US-amerikanischen und deutschen Recht, Frankfurt/M. 1993.

Geimer, Reinhold — Internationales Zivilprozeßrecht, zitiert: IZPR, 2. Auflage Köln 1993.

Gernhuber, Joachim — Bürgerliches Recht, 3. Auflage München 1991.

Gibbons, Thomas F. — Anwaltschaft im Jahr 2001, übersetzt aus dem Englischen von Michael Abels, AnwBl 1990, S. 282-285.

v. Gierke, Julius/ Sandrock, Otto — Handels- und Wirtschaftsrecht, Band I, Allgemeine Grundlagen – Der Kaufmann und sein Unternehmen, 9. Auflage Berlin 1975.

v. Gierke, Klaus — Die Dritthaftung des Rechtsanwalts, Essen 1984.

Giesen, Dieter — Grundzüge der Anwaltshaftung im amerikanischen Recht, ZvglRWiss 91 (1992) S. 43-60.

Gloria, Christian/ Karbowski, E. Alexander — Die Europäische Wirtschaftliche Interessenvereinigung (EWIV), WM 1990, S. 1313-1322.

Goldberg, Stephanie B. — The British Go Global, ABA-Journal April 1993, S. 51-56.

Goldmann, Berthold — La lex mercatoria dans les contrats et l'arbitrage internationaux: réalité et perspectives, J. D. I. 106 (1979), S. 475-505.

Ders. — Note, Cour de cassation du 22 octobre 1991, J. D. I. 119 (1992), S. 178-186.

Gornig, Gilbert — Probleme der Niederlassungsfreiheit und Dienstleistungsfreiheit für Rechtsanwälte in den Europäischen Gemeinschaften, NJW 1989, S. 1120-1127.

Götz, Volkmar	Europäische Gesetzgebung durch Richtlinien – Zusammenwirken von Gemeinschaft und Staat, NJW 1992, S. 1849-1856.
Grabitz/Hilf, (Bearbeiter)	Kommentar zur Europäischen Union, herausgegeben von Eberhard Grabitz und Meinhard Hilf, bearbeitet von Armin v. Bogdandy u.a., Band II, Art. 137-248 EGV, 2. Auflage München, Stand: September 1994.
Groß, Wolfgang	Europa 1992: Einwirkungen des Europäischen Rechts in den innerstaatlichen Bereich der Bundesrepublik Deutschland, JuS 1990, S. 522-526.
Großfeld, Bernhard	Sprache und Recht, JZ 1984, S. 1-6.
Ders.	Vom Beitrag der Rechtsvergleichung zum deutschen Recht, AcP 184 (1984), S. 289-321.
Ders.	Europäisches Recht und Rechtsstudium, JuS 1993, S. 710-716.
Ders.	Internationales und Europäisches Unternehmensrecht, 2. Auflage Heidelberg 1995.
Großfeld, Bernhard/ Edelkötter, Frank	Der Rechtsanwalt als „unabhängiges Organ der Rechtspflege" – Entstehung und Bedeutung, in: Festschrift für Wolfram Hencke, Berlin 1995, zitiert: FS-Hencke, S. 310ff.
Großfeld, Bernhard/ Hübner, Ulrich	Schadensverhütung und Versicherung, ZVersWiss 66 (1977), S. 393-426.
Großmann-Doerth, Hans	Der Jurist und das autonome Recht des Welthandels, JW 1929, S. 3447-3451.
Grunewald, Barbara	Zur Haftung von Fachleuten im Zivilrechtsverkehr, JZ 1982, S. 627-632.
Grüninger, Michael	Die deutsche Rechtsanwaltssozietät als Mitglied einer EWIV, AnwBl 1990, S. 228-234.
Ders.	Aspekte, Strategien und Möglichkeiten einer EWIV von Rechtsanwälten, AnwBl 1992, S. 111-114.
Gündisch, Jürgen	Der Anwalt im Binnenmarkt, AnwBl 1992, S. 342-347.
Haas, Eberhard	Neue Gesellschaftsform, BRAK-Mitt. 1994, S. 1.
Ders.	Wünsche an die EU-Kommission, BRAK-Mitt. 1994, S. 185.
Hackl, Christian	Eignungsprüfung für die Zulassung zur Rechtsanwaltschaft, AnwBl 1993, S. 312-315.
Hailbronner, Kay	Europa 1992: Das institutionelle System der Europäischen Gemeinschaften, JuS 1990, S. 263-268 und S. 439-446.

Halsbury's	Laws of England, Lord Hailsham of St. Marylebone, 4. Auflage, Band 26, London 1979, Band 44, London 1983, zitiert nach Band (volume) und Randnummer (parasection).
Hansens, Heinz	Bundesgebührenordnung für Rechtsanwälte, Kommentar, 8. Auflage München 1995.
Hartstang, Gerhard	Anwaltsrecht, Köln 1991.
Ders.	Anwaltshaftung – Teil des Anwaltsrechts, BRAK-Mitt. 1992, S. 73-78.
Ders.	Anwaltliche Berufsausübung in Form einer GmbH – Zugleich eine Besprechung von BayObLG vom 24.11. 1994, Az. 3 Z BR 115/94, ZAP 1994, Fach 23 S. 193-194.
Hartung, Wolfgang	Neuordnung des anwaltlichen Berufsrechts, NJW 1993, S. 2776-2779.
Ders.	Neues Berufs- und Gebührenrecht für Rechtsanwälte, WiB 1994, S. 585-589.
Hauschka, Christoph E.	Internationalisierung der Rechtsberatung in der Wirtschaft Europas, AnwBl 1988, S. 553-557.
Heermann, Peter W.	Haftungsbeschränkungen in der BGB-Außengesellschaft, BB 1994, S. 2421-2433.
Heinemann, Klaus	Baustein anwaltlicher Berufshaftung: die Beweislast, NJW 1990, S. 2345-2355.
Heinemann, Peter	Rechtsformwahl und Anwalts-GmbH, AnwBl 1991, S. 233-238.
Heintzen, Markus	Die überörtliche Rechtsanwaltssozietät, Stuttgart 1990.
Ders.	Inländerdiskriminierung im Gemeinsamen Markt – dargestellt am Beispiel der Rechtsanwälte, EWS 1990, S. 82-92.
Heldrich, Andreas	Normenüberflutung, in: Festschrift für Konrad Zweigert, herausgegeben von Herbert Bernstein u.a., Tübingen 1981, zitiert: FS-Zweigert, S. 811-825.
Henrichfreise, Sabine	Frankreichs Anwaltschaft im Wandel, Bonn 1992.
Henssler, Martin	Die Rechtsanwalts-GmbH, JZ 1992, S. 697-710.
Ders.	Anmerkung zu BGH vom 25.6.1992, Az. I ZR 120/90, JZ 1993, S. 155-158.
Ders.	Anwaltschaft im Wettbewerb, AnwBl 1993, S. 541-548.
Ders.	Anwaltsgesellschaften, NJW 1993, S. 2137-2145.
Ders.	Der Regierungsentwurf eines Gesetzes über Partnerschaftsgesellschaften, WiB 1994, S. 53-56.

Ders. Haftungsrisiken anwaltlicher Tätigkeit, JZ 1994, S. 178-188.

Ders. Die Freiberufler-GmbH, ZIP 1994, S. 844-852.

Ders. Anmerkung zu BayObLG vom 24.11.1994, Az. 3 Z BR 115/94, ZIP 1994, S. 1871-1872.

Henssler, Martin/ Nerlich, Jörg (Hrsg.) Anwaltliche Tätigkeit in Europa, Bonn 1994.

Herdegen, Matthias Internationales Wirtschaftsrecht, 2. Auflage München 1995.

v. der Heydt, Karl-Eduard/v. Rechenberg, Wolf-Georg (Hrsg.) Die Europäische Wirtschaftschaftliche Interessenvereinigung, Stuttgart 1991.

Hirte, Herbert/ Otte, Karsten Die Rechtsentwicklung im Haftungsrecht der Vereinigten Staaten von Amerika im Jahre 1993, VersR 1994, S. 1387-1400.

Hocke, Ulrich Werbung für anwaltliche Dienstleistungen, Essen 1990.

v. Hoffmann, Bernd Empfiehlt es sich, das EG-Übereinkommen über das auf vertragliche Schuldverhältnisse anzuwendende Recht in das deutsche IPR-Gesetz zu inkorperieren?, IPRax 1984, S. 10-13.

Ders. Grundsätzliches zur Anerkennung der „lex mercatoria" durch internationale Schiedsgerichte, in: Festschrift für Gerhard Kegel, herausgegeben von Hans-Joachim Musielak und Klaus Schurig, Stuttgart 1987, zitiert: FS-Kegel II, S. 215-233.

Hofmann, Stefan Internationales Anwaltsrecht – Dienstleistungs- und Niederlassungsfreiheit in der Europäischen Gemeinschaft, Konstanz 1991.

Hök, Götz-Sebastian Zum Haftungsrisiko der Anwälte bei der Übernahme von Mandaten mit Auslandsberührung, JurBüro 1990, S. 155-162.

Hommerich, Christoph Die Anwaltschaft unter Expansionsdruck, Beilage AnwBl Mai 1988.

Ders. Zukunftschancen junger Rechtsanwälte und Rechtsanwältinnen, AnwBl 1994, S. 322-326.

Hopt, Klaus J. Nichtvertragliche Haftung außerhalb von Schadens- und Bereicherungsrecht, AcP 183 (1983), S. 608-718.

Hübner, Heinz Allgemeiner Teil des Bürgerlichen Gesetzbuchs, Berlin 1985.

Hübner, Ulrich Die Berufshaftung – ein zumutbares Berufsrisiko?, NJW 1989, S. 5-11.

Huff, Martin W. — Hausanwalt und Law Firm, FAZ vom 22.2.1995, S. 15.

Ipsen, Knut — Völkerrecht, in Zusammenarbeit mit Volker Epping u.a., 3. Auflage München 1990.

Ipsen, Knut/ Haltern, Ulrich R. — Rule of Law in den internationalen Wirtschaftsbeziehungen: Die Welthandelsorganisation, RIW 1994, S. 717-723.

Jahndorf, Christian — Die EWIV im Ertragsteuerrecht, Köln 1995.

James, Philip S. — Introduction to English Law, 12. Auflage London 1989.

Janis, M. W. — The Lawyer's Responsability for Foreign Law and Foreign Lawyers, Int'l Lawyer 16 (1982) S. 693-704.

Jansen, Bernhard — Die neue Welthandelsorganisation (World Trade Organisation – WTO), EuZW 1994, S. 333-337.

Jarass, Hans D. — Voraussetzungen der innerstaatlichen Wirkung des EG-Rechts, NJW 1990, S. 2420-2425.

Ders. — Folgen der innerstaatlichen Wirkung des EG-Rechts, NJW 1991, S. 2665-2669.

Jatzkowski, Doris/ Zipprick, Jörg — Probleme der Anwaltshaftung, in: Die deutsche Anwaltschaft zwischen heute und morgen, herausgegeben von Hanns Prütting, Köln 1990, S. 159-175.

Jessnitzer, Kurt/ Blumberg, Hanno — Bundesrechtsanwaltsordnung Kommentar, 7. Auflage Köln 1995.

Jestaedt, Thomas — Erstattung von Anwaltskosten im US-Prozeß?, RIW 1986, S. 95-99.

Jhering, Rudolph — Geist des römischen Rechts auf den verschiedenen Stufen seiner Entwicklung, Erster Theil, 2. Auflage Leipzig 1866.

Juenger, Friedrich K. — Forum Shopping, RabelsZ 46 (1982), S. 708-716.

Kahn, Philippe — Les principes généraux du droit devant les arbitres du commerce international, J. D. I. 116 (1989), S. 305-327.

Kaiser, Hans/ Bellstedt, Christoph — Die Anwaltssozietät, Herne 1993.

Kaiser, Thomas — Berufsrecht im Gebiet der neuen Bundesländer, AnwBl 1991, S. 133-136.

Kanzleiter, Rainer — Der Blick in die Zukunft als Voraussetzung der Vertragsgestaltung, NJW 1995, S. 905-910.

Kappus, Andreas — „Lex mercatoria" in Europa und Wiener UN-Kaufrechtskonvention 1980, Frankfurt/M. 1990.

Ders. — „Lex mercatoria" als Geschäftsstatut vor staatlichen Gerichten im deutschen internationalen Schuldrecht, IPRax 1993, S. 137-142.

Ders.	Lex mercatoria und internationale Handelsschiedsgerichtsbarkeit - Einheitliches Sach- und Prozeßrecht für den Handelsstand, WiB 1994, S. 189-191.
Kaufmann, Arthur	Die Radbruchsche Formel vom gesetzlichen Unrecht und vom übergesetzlichen Recht in der Diskussion um das im Namen der DDR begangene Unrecht, NJW 1995, S. 81-86.
Keenan, Denis	Smith and Keenan's English Law, 9. Auflage London 1989.
Kegel, Gerhard	Zur Organisation der Ermittlung ausländischen Privatrechts, in: Festschrift für Hans Carl Nipperdey Band I, herausgegeben von Rolf Dietz und Heinz Hübner, München 1965, zitiert: FS-Nipperdey I, S. 453-470.
Ders.	Internationales Privatrecht, 7. Auflage München 1995.
Kempter, Fritz	Das Partnerschaftsgesellschaftsgesetz, BRAK-Mitt. 1994, S. 122-125.
Ders.	Die Rechtsanwalts-GmbH und das Bayrische Oberste Landesgericht – was nun?, BRAK-Mitt. 1995, S. 4-5.
Kespohl-Willemer, Annette	Diplom-Anerkennungsrichtlinie, AnwBl 1989, S. 215.
Dies.	Der deutsche Anwalt in der Europäischen Gemeinschaft – rechtliche Rahmenbedingungen und Möglichkeiten, JZ 1990, S. 28-31.
Dies.	Standesregeln der Rechtsanwälte der Europäischen Gemeinschaft, EuZW 1990, S. 88-90.
Dies.	EG-Dienstleistungsrichtlinie für Rechtsanwälte, AnwBl 1991, S. 147-148.
Kewenig, Wilhelm A.	Niederlassungsfreiheit, Dienstleistungsfreiheit und Inländerdiskriminierung, JZ 1990, S. 20-24.
Ders.	Das Recht der rechtsberatenden Berufe – eine Herausforderung für den Gesetzgeber und die Standesorganisation, JZ 1990, S. 782-789.
Klein-Blenkers, Friedrich	Wirtschaftliche Bedeutung und rechtliche Fragen zur Europäischen wirtschaftlichen Interessenvereinigung, DB 1994, S. 2224-2226.
Kleine-Cosack, Michael	Kassation der anwaltlichen Standesrichtlinien, AnwBl 1987, S. 561-563.
Ders.	Verfassungswidriges Standesrecht, NJW 1988, S. 164-174.
Ders.	Vom Universalanwalt zum Spezialanwalt, NJW 1992, S. 785-791.

Ders. Bundesrechtsanwaltsordnung, Kommentar, München 1993.

Ders. Neuordnung des anwaltlichen Berufsrechts, NJW 1994, S. 2249–2259.

Knief, Hannelore Der Rechtsanwalt als Angestellter und als freier Mitarbeiter, AnwBl 1985, S. 58–61.

Knoll, Heinz-Christian/ Schüppen, Matthias Die Europäische wirtschaftliche Interessenvereinigung (EWIV), Teil I: Gesellschaftsrechtliche Grundlagen, WiB 1994, S. 889–894.

Koch, Ludwig Zur Zulässigkeit der Rechtsanwalts-GmbH nach geltendem Recht, AnwBl 1993, S. 157–160.

Kollhosser, Helmut/ Raddatz, Anselm Die Europäische Wirtschaftliche Interessenvereinigung (EWIV), JA 1989, S. 10–16.

Kornblum, Udo Die Haftung assoziierter Rechtsanwälte, BB 1973, S. 218–227.

Kötz, Hein Ziele des Haftungsrechts, in: Festschrift für Ernst Steindorff, herausgegeben von Jürgen F. Baur u. a., Berlin 1990, zitiert: FS-Steindorff, S. 643–666.

Ders. Europäische Juristenausbildung, ZEuP 1993, S. 268–278.

Krasney, Otto Ernst Überjustizialisierung – Überaktivitäten des Gesetzgebers, DRiZ 1992, S. 165–176.

Kremer, Arnold Freie Berufe in der Rechtsform der GmbH, GmbHR 1983, S. 259–267.

Kropholler, Jan Internationales Einheitsrecht, zitiert: Einheitsrecht, Tübingen 1975.

Ders. Europäisches Zivilprozeßrecht Kommentar zum EuGVÜ, zitiert: EuGVÜ, 4. Auflage Heidelberg 1993.

Ders. Internationales Privatrecht, zitiert: IPR, 2. Auflage Tübingen 1994.

Kühn, Wolfgang Deutsche Anwälte international in der Abstiegszone, AnwBl 1988, S. 129–132.

Lagarde, Paul Note, Cour d'appel de Paris du 13 juillet 1989, Rev. arb. 1990, S. 666–674.

Lando, Ole The lex mercatoria in international commercial arbitration, ICLQ 34 (1985), S. 747–768.

Langen, Eugen Transnationales Recht, Heidelberg 1981.

Langenfeld, Gerrit Vertragsgestaltung, München 1991.

Larenz, Karl Lehrbuch des Schuldrechts, Zweiter Band, Halbband 1, Besonderer Teil, zitiert: Schuldrecht II/1, 13. Auflage München 1986.

Ders. Lehrbuch des Schuldrechts, Erster Band, Allgemeiner Teil, zitiert: Schuldrecht I, 14. Auflage München 1987.

Ders. Allgemeiner Teil des deutschen Bürgerlichen Rechts, zitiert: AT, 7. Auflage München 1989.

Ders. Methodenlehre der Rechtswissenschaft, zitiert: Methodenlehre, 6. Auflage Berlin 1991.

Laufhütte, Heinrich Die freie Advokatur in der Rechtsprechung des Bundesgerichtshofs, in: Festschrift für Gerd Pfeiffer, herausgegeben von Otto Friedrich Freiherr von Gamm u.a., Köln 1988, zitiert: FS-Pfeiffer, S. 959–971.

Lee, Victoria Who's afraid of Baker & McKenzie?, IFLRev September 1993, S. 9–11.

Lentner, Anton J. Das Gesellschaftsrecht der Europäischen wirtschaftlichen Interessenvereinigung (EWIV), Baden Baden 1994.

Lenz, Tobias Die Partnerschaft – alternative Gesellschaftsform für Freiberufler, MDR 1994, S. 741–746.

Leutheusser-Schnarrenberger, Sabine Die Partnerschaftsgesellschaft – nationale und EG-rechtliche Bestrebungen zu einem Sondergesellschaftsrecht für die freien Berufe, in: Festschrift für Herbert Helmrich, herausgegeben von Klaus Letzgus u.a., München 1994, zitiert: FS-Helmrich, S. 677–683.

Lindner, Klaus Anwaltliches Berufsrecht – Referentenentwurf als Mogelpackung, MDR 1993, S. 605–607.

Lingenberg, Joachim/ Hummel, Fritz/ Zuck, Rüdiger/ Eich, Alexander Kommentar zu den Grundsätzen des anwaltlichen Standesrechts, 2. Auflage Köln 1988.

Loewer, Jörn Neuordnung des anwaltlichen Berufsrechts, BRAK-Mitt. 1994, S. 186–193.

Lorenz, Werner Die Lex Mercatoria: Eine internationale Rechtsquelle?, in: Festschrift für Karl H. Neumayer, herausgegeben von Werner Barfuß u.a., Baden Baden 1985, zitiert: FS-Neumayer, S. 407–429.

Mankowski, Peter/ Kerfack, Ralf Arrest, Einstweilige Verfügung und die Anwendung ausländischen Rechts, IPRax 1990, S. 372–378.

Mann, F. A. England rejects „delocalised“ contracts and arbitration, ICLQ 33 (1984), S. 193–198.

Martindale-Hubbell Law Directory in Seven Volumes, 127. Auflage Summit, New Jersey 1995.

Maxeiner, James Die Gefahr der Übertragung deutschen Rechtsdenkens auf den US-amerikanischen Zivilprozeß, RIW 1990, S. 440–445.

Mayer, Kurt Eine Lanze für das Korrespondenzmandat, AnwBl 1990, S. 170-172.

Mayer-Maly, Theo Rechtswissenschaft, 5. Auflage München 1991.

McGrath, John Global law and the English lawyer, IFLRev August 1994, S. 23-26.

Meik, Frank/ Faecks, Fridhelm Haftungsprobleme bei der Gebührenteilung zwischen Korrespondenz- und Prozeßanwalt, AnwBl 1989, S. 83-86.

Mertens, Hans-Joachim Berufshaftung Haftungsprobleme alter Professionen, VersR 1974, S. 509-520.

Meyer, Anton Freie Berufe und Werbung, AnwBl 1992, S. 241-247.

Meyer-Cording, Ulrich Die Rechtsnormen, Tübingen 1971.

Meyer-Landrut, Andreas Die Europäische Wirtschaftliche Interessenvereinigung, Stuttgart 1988.

Michalski, Lutz Die freiberufliche Zusammenarbeit im Spannungsfeld von Gesellschafts- und Berufsrecht, AnwBl 1989, S. 65-76.

Ders. Zum Regierungsentwurf eines Partnerschaftsgesellschaftsgesetzes, ZIP 1993, S. 1210-1214.

Middleton, Sean/ Rogge, Ingo Anwaltshaftung gegenüber Dritten im englischen und deutschen Recht, VersR 1994, S. 1027-1033.

Mohr, Brigitte In Europa soll auch eine Bildungsgemeinschaft entstehen, FAZ vom 11.6.1994, S. 4.

Müller, Klaus Die Pflichten des Anwalts im Zusammenhang mit der Führung des Prozesses, JR 1969, S. 161-168.

Ders. Schadensersatzpflicht verbundener Anwälte, NJW 1969, 903-906 und S. 1416-1417.

Müller-Gugenberger, Christian EWIV – Die neue europäische Gesellschaftsform, NJW 1989, S. 1449-1458.

Münchener Kommentar (Bearbeiter) zum Bürgerlichen Gesetzbuch, herausgegeben von Kurt Rebmann und Franz Jürgen Säcker:

Band 1, Allgemeiner Teil (§§ 1-240), AGB-Gesetz, Redakteur: Franz Jürgen Säcker, 3. Auflage München 1993.

Band 2, Schuldrecht Allgemeiner Teil (§§ 241-432), Redakteur: Helmut Heinrichs, 3. Auflage München 1994.

Band 3, Schuldrecht Besonderer Teil, 1. Halbband (§§ 433-651k), Redakteur: Harm Peter Westermann, 2. Auflage München 1988.

Band 3 Schuldrecht Besonderer Teil, 2. Halbband, (§§ 652 - 853), Redakteur: Peter Ulmer, 2. Auflage München 1986.

Münchener Kommentar (Bearbeiter) — Band 7, Einführungsgesetz zum Bürgerlichen Gesetzbuch, Internationales Privatrecht, Redakteur: Hans Jürgen Sonnenberger, 2. Auflage München 1990.

Münchener Kommentar (Bearbeiter) — Zur Zivilprozeßordnung mit Gerichtsverfassungsgesetz und Nebengesetzen: herausgegeben von Gerhard Lüke und Alfred Walchshöfer, Band I (§§ 1-354) München 1992.

Nerlich, Jörg — Internationale Kooperationsmöglichkeiten für europäische Rechtsanwälte, Bonn 1994.

Ders. — Anwaltssozietäten in Europa, AnwBl 1994, S. 529-540.

Neumayer, Karl H. — Fremdes Recht aus Büchern, fremde Rechtswirklichkeit und die funktionelle Dimension in den Methoden der Rechtsvergleichung, RabelsZ 34 (1970), S. 411-425.

Neumeyer, Karl — Anwaltsvergehen im internationalen Verkehr, GA 64 (1917), S. 1-28.

Oberheim, Rainer — Die Eignungsprüfung für EU-Rechtsanwälte, NJW 1994, S. 1846-1847.

Odersky, Walter — Die Berufshaftung – ein zumutbares Berufsrisiko?, NJW 1989, S. 1-5.

Ders. — Die überörtliche Anwaltssozietät, in: Festschrift für Franz Merz, herausgegeben von Walter Gerhard u.a., Köln 1992, zitiert: FS-Merz, S. 439-454.

Oertmann, Paul — Rechtsordnung und Verkehrssitte insbesondere nach bürgerlichem Recht, Leipzig 1914.

Oppenhoff, Walter — Anwaltsgemeinschaften, ihr Sinn und Zweck, AnwBl 1967, S. 267-278.

Oppermann, Thomas — Europarecht, München 1991.

Oppermann, Thomas/ Classen, Claus Dieter — Die EG vor der Europäischen Union, NJW 1993, S. 5-12.

Ossenbühl, Fritz — Die Quellen des Verwaltungsrechts, in: Allgemeines Verwaltungsrecht, herausgegeben von Hans-Uwe Erichsen und Wolfgang Martens, 9. Auflage Berlin 1992, S. 101-177.

Page, Nigel — Switzerland's splendid isolation, IFLRev Januar 1995, S. 22-25.

Pagenkopf, Martin — Zum Einfluß des Gemeinschaftsrechts auf nationales Wirtschaftsverwaltungrecht – Versuch einer praktischen Einführung, NVwZ 1993, S. 216-224.

Palandt, (Bearbeiter) — Bürgerliches Gesetzbuch mit Einführungsgesetz und Nebengesetzen, bearbeitet von Peter Bassenge u.a., 54. Auflage München 1995.

Paul, Wolf — Anwaltsberuf im Wandel – Rechtspflegeorgan oder Dienstleistungsgewerbe, in: Anwaltsberuf im Wandel, herausgegeben von Friedrich Kübler, Frankfurt/M. 1982, S. 11–35.

Paus, Bettina/ Rader-Laufer, Berthold — Dienstlassungs- und Niederlassungsfreiheit des Rechtsanwalts nach dem EWG-Vertrag, in: Die deutsche Anwaltschaft zwischen heute und morgen, herausgegeben von Hanns Prütting, Köln 1990, S. 85–103.

Pera, Lars-Uwe — Anwaltshonorare in Deutschland und den U.S.A., Bonn 1995.

Pfeiffer, Gerd — Der Rechtsanwalt gestern und heute, in: Festschrift für Ernst C. Stiefel, herausgegeben von Marcus Lutter u.a., München 1987, zitiert: FS-Stiefel, S. 559–571.

Pieper, Stefan Ulrich — Mandatsabwicklung über die Grenze: Postulationsfähigkeit oder Korrespondenzanwalt, in: Clausnitzer/Pieper/Schollmeier, EG-Recht in der Anwaltskanzlei, Herne 1993, S. 21–30.

Plaas, Gerrit — Abschied vom Einzelanwalt?, AnwBl 1988, S. 557–561.

Plass, Manfred — Der Haftungsstatus von Anwaltsgemeinschaften, Diss. Mainz 1991.

Poll, Jens — Die Haftung der freien Berufe am Beispiel des Rechtsanwalts, Diss. Berlin 1992.

Posner, Richard A. — Economic Analysis of Law, 3. Auflage Boston 1986.

Prinz, Matthias — Der juristische Supermann als Maßstab, JZ 1986, S. 317–320.

Prölls/Martin, (Bearbeiter) — Versicherungsvertragsgesetz, von Ulrich Knappmann u.a., 25. Auflage München 1992.

Rabe, Hans-Jürgen — Der Beruf des Rechtsanwalts – Herausforderung in Gegenwart und Zukunft, NJW 1971, S. 1385–1392.

Ders. — Internationales Anwaltsrecht – Dienstleistung und Niederlassung, NJW 1987, S. 2185–2193.

Ders. — Auf dem Wege zum neuen anwaltlichen Berufrecht, NJW 1989, S. 1113–1119.

Ders. — Dienstleistungs- und Niederlassungsfreiheit der Rechtsanwälte in der EG, AnwBl 1992, S. 146–151.

Ders. — Europäische Gesetzgebung – das unbekannte Wesen, NJW 1993, S. 1–5.

Ders. — Anwälte in Europa, NJW 1995, S. 1403–1404.

Radbruch, Gustav — Rechtsphilosophie, 8. Auflage, herausgegeben von Erik Wolf und Hans-Peter Schneider, Stuttgart 1973.

Raisch, Peter — Zur Abgrenzung von Gewohnheitsrecht und Richterrecht im Zivil-und Handelsrecht, ZHR 150 (1986), S. 117-140.

Raiser, Gottfried — Die Haftung des deutschen Rechtsanwalts bei grenzüberschreitender Tätigkeit, NJW 1991, S. 2049-2057.

Recq, Jean-Gabriel — Das neue Anwaltsgesetz in Frankreich, AnwBl 1993, S. 67-69.

Redeker, Konrad — Freiheit der Advokatur – heute, NJW 1987, S. 2610-2616.

Ders. — Rechtsanwaltschaft zwischen 1945 und 1995 – Ein Berufsstand im Wandel, NJW 1995, S. 1241-1246.

Reithmann, Christoph/ Martiny, Dieter — Internationales Vertragsrecht, 4. Auflage Köln 1988.

RGRK, (Bearbeiter) — Reichsgerichtsrätekommentar, Das Bürgerliche Gesetzbuch mit besonderer Berücksichtigung der Rechtsprechung des Reichsgerichts und des Bundesgerichtshofs, Band I, 4. Teil (§§ 631-811), bearbeitet von Walter Dehner u. a., 12. Auflage Berlin 1978.

Rheinstein, Max — Einführung in die Rechtsvergleichung, bearbeitet von Reimer von Borries, München 1987.

Riederer v. Paar, Otto Freiherr — Die Haftung des Rechtsanwalts bei grenzüberschreitender Tätigkeit, AnwBl 1991, S. 496-499.

Rinsche, Franz-Josef — Die Haftung des Rechtsanwalts und des Notars, 5. Auflage Köln 1995.

Rinsche, Franz-Josef/ Schlüter, Martin — Anwaltstätigkeit im internationalen Bereich, ZAP 1992, Fach 23, S. 115-122.

Rosenberg/Schwab/ Gottwald — Zivilprozeßrecht, bearbeitet von Peter Gottwald, 15. Auflage München 1993.

Rudolf, Walter — Völkerrecht und deutsches Recht, Tübingen 1967.

Rüthers, Bernd — Rechtsordnung und Wertordnung, Konstanz 1986.

Sandrock, Otto — Ein amerikanisches Lehrstück für das Kollisionsrecht der Kapitalgesellschaften, RabelsZ 42 (1978), S. 227-267.

Ders. — Die Konkretisierung der Überlagerungstheorie in einigen zentralen Einzelfragen, in: Festschrift für Günther Beitzke, herausgegeben von Otto Sandrock, Berlin 1979, zitiert: FS-Beitzke, S. 669-696.

Ders. — Die Prorogation der internationalen Zuständigkeit eines Gerichts durch hilfsweise Sacheinlassung des Beklagten, ZvglRWiss 78 (1979), S. 177-220.

Ders. — Handbuch der Internationalen Vertragsgestaltung, bearbeitet von Klaus F. Beckmann u. a., 2 Bände, zitiert: (Bearbeiter), in: Sandrock, Handbuch I bzw. Handbuch II, Heidelberg 1980.

Ders. — Zügigkeit und Leichtigkeit versus Gründlichkeit, JZ 1986, S. 370–378.

Ders. — Choice of law and choice of forum in civil law jurisdictions, in: Kojo Yelpaala u.a., Drafting and enforcing contracts in civil and common law jurisdiction, Deventer 1986, zitiert: Yelpaala u.a., S. 145–194.

Ders. — Die Bedeutung des Gesetzes zur Neuregelung des internationalen Privatrechts für die Unternehmenspraxis, RIW 1986, S. 841–855.

Ders. — Gerichtsstands- und Schiedsklauseln in Verträgen zwischen US-amerikanischen und deutschen Unternehmen: Was ist zu empfehlen?, in: Festschrift für Ernst C. Stiefel, herausgegeben von Marcus Lutter u.a., München 1987, zitiert: FS-Stiefel, S. 625–664.

Ders. — Die Fortbildung des materiellen Rechts durch die Internationalen Schiedsgerichte, in: Rechtsfortbildung durch Internationale Schiedsgerichtsbarkeit, herausgegeben von Karl-Heinz Böckstiegel, Köln 1989, zitiert: Rechtsfortbildung, S. 21–81.

Ders. — Zur Auslegung des Art. 13 Abs. 3 und 5 der Verfahrensordnung des Internationalen Schiedsgerichts der Internationalen Handelskammer; oder wie die sog. lex mercatoria zur Anwendung kommen kann, auch wenn eine Partei sich dieser Anwendung widersetzt, Jahrbuch für die Praxis der Schiedsgerichtsbarkeit, Bd. 4 (1990), S. 131–145.

Ders. — Die deutsche Juristenausbildung – Ein Vergleich zur japanischen Juristenausbildung, ZfRV 1994, S. 50–58.

Schack, Haimo — Rechtswahl im Prozeß?, NJW 1984, S. 2736–2740.

Ders. — Internationales Zivilverfahrensrecht, zitiert: IZVR, München 1991.

Schäfer, Hans-Bernd/Ott, Claus — Lehrbuch der ökonomischen Analyse des Zivilrechts, Berlin 1986.

Schardey, Günter — Neue Formen anwaltlicher Berufsausübung, in: Festschrift für Karlheinz Quack, herausgegeben von Harm Peter Westermann u.a., Berlin 1991, zitiert: FS-Quack, S. 731–741.

Ders. — Zur Lage der Anwaltschaft und zum Stand der Berufsrechtsdiskussion, AnwBl 1991, S. 2–4.

Ders. — Die neue Bundesrechtsanwaltsordnung, AnwBl 1994, S. 369–371.

Scheffler, Friedrich — Darf man vom Anwalt mehr verlangen als das Kollegialgericht leistet?, NJW 1960, S. 265–268.

Schlee, Heinz — Haftung des Rechtsanwalts gegenüber Nichtmandanten, AnwBl 1993, S. 118–119.

Schlosser, Peter — Das Recht der internationalen privaten Schiedsgerichtsbarkeit, 2. Auflage Tübingen 1989.

Schmidt, Karsten — Gesellschaftsrecht, 2. Auflage Köln 1991.

Ders. — Partnerschaftsgesetzgebung zwischen Berufsrecht, Schuldrecht und Gesellschaftsrecht, ZIP 1993, S. 633–652.

Ders. — Handelsrecht, 4. Auflage Köln 1994.

Ders. — Die Freiberufliche Partnerschaft, NJW 1995, S. 1–7.

Schmidt, Michael J. — Die Internationale Durchsetzung von Rechtsanwaltshonoraren, Heidelberg 1991.

Schmitthoff, Clive M. — Das neue Recht des Welthandels, RabelsZ 28 (1964), S. 47–77.

Schmuck, Thomas — Die Anwalts-AG nach französischem Recht, RIW 1993, S. 983–988.

Schneider, Dieter — Von der losen Kooperation nach dem „Best-friends-System" zur überörtlichen oder gar transnationalen Sozietät, AnwBl 1991, S. 565–566.

Schollmeier, Andreas — Grenzüberschreitende anwaltliche Kooperationsformen, in: Clausnitzer/Pieper/Schollmeier, EG-Recht in der Anwaltskanzlei, Herne 1993, S. 31–41.

Schröder, Franz-Josef — Die „Gesellschaft bürgerlichen Rechts mit Haftungsbeschränkung" – eine sinnvolle Gestaltungsvariante?, DStR 1992, S. 507–512.

Schumann, Ekkehard — Die überörtliche Anwaltssozietät, München 1990.

Schweitzer, Michael — Staatsrecht II, Staatsrecht, Europarecht, Völkerrecht, 4. Auflage Heidelberg 1992.

Schwichtenberg, Astrid — Anwaltshaftung im Niemandsland zwischen Vertrag und Delikt, ZvglRWiss 91 (1992), S. 290–342.

Scriba, Michael O. E. — Die Europäische wirtschaftliche Interessenvereinigung, Heidelberg 1988.

Seibert, Ulrich — Zum neuen Entwurf eines Partnerschaftsgesetzes, AnwBl 1993, S. 155–157.

Ders. — Die Partnerschaft für die Freien Berufe, DB 1994, S. 2381–2384.

Seidl-Hohenveldern, Ignaz	Völkerrecht, 7. Auflage Köln 1992.
Seltmann, Holm G.	Die Beteiligung mehrerer Anwälte an einem Haftpflichtfall, VersR 1974, S. 97–105.
v. Senger, Harro	Über das Normenbewußtsein der Japaner, ZfRV 1981, S. 265–282.
Ders.	Einführung in das chinesische Recht, München 1994.
Senninger, Erhard	Deregulierung und Selbstbestimmung, AnwBl 1990, S. 238–241.
Siehr, Kurt	„Forum Shopping" im internationalen Rechtsverkehr, ZfRV 1984, S. 124–144.
Skaupy, Walter	Der Vorschlag einer EG-Richtlinie für die Haftung bei Dienstleistungen, BB 1991, S. 2021–2025.
Soergel, (Bearbeiter)	Bürgerliches Gesetzbuch mit Einführungsgesetz und Nebengesetzen, Band 2, Schuldrecht I (§§ 241–432), Wissenschaftliche Redaktion: Hans-Joachim Mertens, 12. Auflage Stuttgart 1990. Band 3, Schuldrecht III (§§ 705–853) Wissenschaftliche Redaktion: Otto Mühl, 11. Auflage Stuttgart 1985. Band 8, Einführungsgesetz, Wissenschaftliche Redaktion: Gerhard Kegel, 11. Auflage Köln 1984.
Sonnenberger, Hans Jürgen	Verkehrssitten im Schuldvertrag, München 1970.
Spickhoff, Andreas	Der ordre public im internationalen Privatrecht, Neuwied 1989.
Ders.	Internationales Handelsrecht vor Schiedsgerichten und staatlichen Gerichten, RabelsZ 56 (1992), S. 117–140.
Stahl, Michael	Zur Dritthaftung von Rechtsanwälten, Steuerberatern, Wirtschaftsprüfern und öffentlich bestellten und vereidigten Sachverständigen, zitiert: Zur Dritthaftung von Rechtsanwälten [...], Frankfurt/M. 1989.
Staudinger (Bearbeiter)	Kommentar zum Bürgerlichen Gesetzbuch mit Einführungsgesetz und Nebengesetzen, Einleitung und Erstes Buch Allgemeiner Teil (§§ 1–89), Redaktor: Helmut Coing, 12. Auflage Berlin 1980. Schuldrecht Allgemeiner Teil (§§ 255–327), Redaktor: Manfred Löwisch, 12. Auflage Berlin 1979. Schuldrecht Besonderer Teil (§§ 652–740), Redaktor: Dieter Reuter, 12. Auflage Berlin 1991.

Staudinger (Bearbeiter) — Einführungsgesetz zum Bürgerlichen Gesetzbuch, Internationales Gesellschaftsrecht bearbeitet von Bernhard Großfeld; Redaktor: Jan Kropholler; 13. Auflage Berlin 1993.

Stein/Jonas, (Bearbeiter) — Kommentar zur Zivilprozeßordnung,

Zweiter Band Teilband 1, §§ 253-299a, bearbeitet von Wolfgang Grunsky u.a., 20. Auflage Tübingen 1987.

Steindorff, Ernst — Die Anwaltssozietät, in: Festschrift für Robert Fischer, herausgegeben von Marcus Lutter u.a., Berlin 1979, zitiert: FS-R. Fischer, S. 747-770.

Stewart, Patrick — Berlin: Germany's legal capital, IFLRev April 1992, S. 14-18.

Ders. — Freezing law firm assets – the regulators flex their muscles, IFLRev Mai 1992, S. 14-16.

Ders. — Italian lawyers stuck on the sidelines of Europe, IFLRev November 1992, S. 19-26.

Ders. — Are lawyers doomed to extinction?, IFLRev November 1993, S. 7-8.

Stiefel, Ernst C. — Von der Berufung deutscher Juristen zum Aufbau des Rechts im Osten, JZ 1994, S. 109-110.

Stobbe, Ulrich — Die Kompetenz der Anwaltschaft – Weichenstellungen in Ausbildung und Berufsrecht, NJW 1991, S. 2041-2049.

Stobbe u.a. — Informationen der Arbeitsgruppe Versicherungsfragen des DAV (Stobbe/Bauer/Brieske/van Büren/Lübbert/Manthey), AnwBl 1994, S. 560-562.

Stöhr, Dietrich — Die Vermögensschaden-Haftpflichtversicherung als Pflichtversicherung für Rechtsanwälte und Notare, AnwBl 1995, S. 234-237.

Stoll, Hans — Haftungsfragen im bürgerlichen Recht, Heidelberg 1993.

Streit, Arnold — Das Abkommen über den Europäischen Wirtschaftsraum, NJW 1994, S. 555-558.

Strobel, Wilhelm — Rechtswirtschaftliche Beratung, NJW 1993, S. 2909-2914.

Stuber, Manfred — Das Partnerschaftsgesellschaftsgesetz unter besonderer Berücksichtigung der Belange der Anwaltschaft, WiB 1994, S. 705-710.

Stürner, Rolf — Der Justizkonflikt zwischen U.S.A. und Europa, in: Der Justizkonflikt mit den Vereinigten Staaten von Amerika, herausgegeben von Walther J. Habscheid, Bielefeld 1986, S. 5-54.

Taupitz, Jochen — Die Standesordnungen der freien Berufe, Berlin 1991.

Ders. — Zur Zulässigkeit von Freiberufler-GmbHs – Heilkunde-GmbH: ja, Rechtsberatungs-GmbH: nein?, JZ 1994, S. 1100–1108.

Ders. — Rechtsanwalts-GmbH zugelassen: Durchbruch oder Intermezzo?, NJW 1995, S. 369–371.

Tepper, Franz — Anwaltshaftung und EuGVÜ, IPRax 1991, S. 98–100.

Theißen, Rolf — Die überörtliche Anwaltssozietät, MDR 1993, S. 1–3.

Triebel, Volker/ Petzold, Eckart — Grenzen der lex mercatoria in der internationalen Schiedsgerichtsbarkeit, RIW 1988, S. 245–250.

Trubeck, David M./ Dezalay, Yves/ Buchanan, Ruth/ Davis, John R. — Global Restruction and the Law: Studies of the Internationalisation of Legal Fields and the Creation of Transnational Areas, Case Western Reserve Law Rev. 44 (1994), S. 407–498.

Verdross, Alfred/ Simma, Bruno — Universelles Völkerrecht, 3. Auflage Berlin 1984.

Vollkommer, Max — Anwaltshaftungsrecht, München 1989.

Ders. — Beweiserleichterungen für den Mandanten bei Verletzung von Aufklärungs- und Beratungspflichten durch den Anwalt?, in: Festschrift für Gottfried Baumgärtel, herausgegeben von Hanns Prütting, Köln 1990, zitiert: FS-Baumgärtel, S. 585–601.

Weigel, Theodor — Zur Zulässigkeit der Anwalts-GmbH nach geltendem Recht BRAK-Mitt. 1992, S. 183–184.

Weil, Heinz — Ein Wunder in Lissabon?, BRAK-Mitt. 1993, S. 2–6.

Weinschenk, Fritz — Anwaltskosten in den USA, RIW 1990, S. 435–440.

Weise, Paul-Frank — Lex mercatoria, Frankfurt/M. 1990.

Wendt, Michael — Gegenstände, Bedingungen und Sorgfaltsanforderungen bei der privatrechtlichen Tätigkeit des Rechtsanwalts, Diss. Bremen 1984.

Westermann, Harry — Gedanken zur Methode der richterlichen Rechtsfortbildung, in: Festschrift für Karl Larenz, herausgegeben von Claus-Wilhelm Canaris und Uwe Diederichsen, München 1983, zitiert: FS-Larenz II, S. 723–738.

v. Westphalen, Friedrich Graf — Fallstricke bei Verträgen und Prozessen mit Auslandsberührung, NJW 1994, S. 2113–2120.

Weyers, Hans-Leo — Unfallschäden, Frankfurt/M. 1971.

Zach, Christopher — Seeking an edge in a united Europe, IFLRev Februar 1995, S. 39–43.

Zahorka, Hans-Jürgen — Die Teilnahme von Drittlandsunternehmen an einer EWIV, EuZW 1994, S. 201–205.

Zöller (Bearbeiter) — Zivilprozeßordnung mit Gerichtsverfassungsgesetz, bearbeitet von Reinhold Geimer u.a., 19. Auflage Köln 1995.

Zuck, Rüdiger — Internationales Anwaltsrecht, NJW 1987, S. 3033–3036.

Ders. — Die notwendige Reform des anwaltlichen Standesrechts, NJW 1988, S. 175–181.

Ders. — Die Europäische Wirtschaftliche Interessenvereinigung als Instrument anwaltlicher Zusammenarbeit, NJW 1990, S. 954–959.

Zuleeg, Manfred — Die Verfassung der Europäischen Gemeinschaft in der Rechtsprechung des Europäischen Gerichtshofs, DVBl 1994, S. 581–587.

Zweigert, Konrad/ Kötz, Hein — Einführung in die Rechtsvergleichung, Band I: Grundlagen, Band II: Institutionen, 2. Auflage Tübingen 1984, zitiert: Zweigert/Kötz I bzw. Zweigert/Kötz II.

Ohne Verfasser — Anwaltsstatistik – Mitglieder der Rechtsanwaltskammern am 1.1.1995, AnwBl 1995, S. 192.

Ohne Verfasser — Aus der Arbeit der BRAK, BRAK-Mitt. 1994, S. 213–221.

Ohne Verfasser — Rechtsanwälte – Jurastudenten – Assessoren, BRAK-Mitt. 1994, S. 223–224.

Ohne Verfasser — Diskussionsvorschlag einer Berufsordnung für Rechtsanwälte, BRAK-Mitt. 1995, S. 12–16.

Ohne Verfasser — Eignungsprüfung nach der EG-Richtlinie Hochschuldiplome, BRAK-Mitt. 1995, S. 17.

Ohne Verfasser — Mitglieder der Rechtsanwaltskammern am 1. Januar 1995, BRAK-Mitt. 1995, S. 62.

Ohne Verfasser — Auf dem Weg zum dominanten Anbieter von Anwaltsdiensten, FAZ vom 15.10.1993, S. 21.

Ohne Verfasser — Sexuelle Belästigung am Arbeitsplatz wird in Amerika teuer, FAZ vom 8.9.1994, S. 17.

Ohne Verfasser — Anwaltskanzlei erstmals als GmbH, FAZ vom 30.11.1994, S. 16.

Ohne Verfasser — Die Rechtsanwalts-GmbH wird durch die Rechtsprechung erlaubt, FAZ vom 2.12.1994, S. 17.

Ohne Verfasser — Brüssel will mehr Rechte für Anwälte, FAZ vom 22.12.1994, S. 12.

Ohne Verfasser — Zum Jahresbeginn werden Österreich, Schweden und Finnland EU-Mitglied, FAZ vom 31.12.1994, S. 4.

Ohne Verfasser — Neue Großkanzlei Oppenhoff & Rädler, FAZ vom 4.1.1995, S. 13.

Ohne Verfasser	Die Anwaltsorganisation Pünder Group expandiert im Ausland, FAZ vom 13.2.1995, S. 18.
Ohne Verfasser	Auf wiedersehen Frankfurt, IFLRev Februar 1994, S. 3.
Ohne Verfasser	German merger, IFLRev Februar 1995, S. 5.
Ohne Verfasser	Was Sie als Referendar wissen sollten, Informationsschrift des Justizministers des Landes Nordrhein-Westfalen, 1989.
Ohne Verfasser	Übersicht über die Ergebnisse der ersten und zweiten juristischen Staatsprüfungen im Jahr 1993, JuS 1994, S. 900-902.

Sachregister

Allgemeine Geschäftsbedingungen 81, 92, 148, 187, 188
Allgemeine Gesetze 80
Alliance 55, 159
Amtlich bestellter Gesamtvertreter 163
Angestellter Anwalt 48, 149
Anscheinssozietät 48, 149, 158, 159
Anwalt (s. Rechtsanwalt)
Anwaltshaftung (s. Haftung)
Anwaltsvertrag 62, 86, 128, 168
Anwaltsverzeichnis 56, 114, 129, 171
Apotheker 50
Arbeitsgerichtliches Verfahren 97
Aufklärung des Mandanten 95, 96, 103, 113, 133
Auftraggeber (s. Mandant)
Ausländische Berufsbezeichnung 36, 37
Ausländische Berufszulassung 42, 114, 129, 195
Ausländischer Hochschulabschluß 42, 60, 114, 129
Ausländisches Recht 36, 40, 59, 75, 85, 118, 120, 141, 173, 183, 186
Außereuropäisches Recht 183
Australien 51
Autonomes Welthandelsrecht 80

Belgien 35, 57
Beratung des Mandanten 95, 96, 103, 113, 133
Berufsordnung 32, 42, 43, 91, 114, 190
Berufs- und Standesrecht 32, 37, 44, 189, 198
Betriebsvereinbarung 92
Billigkeitsgrundsätze 84
Briefbogen 43, 56, 114, 129, 149, 152, 158
Bürogemeinschaft 48, 149
Bundesrechtsanwaltsordnung 31, 86, 89

Club 55, 159
Conseil des Barreaux de la Communauté Européenne (CCBE) 38, 169, 190

Dänemark 35, 50
DDR 33
Delikt 62, 89, 159, 197
Deliktsstatut 197
Dienstleistungsfreiheit 33, 35, 38, 39, 174
Dienstvertrag 86, 162, 165, 167
Dritthaftung 62, 90
Drittschadensliquidation 169

Eignungsprüfung 36
Einheitliche Richtlinien und Gebräuche für Dokumenten Akkreditive (ERA) 81
Einvernehmensanwalt 35, 174
Einzelmandat 147, 150, 152
Einstweiliger Rechtsschutz 115, 142
England (s. Vereinigtes Königreich)
Erfüllungsgehilfe 149, 161, 166, 168, 175, 179, 182, 188
Ermessensspielraum des Anwalts 111, 133
Europäische Gemeinschaft (EG) 33, 40, 77
Europäische Partnerschaft 37
Europäischer Wirtschaftsraum (EWR) 34, 36, 39, 54, 184
Europäische Union (EU) 33, 36, 39, 54, 59, 77, 184
Europäische wirtschaftliche Interessen-vereinigung (EWIV)
- Haftung 157
- Rechtsform 37, 54
Europarecht 33, 40, 59, 69, 77
European Free Trade Association (EFTA) 34, 35, 59

Fachanwalt 42, 103, 114
Fahrlässigkeit 87, 185
Finnland 34, 36

Forum shopping 136, 195
Frankreich 35, 42, 49, 50, 57, 141
Freier Mitarbeiter 48, 149, 164

GATS 39, 184
Gerichtliche Beiordnung 86, 147
Gerichtsstandsvereinbarung 132, 195
Gesamtmandat 147, 151
Gesamtschuldnerische Haftung 146, 149, 150, 155, 157, 160
Geschäftsbesorgungsvertrag 86, 162, 165, 167
Gesellschaft bürgerlichen Rechts (s. Sozietät)
Gesellschafterversammlung 115
Gesellschaft mit beschränkter Haftung (GmbH)
- Haftung 156
- Internationales Privatrecht 191
- Rechtsanwalts- 49
Gesellschaftsstatut 191
Gesetz 31, 68, 93
Gesetzeskenntnisse 93, 99, 102, 109
Gewohnheitsrecht 69, 84
Griechenland 35

Haftpflichtversicherung
- allgemein 51, 65, 100, 106, 182
- Anwendung ausländischen Rechts 183
- außereuropäisches Recht 183
- Prämiengestaltung 182
- Sondervereinbarung 184
Haftung
- allgemein 61
- Anwaltshaftung 85
- Anwendung ausländischen Rechts 85, 118, 120, 173
- Ausgleichsfunktion 63, 106
- ausländischer Anwalt 173, 174
- Begrenzung 148, 150, 155, 156, 157, 185, 193
- Begriff 61
- Dritthaftung 62, 90
- Grund 62
- ökonomische Funktion 64, 107
- Präventivfunktion 64, 65, 106
- Rechtsscheinhaftung 48, 149, 158, 159
- Sachwalterhaftung 90, 157, 158, 178
- Sorgfaltsstandards (s. Sorgfaltsstandards)
- ständige Zusammenarbeit auf vertraglicher Grundlage 145
- unerlaubte Handlung 62, 89, 159, 197
- vertraglich 62, 86
- Vertrag mit Schutzwirkung zugunsten Dritter 90, 179
- Wettbewerbsfunktion 64, 107
- Zusammenarbeit im Einzelfall 161
- Zusammenarbeit nach dem RADG 174
- Zweck 63, 106
Haftungsbegrenzung
- ausländisches Recht 186
- EWIV 157
- GmbH 156
- Höchstbetrag 156, 185
- Partnerschaftsgesellschaft 155, 193
- Sozietät 148, 150, 193
Heimatrecht 40, 56
Honorar 33, 108, 110, 113, 129, 136, 141, 179, 194, 195

Incoterms 81
Inländerdiskriminierung (Inländergleichbehandlung) 34, 40
Interlokale Rechtsspaltung 75
Internationale Anwaltshaftung (Begriff) 27
Internationale Handelsbräuche 81
Internationale Handelskammer 81
Internationaler Gerichtshof 76, 81
Internationales Einheitsrecht 80, 81
Internationales Privatrecht
- allgemein 75, 118, 127, 185
- Berufs- und Standesrecht 189
- Betätigungsort 189
- Deliktsstatut 197
- Gesellschaftsstatut 191
- Juristenausbildung 59
- Niederlassungsort 189, 191
- Rechtswahl 139, 189, 196, 198
- Sozietät 191
- Verbraucherschutz 196
- Vertragsstatut 190, 198
- Zweitniederlassung 193

Internationale Sozietät 44, 151
Internationales Recht 36, 75
Internationale Zuständigkeit 135
Internationalisierung 56
Intraurbane Sozietät 45
Iran-U.S. Claims Tribunal 81
Irland 35
Island 34, 36
Italien 35, 57

Juristenausbildung 58, 109, 113, 119, 127, 129

Kanada 75
Kanzlei 37, 44, 151, 158, 195
Kanzleischild 114, 129
Kollisionsrecht (s. Internationales Privatrecht)
Kooperation 43
Korrespondenzanwalt 55, 121, 164
Kostenrisiko 97, 141

Law firm 56
Lex fori 135, 139, 189
Lex mercatoria 80
Liechtenstein 34, 36
Luxemburg 36

Mandant
- Anwaltsvertrag 62, 86, 128, 168
- Aufklärung und Beratung 95, 96, 103, 113, 133
- Erwartungen 113, 127, 153
- Interessen 91, 111
- Rechtskenntnisse 97, 116, 130
- Staatsangehörigkeit 195
- Weisungen 96
Meistbegünstigung 39

Naturrecht 72, 83
Network 55, 159
Nicht-rechtliche Erwägungen 111, 132
Niederlande 36, 57
Niederlassungsfreiheit 34, 36, 37, 39
Norwegen 35, 36
Notar 47, 97, 131

Ökonomische Analyse des Rechts 64
Ökonomisches Prinzip 110

Österreich 35, 36, 41, 50
Offene Handelsgesellschaft (OHG) 49, 55
Organ der Rechtspflege 32, 124

Partnerschaftsgesellschaft
- allgemein 49
- deliktische Haftung 160
- Europäische Partnerschaft 37
- Haftungsbegrenzung 155, 156, 188, 193
- Internationales Privatrecht 191
- Partnerschaftsgesellschaftsgesetz 33, 49, 53
- vertragliche Haftung 154
Patentanwalt 47, 161
Pflichtwidrigkeit (s. Sorgfaltsstandards)
Portugal 36
Positives Recht 68
Positive Vertragsverletzung 62, 86
Prorogation der internationalen Zuständigkeit 138
Prozeßführung 135
Prozeßkostenhilfe 97, 121

Recht
- ausländisches 36, 40, 59, 75, 85, 118, 120, 141, 173, 183, 186
- außereuropäisches 183, 186
- autonomes Welthandelsrecht 80
- Begriff 67, 68, 108
- Billigkeitsgrundsätze 84
- deutsches 30, 35, 59, 75, 77, 78
- Europarecht 33, 40, 59, 69, 77
- Gesetz 31, 68, 93
- Gewohnheitsrecht 69, 84
- Heimatrecht 40, 56
- interlokale Rechtsspaltung 75
- internationales 36, 75
- internationales Einheitsrecht 80, 81
- Methodik 73, 93, 109, 128
- Naturrecht 72, 83
- positives Recht 68
- Rechtsnormen 68, 93
- Rechtsprechung 69, 94
- Rechtswissenschaft 59, 71, 95, 98
- Regeln der Sittlichkeit und der Verkehrssitte 71, 81
- Relativität 73

- subjektive Rechte 72
- transnationales Recht 81
- Verfassungsrecht 31
- Völkerrecht 40, 76
Rechtsabteilung 97
Rechtsanwalt (ausländischer)
- allgemein 30, 54, 56
- Berufsbezeichnung 35, 36
- Dienstleistungserbringung in Deutschland 33, 39
- Eignungsprüfung 36
- Haftung 173, 174
- Haftungsbegrenzung bei Hinzuziehung 188
- internationale Sozietät 45, 151
- Mitglied einer Rechtsanwaltskammer 36, 45, 49
- Niederlassung in Deutschland 36, 40
- Rechtsanwaltsdienstleistungsgesetz 35, 174
- sorgfältige Auswahl 171
- sorgfältige Unterweisung 172
- Überwachung 172
- Zulassung in Deutschland 36
- Zusammenarbeit im Einzelfall 161, 194
Rechtsanwalt (deutscher)
- allgemein 30
- amtlich bestellter Gesamtvertreter 163
- angestellter 48, 149
- Anwaltsverzeichnis 56, 114, 129, 171
- Anwaltszwang 36
- Ausbildung (s. Juristenausbildung)
- ausländische Berufsbezeichnung 36, 37
- ausländische Berufszulassung 42, 114, 129, 195
- ausländischer Hochschulabschluß 42, 60, 114, 129
- Berufsordnung 32, 42, 43, 91, 114, 190
- Briefbogen 43, 56, 114, 129, 149, 152, 158
- DDR 33
- Dienstleistungsfreiheit 33, 35, 38, 39, 174
- Einvernehmensanwalt 35, 174
- Fachanwalt 42, 103, 114
- freier Mitarbeiter 48, 149, 164
- gerichtliche Beiordnung 86, 147
- Haftung (s. Haftung)
- Honorar 33, 108, 110, 113, 129, 136, 141, 179, 194, 195
- Internationalisierung 56
- Kanzlei 37, 44, 151, 158, 195
- Kanzleischild 114, 129
- Kooperation 43
- Korrespondenzanwalt 55, 121, 164
- Niederlassung 189, 191
- Niederlassungsfreiheit 34, 36, 37, 39
- Organ der Rechtspflege 32, 124
- Rechtskenntnisse 93, 108
- Richtlinien des anwaltlichen Standesrechts 31, 32, 89
- Spezialisierung 43, 103, 114, 129, 149, 151
- Staatsangehörigkeit 195
- Tätigkeitsschwerpunkte (Hinweis auf) 42, 103, 114, 129
- Verbund 55, 159
- Vertrag mit Mandant 62, 86, 128, 168
- Visitenkarte 114, 129
- Werbung 42
- Zulassung 32, 195
- Zustellungsbevollmächtigter 122
Rechtsanwaltsdienstleistungsgesetz (RADG) 35, 174
Rechtsanwaltskammer (Mitglied) 36, 45, 49
Rechtsanwendung 93, 99, 108
Rechtsberatung 87, 134
Rechtsnormen 68, 93
Rechtsprechung 69, 94, 99, 102, 109
Rechtswahl 133, 139, 189, 196, 198
Rechtswissenschaft 59, 71, 95, 98
Regeln der Sittlichkeit und der Verkehrssitte 71, 81
Richtlinien des anwaltlichen Standesrechts 31, 32, 89

Sachwalterhaftung 90, 157, 158, 178
Schadensersatz (s. Haftung)
Schadensverursachung 88

Schiedsgerichtsbarkeit 81, 83, 84, 132, 195
Schrifttum 94, 95, 109
Schweden 35, 36
Schweiz 35, 36, 41, 54, 57
Sicherster Weg 91
Sondervereinbarung 184
Sorgfaltsstandards
- allgemeine 87, 91, 107
- Auftragsinhalt 112, 128
- ausländisches Recht 118, 120, 127, 173
- Beratung und Aufklärung des Mandanten 95, 96, 103, 113, 133
- einstweiliger Rechtsschutz 115, 142
- Ermessensspielraum des Anwalts 111, 133
- Erwartungen des Mandanten 113, 127, 153
- Gesetzeskenntnisse 93, 99, 102, 109
- Interessen des Mandanten 91, 111
- Interessengegensatz 106
- internationale Zuständigkeit 135
- Kostenrisiko 97, 141
- Nebenpflichten 92, 96
- Prorogation der internationalen Zuständigkeit 138
- Prozeßführung 135
- Rechtsanwendung 93, 99, 108
- Rechtsberatung 87, 134
- Rechtskenntnisse des Anwalts 93, 108
- Rechtskenntnisse des Mandanten 97, 116, 130
- Rechtsprechung (Berücksichtigung) 94, 99, 102, 109
- Rechtswahl 133, 139
- Schrifttum (Berücksichtigung) 94, 95, 109
- sicherster Weg 91
- Spezialisierung 103, 114, 129, 149, 151
- Sprachkenntnisse 60, 119
- Tatsachenfeststellung 92, 99, 104, 119
- Vergleichsverhandlungen 99, 115
- Vertragsgestaltung und -verhandlungen 93, 120, 131
- Wahl des Gerichtsstandes 136, 195
- Weisungen des Mandanten 96
- Zeitdruck 115, 130
- Zusammenarbeit mit ausländischen Anwälten 145
Sozietät
- Anschein 48, 149, 158, 159
- Begriff 43, 57
- deliktische Haftung 160
- Einzelmandat 147, 150, 152
- Gesamtmandat 147, 151
- gesamtschuldnerische Haftung 146, 149, 150
- Gesellschaftsrecht 44
- Haftungsbegrenzung 148, 150, 155, 193
- interdisziplinäre 47
- internationale 44, 151
- Internationales Privatrecht 191, 193
- intraurbane 45
- Law firm 56
- Mitglied einer EWIV 54
- Mitglied eines Verbunds 55, 159
- Spezialist in ausländischer Rechtsordnung 149, 151
- Standesrecht 44
- überörtliche 44, 151
- vertragliche Haftung 146
Spanien 36
Spezialisierung 43, 103, 114, 129, 149, 151
Sprachkenntnisse 60, 119
Staatsangehörigkeit 193
Steuerberater 47, 50, 87
Steuerbevollmächtigter 47
Subjektive Rechte 72
Substitution (Begriff) 162

Tätigkeitsschwerpunkte (Hinweis auf) 42, 103, 114, 129
Tatsachenfeststellung 92, 99, 104, 119
Transnationales Recht 81

Überörtliche Sozietät 44, 151
Unerlaubte Handlung 62, 89, 159, 197
Uniform laws 80
U.S.A. (s. Vereinigte Staaten von Amerika)

Verbürgung der Gegenseitigkeit 136
Verbraucherschutz 196
Verbund 55, 159
Vereidigter Buchprüfer 47
Vereinigtes Königreich 36, 42, 49, 50, 57, 70, 75, 184
Vereinigte Staaten von Amerika 28, 41, 42, 50, 56, 59, 70, 75, 80, 110, 136, 141, 184
Verfassungsrecht 31
Vergleichsverhandlungen 99
Verkehrsanwalt 55, 121, 164
Verrichtungsgehilfe 160, 182
Verschulden 87, 101, 185
Vertrag mit Schutzwirkung zugunsten Dritter 90, 179
Vertragsgestaltung und -verhandlungen 93, 115, 120, 131
Vertragsstatut 190, 198
Visitenkarte 114, 129
Völkerrecht 40, 76
Vorformulierte Vertragsbedingungen (s. Allgemeine Geschäftsbedingungen)
Wahl des Gerichtsstandes 136, 195
Weisungen des Mandanten 96
Welthandelsorganisation 39, 184
Werbung 42
Werkvertrag 86
Wirtschaftsprüfer 47, 50, 63

Zahnarzt 51
Zeitdruck 115, 130
Zulassung 32, 195
Zusammenarbeit im Einzelfall
- Erfüllungsgehilfe 161, 166, 168
- Haftung 161
- sorgfältige Auswahl 171
- sorgfältige Unterweisung 172
- Substitution 162, 165, 167
- Überwachung 172
Zustellungsbevollmächtigter 122
Zweitniederlassung 193

Schriftenreihe
Recht der Internationalen Wirtschaft

Band 4 Schütze **Das Dokumentenakkreditiv im Int. Handelsverkehr**
Band 8 Stumpf u. a. **Eigentumsvorbehalt und Sicherungsübertragung im Ausland**
Band 11 Graf von Westphalen **Rechtsprobleme der Exportfinanzierung**
Band 12 Sonnenberger **Französisches Handels- und Wirtschaftsrecht**
Band 14 Stumpf **Internationales Handelsvertreterrecht,** 2 Teile
Band 15 Triebel u. a. **Englisches Handels- und Wirtschaftsrecht**
Band 16 Gleiss/Hirsch **Kommentar zum EG-Kartellrecht,** 2 Bände
Band 17 Hausmann/Kindler **Italienisches Handels- und Wirtschaftsrecht**
Band 18 Gotzen **Niederländisches Handels- und Wirtschaftsrecht**
Band 19 Sandrock **Handbuch der Internationalen Vertragsgestaltung,** 2 Bände
Band 21 Graf von Westphalen **Die Bankgarantie im internationalen Handelsverkehr**
Band 22 Kropholler **Europäisches Zivilprozeßrecht**
Band 23 Fischer/Fischer **Spanisches Handels- und Wirtschaftsrecht**
Band 26 Elsing/Ebke **US-amerikanisches Handels- und Wirtschaftsrecht**
Band 27 Schütze **Rechtsverfolgung im Ausland**
Band 28 Lange/Black **Der Zivilprozeß in den Vereinigten Staaten**
Band 29 Schütze **Handels- und Wirtschaftsrecht von Singapur und Malaysia**
Band 30 Aden **Internationale Handelsschiedsgerichtsbarkeit**
Band 31 Heidenberger **Deutsche Parteien vor amerikanischen Gerichten**
Band 32 Ebenroth/Karl **Die Multilaterale Investitions-Garantie-Agentur**
Band 35 Langefeld-Wirth **Joint Ventures im internationalen Wirtschaftsverkehr**
Band 36 Ebke **Internationales Devisenrecht**
Band 37 Merkt **US-amerikanisches Gesellschaftsrecht**
Band 38 Ebenroth **Gewerblicher Rechtsschutz und europäische Warenverkehrsfreiheit**
Band 39 Thume **Kommentar zur CMR**
Band 40 Impelmann/Borgers **Kanadisches Handels- und Wirtschaftsrecht**
Band 41 Nielsen **Neue Richtlinien für Dokumenten-Akkreditive**
Band 42 Ebenroth/Hübschle **Gewerbliche Schutzrechte und Marktaufteilung im Binnenmarkt der Europäischen Union**
Band 43 Federhoff-Rink **Umweltschutz und Wettbewerbsrecht**
Band 44 Schäfer/Singer **Mittelstand und EG-Richtlinien**
Band 45 Wandt **Internationale Produkthaftung**
Band 46 Hill-Arning/Hoffman **Produkthaftung in Europa**
Band 47 Ullrich/Körner **Der internationale Softwarevertrag**
Band 48 Baum **Marktzugang und Unternehmenserwerb in Japan**
Band 49 Merkt **Abwehr der Zustellung von „punitive damages"-Klagen**

Verlag Recht und Wirtschaft
Heidelberg